不可能的存在之真

——拉岡哲學映射

The Impossible Real of Being

張一兵 著

「秀威文哲叢書」總序

自秦漢以來，與世界接觸最緊密、聯繫最頻繁的中國學術非當下莫屬，這是全球化與現代性語境下的必然選擇，也是學術史界的共識。一批優秀的中國學人不斷在世界學界發出自己的聲音，促進了世界學術的發展與變革。就這些從理論話語、實證研究與歷史典籍出發的學術成果而言，一方面反映了當代中國學人對於先前中國學術思想與方法的繼承與發展，既是對「五四」以來學術傳統的精神賡續，也是對傳統中國學術的批判吸收；另一方面則反映了當代中國學人借鑒、參與世界學術建設的努力。因此，我們既要正視海外學術給當代中國學界的壓力，也必須認可其為當代中國學人所賦予的靈感。

這裡所說的「當代中國學人」，既包括居住於中國大陸的學者，也包括臺灣、香港的學人，更包括客居海外的華裔學者。他們的共同性在於：從未放棄對中國問題的關注，並致力於提升華人（或漢語）學術研究的層次。他們既有開闊的西學視野，亦有扎實的國學基礎。這種承前啟後的時代共性，為當代中國學術的發展提供了堅實的動力。

「秀威文哲叢書」反映了一批最優秀的當代中國學人在文化、哲學層面的重要思考與艱辛探索，反映了大變革時期當代中國學人的歷史責任感與文化選擇。其中既有前輩學者的皓首之作，也有學界新人的新銳之筆。作為主編，我熱情地向世界各地關心中國學術尤其是中國人文與社會科學發展的人士推薦這些著述。儘管這套書的出版只是一個初步的嘗試，但我相信，它必然會成為展示當代中國學術的一個不可或缺的窗口。

韓晗
2013年秋於中國科學院

寫在前面的話

對中國人來說，生活從來沒有像今天這樣劇烈地被撕裂著。在物化市場的魔域中，生存已在照亮了宗法土地的太陽（理性之光）陰影中斷碎為兩節：一種是在這個沙漏般的競爭世界中懸於空中的「成功」人士（過去叫「布爾喬亞」），另一種則是跌落入沙漏底層的「弱勢」眾生（過去叫「普羅泰利特」）。第一種人，可能銀行裡有無數的金錢，故爾，「他」會是開著寶馬，擁著美人，身上甚至還揣著博士學位證書，並擁有眾多令人仰慕的學術頭銜和官品，在生活舞臺的重重燈光照射之下，他詩意地「在」著。[1]而第二種人，炫目燈光下功成名就的「他」成了「我」畢生不懈奮鬥的鏡像，「他」就應該是「我」。這種「他」對「我」的理想性自居，使十分羸弱無力的「我們」更加舉步維艱，一次又一次，我們在泥濘的沙漏邊緣攀爬、滑倒、再攀爬，如卡謬筆下那個荒謬而不屈的西西弗斯。「我」，永遠向上推舉著不斷落下的生活巨石。

對第一種人來說，你以為你是人，可是你卻可能真的不是。這個真相只是在金錢散去、香車美人飛離時才突然顯現。也許，會是在「他」離位退職後，面對一杯無人問津的清茶時突然頓悟。而對後者來講，窮盡一生，「我」總以為自己還不是「人」，猶自固執地向著第一種人的鏡像埋頭奮鬥，卻渾然不知與之苦戰的唐·吉訶德式的風

[1] 在拉岡的語境中，這個「他」同時也會是大寫的「她」。但今天的中國，大多數所謂「成功人士」都是男性或迫為亞男性的「女強人」。所以，我們此處僅以父權制中「他」為指認對象。

車和西西弗斯之巨石的真在。這是作者想通過拉岡故事的所講的是一個普通的事理（此理，如同曹雪芹《紅樓夢》中的「好了歌」）。

當然，拉岡的故事從總體而言，肯定還是一種錯誤。因為，如果沒有了拉岡所罵的想像和象徵關係的織入，特別是被拉岡遮蔽掉的人對人感性活動關係的歷史構境，人的存在也就真的沒有了。然而，拉岡之罵對那些無法認清自己的人卻又不見得是一種謬誤。遺憾的是，這個世界上不能正確認識自己的人恐怕占了絕大多數，因此，拉岡之罵又是過於真實的真實。

所以，拉岡的故事固然只是一則離奇的寓言，可也的確訴說了一種常人不可見的真實。依我看，聽懂它的言說並不見得必然使我們走向悲觀的虛無（我的一位朋友在聽了拉岡的故事之後，跺足大叫：「這正是佛、老之無」！）。無非是讓我們多一種清醒，以正確認識自己，認真對待我們存在中的物化和異化之疏遠，自省生命中的能指之漂浮和本己的不可能性罷了。那樣，這個世界上大抵真會少一些不自知的瘋狂和精神分裂。

目　次

前　言

十年以前寫下的這本關於拉岡的小書，即將在臺灣出版繁體字版，這是一件令人高興的事情。這本並非專業的隨感之作，只是對拉岡的一種哲學斜視，為試圖讀懂齊澤克而不得不進入的意外思想構境，如同我後來因為想理解廣松涉而斜視中的《回到海德格爾》[1]、因為要透視阿甘本而斜視中的《回到福柯》[2]。然而，斜視中的思之意外總是來得真誠。因其構境之突現中沒有裝出來的故意偽飾。

今天是中國臨近春節的大年三十，此刻，我正坐在從南京到武漢的火車上。這讓我想起做作的德勒茲常常說起的一種後現代狀態：沒有起點和終點的衝浪之思。面對拉岡哲學，可能更是如此，覺得自己懂得了拉岡，別人的理解都是錯的，這正是被拉岡捂著嘴竊笑的傢伙。用拉岡自己的話說：「人們必須曉得，沒有人從我這裡學到過什麼，並來以此抬高自己」。

記得齊澤克2007年在南京大學的最後一次講座時發生的情景：因為那天他在對本科生講好萊塢電影中的意識形態大他者，主持講座的我實在怕孩子們無法進入他的奇思構境，所以，在他講完之後，我在提問之前專門解釋了什麼是拉岡語境中的大他者和意識形態之類的概念。可是，坐在臺上的齊澤克壞壞地笑著說了「另一個」（autre）故事：一次拉岡的演講結束後，在場的所有聽眾都沒有聽懂，只有一個人很激動地站起來聲稱自己聽懂了，等他結結巴巴地複述完自己的理

[1] 張一兵：《回到海德格爾——本有與構境（第一卷，走向存在之途）》，商務印書館2014年版。

[2] 張一兵：《回到福柯——暴力性構序與生命治安》，上海人民出版社近期即將出版。

解之後，拉岡故作很生氣地說：你的理解真的完全是錯的。這就是拉岡和齊澤克。在我的這本關於拉岡的小書出版之後，也有一些自認為手中持有關於拉岡絕對真理的學術芙蓉男女指責我的過度詮釋和話語失真，其實，當時我心裡倒也真是挺開心的，因為拉岡作為已經離開我們的思想大他者，這一常人偽境恰巧是他事先製造的異幽事件：真實，總是在一種試圖自我標榜的概念塑形破裂之時才突現的。當一個人面紅耳赤地爭辯說，你們都是錯的，我才離拉岡的真相最近！這裡，你正是拉岡所揭露的那個不知道自己早已瘋掉的瘋子。拉岡威武！

在我的印象中，臺灣學界的心理學和精神分析學研究的平臺是高而深的。我也知道，拉岡的學術思想最早在漢語圈中的詮釋、傳播和跨領域構境都啟動和昇華於斯。希望此書繁體版的問世能在臺灣讀者中增加一種不同地區對拉岡思想重構的異見。

張一兵

2014年大年三十中午於南京赴武漢的G677次火車上

序

《拉岡選集》的漢譯本已經出版近三年，而中國哲學界對拉岡這樣一位在後現代語境中極為重要的思想大師卻幾近啞口無言。[1]關於拉岡及其思想，我們幾乎沒有一篇正式一些的系統性、原創性的哲學學術論文。雪上加霜的是，在一些文學式的解釋性複述文本中，拉岡又恰以顛倒的誤認形式被嚴重遮蔽[2]，從而使我們與這位在海德格爾之後，進一步揭示了個人的存在之殘破性和深層痛楚的精神巨人，總是擦肩而過。可深具反諷意味的是，今天剛剛進入物化世俗王國的中國人恰巧正焦慮於拉岡所揭露這種靈與肉、光與影、有與無的掙扎和痛楚之中。拉岡語境中那個個人偽主體和大寫的魔鬼他者正大行其道，令這塊黃土地上的世人病入膏肓而無診。

究其根源，拉岡在中國學界的備受冷落主要還是因為其哲學思想的艱深難解。比起他的先生佛洛伊德，拉岡絕對可以稱得上是一塊無法吞噬的精神頑石。就我自己的閱讀體驗來看，讀拉岡真是一種對正常理性的折磨（列寧曾經憤憤地說，讀黑格爾是引發頭痛的好辦法。那麼，讀拉岡則是讓人頭大而腦裂）。清高的拉岡自己就公開表示對精神「暗礁的喜愛」，[3]他的真實用意就是想絆倒這個世界上一切自以為是的人。一路讀下來，拉岡的文字實在好比一堆極端複雜多

---

1 於我認真檢索過相關的研究文獻，國內已經出版和發表的關於拉岡的論著和論文大多來自文學評論界和外語行當。

2 拉岡自己說，真理正是在對其的誤認中抵達的。

3 〔法〕拉岡：《拉岡選集》，褚孝泉譯，上海三聯書店 2001 年版，第 34 頁；第 611 頁。

變的功能性話語症候群，絕難正常閱讀和理解。[1]對打開拉岡的常人來說，那裡面只有無人知曉的神喻。[2]在一定的意義上，他似乎有意不給讀者確定的路（入口），而只留下「無路可走」的出口。他直接說：「我傾向於艱澀。」在流行的意義上，他的東西將不是常規式的「寫作」。[3]所以，人們讀拉岡會「像描繪生硬的無意識一樣的獨特的文體強迫讀者如同解夢般地苦戰」。[4]甚至也有人說，拉岡理論本身就是不能被理解的，即便理解了必定也只能是誤解。在拉岡門前團團轉卻不得其門而入之後，終於有人惡意誹謗道：「拉岡是不可理解的，而他的追隨者們只不過是一些百依百順的傀儡」。[5]也有打圓場的：「拉岡建構的觀念遊移不定，因此，面對一個特定的術語，最好是問『它有什麼用處？』或者『它的思考路徑是什麼？』而不是直接問『它究竟有什麼涵意？』」[6]等等。雖然都是一些閱讀失敗後心有不甘的喪氣話，但恐怕也的確是相當多人拿起拉岡的書，然而最終放棄的主要原因。[7]

所以，面對拉岡，我必須自省的只有四個字：怒犯天條。我解讀

---

[1] 於除去內容上的深奧和晦澀，拉岡晚年還熱衷於拓樸學和其他數學圖表在他理論邏輯中的運用，尤其以所謂「博羅米尼紐結」(Borromen Knot）和莫比亞斯帶（Moebius strip）為最。在《拉岡選集》中可見多處表現。〔法〕拉岡：《拉岡選集》，褚孝泉譯，上海三聯書店 2001 年版，第 41-51 頁；第 614-629 頁。古柏爾說，於在法國，對於複雜難懂的事物，人們喜歡說 c'est du chinois（意為和中國的事情一樣難以理解），而現在則說 compliqué comme Lacan。參見古柏爾在四川大學哲學系題為「於關於拉岡、精神分析與中國文化」的演講的第三講。

[2] 1980 年，拉岡宣佈解散巴黎精神分析學派時說：「我想說我不抱任何希望……尤其不抱被人理解的希望」。波微說，只是從古代神喻的方式看，也許「拉岡的模糊不清的言說對那些懂得怎樣去聽的人來說，是一種清晰可懂的言說」。參見〔英〕波微：《拉岡》，牛宏寶等譯，昆侖出版社 1999 年版，第 14 頁。

[3] 參見〔法〕拉岡：《拉岡選集》，褚孝泉譯，上海三聯書店 2001 年版，第 424 頁。

[4] 〔日〕福原泰平：《拉岡》，王小峰等譯，河北教育出版社 2002 年版，第 273 頁。

[5] 〔英〕斯特羅克：《結構主義以來》，渠東、李康等譯，遼寧教育出版社 1998 年版，第 20 頁。

[6] 〔英〕斯特羅克：《結構主義以來》，渠東、李康等譯，遼寧教育出版社 1998 年版，第 136 頁。

[7] 德里達曾經提到過，拉岡也一度因為自己的不少朋友無法理解他的思想而感苦惱。

了，並且用中文重新言說了不可能說清的拉岡哲學。[1]加上在中國大陸學術界固有的硬性專業邊界，這一次，我可能會犯下比解讀阿多諾[2]時更大的錯。這也是我將本書的副標題命名為「拉岡哲學映射」的真實緣由（其英文譯名中我選用了影像易碎的「mirror」一詞）。

不過，已經在思辨的十字架上倍受折磨的我絕不想讓大家跟著急。我還是想斗膽向你們承諾：力爭替你們打開拉岡哲學那根本沒有開口的密封瓶。記得巴代伊說過，倘若你真想理解一種思想，便要在那些概念中非知性地「深深地活過」。可依我現在的痛苦經驗，要在拉岡的概念中「活一次」都是極不容易的。不過，這一次我的解讀策略是講故事。我先說一些發生在自己身邊非常真實的事情。然後，我們再來慢慢地一點一點地來靠近這種夢幻般囈語般的學術魔殿。真的不知道，我們能不能在拉岡的那些理論恐怖主義概念[3]中存活。

第一個故事：不久前的一天晚上，我剛吃過晚飯準備看書，突然發現有一男子坐在我的客廳的沙發上抽煙（他沒有預約，在保姆打開門倒垃圾時只說了一句：「張老師在家嗎？」就徑直闖入，一坐下就點燃了香煙）。我走上前卻發現是自己以前教過的一個學生王二，他是我們某一個學院的一位輔導員。「怎麼有空？」我硬壓住心裡的不快問他。「噢，我發達了，來看一看我一直敬重的老師。」王二眼裡

---

[1] 說這句話是有特定語境的。拉岡甚至認為，他的法文文本是不能譯成通俗生硬的英文和日文的。於關於這一點，有人深表贊同，即法文語境中的拉岡文本是不能翻譯成充滿了「文化陷阱」的英文的。參見〔美〕庫茲韋爾：《結構主義時代》，尹大貽譯，上海譯文出版社 1988 年版，第 131 頁注 2。據說，拉岡晚年與旅居巴黎的國學大師程抱一先生關係甚密，還在一起研討過不少中文的經典文本（如《道德經》）。可是，不知道他是否贊成他的東西譯述成中文。在我最近與法國拉岡文本的版權擁有者的聯繫過程中，對方明確提出必須將拉岡文本譯稿的樣章經由還在法國的程老先生認可後方能進行下一步的版權談判。下面我們還會談及這一話題。

[2] 參見拙著：《無調式的辯證想像——阿多諾〈否定的辯證法〉的文本學解讀》，北京三聯書店 2001 年版。

[3] 這是我自己專門發明的一個詞語。因為在我解讀拉岡的過程中，真的為拉岡思想所震撼和暴裂，有時候會產生一種極深的恐怖感。可是，在修改本書最後一稿時，我突然發現深受拉岡影響的鮑德里亞居然已經使用過此詞來形容自己的理論，他在《論虛無主義》一文中同時用「知識恐怖主義」和「理論恐怖主義」來自指自己。參見〔美〕凱爾納：《鮑德里亞：批判性的讀本》，陳維振等譯，江蘇人民出版社 2005 年版，第 17 頁。

閃著一種常人很少有的光芒。不得不說，我其實挺討厭那種從底層不知通過什麼途徑突然暴富起來的人，但我還在敷衍他：「哦，做什麼？」他壓低聲音伏在我耳邊說道：「做基金，與美國很大的一家公司合作，賺了20多個億。我有錢了。」這次是我暗暗地吃了一驚。可也是這個時候，我看到他手指間夾著的是石林牌的香煙。「那太好了！」面對發展得不錯的學生，我通常會這麼說。接下來，他把抽完的煙頭掐滅在香煙盒內蓋上，並塞進煙盒中。我一直沒有拿煙灰缸給他，這其實是一個不讓他抽煙的暗示，可他並不明白這個常人不難發覺的暗示（象徵）。「我已經在湯山（南京市郊）花五千萬買了一塊地，想請老師去當校長。」他又點燃了一支煙。「這下，我終於可以按自己的想法來辦一所大學了，這是我一生中最想做的事情！」這個時候，我不由得開始仔細打量他，他今年應該是30歲上下，還在攻讀在職碩士研究生，回想起來，當年在課堂上他總擺出一副擁有絕對真理的架勢，對著他無時不在的責備目光，我倒時常感到自己是歪嘴和尚。有一兩次，在課堂上聽講的他還突然高聲說一兩句反駁我的話。現在，我還看清了一件事情，就是這個聲稱自己發了大財的人，背著一個如今連城裡中學生都不用的黑色牛津包。我悄悄在想，他是不是腦子出問題了？他並未停止興奮的述說：「我差點死過一次，可現在真的很厲害了，我買下了閱江樓[1]下的一幢二層的樓，窗戶都是防彈玻璃做的。」我還沒有搭上腔，他已經又伏到我耳旁輕聲說：「想不想動一動啊？我大伯在中共中央組織部有人。」此刻，我已經十分清楚，坐在我面前的這個抽著石林香煙的人，已經不是過去課堂裡的那個學生了，而是一個趁人精神分裂之際現身的無意識的個人欲望。我那個可憐的學生平素在內心裡壓抑的欲望像附身的魔鬼一般無意識地在說他。第二天，我證實了他剛從醫院出來。[2]

---

[1] 南京長河邊的一座大型仿古建築。

[2] 這件事情的經過是完全真實的，王二是我另起的名字，但我只是挑了他說過了幾句最關鍵的話。因為那天晚上，那個祛主體的「無意識」對著我足足言說了兩個多小時。

第二個故事：在我給博士生上課的班上，有一個漂亮的女孩子梅子，在他人眼裡，她是一個天才幸運兒，因為她上中學的時候就在國外一個國際史學文獻競賽中獲大獎，現在她已經是一位南京大學成就卓著的青年學者。留校任教的她發表在刊物上的論文，常常被誤認為是學界資深前輩的大作，人們在報刊上與20多歲的她討論問題時，總是恭敬地尊稱其先生。在同學中間，她真的總是很像個學者，說話舉止無不處處透著濃濃的書卷氣和高高在上的傲氣。可是有一天，她突然找到我，一件意想不到的事情居然發生了：她清楚地告訴我，她要退學並且辭去在南京大學的工作。「為什麼?!」我（常人思維中的我）幾近是生氣地發問道。20歲的她字正腔圓地告訴我：「我不再想做那個學者了。我只想做一個平常的女孩子」。她說，她現在只想過一個正常人的生活，而不再願意繼續做那個過去20年來他們要她成為的成功者和學者。我（他們中的一個）當時就急了，因為我們（南京大學裡的他們）實在不想失去一個已經成名並且十分有前途的青年學者。「能不能既做一個平常的女孩子，又做一個學者呢？」那個我（他們的代表之一）小心翼翼地問道。「不！」她說了她的理由：她突然發現，她始終不曾為自己活過。開始是為父母，然後是為中學老師和大學老師，其中也包含著同學和周遭一切認識她的人的肯定目光。在這些無時不在的形形色色的目光中，她是一個成功者，她將成為著名的學者。她每天除了學習還是學習，看書和寫文章成了她每天做的唯一事情。在他們的眼裡，她不應該是一個平常的姑娘。她不應該是她。大寫的她是人們無形中期望她成為的人，是其他人用目光交織而成並且也被她自己認同了的大她者。[1]現在小寫的她醒悟了，她想做回她自己，拒絕那個大寫的她。最後，在我們（不是她的他者）

1 於他者一詞，在英文中對應於other，而大他者則是Other的意譯（法文中則是autre和Autre）。這是拉岡理論中的關鍵字，我們在後面的討論中會有專門的分析。不過，這裡的「大她者」是我反父權制的故意發明。

惋惜和反對的目光中，她走了自己所選的道路。她結了婚，做了一個她想做的平常的人。[1]

說這兩個故事，是想讓讀者預先融入一種新的思考語境，這也是長期以來國內傳統哲學研究不常駐足的一種情境，即我們平時鮮有注意的現當代心理學研究中重要的精神分析。首先想讓讀者熟悉一下，這思潮的開山鼻祖佛洛伊德式的基本話語，由此，我們才可能真正進入當代西方精神分析學中更激進的批判話語：拉岡哲學和將拉岡與馬克思嫁接起來的後馬克思思潮中的齊澤克。[2]

以下，我們不妨先來看看這兩個其實隨時都會發生在我們身邊的情景中，用佛洛伊德和拉岡的眼睛會看到一些我們從前看不到的東西。

在第一個故事裡，對那個不經預約而突然闖進我家的王二，我不能責備、生氣，更不能將他趕出門去，原因很簡單：他已經不是一個正常的人了。他發瘋了。他並不知道自己做的和說的是什麼。也就是說，那天晚上坐在我家客廳裡的並不是王二的自我意識主體，只是通常被他自己深深壓抑在很深的黑暗牢獄中的無意識欲望。根據佛洛伊德的精神分析學，以往被人視為主體本質的意識背後，還存有一種更為基礎的東西，即由本能衝動和欲求構成並被壓抑在意識閾限之下的

---

1 這件事情同樣是全真的，可是我故意處理了全部的事實。符碼不真，可話語是真的，症候也是同質的。

2 斯拉沃熱·齊澤克（Slavoj zizek）：斯洛文尼亞當代著名思想家。1949 年 3 月 21 於日生於斯洛維尼亞的盧比安納市。當時，該市還是前南斯拉夫西北部的一個城市。齊澤克 1971 年在盧比安納大學文學院哲學系獲文科（哲學和社會學）學士，1975 年在該系獲文科（哲學）碩士，1981 年仍然在該系獲文科（哲學）博士。1985 年在巴黎第八大學獲文科（精神分析學）博士。從 1979 年起，齊澤克在盧比安納大學社會學和哲學研究所任研究員（從 1992 年開始該所更名為盧比安納大學社會科學院社會科學研究所）。80 於年代他在政治上積極投身於斯洛維尼亞的抉擇運動。1990 年，齊澤克在斯洛維尼亞共和國的第一次多黨選舉中成為總統候選人，1991 年任斯洛維尼亞共和國科學大使。其代表作有 :《意識形態的崇高對象》(1998)；《斜視》(1991)；《快感大轉移》(1994)；《易碎的絕對》(2000)；《回到列寧》(2002)。筆者正在就齊澤克的哲學作一專題研究。還應該交待一下的是，這裡的時空邏輯是顛倒的，因為我先在寫後馬克思語境中的齊澤克，卻將為這一專題中所做的作為齊澤克理論邏輯支援背景的介紹拉岡思想的導言寫成了本書。這純屬一個寫作中的意外。

無意識。在做學生的時候，王二的個性很強，他不太看得起一般的同學和老師，可是他自己在現實中的生存能力又十分有限。顯然，王二的本我中有種種欲望，譬如像索羅斯一樣做一筆基金，輕輕鬆鬆拿個幾十億的進賬（他不應該這樣貧窮）；他不喜歡現在的大學體制總想自己辦一個大學（他的才華受到壓制）；他也希望在「上面有人」能在政治上呼風喚雨（他恨那些「沒有本事卻成功的人」），等等。可是在平時，這些想法都迫於現實環境的壓力，王二的自我不得不將其壓抑下去，日日在社會公眾的層面中出現的王二其實只是一個戴著人格面具的超我。[1]在王二沒有發瘋的時候，這些欲望可能會在平時的口誤和玩笑中有意無意地流露出來，或可能較常在夢中以怪異虛幻的方式實現。記得我曾經問過一位做精神病學的朋友，他告訴我，使人發瘋的最重要病因即是個人的理想和欲望與現實環境的激烈對抗。當主體不再能控制自己的欲望，即無法成功地將它們壓抑到冰河之下，使之無意識地奔湧而出並試圖與坐在王位上的主體自我意識一爭高下時，主體便精神分裂了。病症的程度可能會由輕微的腦子不做主到分裂式的時有囈語，再到狂怒的歇斯底里症。王二心比天高，可是他在現實中沒有一丁點成功，最終以他的婚姻離異並丟了工作後的精神分裂殺死了主體。心懷強力意志的他面前唯一的解脫是發瘋。不過，剛從醫院裡出來的王二已經得到了一定的控制，因為當時他還知道把抽完的煙屁股熄滅在煙盒中，而不是直接按在桌上。這就是佛洛伊德眼中的所看到的情景之簾幕背後的東西。

好。我們再來看第二個故事。這一次，我們請來的評點人是自詡為佛洛伊德遺產繼承人的拉岡。借用拉岡的眼來看，女孩梅子在下決心做回她自己之前的生活過程中，從來沒有真正擁有過小寫的她自己（即佛洛伊德所說的本我，拉岡甚至根本不承認本我的初始存在）。開始是父母，後來是從幼稚園到學校的老師同學，還有能夠接近她、

1　人格面具（persona）是容格後來提出的一個重要觀點。面具即一個人呈現給公眾的一面，通過這種他人承認的關係而獲得某種角色性的認可。參見〔瑞〕容格：《回憶・夢・思考——容格自傳》，劉國彬，楊德友譯，遼寧人民出版社 1988 年版，第 618 頁。

影響她的一切人，所有人都用「你行」、「你是最棒的」[1]、「你天生就是一個學習的料」、「你怎麼能像一般的女孩子平庸呢」的話語每時每刻建構著一種並不是她的大寫的她。那些並非惡意的其他（autre）人就是他者。這些親近的他者用他們每日的目光、表情和言行圍繞和建構著梅子對自己的心理和觀念認同，起初，她可能在鏡子裡看到過這個作為對象整體的她（依拉岡的說法，在這個鏡像中，人對自我的認同已經異化，自我認同的偽心像是主體最早的篡位者，也是小寫的他者a的陰險意象，小他者成了她，而她自己卻一開始就死亡了）；後來，她主要存活在他者們的有臉和無臉的反映式形象指認中。她是小寫他者的想像式的鏡像存在（這其實是佛洛伊德那個開始向現實低頭的自我的反向蛻化物）。從梅子能夠完整地接受文化語言教化開始，她的存活就發生了一個重要轉換，即從想像域轉換到象徵域。現在是語言符號那種無臉的大寫他者（上帝、觀念、主義、事業、成功）建構大寫的她了（超我＝主體S，可是拉岡一定要說這個主體其實是被本體性的刪除斜線劃著的$）。然而今天，梅子要做回她自己了。她不想繼續作為別人想像中那個光亮的女學者而存在了，她試圖穿過欲望的幻象，經營一個普通女孩子的生活。她要打倒形形色色的他者。

我不知道，梅子有沒有讀過拉岡，可她卻成功地通過拉岡式的解放從學者式的他者陰影中逃脫了。但是進一步的問題是，她又如何知道，「普通的女孩子」是不是另一種更為陰險的他者之幻象呢？因為，在拉岡的真實域中，不可能性才是存在之真。人就是腹中空空的症候或症象人。[2]

---

1 我所在的這座城市中的省重點中學的「尖子班」中，所有老師每都用這種口氣對那些高分學生這樣言說。於以致於高考之後，那些每天被捧在天上的孩子們一旦「考砸了」之後幾乎都處在一種發瘋的邊緣。「我怎麼會這種分數？」、「我怎麼能上那種學校？」是他（她）們常常發問的言語。也就是在我改第二稿的現在（2003 年 11 月），我女兒曾經就讀過的那所最好的省重點中學裡的一個高一的女孩子從五樓上跳下，結束她年僅 16 歲的如花生命。真是太慘了。可誰是兇手？！

2 想像域，象徵域，真實域，大、小他者，不可能性，症候和症象人，都是拉岡哲學中的這兩個故事顯然有不同的語境。我們先以佛洛伊德和拉岡兩種話語分別解讀了這兩個故事。這已經有了一種各自的差異性。可是，如果我們進而讓拉岡再去分析第一個故事呢？這就會呈現真正的思想異質性。在拉岡的眼裡，那天坐在我客廳中的王二，並不是佛洛伊德所說的無意識本真主體，拉岡的質問是，王二每天被壓抑下去的欲望（做基金發大財、呼風喚雨等）真是他自己真正想要的東西嗎？他在自我崩潰後直抒出來的無意識真是他的本我嗎？拉岡的回答是「不」！拉岡會認為，王二的欲望其實是今天象徵話語體系那個大寫的他者欲望的欲望，他只是想要（欲望著）今天成天在人們耳邊轟鳴的市場意識形態製造出來各種幻象，王二的靈魂深處湧動的無意識就不會是他本己的本能衝動，而是種種大他者無形強制下的奴性物。拉岡因此斷言：「無意識是大寫他者的話語」。更可悲的是，拉岡還要指認瘋掉的王二本來就是一個被種種象徵性身分和反諷性關係建構的空無，沒有發瘋之前也是另一種更深的本體論意義上的精神分裂。王二和所有人一樣，並沒有本真的本我（佛洛伊德的本能被拉岡作為生物學的動物性排除在人之存在以外了），他降生到這個世界上來最早期的一個對「我」的體認便是鏡射幻象（小他者Ｉ），然後以他身邊最親近關係的小他者II（爸爸、媽媽、爺爺、奶奶等親人，一直到一起玩耍的小夥伴、幼稚園老師等等）的反射性強迫自己成為一個他人眼中「應該」成為的「我」。長大以後，不在場的語言象徵逐漸替代了身邊當下的面容，教化式的大他者成了新的成年「我」（＝主體）規劃和一塊一瓦建構生存情境的真正原動。處於社會語言存在中的「我」，只可能追逐人們都想要的東西，無從掙脫和免俗。而這些東西，都只是形形色色大他者的他性欲望。我們永遠只是無意識地欲望著他者的欲望，可我們卻自以為是自己的本真欲望。拉岡認為，主體不過是一具被斜線劃著的空心人。人，從來不是他自己，也永遠不可能是他自己。這種不可能真實存在的此在，就是人的本體論存在意義

關鍵字語。本書在後面的具體研討中會逐一進行說明和闡釋。

上最重要的大寫的真實。王二瘋了，可連他的瘋話都是大他者強迫下吐露的「真言」。這就是拉岡令我們深深恐懼的地方。

我敢說，讀者聽了這兩個故事及其分析，可能更加疑惑了，因為舊問題不見得清楚了，卻多半會產生一大堆新的疑問。這不打緊，關鍵是有沒有一種特別想接著聽下去的欲望和好奇。關於故事，我們不妨先打住，因為，我們這整本書都是為了說明這些問題。故事中全部的謎底都在本書的敘述和分析之中。真想知道這些結論性的東西，只有耐下性子讀完此書。所以，下面讓我們先轉而介紹本書寫作的一些基本背景和內容概要。

首先，第一個背景問題就是我們已經提出來的拉岡與佛洛伊德的關係。拉岡常常說自己是在「回歸佛洛伊德」，可是我們卻發現了拉岡在這種「回歸」中對佛洛伊德的質性否定式的超越。這種超越其實憑籍了太多的複雜歷史資源，如超現實主義經科耶夫、伊波利特仲介過的黑格爾、索緒爾、雅各布森、克勞德·李維史陀的語言學結構主義，還有胡塞爾、海德格爾的現象學傳統，沙特、列維納斯等人的他人、他者理論和巴代伊的聖性事物觀等等。況且，這一切又都是被顛覆式地挪用。這裡出現的將會是顛覆性挪用的「二次方」。可能出現的情況是，看起來拉岡也使用一些佛洛伊德的關鍵字，然而這些詞語的涵義卻已經有了新的甚至是相反的語境。這是我們在解讀拉岡時容易碰到的第一件難事。拉岡的自我、無意識、症候等概念都是這樣的怪異情境。因此，倘若你在拉岡這裡讀到熟知的傳統精神分析學概念，千萬當心，說不定倒過來理解才是拉岡的真意。

下一個需要交待的地方，是拉岡學術主題和討論的多變性。我指的不是拉岡思想在總體邏輯上的非同一性，而是說拉岡絕非那種建構一種原創學術平臺之後幾十年凝固不變的學人。從1936年提出鏡像階段開始，到1953年在「回到佛洛伊德」的口號下突顯語言結構主義的能指話語，依拉岡門徒齊澤克的定位，這算是拉岡的「古典時期」。20世紀60年代後期是拉岡下一個新的理論時期的開始，即探討諸如對象a、症象人、沒有大他者的大他者之類的不可能直接觸及的形上規定，這些可怕的東西充斥於此時拉岡大量的報告和文本之中。考慮到是首次向國內讀者系統介紹和評述拉岡哲學，我恰巧選擇了拉岡「古典時期」中最重要的學術思想，即以1966年出版的《拉岡選集》（*Écrits*）為核心的解讀文本群，只在最後概要地討論了拉岡晚年的一些東西。

第三，因於拉岡哲學的艱澀，所以我在這本書的主要行文中雖然也採用了自己獨有的文本解讀方式，可是我也刻意拼貼了一些具象的、戲劇性的平和外觀。為得是讓大多數頭痛欲裂的讀者能夠有些感性的通道，這就像我們平常看恐怖片時也需要通過暫時的逃離稍稍放鬆一下。

本書的第一部分（劇場指南）對拉岡生平和理論邏輯進行了一個概括性的介紹和討論。我盡可能在其中簡略清晰地線性再現拉岡哲學的思想軌跡，同時嘗試著以非文本學的方式使拉岡哲學中最重要的當代形上意義連結和基本哲學理論邏輯的輪廓得以初步浮現。第二部分（序幕第一章）主要討論了作為拉岡基本邏輯前提的佛洛伊德。當然，我只是非專業化地討論了精神分析學某些重要理論範疇和最一般的理論原則。這一部分中，我已經開始穿插拉岡和齊澤克的評點，也算是一個大的理論邏輯過渡。第三部分（第一幕中的兩章）則討論了拉岡早期的鏡像理論。拉岡正式登場之前，我首先在第二章介紹了影響青年拉岡哲學的特定學術語境，主要是超現實主義思潮（特別是達利）和經科耶夫重新詮釋的新黑格爾主義某些傾向性的觀念。前者的作用在於對現實存在的批判性解構，尤其是達利以瘋狂性藝術存在對現實之繭的真實掙脫；而後者的意義則在於科耶夫、伊波利特對黑格爾以對象性關係認同為核心的主奴辯證法和欲望辯證法的過度詮釋。第三章是對拉岡的鏡像理論的集中研究，在那裡，我第一次深入分析了自我鏡像異化的哲學邏輯起點，小他者的兩種形式以及鏡像關係的深層本體論意義。其中，關於小他者的兩種形式的區分算是我的原創。第四部分（第二幕中的三章）是對拉岡象徵性能指學說的討論。第四章主要介紹了作為拉岡能指學說理論重要背景的語言學結構主義的基本學術資源，尤其是索緒爾和克勞德・李維史陀的符號學理論和象徵性觀念。相對而言，後者對拉岡的影響更直接和更深刻一些。第五章則聚焦於拉岡的證偽性的語言觀，其中尤以「語言即對存在的殺戮」為最，並由此導引出拉岡極端的偽個人主體論。第六章是拉岡哲學中作為邏輯核心的能指理論。在這裡，拉岡的能指成為篡奪一切事物和人存在之位的隱性暴君，生存現象中招搖在世的個人主體不過是能指鏈互指輪迴的空心木乃伊。第五部分（第三幕中的三章）是拉岡他者理論和批判性欲望學說。第七章主要分析了他者理論的歷史性發生邏輯，包括從神學語境中的聖性他者和魔鬼他者，到存在主義的他人邏輯，以及列維納斯的他者之面孔說。由此，當代西方學術語境中炙手可熱的他者理論之複雜語境終於得以彰顯。第八章則集中探討了拉岡的大寫他者理論。拉岡大寫他者理論的前提是他的存在瘋狂說，大他者正是主體際關係存在中的魔化力量，無意識是我們最本己的東西，可卻也是大他者的隱性繩索。第九章則是拉岡獨特的欲望論。從界劃具象的需要、言說的要求出發，欲望是以本體性的空無為對象的，更重要的是，欲望總是以他者的欲望為欲望對象的，個人的欲望永遠只能在幻象中得到虛假滿足。最後一部分（終曲一章）的研究對象是濃縮了的拉岡晚年迷入的存在真實域。關於那一段，我著重分析了不可能性的存在之真的實質，以及晚年拉岡所熱衷的大寫的物、對象a、症候之類的古怪概念的基本含義。

我真的以為，拉岡哲學對今天的中國學界來說實在太重要了，也真的已經來的太晚了些。拉岡思想對那些感覺過好的人來說像朝頭澆下的一盆冷水，而今天，這種自以為是的人在我們這塊土地上實在太多。他們真應該在拉岡精神分析的躺椅上接受一下心理哲學治療。

最後，我舉一個例子來結束這段。1958年，一位自認為很了不起的學者克洛德・迪梅爾走進了拉岡的研討會，當他聽懂拉岡所講的東西時感覺如下：「真是恐怖，一個超凡脫俗的君子突然像鯉魚一樣一言不發了，那個充滿誘惑的人把你洗劫一空，使你一文不名。這不再是理論上的，我被宰得鮮血淋漓。」[1]為什麼？他聽到了什麼？你如果真想知道，就請堅強地不言放棄地讀完本書。然後，你還得說：「我一定要真實地活下去」。哪怕是「指著面具而前行」（巴特語）！這算是我們的事先約定。

在這裡真心祝你好運。

張一兵

2004年1月9日於香港國際機場

1 轉引自〔法〕多斯：《從結構到解構——法國20世紀思想主潮》，季廣茂譯，中央編譯出版社2004年版，上卷，第139頁。

劇場指南和內容簡介

我們將看一場戲。這是拉岡言論之下的個人生存情境劇，一齣十分典型的悲劇，據說，恰好是你、我，我們所有人，正在無意識扮演的名為「活著」的行動劇。與任何先鋒戲劇一樣，它將是十分令人費解的。原作：拉岡。編劇：拉岡。導演：拉岡。主要演員：我（那個現在還被叫做自我和主體的你、我、他）。以下是此劇的劇場指南和內容簡介。

拉岡（Jacques-Marie-Emile-Lacan 1901-1983）是當代法國著名的精神分析學家和魔幻式的原創性思想大家。在今天這個後現代語境中，他的學術影響似乎一天天在增大起來。為了使讀者能夠較順利地進入拉岡的學術語境，我們將搭建兩個通向拉岡哲學魔殿的天橋：在引言中，我們先要介紹他的生平。用海德格爾式的描述我們或許應該說：拉岡出生、活著和死去；用他自己的話來說：拉岡出生、自欺乃至發瘋和成為無言的他者。之後，我們再對拉岡哲學邏輯中最重要的東西作個簡要的邏輯梳理。

1、拉岡出生、活著和死去

1901年4月13日，拉岡出生於法國巴黎第三區的博馬歇大街95號。這是法國巴黎一個有著天主教傳統的商人家庭，家中在他之下還有一個妹妹馬德雷諾和弟弟馬克。這是一個生活優裕的家庭，母親愛米麗・費力賓・瑪麗・波德麗，原是傳統的金飾工藝匠的女兒，父親阿爾菲特·查爾士·馬里·保爾·拉岡經營酒醋製造和推銷業務，生意興隆，家產富足。早年，拉岡曾求學於天主教會管理的斯坦尼斯拉斯中學（Collège Stanislas）古典班，在那裡熟識了希臘文、拉丁文和數學。大師們常常在早年就顯現超群的稟賦，少年拉岡也是一眾同學當中傑出的鬼才。尤其值得注意的是，拉岡的思之起步是文學，其後來的所有理論始終處於一種無從擺脫的濃重的**詩學語境**之中，緣由大約也在於此。15歲時，拉岡便開始用古典手法寫詩，並嘗試向雜誌投稿；17歲時，他結識了喬伊絲等一批著名的現代文學大師。所以，拉岡思想的真正基底並非肯定性的實證科學，而恰巧是洋溢人文價值的詩性批判。此外，拉岡很早就對哲學滋生出濃厚的興趣，特別是斯賓諾莎的思想。[1]這一點倒是類似於青年阿爾都塞[2]。

20世紀第二個十年中慘烈爆發的第一次世界大戰對青年拉岡的衝擊異常劇烈，目睹人與人之間殘忍冷酷的相互殺戮之後，年輕的拉岡無法再相信萬能而仁慈的上帝，也不再從內心裡虔誠敬重人性之崇高。這種對布爾喬亞**現實**世界深深的失望和對世俗物化人間的鄙視情結，深深地改變了拉岡此後的人生。與早早做了牧師的弟弟不同，拉岡未滿20歲就背叛了家庭的宗教信仰，不敬鬼神、不信人性，甚至由此頗帶幾分叛逆與悲情地告別文學之思，走向了與現代性同體誕生的

1　於青年拉岡十分著迷於斯賓諾莎的《倫理學》一書，據說他那時的臥室中就掛著一幅斯賓諾莎此書的平面結構圖。

2　阿爾都塞（Louis Althusser 1918-1990）：法國著名西方馬克思主義哲學家。阿爾都塞 1918 年 10 月 16 於日出生於阿爾及爾近郊的比曼德利小鎮，其父是一個銀行經理。阿爾都塞從小信奉天主教。1924-1930 年，他在阿爾及爾讀小學；1930-1936 年在法國馬塞讀完中學；1937 年曾參加天主教青年運動；1939 年考入法國巴黎高等師範學校文學院。同年，因戰爭中斷學業應徵入伍。1940 年 6 於月被俘，囚禁於德國戰俘集中營內，直到戰爭結束。其間，因患精神病入院治療。1945-1948 年重入高師讀哲學，師從巴什拉教授；1848 年完成高等研究資格論文《黑格爾哲學中的內容的觀念》後留校任教。1948 年 10 月，加入法國共產黨。1950 年正式脫離天主教。1975 年 6 月，在亞眠大學獲得博士學位。1980 年 11 月 16 日，因精神病發作，誤殺其妻；1990 年 10 月 22 日因心臟病逝世，享年 72 歲。主要著作：《孟德斯鳩：政治與歷史》（1959）；《保衛馬克思》（1956）；《讀資本論》（1965）；《列寧與哲學》（1968）；《為了科學家的哲學講義》（1974）；《自我批評材料》（1974）；《立場》（1978）；《來日方長》（1992）等。

醫學科學。也許他意識到，悲苦的人生真的需要醫治和良藥。這也是許多大師年輕時曾經走過的一條誤認性彎道，譬如中國魯迅早年的學醫。因為，在客觀的科學背景中，人類主體不過是工具理性分解認知的客體對象而已，科學中的人是可控制的，人有病，天當知，醫學中的人只是被診治的對象。1919年秋，拉岡進入巴黎大學醫學院學習，然而在之後七年的醫科生涯中，他卻越來越無法滿足於只做一個精研病理學的預科大夫，相反，拉岡似乎又找回了早年的激情，又開始狂熱地**斜視於**哲學和文學。拉岡晚年曾提出過一個觀點：只有在人的斜視狀態中，作為本體論存在真實物的對象a才能失敗性地呈現。特別要指出的是，在自己世界觀形成的最重要階段中，拉岡異常鍾情於當時歐洲藝術實踐中的超現實主義思潮。我在下文的討論中做了一個未必十分準確的判斷：超現實主義是青年拉岡思想的邏輯內驅力。那時，在左岸地區不起眼的莫里埃書店裡，人們常常能看見拉岡、紀德[1]、克洛岱爾[2]等人的身影。當時，拉岡不僅與超現實主義大師布勒東和達利交上了朋友，甚至還成了畢卡索的私人醫生。到了30年代，拉岡開始直接為超現實主義的刊物寫稿，其中甚至包括一些詩歌習作。以科學的眼光來看，這些事情對一個醫科學生而言，並非正業。

1923年之後，在醫學院的課堂上，拉岡第一次比較系統地聽到了佛洛伊德精神分析學的理論。由此，拉岡初步掌握了佛洛伊德所說的潛意識等基本概念。1927年，青年拉岡成為巴黎醫學院所屬聖安妮醫院（Hopital Sainte-Anne）精神病所的住院醫生。他還先後到巴黎地區警察局所屬的精神病患者診療所進行臨床實習，在亨利・魯舍爾醫院學習法醫學。1928年，他來到警察局附屬的特殊醫院擔任專職醫生。在這種非常性的職業環境裡，拉岡不得不終日面對不正常的另類人群，從而使他的興趣逐漸轉到精神病理學和犯罪學領域。或許也是這段經歷在多年之後成就了拉岡獨到的眼光和發現：有病的其實

1　紀德（André Gide 1869 ～ 1951）：法國作家。1947 年獲諾貝爾文學獎。

2　克洛岱爾（Paul Claudel 1868 ～ 1955）：法國外交官，詩人和劇作家。

不僅是精神病人，事實上全部的人都瘋了；**人不是人**，而是披著象徵性人皮的空無。也是在這一年，拉岡發表了〈戰爭後遺症：一個女人不能前行的病症〉一文，探討社會特定時期中發生的社會心理疾病。1929年，拉岡正式成為魯賽爾醫院的一名法醫，後又於1931年回到聖安娜醫院，著手用語言學的方法分析精神病人的手記，並逐漸將心理異常現象中的妄想型病症作為主要研究對象。此時，達利也已經明確提出所謂「妄想狂的批判方法」。也是在這項研究中，拉岡開始關注病人的「心理自動」現象，即主體心理對某種外部力量**無意識**的臣屬慣性。「心理自動」的研究受益於他的見習指導老師克萊朗布林，在立意上正好與超現實主義者推崇的「自動寫作」處於截然不同的語境中。[1]正是在這裡，拉岡開始「導向佛洛伊德」。[2]

1930年，拉岡到蘇黎世大學所屬的布爾格爾茲利精神病治療所（Clinique du Burghölzli）實習兩個月，他的師從著名的精神分析學家漢斯・邁爾（Hans Wolfgang Maier, 1882-1945）。佛洛伊德本人曾經在這裡向他的老師布勒爾（Eugene Bleuer, 1857-1939）學習神經解剖學及精神病治療學。1931年，拉岡獲得法院精神分析師資格。1932年，青年拉岡在克勞德教授的指導下，完成了題為《論妄想型精神病概念與人格關係》（*De la psychose paranoïaque dans ses rapports avec la personalité*）的博士論文。[3]論文獲得通過，拉岡順利拿到了醫學博士學位。據說，在論文通過答辯之後，拉岡曾將論文寄給他心目中的老師佛洛伊德，而後者僅以一張公文式的明信片回覆。或許，後者此時已經體認到前者內心深埋的理論反骨。拉岡的這篇論文以三十三例妄想型精神病人的臨床觀察為基礎，第一次觸及一個重要的心理學事實：個人自我的存在本體有可能在他自己的心身**之外**。這是非常重要

---

1 克雷宏波（G・Clérabault, 1872～1934）：法國精神病醫師，著有《思想的自動性》一書。拉岡稱他為自己「在精神病學中唯一的導師」。參見〔法〕拉康：《拉岡選集》，褚孝泉譯，上海三聯書店2001年版，第58頁；第173頁。

2 〔法〕拉岡：《拉岡選集》，褚孝泉譯，上海三聯書店2001年版，第58頁。

3 Jacques Lacan, *De la psychose paranoïaque dans ses rapports avec la personalité,* Paris: Le Français, 1932.

的一個思想起點，它與黑格爾式的激情個人主體的宿命觀發生了隱約的深層連結。拉岡論文中最重要的一個病例是關於女妄想症病人埃梅（L・Aimee）的分析。[1]38歲的埃梅因刺殺法國知名演員達弗羅斯[2]而被捕，可是後者與埃梅根本不曾產生過任何直接關係。達弗羅斯只是埃梅幻想中的身處上流社會、受人仰慕的理想女性形象，她夢寐以求地希望自己成為幻象中的「達弗羅斯」，可是，既然是幻象，必然與現實相去甚遠。在現實中並不走運的埃梅對理想幻象的追求以異常畸形的方式呈現：她將自己一生中屢屢遭遇失敗和不順而產生的怒火，全盤傾洩在理想目標的身上。拉岡認為，案例中的埃梅並不是單純地在攻擊他人，而是在「自虐」，與其說埃梅刺殺了一名演員，不如說她行兇的對象恰是她幻想中的另一個自己。在對埃梅進行的病理分析中，拉岡留意到妄想狂的癥狀恰是不斷將成功的他人形象**鏡像式**地內化和認同為自己的理想心像，內化為**另一個**（autre）並不是自己的完美和諧的理想自我，亦即後來拉岡哲學中的關鍵字：**他者**。請一定注意，拉岡關於他者概念的思考從一開始就異於海德格爾－沙特式的他人，也不同於列維納斯的他者，前者概念的緣起是科耶夫式的黑格爾鏡像關係中的自我意識。對這個自己之外的理想形象，埃梅癡迷地浸淫其中，甚至義無反顧地成為這種無意識**心像偽我**的奴隸，而這個主體之外的另一個心像，正是主體自身異在的真正本體。此時的拉岡已經漸漸發覺，那個真正成為人的主人的無意識的**異在**本體，實質上是一定的外部「社會引力」。這種強大和無處不在的外部引力假手社會地位、名望和金錢，製造出種種「他我」。拉岡認為，這是一種現實中不在其位，幻象中卻應該存在的空位，這些空位常常落在一些「另一個」成功人士（應該是「我」＝理想自我）身上，妄想狂患者傾向於將這些成功人士視為自己的理想自我和內在心像，依靠這種理想化的張力支撐著「我」的存在。拉岡自己說，這是他第一次發現，自我

---

1 依拉岡的說明，這是女病人本人創作的小說中主人公的名字。參見〔法〕拉岡：《拉岡選集》，褚孝泉譯，上海三聯書店 2001 年版，第 173 頁。

2 弗洛斯（Huguette Duflos, 1887-1982）：法國著名喜劇和無聲電影女演員。

的觀念可能只是妄想。[1]可是，當現實中自我心身的失敗與作為「另一個」理想自我的成功形成強烈反差時，主體常常會通過真實的精神分裂將幻想直接實現為現實，埃梅刺殺那個在社會現實中成功的女人，其實是在試圖殺死另一個作為虛假**心像**的自己。拉岡之所以謂其為自我懲罰，原因便在於此。有論者認為，這一研究象徵著拉岡的思想焦點已經從醫學和精神病理學轉向了精神分析學。[2]這個判斷是對的。並且我還認為，正是這項研究，奠定了拉岡日後全部理論思考的邏輯基礎。福原泰平說，「埃梅病例處於以後開展的拉岡理論的本源性地位」。[3]這是準確的理論定位。

1933年起，青年拉岡與布勒東以及菲利浦．蘇波（Philippe Soupault, 1897-1990）以及達利等**超現實主義**藝術家的交往日益密切起來。他連續在巴代伊命名的超現實主義雜誌《米諾托》（*Minotaure*）上發表文章，討論精神病與藝術風格的關係。其中一篇以討論帕品（Papin）姐妹命案的妄想狂的分析性文章尤其引人注目。[4]在此文中，拉岡開始直接關注**無意識**的重要性，這種關注顯然在遊離於佛洛伊德，因為此刻拉岡的無意識已經在指認外在於個人自我的某種強制性的**他性**結構。並且，這種結構正是以鏡像式的自我形象誤認實現的。而此時，以「妄想狂批判」為**肯定性**言行方式的達利，也對拉岡剛剛完成的博士論文中呈現出來的「深邃」思想大為讚賞。[5]拉岡曾十分得意地談到這種「文學效果」。[6]1937年他們第一次會面之後，兩人立即在反對肯定現實生活的建構主義這一點上形成了共識。無論

1 〔法〕拉岡：《拉岡選集》，褚孝泉譯，上海三聯書店 2001 年版，第 59 頁。

2 郭本禹等：《拉岡》，生智文化事業有限公司（臺灣）1997 年版，第 8 頁。

3 參見〔日〕福原泰平：《拉岡——鏡像階段》，王小峰等譯，河北教育出版社 2002 年版。第 33 頁。

4 拉岡的這篇文章名為《妄想症犯罪動機——帕品姐妹的犯罪》。帕品姐妹克利斯蒂和萊亞是一對雙胞胎，她們在薩爾特做傭人時，殘酷地將主人朗史蘭夫人和女兒殺死。拉岡發現，帕品姐妹實際上共有一個鏡像，卻以對方為理想形象，在對幻想對象瘋狂追逐中失去理智。

5 於達利的文章刊載於《米諾托》1933 年第 1 期上。

6 〔法〕拉岡：《拉岡選集》，褚孝泉譯，上海三聯書店 2001 年版，第 58 頁。

是對拉岡、還是對達利而言，他們彼此間的交往都是一種深刻的相互影響過程。此時，還有一個人在關注拉岡的研究，這就是巴代伊[1]。他專門在《社會批判》（*La Critique sociale*）雜誌上撰文討論拉岡的博士論文。同年，拉岡受巴代伊的邀請，參加了科耶夫[2]關於黑格爾《精神現象學》的研討。巴代伊是這個講座中最熱心的聽眾之一。在後來的研究中我發現，拉岡在思想上深受巴代伊的影響，他關於語言的無化本質的理解，特別是他後期關於真實域的思考中屢見巴代伊被顛倒的影子。[3]並且，巴代伊對世俗世界與神聖事物的區分也正是建立在超現實主義基礎之上的。聖性事物恰巧是世俗生活中的不可能（這也是全部神學邏輯的本質）。因此，我覺得，拉岡晚年以真實域為問題核心的哲學轉變其實就是再一次的**回到**巴代伊。關於後者與拉岡之思的關聯，我們在下文中還將專題討論。科耶夫和伊波利特關於黑格爾關係性自我意識和**主奴辯證法**思想中欲望關係的詮釋極深遠地影響了拉岡。拉岡甚至一直保存著科耶夫當年的講義。同期，拉岡在法蘭西學院旁聽心理學家亨利・瓦隆[4]的課程，瓦隆兒童心理學研究

---

[1] 巴代伊（Georges Bataile）：法國當代著名思想家。1897 年 9 月 10 於日生於法國比昂。1814 年，17 歲的巴代伊接受了洗禮，開始信奉天主教。於第一次世界大戰爆發以後，巴代伊於 1916 年應徵入伍，其年因病退役。1918 年，巴代伊通過大學入學考試，進入國立古文書學校學習。1922 年文書學校畢業後，被任命為巴黎國立圖書館司書。1929 年創立《實錄家》雜誌。1936 年創立《阿塞法爾》雜誌。1946 年創立《評論家》雜誌。1962 年 7 月 8 於日因病逝世於巴黎。其主要代表作為：《太陽肛門》（1931）；《耗費的概念》（1933）；《內在體驗》（1943）；《被詛咒的部分》（第 I 、 II 部分，1949-1951）；於《關於尼采》（1945）。

[2] 柯耶夫（A・kojéve, 1902-1968）：俄裔法國著名哲學家。於出生於俄羅斯一個富裕和有影響力的家族，俄國畫家康定斯基的侄子。1926 於年畢業於德國海德堡大學。1933-1939 年，他在巴黎高等實驗科學研究學校主持黑格爾哲學公開研討會，內容為黑格爾的《精神現象學》。這個研討會一直持續到 1939 年。與柯耶夫一同介紹黑格爾哲學的還有伊波利特，他也是主要討論黑格爾的《精神現象學》。1939 年，伊波利特翻譯的黑格爾《精神現象學》第一卷出版。1946 年，伊波利特發表討論《精神現象學》的論文，1947 年，柯耶夫的《黑格爾解讀引論》出版。

[3] 參見本書最後一章。

[4] 瓦隆（Henri Wallon, 1879-1962）：法國著名心理家。代表作有：《迫害妄想症》（1909）；《意識與潛意識的生命》（1920）；《兒童性格的發展》（1934）等。

中的「鏡像實驗」也深深打動了拉岡，該心理試驗的理論核心直接成為拉岡不久後提出的鏡像理論的科學基礎。

1934年，拉岡成為巴黎精神分析學會候補會員，並開始精神分析工作。1938年，拉岡成為巴黎精神分析學會正式會員。也是在這一年，拉岡迎娶一位醫生家庭的女兒——布朗婷（Marie-Louis Blondin）為妻。這是他的第一次婚姻。[1]

1936年7月31日下午3時40分，在捷克的馬倫巴（Marienbad）召開的第14屆國際精神分析學會年（le XIVe Congrès psychanalytique international）上，拉岡發表了關於鏡像階段論的報告。這是他第一次明確提出在自己思想進程中具有里程碑意義的**鏡像理論**，也是拉岡自認為「對精神分析學理論上的第一個貢獻」。[2]準確地說，是對後佛洛伊德精神分析學的第一個貢獻。拉岡思想終於正式在場了。可是，過後拉岡回憶起來，這次發言頗具戲劇性。大會規定發言必須限制在十分鐘之內，主持人提醒了拉岡四次，他仍然超時講話，最後是會議主席歐內斯特·瓊斯（Ernest Jones）打斷了拉岡的演講。[3]有意思的是，這份應當非常重要的手稿在拉岡自己的手裡遺失了，並且在會刊的摘要中與這篇文章有關的記錄也只有一個名為「*Looking glass phase*」標題。這麼一來，作為拉岡全部思想起點、也是標誌鏡像理論創立的原初文本居然在文字記錄中被悄然抹去。起點，就此成為一個**無**。十分有趣的是，拉岡後來常常沒來由地在存在本體的意義上刻意渲染這「起點為無」的理論事件。人們後來看到的文本是拉岡收入《拉岡選集》中〈作為「我」之功能形式的鏡像階段〉一文，那是拉岡1949年提交給蘇黎士第十六屆國際精神分析學會年會的論文。這裡的「無」，正是拉岡藉以重解自我偽主體為中心內容的「想像域」思想發展階段的重要基石。在鏡像理論中，拉岡證偽了佛洛伊德式的自

---

1 拉岡與布朗婷婚後有三個孩子：卡洛琳（1934年）、提波（1939年）、斯庇爾（1940年）。

2 〔法〕拉岡：《拉岡選集》，褚孝泉譯，上海三聯書店2001年版，第59頁注1。

3 參見〔法〕拉岡：《拉岡選集》，褚孝泉譯，上海三聯書店2001年版，第191頁。

我主體建構邏輯，他以嬰兒在統一的視覺鏡像中**誤認**自我的偽心像為開端，提出自我的**異化本體**論，即在虛假的鏡像之「我」中，真實主體在基始性上便是空缺的，自我主體不過是一個以誤認的疊加建立起來的想像中的偽自我。毫無疑問，這是拉岡對佛洛伊德自我論發起的一場理論造反！我認為，此處已是拉岡**獨有的**思想邏輯，鏡像說當然是原創性的！也有論者認為，拉岡直到1953年才形成自己的話語，這顯然不是準確的判定。[1]

1936年8月至10月，拉岡在馬里恩巴德－奴阿穆基耶（Marienbad-Noirmoutier）撰寫〈超越「現實原則」〉（*Au-delà du <Principe de réalité>*），並於當年發表在〈精神治療學的演化〉（*L'Evolution psychiatrique*）的「佛洛伊德研究專號」（numéro spécial d'études freudiennes）上。

1939年至1945年，第二次世界大戰爆發，拉岡先在軍隊醫院服役，不久便退伍隱居於法國南部的小城奈斯（Nice）。其間，拉岡曾學習中文和日語。這段靜謐安詳的時光中，除了讀書與寫作之外，拉岡遭遇了一場出軌的激情，他與巴代伊已經分居的妻子西維亞（Sylvia Bataile）[2]過從甚密，1939年，兩人開始同居並在1941年生下非婚女兒裘蒂特。

1945年戰爭結束之後，拉岡對英國進行了為期五周的訪問，並寫有〈英國精神病與戰爭〉一文（發表於1947年）和《邏輯時間及預期確定性的肯定》（*Le temps logique et l'assertion de certitude anticipée*），發表於《1940至1945年的藝術手冊》（*Les cahiers d'Art: 1940-1945*）。1948年5月中旬，拉岡在布魯塞爾舉行的第21次法語國家精神分析學代表大會上發表《精神分析中的侵凌性》（*L'agressivité en psychanalyse*），並刊登於當年的《法國精神分析學雜誌》（*Revue*

1　參見郭本禹等：《拉岡》，生智文化事業有限公司（臺灣）1997年版，第12頁。

2　西維亞為巴黎當時一位知名的演員。她因在讓・雷諾瓦執導的電影《戰爭一方》中飾演女主角而成名。巴代伊在1933年與西維亞分居，結束了倆人五年的婚姻生活。1946年巴代伊與西維亞正式離婚。

française de psychanalyse）第3期。

1946年以後，拉岡以著名精神分析學家的身分頻繁參加巴黎精神分析協會的活動，1953年1月任學會主席，可是同年6月，拉岡就辭去這個職務，轉而加入法蘭西精神分析學會。也是這一年，拉岡做了第二次新郎，這次婚姻好比一種「穿越幻象」式的奪人所愛，因為新婚夫人就是剛與巴代伊離婚的前妻西維亞。我們都知道，拉岡晚年常說的一句話是，女人是不存在的。

1950年，拉岡通過克勞德・李維史陀與雅各布森相識並結為摯友。用克勞德・李維史陀的話說，「拉岡當即就被他征服了」。[1]也是在此時，他與梅洛－龐蒂、萊里斯和克勞德・李維史陀開始了頻繁的交往，並著手系統而完整地瞭解索緒爾以及語言學結構主義。梅洛－龐蒂是最早向法國學界介紹語言學結構主義的。[2]這立刻成為拉岡思想中一種重要的理論資源。1951年1月，拉岡以稍稍多數當選巴黎精神分析學協會會長。1953年7月，拉岡在〈象徵、真實和想像〉（*Le Symbolique, l'Imaginaire et le Réel*）一文中首次提出「回到佛洛伊德」（retour à Freud）的口號。同年9月，拉岡在羅馬召開的第17屆國際精神分析大會上作《言語與語言在精神分析中的作用和範圍》（標題法文直譯為《言語和語言的功能和場域》）（*Fonction et champ de la parole et du langage*）的報告（簡稱《羅馬報告》），象徵著其學術發展中的一個突顯能指暴力的「象徵域」語言哲學新時期的開端。這反映出拉岡開始更偏重於將語言學結構主義的觀念與佛洛伊德聯結起來，可是，這種嫁接並不是兩種思想的簡單接合，而又是一個顛覆式的重建。有學者評論說，《羅馬報告》是「通過黑格爾、海德格爾、

---

1 據李維史陀自己說，當時是因為雅各布森時常到巴黎來，沒有地方吃住，他將其介紹給拉岡夫婦，後者讓雅各布森在巴黎有了「自己的家」。〔法〕李維史陀：《今昔縱橫談：施特勞斯傳》，袁文強譯，北京大學出版社 1997 年版，第 54 頁。

2 李維史陀自己說，「好多年，我們都非常親密的朋友。我們常在吉爾特蘭克特的梅洛－龐蒂家聚餐」。李維史陀：《近在眼前與遠在天邊》，轉引自〔法〕多斯：《從結構到解構——法國 20 世紀思想主潮》，季廣茂譯，中共中央編譯出版社 2004 年版，上卷，第 154-155 頁。

克勞德・李維史陀對佛洛伊德的回歸」。[1]這基本上是正確的指認。拉岡雖然援引了索緒爾的能指概念，但是前者筆下的能指概念內涵早已與索緒爾的原初語境相去甚遠，在克勞德・李維史陀能指至上影響下，象徵性的能指成為掏空主體的殺人工具，人之存在畸變為自身無意義的能指鏈的流變遞轉。很顯然，這種所謂語言哲學與佛洛伊德的結合在本質上已經是一種邏輯謀殺。因為，佛洛伊德提出的所有重要觀念在這裡幾乎都遭受了毀滅性的打擊。顯然，「回到佛洛伊德」的真相是一次理論上的弒父陰謀！

這年年末，拉岡在聖安娜醫院開始了長達27年的公開研討會（seminar）。[2]他幾乎每週或者隔周的週三就在研討會上作一次報告，每一年都能留下一本洋洋灑灑的演講報告集，27年一共留下了27集。[3]當時，這個研討會響應者甚眾，幾乎每次都有七、八百人參

---

1 〔法〕多斯：《從結構到解構——法國20世紀思想主潮》，季廣茂譯，中共中央編譯出版社2004年版，上卷，第142-143頁。

2 於拉岡的個人研討會始於1951年，開始，這只是他在自己家中舉辦的學術討論。而到了1953年，這種研討會則演變為面向公眾的公開研討會。

3 拉岡公開研討會上的二十七個演講分別為：1、《佛洛伊德的技術性文獻》（*Les écrits techniques de Freud,* 1953-1954）；2、《自我：佛洛伊德的理論與精神分析學技術》（*Le moi dans la théorie de Freud et dans la technique de la psychanalyse* 1954-1955）；3、《精神病患》（*Les psychoses,* 1955-1956）；4、《對象關係》（*La relation dobjet,* 1956-1957）；5、《無意識的塑形》（*Les formations de linconscient,* 1957-1958）；6、《欲望及其對它的解釋》（*Le désir et ses interprétations*, 1958-1959）；7、《精神分析學的倫理學》（*'L' éthique de la psychanalyse,* 1959-1960）；8、《移情》（Le transfert, 1960-1961）；9、《認同》（*'L' identification*, 1961-1962）；10、《憂鬱症》（*Langoisse*, 1962-1963）；11、《精神分析學和四個基本概念》（*Les quatre concepts fondamentaux de la psychanalyse*, 1963-1964）；12、《精神分析學的關鍵問題》（*Problèmes cruciaux de la psychanalyse*, 1964-1965）；13、《精神分析學的對象》（*'L' objet de la psychanalyse*, 1965-1966）；14、《幻想的邏輯》（*La logique du fantasme,* 1966-1967）；15、《精神分析學的活動》（*'L' acte psychanalytique*, 1967-1968）；16、《從他人到他者》（*Dun Autre à lautre*, 1968-1969）；17、《精神分析學的反面》（*Lenvers de la psychanalyse*, 1969-1970）；18、《論一個異質與他者的話語》（*Dun discours qui ne serait pas du semblant*, 1970-1971）；19、《或許更糟糕》（*... ou pire,* 1971-1972）；20、《繼續著》（*Encore*, 1972-1973）；21、《並非上當者的錯誤》（*Les non-dupes errent*, 1973-1974）；22、《真實、象徵、想像》（*RSI*, 1974-1975）；23、《症候》（*Le sinthome*, 1975-1976）；24於、《人們由於誤認知道愛情其實不然》（*L'insu que sait de l'une bévue s'aile à mourre*, 1976-1977）；25、《總結的時候》（*Le moment de conclure,*

加，成為巴黎上流學界一道獨特的風景。克勞德·李維史陀、伊波利特、巴特、克莉斯蒂娃、阿爾都塞、利科和福柯[1]等人都參加過研討會。也是在這個研討會中，拉岡相中了阿爾都塞的學生雅克－阿蘭·米勒[2]，後者娶拉岡之女裘蒂特為妻，成為拉岡事業的新一代掌門人，直至今日。[3]

1956年，拉岡與老師伊波利特公開論戰，他宣告說，精神分析學不僅繼承了黑格爾的哲學，而且就是哲學的未來。當然，這個作為哲學未來的精神分析學不是佛洛伊德主義，而是拉岡式的全新理論。1957年，拉岡已經非常熟悉語言結構主義的東西了，在的〈無意識中文字的要求或自佛洛伊德以來的理性〉一文中，他已能夠像雅各布森一樣嫻熟地援引索緒爾。而此時，後者正住在拉岡之妻西維亞之處，拉岡定期與他會面討論問題。

1963年，拉岡被取消分析導師資格，他離開了聖安娜醫院，到巴黎高等師範學院任教。法國法蘭西精神分析學會宣告解散。1964年，拉岡與瑪諾尼等人組建法國精神分析學派（École Française de Psychanalyse），並很快更名為巴黎佛洛伊德學派（École Freudienne de Psychanalyse, EFP）。同年，阿爾都塞發表《佛洛伊德與拉岡》，這象徵著拉岡與西方馬克思主義的最初接合。[4]1966年，《拉岡選集》

1977-1978）；26、《拓撲學與時間》（*La topologie et le temps,* 1978-1979）；27、《分解》（*Dissolution, 1980*）。

1 蜜雪兒·福柯（Michel Foucault, 1926-1984）：法國當代著名哲學家、歷史學家。主要代表作：《古典時代的瘋狂史》（1961）；《臨床醫學的誕生》（1963）；《詞與物——人文科學考古學》（1966）；《認知考古學》（1969）；《規訓與懲罰》（1975）；《性史》（1976-1984）；《生命政治的誕生》（1978—1979）等。

2 雅克－阿蘭·米勒（Jacques-Alain Miller, 1944-）：法國當代著名精神分析學家和作家。1962年進入巴黎高等師範學校，師從阿爾都塞，1963年，阿爾都塞分配他關注拉岡思想，他開始與拉岡接觸並得到後者的好感。1966年，與拉岡的女兒裘蒂絲·拉岡結婚，成為拉岡的女婿。1992-2002年，任世界精神分析主席。也是拉岡的研討會手稿出版的唯一編輯。

3 拉岡稱米勒是「唯一真正瞭解」他文本解讀方法的人。

4 1969年，阿爾都塞發表《意識形態與意識形態的國家機器》一文，這是拉岡思想對阿爾都塞影響最深的文本。具體情況請參見拙著：於《問題式、症候閱讀與意識形態——一種關於阿爾都塞的文本學解讀》，中共中央編譯出版社2003年版，第6章。

（*Écrits*）由子夜出版社出版，[1]這部多數人根本看不懂的東西迅速賣掉了5000冊，以至於出版社不得不立刻重新加印。到1984年，《拉岡選集》共賣出了36,000冊。1970-1971年，出版社重新編印了二卷簡裝本，它打破了此類圖書的全部銷售紀錄，第一卷賣出了94，000

---

[1] 此文集收入了拉岡1936-1966年以來發表的名類文章28篇，共計900餘頁。這些論文的題目止按時間線索排列）為：1、〈超越「現實原則」〉（*Au-delà du Principe de réalité*, 1936）；2、《邏輯的時間與先行的確定性診斷》（*Le temps logique et l'assertion de certitude anticipée*, 1945）；3、《精神分析中的侵凌性》（*L'agressivité en psychanalyse*, 1948）；4、《作為「我」之功能塑形的鏡像階段》（*Le stade du miroir comme formateur de la fonction du Je*, 1949）；5、《精神分析學在犯罪學中的作用的理論導論》（*Introduction théorique aux fonctions de la psychanalyse en criminologie*, 1950）；6、《論心理因果性》（*Propos sur la causalité psychique*, 1946）；7、《移情治療》□ *Intervention sur le transfert*, 1952）；8、《言語與語言在精神分析學中的作用與範圍》（*Fonction et champ de la parole et du langage en psychanalyse*, 1953）；9、《對伊波利特評論佛洛伊德的否定概念的回答》（*Introduction au commentaire de Jean Hyppolite sur la Verneinung de Freud,* 1954）; 10、《典型療法的變化》（*Variantes de la cure-type*, 1955）；11於、《關於〈被竊的信〉的研討會》（*Le séminaire sur La lettre volée*, 1955）；12、《佛洛伊德所說的物》（*La chose freudienne*, 1956）；13、《精神分析學的情境和對精神分析學者的塑形》（*Situation de la psychanalyse et formation du psychanalyste en* 1956）；14、《精神分析學及其教學》（*La psychanalyse et son enseignement,* 1957）；15、《無意識中文字的要求或自佛洛伊德以來的理性》（*L'instance de la lettre dans l'inconscient ou la raison depuis Freud,* 1957）；16、《從一個初始問題到對病理心理可能做出的一切處理》（*D'une question préliminaire à tout traitement possible de la psychose*, 1955-1956）；17、《青年紀德或文字與欲望》（*Jeunesse de Gide ou la lettre et le désir*, 1958）；18、《陽具的意義》（*La signification du phallus*, 1958）；19、《治療的方向和它的能力原則》（*La direction de la cure et les principes de son pouvoir*, 1958）；20、《評丹尼埃爾·拉加什的報告〈精神分析學與人格的結構〉》（*Remarque sur le rapport de Daniel Lagache Psychanalyse et structure de la personnalité*, 1958-1960）；21、《紀念歐內斯特·瓊斯：他的象徵主義理論》（*À la mémoire d'Ernest Jones: sur la théorie du symbolisme*, 1959）；22、為女性性關係研討大會所作的指導性發言》（*Propos directifs pour un congrès sur la sexualité féminine,* 1960）；23、《佛洛伊德無意識理論中析顛覆和欲望的辯證法》（*Subversion du sujet et dialectique du désir dans l'inconscient freudien*, 1960）；24、《無意識的位置》（*Position de l'inconscient*, 1960）；25、《康德與薩德》（*Kant avec Sade*, 1962-1963）；26、《論佛洛伊德的「本能衝動」理論及精神分析者的欲望》（*Du Trieb de Freud et du désir du psychanalyste*, 1964）；27、《科學與真理》（*La science et la vérité*, 1965）；28、《本文選的卷首語》（*Ouverture de ce recueil*, 1966）。筆者找到了於那一個分別於1970年和1971年出版的*Écrits*法文簡裝選讀本，分二冊，第一冊共收入三組八篇，第二冊收入七篇，共計十五篇。由上海三聯書店出版的中譯本共收入*Écrits*中的十九篇論文（含卷首語）。

冊，第二卷出了65,000冊。從某種意義上說，拉岡此時已經成為法國的一種文化現象，或者說是一個流行。有人這樣評論道：「你購買《Écrits》，就相當於購買了一樁重大事件，購買了一樣象徵標誌。根本無須閱讀這本書，你就能感受到它的魔力，因為裡面的那些口號已經融入了巴黎的時尚閒談」。[1]顯然，這種流行的文化現象在今天的中國還不曾發生。

1968年，拉岡在「紅色五月風暴」[2]中公開支持左派學生的「造反運動」。他尊重罷工的號召，停止了研究班的教學，並與造反學生對話。拉岡也批評學生運動。他很著名的一句話是：「你們需要的是另一個統治」。1969年，巴黎文森大學（現巴黎第八大學）開設了第一個精神分析學系。在塞爾吉．勒克雷爾的主導下，拉岡思想首次成為一種學院派學統。此後，該系又創辦了研究拉岡思想的學術性雜誌《奧尼卡》（*Ornica*），主要刊登由米勒整理的拉岡研討會報告。

在接下來的時光中，晚年拉岡的學術思想有多次大的波動和起伏，並漸入獨具個性的神祕玄學狀態。在最後一段時期裡，難解的「欲望結構」、「真實域」、「症候」與「對象a」成為拉岡討論的中心。並開始迷入拓撲學結構（structure topologique）之類的東西。齊澤克稱這是拉岡思想一個真正的前後期轉變，即從「古典拉岡」向

1 〔英〕斯特羅克：《結構主義以來》，渠東、李康等譯，遼寧教育出版社 1998 年版，第 175 頁。

2 「五月風暴」(French Revolution of May 於）指發生於 1968 年由學生運動導引的法國巴所爆發的全國社會運動。整個過程由學生運動開始，繼而演變成整個社會的危機，最後甚至導致政治危機。1968 年 3 月 22 於日，因與學校的矛盾，巴黎農泰爾文學院（現為巴黎第十大學）學生於佔領了學校。騷動很快波及整個巴黎大學。5 月 3 日員警進駐巴黎大學，驅趕集會學生，封閉學校。5 月 6 日，6000 多名學生示威，與員警發生衝突，結果 600 多人受傷，422 人被捕。外省城市也發生騷動。5 月 10 日深夜，學生在拉丁區巴黎索爾邦大學與向街壘衝鋒的員警又發生大規模衝突，360 餘人受傷，500 多人被捕，100 多輛汽車被焚毀。騷動很快波及外省城市。隨著衝突的擴大，法國工會與左派政治人物開始聲援並且加入學生運動（例如後來的法國總統密特朗，法國第四共和國的總理 Pierre Mend`es France），到 5 月 13 日就達到大約二十萬人。而 5 月 14 日起，法國整個社會則陷入癱瘓狀態，九百萬人回應進行罷工，並且佔領工廠。至此，「五月風暴」已經演變為一場涉及全社會的政治危機。更重要的是，這場激進的學生運動迅速波及到整個歐美地區，形成了特有的「革命的 60 年代」。

「晚期拉岡」的轉變。[1]1970年，拉岡接受法國、比利時廣播電臺採訪，並於同年發表了《廣播談話錄》。在這篇廣播談話中，拉岡分別討論了索緒爾、結構與精神、隱喻與轉喻、無意識與意識、認識與知識、知識與真理和不可能性與真實域等七個問題。1973年初，拉岡研討會報告出版了第一卷，即他在1964年所研討的「精神分析學的四個基本概念」（Les quatre concepts fondamentaux de la psychanalyse）。此書由米勒編輯，法國色伊出版社出版。[2]1973年下半年，拉岡接受比利時、法國電視臺採訪，這一次的採訪是拉岡與米勒的訪談，以這個訪談為主的《電視訪談錄》（*Sur la television*），次年由巴黎門檻出版社出版。1977年，拉岡親自在《文集》中精選的9篇文章，由阿蘭·謝里丹譯成英文的《文集選讀》（*Écrits: A Selection*）正式出版。[3]同年，《精神分析學的四個基本概念》也出版了英譯版。也是在這個時期，拉岡開始與旅法的著名國學大師程抱一先生[4]共同研讀

1　〔斯〕齊澤克：《實在界的面龐：齊澤克自選集》，季廣茂譯，中共中央編譯出版社2004年版，第210頁。我覺得，齊澤克在給自己的自選集命名時是獨具匠心的，「*The Grimaces of the Real*」，從齊澤克的原意看，應譯為「真實域的鬼臉們」。因為，在拉岡－齊澤克那裡，存在之真實是不能直視的，顯現的不可能性是它的唯一存在特徵，所以大寫的真實一定是無臉無面相的。因為引述的原因，此處保留中譯者的譯法。

2　Jacques Lacan, *The Seminar, Book XI: The Four Fundamental Concept of Psychoanalysis* ,edited by Jacques-Alain Miller, trans. by Alan Sheridan, W.W. Norton & Co., New York, 1977.

3　Jacques Lacan, *Écrits: A Selection,* trans. by Alan Sheridan, London and New York: W.W. Norton & Co, 1977. 這9篇文章為：1、《鏡像階段作為精神分析經驗所揭示的我（I）的功能形成》；2、《精神分析中的侵凌性》；3、《言語與語言在精神分析學中的作用與範圍》；4、《佛洛伊德所說的物或在精神分析學中回歸佛洛伊德的意義》；5、《無意識中文字的要求或自佛洛伊德以來的理性》；6、《從一個初始問題到對病理心理可能做出的一切處理》；7、《治療的方向和它的能力原則》；8、《陽具的意義》；9、《佛洛伊德無意識理論中析顛覆和欲望的辯證法》。

4　程抱一（François Cheng 1929～），巴黎第三大學東方語言文化學院資深教授，法蘭西科學院院士，法籍華人知名學者、傑出的詩人、作家和藝術史家。程抱一祖籍江西南昌，1948年旅居法國，1971年獲博士學位，1977年開始用法文寫作，著作甚豐，在海內外具有很高的知名度和影響。代表作有：用法文發表三部理論著作：《論中國詩語言》、《虛與實：論中國畫語言》、《神氣》，三部國畫鑒賞性畫冊：《夢的空間：千年中國畫》、《朱耷：筆墨天才》、《石濤：生命的滋味》，六部詩集：《石與樹》、《水雲之間》、《紆R的季節》、《情歌36首》、《雙歌》、《托斯莰歌謠》。1998年，程抱一先生發表自傳體長篇小說《天一言》，獲法蘭西法語文學大獎。

過大量中國古典文獻。[1]最後十年中，拉岡已經是名副其實的世界名人，他不斷被義大利、比利時和美國的各大學邀請講學，其風光絲毫不遜當年的佛洛伊德。

1980年1月，拉岡宣佈巴黎佛洛伊德學派解散，並於同年2月組建了新的「佛洛伊德主義事業」（La cause freudienne）學派。也是在此時，拉岡說了一句與當年的馬克思異曲同工的話：「加入拉岡派是你們的自由，因為我自己就是佛洛伊德派」。1981年9月9日，拉岡因病（腸癌）逝世。在人生的盡頭，拉岡淡淡地扔下一句話：我將成為一個**大他者**。[2]這是對的，肉身消逝之後，拉岡從此將成為一種超現實的象徵，一個不再能言說的大寫他者。

2、魔幻的問題式

拉岡的思想屬於他活過的那個地方，那個時代。所以，理解拉岡哲學的入門鑰匙恐怕不是對拉岡文本孤立的心理學或哲學的解析，而在於首先懂得他所思考和試圖解決的哲學問題理論生產方式之**歷史性緣起**。這一點，對認識令人費解的拉岡來說真是太重要了。我以為，拉岡哲學的難解性主要還不是話語的玄虛，而在於其哲學思考的形上

[1] 程抱一先生自己後來談起這段往事時說，在拉岡與他的交往中，是拉岡主動聯繫他的，因為那時在法國學界，程先生在中國文化研究方面已經很有些名氣。程先生說，拉岡「讓我幫助他閱讀瞭解中國思想。那開始了我們長答數年的友誼與對話。他要我伴隨他逐字逐句地閱讀和研究古典作品的原文，當然，除了人名，介詞結構與中文的時間表達法之外，大部分時間都是拉岡自己閱讀中文著作的譯本。我和他重點研讀過的三個文本是《道德經》,《孟子》和石濤的《苦瓜和尚畫語錄》。那種對原文刨根問底式的反復閱讀使我受益良多」。於據他自己說，「他與拉岡的晤談從未按約定的時間進行，他整日沉溺於思考，一旦頭腦中有個什麼問題，他就打電話給我，約會探討」。程先生還談及，「拉岡在他主持的著名的講座裡，讓所有讀精神病學的學生，讀我的《虛與實》和《唐詩語言研究》兩本著作，要學生思考、分析、討論。他的精神分析學，也熔鑄了他對中國古典哲學的思考」。參見：《跨文化對話》，第 3 輯，上海文化出版社 2000 年版，第 10 頁。

[2] 拉岡的原話為：「假如我離世的時刻到來，告訴你們，那是為了最終成為大他者。」參見 1980 年 1 月 26 日法國《世界報》。

邏輯入口的非常性。通識話語中的大多數概念在拉岡這裡幾乎都是轉喻性的。故爾，進入拉岡的歷史性複雜語境是頭等重要的大事，這也是本書在研究起步上區別於大多數闡釋拉岡思想論著的地方。

倘若要做個定性的判斷，我們可以說拉岡哲學是西方20世紀出現的一種深刻的新人本主義**主體批判**理論，他意在否定和解構整個西方現代哲學思想中最重要的新人學基礎，特別是對施蒂納、齊克果以後發展的，以個人主體為基礎的存在論進行釜底抽薪式的革命。拉岡的思想直接影響了福柯、阿爾都塞、巴特和後來的德里達、德魯茲和克莉斯蒂娃，特別是今天當紅的齊澤克。我以為，拉岡哲學是法國當代學術思潮中**祛主體化**運動中最重要的理論基石，這也成為後現代思潮、新女權主義和後馬克思思潮的深層思想基礎之一。當然，齊澤克反對這種說法，他明確指認拉岡與後現代主義的異質性。然而，拉岡的哲學理路和思想獨特性還在於他絕不是打算肯定性地重建主體，他的思考邏輯始終是**證偽**，而非重新證實。拉岡從早期開始就口口聲聲說，要依從現象學的方法[1]，可是他在關於主體問題上「回到事物本身」的結果，卻是個人的本體存在之死。並且，這一次那個被自由主義吹的天花亂墜的個人死得很難堪。在一生的理論努力中，拉岡始終致力於批判佛洛伊德式的心理自我、拒斥笛卡兒以來的一切主體觀念（主要是新人本主義的個人主體），但他絕無意在否定之後重新提供一種類似施蒂納的「唯一者」、尼采的「超人」或者海德格爾的「本真存在」一類正面確認的個人主體實在。拉岡認定，個人的存在就是他的法國同胞加繆所指認的存在論意義上的西西弗斯性[2]的荒謬，不過，這一次個人存在的荒謬被叫**存在的不可能性**。不可能即個人存在之真。這是拉岡全部哲學的第一要義和最終指歸。

1 〔法〕拉岡：《拉岡選集》，褚孝泉譯，上海三聯書店 2001 年版，第 73 頁；第 76 頁；第 85 頁。

2 西西弗斯為古希臘神話傳說中被罰的巨人，他每天向山上推著一塊巨大的石頭，可巨石總是滾回山角下，西西弗斯只得再重新將巨石推上山，石頭再滾下，西西弗斯永遠做著一件無法完成的事情。加謬以此比喻人的存在之荒謬。參見〔法〕加謬：《西西弗斯的神話》，北京三聯書店 1987 年版。

首先，可以認為，拉岡是當代第一個宣佈**個體**主體「我」死亡的人，正是他，謀殺了施蒂納的唯一者，從而使自齊克果開端的整個**新人本主義的本體性基根**陷入窘境。施蒂納宣佈了啟蒙理性中那個**類**人的死亡[1]，而齊克果則在這個類概念（絕對理念、總體和本質）廢墟上建構了個人（感性痛苦）本位的新人本主義主體哲學。以後才有尼采的超人和海德格爾的此在。新人本主義打倒大寫的類，要求「這一個」獨一無二的感性此在（唯一者），可是，拉岡卻將施蒂納、齊克果的「這一個」剝奪為零。個人存在就是一個創傷。必須指出，拉岡對個人主體的證偽思路正好與皮亞傑[2]的建構主義發生邏輯相反，他並不想肯定性地說明個人主體的歷史性發生和建構，而是著力於否定性地說明個人主體**被構成**的虛假性[3]。因為在個人的存在本體的原初發生中，它就是一個**空無！**佛洛伊德的本我被根本刪除，而作為施蒂納、齊克果和尼采新人本主義哲學本體的「那一個」感性個人自我之基礎建構和認同，則被直接指認為小他者形象之鏡像關係中的偽意象。於是，個人主體的成長不過是用鏡像（想像）之無、社會（象徵）之無貼在那個原本空無一物的缺位上。拉岡此處的觀點受到了科耶夫解讀的黑格爾哲學的影響。科耶夫所引用的耶拿時期青年黑格爾那句「人是一個黑夜」著實影響了一大批法國當代思想家。[4]青年阿爾都塞就是其中之一，他完成於1848年的高等研究資格論文〈論黑格

---

1 參見拙文：《類哲學人本邏輯的顛覆》，《開放時代》1998 年第 10-11 期。

2 於關於皮亞傑，可參見拙文：《皮亞傑與馬克思主義認識論研究》，《張一兵自選集》，廣西師範大學出版社 1999 年版，第 130 頁。

3 〔法〕拉岡：《拉岡選集》，褚孝泉譯，上海三聯書店 2001 年版，第 40 頁。

4 黑格爾的原話為：「人是一個黑夜，一個空洞的虛無」。這是青年黑格爾在「耶拿精神哲學」手稿中的一句名言。於黑格爾原來的意思是說，人是一種來自於精神的否定性，在自然物質實有的意義上，他是一個無。黑格爾的這一思想深刻影響了巴代伊、阿爾都塞、薩特和拉岡。不過前兩者都在肯定的意義上使用了黑格爾的語境，如巴代伊說上帝、神性奇跡是一個世俗功用世界中大寫的「無有」（NOTHING）和空白，阿爾都塞乾脆說歷史是一個無主體的過程。只有拉岡是在否定的意義上使用了這個空無。巴代伊的說法可參見：〔法〕巴代伊：《色情、耗費與普遍經濟——巴代伊文選》，汪民安譯，吉林人民出版社 2003 年版，第 219-220 頁；第 224 頁。

爾思想中的內容概念〉一文的關鍵字即是黑夜和空無。[1]

其次，需要進一步說明的是，拉岡的邏輯是**否定性的**關係本體論。顯然，拉岡哲學不是關於對象世界或客體圖景的哲學，他的思考點始終集中在人類的個體主體存在的真實狀況。更關鍵的一點是，拉岡證偽的對象從一開始就不僅僅是實體性的個人主體，不是個人感性經驗生活的實在過程，拉岡的否定對象正是馬克思、海德格爾、廣松涉[2]以後已經非常深刻的**關係存在論**。這是極為重要的一個理論質點。我發現，拉岡批判性的革命恰巧發生在**建構性的**關係本體論的證偽之中！他旨在說明，個人主體在存在論上的「關係**格式塔**（*Gestalt*）」[3]建構恰巧是一種誤認式的倒錯存在。我們知道，馬克思說，人不是費爾巴哈所指認的那種感性對象，人的存在是感性活動，而人的本質是一種現實「社會關係的總和」，這是一種歷史性的肯定。並且，馬克思特設性地指認了資本主義生產方式中人的關係存在之物化顛倒。海德格爾也已經看到，人的存在「不是一種物，不是實體，不是對象」[4]，是一種行為建構中的關係。人是一種去在世與他人共在的歷史性時間中的關係性的此在，同樣，海德格爾也已經批判性地看到個人主體通過物性上手「去在世」的對象性異化本質。重要的是，馬克思與海德格爾都指認了反對物化和奴役的個人全面自由解放和對本真存在的複歸。廣松涉完全贊同了馬克思－海德格爾的這一思想。到了拉岡這裡，一切主體內居於這些本體關係中的肯定性社會－文化建構，**全部**都是幻想性的、即將個人的真實存在抹去的異化關係。拉岡恰巧是將馬克思、海德格爾發現的關係本體論，即個人主體每天在現實生活中建構的格式塔生存視作一個懵人的騙局。**關係即偽**。而我們知道，馬克思與海德格爾存在論所共同接受的邏輯前提，

1　參見拙文：《空無與黑夜：青年阿爾都塞的哲學關鍵字》，《現代哲學》2004 年第 4 期。

2　於關於廣松涉的關係本體論，參見我為廣松涉書系所寫的「代譯序」。《事的世界觀前哨》，南京大學出版社 2003 年版。

3　〔法〕拉岡：《拉岡選集》，褚孝泉譯，上海三聯書店 2001 年版，第 276 頁。

4　〔德〕海德格爾：《存在與時間》，陳嘉映，王慶節譯，北京三聯書店 1987 年版，第 59-60 頁。

恰巧是黑格爾那個「有主體的地方才有關係」的觀念。拉岡是從關係本體論開始他對個人主體存在的證偽批判的。應該挑明的是，拉岡的批判對象從不外顯。拉岡實在深刻惟其。當然，我們後面會專門指認拉岡的這種證偽的非歷史性和偽普適性。拉岡的深刻常常是片面的深刻性。

其三，拉岡主體批判理論邏輯的**超現實**意境。拉岡哲學討論主體存在的背景恰巧是海德格爾語境中的「在」，即人的非肉體的存在。並且，這個非實體的存在是非生理性的，所以，不能用佛洛伊德的性欲本能來解釋。我發現，拉岡在自己哲學場域中最初引入的就是超現實的不可見的關係本體論，或叫關係存在論。在這一點上他同質於馬克思與海德格爾。但拉岡的關係存在論是**魔鬼關係存在論**，即個人去在世的一開始就在關係性存在中被他者引誘失卻自己的存在（或者叫**幻象存在論**）。拉岡真是太消極了！其實，個人有肉體主體，行為主體和精神主體，固然這是一個整體，但精神（心理）存在再重要也絕不等於可以遮蔽和覆蓋一切。如果海德格爾說：「凡是如存在者就其本身所顯示的那樣展示存在者，都可在形式上合理地稱為現象學」。[1]那拉岡這裡則是說，現象學只會是一種**無意識的**意象，因為存在者「本身的顯現」和「展示」都更深地是**他者**的無意識強制。馬克思那個建立在勞動生產之中的周圍世界，或者海德格爾那個此在通過物性上手建構的周圍世界，現在都成了拉岡眼中大、小他者隱性創造的想像－象徵化的世界。客觀存在的物質世界由此被武斷地歸化為觀念性的心理形象－語言象徵世界。在這一點上，我可以肯定地說，拉岡哲學是非常典型的**唯心主義**邏輯。所以，已經異常深刻的非直觀的真理不再是海德格爾所說的解蔽與遮蔽同體，而是他者牽引下的必然性**誤認**。這是一個非常重要的邏輯入口，拉岡的鏡像－想像關係、能指－象徵關係和真實性關係都不直指個人存在的感性經驗中的關係

---

[1] 〔德〕海德格爾：《存在與時間》，陳嘉映，王慶節譯，北京三聯書店 1987 年版，第 44 頁。

存在（包括馬克思和海德格爾所揭示的那個勞動生產關係和上手的周遭關係世界），而是在更深的一個「超現實」、超實體的關係性心理實在語境中得到確指。這一點，拉岡認同了超現實主義的語境，人最重要的東西是在世俗現實**之外**的真實關係。達利在半瘋狂的狀態中，使自己的超現實之真直露出來。[1]可是，拉岡進一步發現，這種作為人最重要的本質關係，如想像、象徵關係投射中先鋒人傑們所追逐的全部超驗理想（自由、民主、解放和大同），恰巧是更深的異化！這種宣判對一切烏托邦主義和美學、神學救贖論都將是毀滅性的。依拉岡之見，個人之「我」的形成發生於一種**異化的強制性自我認同**。無論是「我」最初在世的心理「自我」的建構，還是社會生活中複雜的語言象徵關係中的主體確立，統統是一種幻想式的**鏡像自欺**。我們如果挪用一下沙特的話語，這叫做「內在的自欺」。[2]個人存在越理想化，自欺即越深。而且，這種自欺往往是通過超現實的關係性**心像**誤認實現的。

其四，拉岡哲學是一種深刻的**證偽主義存在論**。前面已經指認，批判性的證偽邏輯是拉岡哲學的內裡構架。我們知道，在知識論上，最先明確提出證偽邏輯的是波普爾。他倒轉了全部傳統知識論和科學觀的評價尺度，將科學的標準從培根以來就確認的求真性證實逆轉為證偽，由此，科學不再是簡單的外部規律的直映，而成為必定內含有限性誤識的假說；真理不再是通過實驗證明觀念與事實的絕對符合，而是一種發現歷史性知識自身包含錯誤的認識過程。科學不是「全真教」，任何一種知識必須證明自己有誤才能進入科學的思想過程。科學知識有錯，這才是唯一的真理。拉岡的邏輯正是證偽主義在存在論上的深刻體現。他顛倒了一切傳統的關於人的生存的肯定性看法，人存在，但人並不是自己存在，人總是作為他者的奴性認同——**非我**而在場。這裡當然會與費希特的「自我－非我」關係與黑格爾的主體與

---

1 參見我在本書第一幕中對達利畫境的哲學分析。

2 〔法〕薩特：《存在與虛無》，陳宣良譯，北京三聯書店，1987 年版，第 85 頁。

自身的對象化物性沉淪邏輯相關聯。可不同的是，拉岡斬斷了主體任何複歸的可能。幼小個人心理自我在最初建構上，即踏上了他性的意象——想像之途，因為偽自我的基始性緣起，就是非我的鏡像；進而，主體性在象徵域中的確立，是通過能指鏈的暴力篡位實現的，從一開始，文化教化中發生的人的主體即是大寫他者幻化的偽主體。這是一條真正的**不歸途**。因為，人的存在只能在證偽中出現在他處，用拉岡的話語說，即大寫的真實的東西——對象a，只是作為象徵域同一化失敗的剩餘出現的。所以，晚年拉岡似乎更加接近康德，不過後者在認識論上那個不可知的自在之物，在拉岡這裡變成了個人存在論上的不可能實現的大寫物：人的存在之真實即本真生存的**不可能**。在這個意義上，拉岡哲學的內裡邏輯與後來德里達否定性的解構理論也有著很深的互動關係。[1]德里達自己說，他是在1968～1971年開始認真閱讀拉岡的文章。他還認為「拉岡在『解構』方面比福柯要更大膽。因此今天我覺得自己在精神上更接近拉岡而不是福柯」。[2]同時，海德格爾那種「面死而生」的反思指向直接變成了死亡性存在，人就是**死掉的存在**。

最後，我們還將發現拉岡哲學的核心之處充斥著一種縈繞個人主體存在的**全新的無意識迷霧**。拉岡的無意識不再是佛洛伊德那種被主體壓抑到意識閥之下的本能原欲，而顛覆性地轉喻成對主體自我確立的一種反諷：在鏡像階段中，幼小的個人心理最初建構的自我，只不過是藉助鏡像（小他者 I 形象）而無意識獲得的一種**先行性篡位的**反射性凝滯幻覺，進而，他人之面容（小他者 II 意象）強制性地建構出個人自我深一層的關係構架中的無意識想像自居（認同）。在象徵域中，個人進入總是**先行暴力**的語言和社會性交換的文明教化生存之

1 拉岡與德里達的關係實際上一度非常密切，當然首先是前者對後者的影響。有的學者說，「有段時間拉岡與德里達儼然父子關係」。不過，二人的關係以對抗和相互攻擊而告終。甚至德里達指責拉岡「多次侵犯和襲用他的著作」。參見〔法〕多斯：《從結構到解構——法國20世紀思想主潮》，季廣茂譯，中共中央編譯出版社2004年版，下卷，第49-50頁。

2 〔法〕德里達、盧迪內斯庫：《明天會怎樣》，蘇旭譯，中信出版社2002年版，第14頁。

中。在此，能指關聯式結構是主體建構的唯一路徑，其間，作為取代物與人存在的象徵——能指鏈成為主體建構的無意識支配結構，即**先行存在**的大寫他者。佛洛伊德的無意識是人的存在本相固然也得到了拉岡的認可，然而後者的無意識這裡卻是大寫他者的話語。無意識成為人的存在之死的症候，無意識象徵了人之存在中最大的先行的侵凌性強暴。可悲的是，人卻無意識地擁抱這種強暴，並將先行的侵凌本身內居為自己最重要的存在。如果說，我們原先因為發現佛洛伊德所揭示的自主意識背後支撐性的無意識感到痛苦，可這裡，我們一定會因自己最本根的無意識之**他性**（L'Autre）而倍感絕望。

3、強暴式的先行性

綜上所述，我們已經可以從本體論的層面上看到，拉岡哲學是一種深刻的批判性生存辯證法。可是，他卻顛倒了存在主義的本真性邏輯，如果說在海德格爾[1]那裡，與外部決定論的「被拋」相對的此在本己的籌畫（Entwurf）是一種積極的先行性（在沙特那裡，叫個人的超越性謀劃）[2]，那麼在拉岡這裡，所謂本己的籌畫則恰好是一種內在自欺，你以為是自己的打算和理想，其實卻是他者操控的無意識結果，「成為你所是的」[3]必然變為**成為他者所讓是的**。對存在哲學謀劃規定的否定，緣起於巴代伊對世俗世界工具性的批判。此時，海德格爾的「面死而生」絕不再居有詩意，因為事情的真相是**生不如死**。

在海德格爾所言說的那個過去、現在和將來的三維同一時間辯

[1] 馬丁・海德格爾（Martin Heidegger, 1889-1976）：德國著名哲學家。於出生於德國西南巴登邦（Baden）弗賴堡附近的梅斯基爾希（Messkirch 於）的天主教家庭，逝於德國梅斯基爾希。代表作為：《那托普報告》（1922）；《存在與時間》（1927)》；《哲學論稿——自本有而來》（1936-1938）等。

[2] 〔德〕海德格爾：《存在與時間》，陳嘉映，王慶節譯，北京三聯書店 1987 年版，第 177 頁。

[3] 〔德〕海德格爾：《存在與時間》，陳嘉映，王慶節譯，北京三聯書店 1987 年版，第 178 頁。

證法中，沉淪的常人往往是「從『當前』來領會『過去』」[1]，作為本真性的此在的存在則是從將來出發的。在此，將來是使此在的本真性先行具有（Vorhabe）的重要維度[2]，「此在總是從它所**是**的一種可能性，從它在它的存在中隨便怎麼樣都領會到的一種可能性來自設為存在者」[3]，將來是指「此在藉以在最本己的能在中到來的那個『來』，先行使此在**本真地**是將來的」。[4]海德格爾那裡先行性的意思是，「此在在本真地生存之際作為最本己的能在讓自己來到自己」。[5]而到了拉岡這裡，先行的可能性（應該）卻是他者的直接強暴，最本己的先行性成了惡意的非我的先在，這是一種**偽先行性**。為此，拉岡曾經說：「在我的歷史中所實現的，並不是作為已逝者的確定的過去（le passé défini），因為這已經不存在了；也不是我現在所居有的完成了的現在（le parfait），而是對於我的形成中將成為什麼的這一先行的未來（le futur antérieur）。」[6]初看起來，這一段表述彷彿是對海德格爾時間辯證法的複述，可是，拉岡此處的「先行的未來」是指鏡像階段中小他者（鏡子影像和他人的面容之鏡）向「自我」強行提供的**先行看到**（Vorsicht[7]），而在象徵域中，則是大寫他者對具象事物和個人主體的**先行掌握**（Vorgriff[8]）。依拉岡的邏輯深想下去，他其實否定了全部人類文化的發端，因為，文明之始緣起於概念

1 〔德〕海德格爾：《存在與時間》，陳嘉映，王慶節譯，北京三聯書店 1987 年版，第 459 頁。

2 〔德〕海德格爾：《存在與時間》，陳嘉映，王慶節譯，北京三聯書店 1987 年版，第 386 頁；第 452 頁。

3 〔德〕海德格爾：《存在與時間》，陳嘉映，王慶節譯，北京三聯書店 1987 年版，第 54 頁。

4 〔德〕海德格爾：《存在與時間》，陳嘉映，王慶節譯，北京三聯書店 1987 年版，第 386 頁。

5 〔德〕海德格爾：《存在與時間》，陳嘉映，王慶節譯，北京三聯書店 1987 年版，第 399 頁。

6 〔法〕拉岡：《拉岡選集》，褚孝泉譯，上海三聯書店 2001 年版，第 312 頁。

7 〔德〕海德格爾：《存在與時間》，陳嘉映，王慶節譯，北京三聯書店 1987 年版，第 184 頁。

8 〔德〕海德格爾：《存在與時間》，陳嘉映，王慶節譯，北京三聯書店 1987 年版，第 184 頁。

（類、本質和「一」）對感性物相的超拔。那麼，這裡拉岡就將否定類對個別的先行，本質對現象的先行，「一」對多的先行，存在對存在者的先行。大家仔細想一下，這是本體論中真正的恐怖主義。

可是請一定注意，拉岡這裡的先行性都是貶義的，先行意味著鏡像給予的「我」還不**是**（Being）的先行看見的虛假自我，意味著象徵性能指對死去了的對象性事物和空無主體的先行命名和詢喚。拉岡的先行性無一不是他者**篡位式**的**強暴式**的偽先行性。這個本體性的篡位十分關鍵，拉岡常常說，初始的「我」是一個空位，它（Es）後來被小他者的影像、大寫他者相繼篡位，所以，主體是在空無之上用無建構起來的。克莉斯蒂娃後來也談到過這個「在我之前」先行存在的他者：「擁有我的那個**他者**，他通過擁有我使我存在」。[1]在這一點上，沙特的一句話正好被倒過來反諷式地理解了。沙特認為，個人生存的本質是超越性的謀劃，人總是否定自己的現存，因此，人尚不是超越性的可能（虛無）將成為一種積極的本體內驅。「自我性的特點事實上就是人總是與他所是的東西相分離，而這種分離由他所不是的存在的無限廣度造成」。[2]沙特的「人總是與他所是的東西相分離」說的是肯定性的超越可能，而拉岡則發現人總是與自己的真實存在相分離，人總**不是**他自己。其原因恰好在於他者偽先行性的強暴性篡位。我覺得，在這裡被拉岡一巴掌拍死的，還有作為「帶負號的存在主義」之稱的布洛赫的先行性的希望哲學。[3]

為此，我有一個判斷，如果說相對於存在主義的向死而生，布洛赫的「希望原理」是「帶負號的存在主義」，那麼拉岡則是布洛赫的

---

1 〔法〕克莉斯蒂娃：《恐怖的權力》，張新木譯，北京三聯書店 2001 年版，第 15 頁。

2 〔法〕薩特：《存在與虛無》，陳宣良譯，北京三聯書店，1987 年版，第 47 頁。

3 恩斯特・布洛赫（Ernst Bloch），德國現代著名哲學家、西方馬克思主義學者。於出生於巴伐利亞的一個猶太人家庭。他在德國符茨堡等大學研究哲學、音樂和物理學，獲哲學博士學位。1914 年因躲避戰爭去瑞士，1920 年返回德國，成為自由撰稿人。1933 年移居美國。1949 年去東德萊比錫大學任哲學教授，1957 年被解除教授職務。1961 年 8 月去西德，1977 年因心臟病去世。其主要著作有：《革命的科學家湯瑪斯・閔采爾》（1922 年）、《希望的原理》（三卷，1938-1947 年）、《主體－客體：對黑格爾的解釋》（1951 年）、《哲學基本問題：「尚未存在」的本體論》（1961 年）等。

再顛倒。人存在，可是他從來不是自己存在，人不過是他者的無意識的奴隸。更可悲的是，「人自認為是人」！[1]人以為自己是自主的個人，人覺得自己是有激情和思想的主體，「此在就是我自己一向所是的那個存在者，存在一向是我的存在」[2]，這統統是瘋話。拉岡宣佈，他將帶來一種使個人主體為核心的整個思想世界的「地震」。

拉岡極為深刻地洞悉，存在的先行性的本質實為在人的隱性的無意識心理層面中發生的**侵凌性**（agressivité）。依我的理解，侵凌是一種強制，但與外部的暴力不同，侵凌是一種「甜蜜的權力」。這樣一說，侵凌性又成了一種費解的東西。在此，我們可以看看拉岡的具體分析。拉岡認為，侵凌性最早是「主體的成長過程中與自戀結構有關的張力」[3]，它是「自我」的建構過程中由於對象性認同所產生的一種基始自拘性，或者叫「意願的壓力」。對這個意願的壓力，拉岡說得很重：「意願的壓力腐蝕人，敗壞人，使人解體，使人無能；它導致死亡。」[4]這一宣判會使作為侵凌性成為一個存在論意義上極為嚴重的問題。拉岡聲稱，我們可以在某個個人主體不經意間發生的無數症候裡測度出這個壓力：

> 在不明言的他的行為與回絕的目的中；在他行動的失誤中；在他承認的自己偏好的幻想中；在他夢幻世界的疑謎中。……在常常貫穿整篇言辭的要求的調子，在停頓中，在遲疑中，在其思緒中和口誤中，在敘述的失誤處，在規則應用的不一貫中，在其遲到和其故意的缺席中，在其指責和其批評中，在其虛妄的恐懼中，在其憤怒的情緒反應中，在其威嚇性的逞能中。[5]

---

1 〔法〕拉岡：《拉岡選集》，褚孝泉譯，上海三聯書店 2001 年版，第 195 頁。

2 〔德〕海德格爾：《存在與時間》，陳嘉映，王慶節譯，北京三聯書店 1987 年版，第 141 頁。

3 〔法〕拉岡：《拉岡選集》，褚孝泉譯，上海三聯書店 2001 年版，第 113 頁。

4 〔法〕拉岡：《拉岡選集》，褚孝泉譯，上海三聯書店 2001 年版，第 100 頁。

5 〔法〕拉岡：《拉岡選集》，褚孝泉譯，上海三聯書店 2001 年版，第 100 頁。

拉岡想找尋什麼？其實，他想說明的是時刻存在於我們身上自我強加於自身的那種**無意識的自我壓迫**。在拉岡這裡，無意識的壓迫形成於個人心理最初建構的自我確認中，由於鏡像中小他者形象對個人早期無能的生存「某個時刻的凝滯」，先行看見的小他者影像以一種空洞的虛無強佔了自我的位置，並且這個虛假的「自我」對個人存在本身展開了先入為主的侵凌。可悲的是，人不僅意識不到這種強制，反而將這種侵凌性的壓力自居為自己本真的意願。這是反諷意味上存在的佛洛伊德的「自戀結構」。在這之後，先行到來的**本體性侵凌**反客為主式地成為個人主體生存在一切階段上的內裡邏輯。拉岡正是在這個意義上發現了主體存在的妄想性結構，或者通俗地說，發現了人的瘋狂。因為，人總存在於他處，他只能作為另一個（autre，他者）人在場，他才能活著。「人與他人的一切關係中甚至在最善意慷慨的幫助中」也必然存在著侵凌性。[1]最奇怪的事情莫過於，沒有他者對個人自己存在的強暴，似乎他就無法生存下去了。這就是無意識發生的侵凌性的可怕本質。

進而，拉岡還由此將侵凌性上升到社會存在的意義層面，他認為，全部主體性文化的本質就是先行到來的他者對具體存在的對象和個人生存自下而上的侵凌，這也是我們**全部文明的基礎**。拉岡說，侵凌性在我們的文明中處於地位顯赫，「它的應用被看作是在社會上不可或缺的，是廣泛地被接受的一種道德的行為」。拉岡這裡的意思是說，文明中道德的本真性是一種隱性強制。這倒不失為一個新的解讀。傳統道德真是由外部強制直接支持的，而現代西方文明的道德是一種自我懲戒，在這一點上，他與福柯的話語同構。[2]所以，拉岡聲稱：

> 在達爾文之前，黑格爾提供了關於人類本體論的侵凌性功能的最終理論，顯然是預見了我們社會的鐵的法則。從主人和奴隸

[1] 〔法〕拉岡：《拉岡選集》，褚孝泉譯，上海三聯書店 2001 年版，第 95 頁。

[2] 在與福柯的關係中，自然是拉岡影響了福柯。在 1953 年前後，福柯幾乎每週都去參加拉岡在聖安尼舉辦的研討會。

> 之間的鬥爭他推斷出我們的歷史的整個主觀和客觀的進程。並從這些危機中展示了最後達到的綜合，這個綜合是在西方所給予人的地位的最高形式中可以看到的：從斯多葛派到基督徒，甚至到未來的大同國度的公民。[1]

拉岡的言下之意，黑格爾的絕對理念說在邏輯本體上象徵性地描述了觀念（即拉岡叫做「大寫他者」的A）對我們這個世界的先行性侵凌，似乎黑格爾在哲學邏輯上概述了人類歷史那種統治與被統治的對抗進程，並預知了布爾喬亞王國中那種法理型鐵籠社會的軟強暴模式。在拉岡看來，整個西方哲學（以斯多葛學派為標識）、宗教（以基督教為標識）和社會解放理想（共產主義）都是以這種無意識的先行性侵凌預設為人的本質的。拉岡覺得，自己的努力正是要揭露這種隱匿的很深的侵凌性，特別是要揭示出「隱伏在慈善家，理想主義者，教育家，以至改革家的行動後面的侵凌性」。[2]因為，這些人最為囂張地在以某種無形的象徵性目標（大他者）無意識地強暴人的生活。他聲稱，「在現代社會『解放』了的人」身上，存在著由深層侵凌性構成的「內在的裂痕」，即「自我懲罰」式的慢性自殺。在這一點上，拉岡實際上否定了全部人類社會的文明和社會解放，先行的理想如果總是強暴，那麼與現存同一的動物則是存在的非暴力楷模。這真是荒唐的結論。拉岡的斷言讓我們四顧淒涼、無路可尋。這一觀念也深深影響了新一代的「後馬克思主義者」，在他們那裡，社會主義即是不可能性中的現實妥協。[3]

此外，拉岡還有一個從人的存在本體論上的侵凌性分析上升到**知識論**批判高度的觀點。他認為，主體由象徵關係造成的客觀面像（佛洛伊德的「自戀」）正是一種特殊的認同模式，他將這個方式稱之為

---

1 〔法〕拉岡：《拉岡選集》，褚孝泉譯，上海三聯書店 2001 年版，第 118 頁。

2 〔法〕拉岡：《拉岡選集》，褚孝泉譯，上海三聯書店 2001 年版，第 96 頁。

3 「後馬克思主義」的觀點可參見〔英〕拉克勞、墨菲的《社會主義戰略與文化霸權》，黑龍江人民出版社 2003 年版。

「形式的凝滯」（stagnation formelle），「這個特性在於它們是由某個時刻的凝滯而造成的，其古怪的樣子正像電影片子停止轉動時演員的模樣一樣」。更為嚴重的是，「**侵凌性**（L'agressivité）**是種與我們稱之為自戀的一個認同方式**（mode d'identification）**有關聯的傾向，這個認同模式決定了人的自我的形式結構**（la structure formelle），**並也決定了他的世界特有的實體域記存的模式特徵**（caractéristique de son monde）」。[1]

這個形式的凝滯（stagnation）與人類知識（connaissance）的最普遍的結構是相近的：那個以恒定性（permanence）、同一性和實體性的特徵來構成自我及其對象的建構（constitue），簡單地說就是以實體或「諸物」（choses）的形式來構成的結構。這些東西是與經驗讓我們在按動物性欲望而展開的變動的場（champ）中分離出來的**格式塔**（gestalt）相異質的。[2]

也是在這個語境中，拉岡說全部人類知識的本質是一種可怕的不可能的僭妄，因為以象徵概念為基礎的知識體系是用凝固了的東西替代鮮活存在的過程，更要命的是，自以為是的知識體系卻自指為世界的本真存在。從愛利亞學派起始的「一」，柏拉圖的理念王國和康德－黑格爾的先驗觀念構架，其內裡邏輯無不如此。它無法意識到，在這種客觀的物相化過程中，這個形式的固定了某種層面的斷裂（rupture）以擴大的機體與他的**周圍世界**（Umwelt）之間的某種不和諧。事實上，這個形式的固定無限延伸了人的世界和他的力量，它給予他的對象以工具性的多種價值（polyvalence instrumentale），象徵的（symbolique）多個聲音和武裝的潛力（potentiel）。[3]

---

1 〔法〕拉岡：《拉岡選集》，褚孝泉譯，上海三聯書店 2001 年版，第 106 頁。中譯文有改動。Jacques Lacan, *Écrits*, Éditions du Seuil, Paris, 1966..P.110.

2 〔法〕拉岡：《拉岡選集》，褚孝泉譯，上海三聯書店 2001 年版，第 108 頁。中譯文有改動。Jacques Lacan, *Écrits*, Éditions du Seuil, Paris, 1966.P.111.

3 〔法〕拉岡：《拉岡選集》，褚孝泉譯，上海三聯書店 2001 年版，第 108 頁。中譯文有改動。文中 Umwelt 一詞為馬克思和海德格爾共同使用的重要德語概念，意為我們周圍的世界，此詞被譯為「外部世界」是不準確的。參見 Jacques Lacan, *Écrits*, Éditions du

也由此，「人類特有的那種要在現實中打上自己形象的印記的狂熱是意志的理性幹預的隱密基礎」。[1]拉岡認為，人類的知識是另一種形式上的**妄想狂**。[2]當然，拉岡這裡所講的妄想狂並不是在肯定達利和超現實主義的那種反叛性，而是轉喻人類理性的那種不切實際的萬能可知論中的原初暴力。所以，對作為知識論目的的真理，拉岡會作這樣評論：「真理不是別的，只是通過運動它的無知才知道的東西。」[3]

拉岡的這一觀點正是他大寫他者理論的邏輯前提。

4、顛覆性的歷史語境

人們常說，拉岡在超現實主義和黑格爾主奴辯證法思想的影響下，將結構主義語言學引入精神分析學，形成了一種很具哲學意味的批判性玄思。在大的思想背景上，這是不錯的。可是，大多數論者卻忽視了一個關鍵性的問題：拉岡與他的理論支援背景的思想關係從來不是現成性的引入，沒有任何一種他人的觀念在他的思想中得到純粹的肯定性的原裝應用，上述幾乎所有對他有影響的理論思想，無一例外地都是通過**革命性顛覆和逆轉**獲得新生的。這使得拉岡與自己的思想資源的關係變得異常複雜。由於本書在後續每一章節的討論中，都將具體探討拉岡哲學論點與其相關學術背景資源的關係，此處，我們只是作一概略的說明。

第一，拉岡與最早影響他思想的超現實主義的關係。有人說，拉岡思想中那種詩性力量就是來自超現實主義，甚至他的那本著名的《文集》有許許多多地方直接或間接涉及到了超現實主義。[4]這是對

Seuil, Paris, 1966.P.111.

1 〔法〕拉岡：《拉岡選集》，褚孝泉譯，上海三聯書店 2001 年版，第 113 頁。

2 〔法〕拉岡：《拉岡選集》，褚孝泉譯，上海三聯書店 2001 年版，第 92 頁。

3 〔法〕拉岡：《拉岡選集》，褚孝泉譯，上海三聯書店 2001 年版，第 606 頁。

4 〔英〕斯特羅克：《結構主義以來》，渠東、李康等譯，遼寧教育出版社 1998 年版，第 170 頁。

的。可是，超現實主義者那種想要透過顛覆奴化現實的藝術作品呈顯無意識的世界，用奇幻的宇宙取代麻木平庸的日常生活，創造出超越現實的真實生命情境的意圖，並不是與拉岡思想直接匹配的東西。拉岡興奮於超現實主義對現實的藝術化顛覆，他與達利共同想到反對肯定現實的建構主義，但是他沒有盲從布勒東式的彼岸靈魂革命，也沒有將達利那種以直接狂想實現生命欲求的個性化道路視為自己的理論平臺，拉岡關心了超現實主義廢棄的現實生活本身，他的思考正是想揭露這個偽現實世界（它的核心話語即是個人主體性所布展的主人權利關係）是如何被自欺性地建構的。拉岡十分巧妙地利用了超現實主義的內裡邏輯慣性，卻開採出別一番意味的更精深的學術平臺來。

第二、拉岡與黑格爾主奴辯證法的關係。拉岡所面對的黑格爾哲學，本身已經經過科耶夫等人新黑格爾主義的仲介。毫無疑問，被齊克果式的存在主義「油炸」過的黑格爾，特別是他的自我意識即欲望，自我意識確立的對象性反指關係以及主奴關係中的他者性辯證法，的確都成為了拉岡哲學邏輯內裡基礎。然而，黑格爾那種「人是一個黑夜」的觀點被直接篡改為人是一個空無，個人主體的欲望（包括那個達利妄想狂中的真實欲望）被消解為他者無意識控制的非本真對象，那另一個自我意識的鏡像確認關係被負指為幻想性誤認，更重要的是，主奴辯證法中那種在對象化勞動中發生顛倒的自反關係，在拉岡這裡失去了全部現實歷史基礎，黑格爾作為世界本質的絕對觀念（邏各斯化的上帝）卻被宣判成隱性的暴君式的大寫的他者。正是這個後來被列維納斯哲學重新闡釋過的他者概念，被拉岡劈裂成大、小他者，其根本性的邏輯意向也已經被逆轉了。

第三，拉岡與語言學結構主義的關係，也是最重要和最複雜的理論關係。我們從拉岡中後期的研討和記錄文本中看到，語言學結構主義的概念滿天飛，這讓許多拉岡的研究者簡單地將拉岡描述成一個將結構主義引入佛洛伊德話語的「結構主義精神分析學」。這恰好應驗了拉岡對真理的定義：我們總是在誤認中抵達真理。準確地說，拉岡是反對結構主義的。在一條證偽主體的「去中心」意向中，拉岡與結構主義是同路人，可是，結構主義用以替代主體而突顯的結構本身（俄羅斯形式主義的「形式」，布拉格學派的語言功能系統，阿爾都塞的問題式，早期福柯的知識型），在拉岡這裡又恰好是那個大寫的魔鬼他者。就此而言，拉岡的起點與早期德里達的思考是具有同質性的。

最後，是拉岡與他的理論之父佛洛伊德的關係。拉岡口口聲聲說要「回到佛洛伊德」，他也將自己的學術人生說成是「佛洛伊德的事業」，可是我們卻發現，在回歸佛洛伊德中，拉岡同樣時時處處顛覆著佛洛伊德。[1]有的論者認為，拉岡的回到佛洛伊德實質上是回到青年佛洛伊德。特別是他的無意識理論。[2]這有一定的道理，但這種指認是遠遠不夠的。用阿爾都塞的話來說，拉岡開始了一種對佛洛伊德理論的「意識形態批判」和「認識論的澄清」[3]。後來拉岡承認，「回到佛洛伊德的口號意味著一個逆轉」。[4]

我完全同意這樣的判斷，拉岡與佛洛伊德的關係是拉岡哲學全部支援背景中最重要的邏輯線索。也因為這一點至為關鍵，所以我們不妨以一個著名的拉岡式的**過度**詮釋來看他是如何「回到佛洛伊德」的。

拉岡多次談及佛洛伊德晚年的一個表述（有時他也將其稱之為佛洛伊德最後的「遺囑」[5]），即後者在1932年《精神分析引論新編》中第31條中的一個表述：「它在哪裡，我便將在那裡（Wo Es war, soll Ich werden）」！[6]本來，佛洛伊德的語義是十分清楚的，本能的本我（它）在哪裡，駕馭它的自我（我）便出現在哪裡。恩斯特・鐘斯

---

1 有的論者將拉岡的「回到佛洛伊德」表面地理解為在真正忠誠佛洛伊德的「亂世中的保王黨派」，恰恰正好將拉岡與佛洛伊德的思想史關係說反了。參見方漢文：《後現代主義文化心理：拉岡研究》，上海三聯書店 2002 年版，第 4 頁。

2 〔美〕庫茲韋爾：《結構主義時代》，尹大貽譯，上海譯文出版社 1988 年版，第 139 頁。

3 〔法〕阿爾都塞：《列寧與哲學》，杜章智譯，遠流出版公司（臺灣）1990 年版，第 212 頁。

4 〔法〕拉岡：《拉岡選集》，褚孝泉譯，上海三聯書店 2001 年版，第 384 頁。

5 〔法〕拉岡：《拉岡選集》，褚孝泉譯，上海三聯書店 2001 年版，第 400 頁。

6 〔奧〕佛洛伊德：《精神分析引論新講》，蘇曉離等譯，安徽文藝出版社 1987 年版，第 89 頁。

（ernest Jones）的英譯文為：「Where the id was, there the ego shall be」（本我曾在的地方，自我將在那裡存在）。在此，英譯者將那個代詞「Es」（本應直譯為「It」）直接意譯成本我（Id），而將「Ich」（本應譯為「I」）意譯為自我（Ego）。由瑪麗・波拿巴（Marie Bonaparte）法譯文字更簡單：「Le moi doit déloger le çà」（自我將取代本我）。[1]其實，如果在佛洛伊德自己的語境中，這兩種翻譯都沒有大錯，可是拉岡卻覺得問題大了。他說，佛洛伊德這裡故意沒有使用定冠詞「das」，這裡有「特別的意味」：

> Wo，那兒；Es，沒有das和任何客體化冠詞的主語；war，在，這是存在的地點，在這個地點；soll，這是宣佈了一種道德上的責任，就如在這句話之後結束全章的那句一樣；Ich，我，我須在那兒（正像人們說：「這是我」之前說的是「我是這」）；werden，就，就是說，並不是到達，也不是出來，而是在那個存在的地點產生。[2]

所以拉岡對佛洛伊德這一名句的解釋為：「在它曾在的地方，——我們可以說——，在它絕對所在的地方，——我們在使人理解為——，我有責任生成在那裡」。[3]拉岡的意思不可謂不複雜，但我完全能明確指認，拉岡有意曲解了佛洛伊德。他反對後者**本能式的**本我，以拉岡的理解，本我是**本體論上的無**，它從來沒有在場過，所以本我只是一個應該存在但沒有出現的「它」，那實際上是一個空位。自我，不過是一個「以一系列異化認同構成其內核」的偽自我，這主要是指由小他者鏡像反射虛構成的未成年個體主體，而進入文化語言關係的個體主體就更悲慘了，它不過是一個大寫他者異化認同的象徵

---

[1] 法文中的「déloger」原意為遷出或趕走。

[2] 〔法〕拉岡：《拉岡選集》，褚孝泉譯，上海三聯書店 2001 年版，第 401 頁。此處，中譯文將「war」錯寫成「was」了。

[3] 〔法〕拉岡：《拉岡選集》，褚孝泉譯，上海三聯書店 2001 年版，第 401-402 頁。

關係結點。所以，拉岡故弄玄虛地說，那個與德語「Es」同音的主體（sujet）起始字母S，作為不是自己的「它」出現的「絕對主體的形式」。S不過是它應該在但並沒有存在的地方，而不是「它曾在的地方」，現在「我」真地出現在那個地方，可是，「『我』變成了消失在我所說的之外的存在」。主體S是已經死掉的，不過它自己不知道罷了。這個觀點，我們後面還會做更仔細的討論。「『我』作為主體是以不在的存在而來到的。這個主體與一個雙重疑難相協調：一個真正的存在卻會因自知而破滅；一個話語卻是由死亡來維持」。[1]**他不知道他是死了**。S以後將背上把自己劃去的斜線，成為$。這是一種可怕的**異化之異化**。或者叫做：

> 雙重的異化（doublement aliénant），因為不僅主體的業績（œuvre）被他者所竊（dérobée），這還是所有工作的構成關係（relation constituante）；而且主體也不能在作為他的工作的理由的製成物中辨認出（reconnaissance）他自己的本質，他自己「不在其中（n'y est pas）」。他已在主人（maître）死亡的那個預期的時刻，主人死後他才能活；但是，在等待主人的死時他講自己認同於死了的主人，由此，他自己已經死了。[2]

完全已經不是原來那個佛洛伊德了！拉岡殺死了他。在這大他者父親的死亡中，他實現了自己的革命。也由此，鮑德里亞才會說：「精神分析學的死亡是拉岡的主題」。[3]如果說，海德格爾的存在主義試圖通過此在在歷史性時間中的在世，擺脫傳統主體哲學的「無根基狀態」[4]，那麼，拉岡卻在說，個人生存（歷史性的此在）的真相

---

1 〔法〕拉岡：《拉岡選集》，褚孝泉譯，上海三聯書店 2001 年版，第 611 頁。

2 〔法〕拉岡：《拉岡選集》，褚孝泉譯，上海三聯書店 2001 年版，第 328 頁。中譯文有改動。Jacques Lacan, *Écrits*, Éditions du Seuil, Paris, 1966, P.314.

3 〔法〕鮑德里亞：《論誘惑》，《生產之鏡》，仰海峰譯，中共中央編譯出版社 2005 年版，第 162 頁。

4 〔德〕海德格爾：《存在與時間》，陳嘉映，王慶節譯，北京三聯書店 1987 年版，第 27 頁。

就是**無根性**！佛洛伊德革命的意義在於說明笛卡兒理性主體的不做主，「自我不是自己家裡的主人」！而拉岡則是說，人從來就沒有家，自我與主體都不過是不同程度的幻象和自欺騙局。根本沒有什麼存在之本真，荷爾德林－海德格爾式的鄉愁也就不能不被徹底熄滅了。

5、一種時間空間化的邏輯

我認為，拉岡的所謂革命發生在存在論之中，在於他所揭示的人的生存戲劇的三個觀看的舞臺或三種表演**轄域**（registre）。[1]拉岡認為，這是精神分析學過去原先不曾接觸到的基本層面。它不是生存領域的分界，而是三個**視窗**。拉岡將這三個窗口分別命名為**真實的**（Réel）、**象徵的**（Symbolique）和**想像的**（Imaginaire）。[2]拉岡在這裡沒有直接使用概念（名詞），而是將形容詞特指性使用，後來又將其簡稱為***RSI***。這是人生命活動中的三種力量，分別是**意象**（imago）、**能指**（signifier）和**不可能之真**（impossible Réel），實際上三者是交織和混雜的，但各有自己的活動軌跡，對此，拉岡特地用活動中的**構序**（ordre）來進行標注。於是，就有了想像域／意象序、象徵域／能指序和真實域／真實序之邏輯分列。國外有的論者將拉岡這個三分法（ternaire）與他早就背叛的天主教語境聯繫在一起。[3]我還有一個不一定恰當的比喻，拉岡這裡三個存在域的劃分與研究階段的邏輯，真有些像馬克思《資本論》的三卷結構，第一部分是自我偽

---

1 人們經常將拉岡的 registre 錯譯成「界」，其實拉岡選用的此詞本意卻是註冊和登記。他顯然不想用實體性或硬化了的概念來表徵人的生命活動的複雜關係和功能層面。因此，registre 一詞譯作域似乎更貼切一些。

2 〔法〕拉岡：《拉岡選集》，褚孝泉譯，上海三聯書店 2001 年版，第 322 頁。

3 於多斯說，拉岡對《聖經》爛熟於心，他的三重秩序與基督教的三位一體說有著必然關聯，他的「父親之名」、「絕對大他者」都與上帝相關。還有一個證據，就是當時眾多耶穌會的成員加入了拉岡主義的行列。參見〔法〕多斯：《從結構到解構——法國 20 世紀思想主潮》，季廣茂譯，中共中央編譯出版社 2004 年版，上卷，第 328-329 頁。

主體的生產和發生，第二部分是死亡的主體在語言流通中的建構和實現，第三部分是殘破主體存在的總體和事實真相。至少在邏輯構架是相似的。

我以為，這是三個生命活動的層面，有著各自相異的有序功能結構。三個重要的功能性指認正好有三個直接的否定對象，即拉岡之前西方現代思想史中對個人主體建構的三個關鍵性規定，一是佛洛伊德的**自我**（moi）；二是施蒂納、齊克果以來的全部新人本主義的個人**主體**（sujet）[1]；三是海德格爾那種非石化的**本真性存在**。一些論者總是熱衷於論說拉岡的自我理論或主體理論，其實拉岡自己從來沒有打算承認**建構主義的邏輯**，這是他與達利早在1930年就達成完全一致的共識。如果硬要說明拉岡這三種批判性的描述，那也只能是**偽**自我理論、**偽**主體理論和**不可能的**存在之真。關於後面二者，前面的研討中已經作了一定的分析，此處我們專以拉岡對佛洛伊德的自我觀否定為例。

從表面上看，拉岡似乎是在對應佛洛伊德晚期的本我－自我－超我的人格系統，真實替代了本我，想像替代了自我，而象徵替代了超我，其實不然，此處存在的不是一種簡單的替代關係。拉岡並不是看不到現實生活中個人主體的物性實存，他只是想說明構成這種現實中的實存的是什麼東西。這與古希臘芝諾那個超出感性現象運動的背後的「飛矢不動」的狀況還頗有幾分相似。在他眼裡，佛洛伊德實體性的本我（本能原欲）從來就不存在，原初在世的**人格心理自我**在想像性的鏡像異化關係中被建構，**小我**自戀的真相則是小他者的強暴和異化之他戀。這個以形象－意象為顛倒的呈現形式（假相）為基礎的想像關係是拉岡全部哲學的邏輯**基石**。而**社會化的成人主體**固然已經進入到一種形式上平等、非強暴性的言說和對話中，這個**大我**卻又更深刻、更隱密地淪落為語言象徵系統的奴隸，即能指關係（大寫他者）的無意識的附屬物。主體的祕密是：「象徵通過想像什麼樣的仲介而

[1] 拉岡常常用大寫字母S來表示主體。

左右了最為隱密的人的結構」。[1]象徵關係是個人主體**現實持存**的基本結構。

當然，拉岡的革命也並不完全是抽象的否定和批判，特別是在其晚年的思考中，倒真地在顛覆中有一點小小的給予，當然，這並不是對新主體正面的肯定。有如施蒂納反對類人後的唯一者、尼采反對殘破主體之後的超人、海德格爾拒斥石化本體論後的存在，拉岡的革命，遠遠超出了佛洛伊德精神分析學的學術平臺，他顛覆的是整個當代西方新人本主義的個人主體觀。拉岡一路走來，最深刻之處是對海德格爾關於本真存在的價值懸設的直接否定，因為本真性存在仍然不過是人在想像－象徵之網格式化中的殘餘物，這個大寫的**物**（Thing）恰巧是暗合康德語境中的本體論和認識論上的**不可能**。這個不可能嚴格異質於布洛赫的希望存在論語境中的「尚未」，前者就是存在的不可能，它既包括在想像中自我存在的不可能，也指認了個人主體在象徵構架中的不可能，**不可能性就是大寫的真實存在**本身。一聽起來，拉岡的邏輯幾乎無法以常知邏輯甚至傳統哲學話語來破解，這不要緊，在下面的討論中，讓我們一步一步地接近這個魔幻式的學術平臺。

我還有一個重要的觀點，拉岡的思想發生不是一個嚴格時間邏輯中的歷史進程，他並不像有些論者說的先在早期提出了想像的鏡像理論，然後在1953年又受結構主義影響提出了能指的象徵語言理論，最後在1960年之後又建立了真實域的理論。其實，拉岡的思考在其開端上就是根本性的變革。總體上說，拉岡的思考是批判和否定性的，而並非建構性的。當然，拉岡的思考是分步推進的。在1936-1951年間，拉岡主要研究和探討他的「鏡像階段」理論，其中形象－意象是其重要的邏輯構件，而鏡像、小他者（這是後來反指的）和想像性**偽自我**是這一時期的關鍵字。從理論邏輯上看，拉岡這一時期的研究較偏重「自我」發生學分析，可是，這種發生學研究正好與建構主義的

[1] 〔法〕拉岡：《拉岡選集》，褚孝泉譯，上海三聯書店 2001 年版，第 1 頁。

發生學（如皮亞傑）相反，他是說明「自我」現實建構背後真實發生的誤認和自殺悲劇。有的論者曾經批評拉岡此時的理論帶有歷時性的進化主義痕跡，具體說，1936年使用「鏡像階段」一詞的拉岡思想還滯留在「發生論」的語境之中，只是到1949年才克服了「發生論」走向結構主義觀念。[1]這個評論是有問題的，首先，不能因為拉岡使用了「階段」一詞就判定那一定是建構主義「發生論」，拉岡的鏡像理論恰好在說明個人自我發生的偽謬性。建構主義之否定正是拉岡哲學的思想起點之一。其次，我覺得，此類評論的主要問題在於絕對依從了結構主義的共時性邏輯尺度，而實際上拉岡並不是一個典型的結構主義者。所以，鏡像關係緣起於個人主體的早期心理人格建構過程，這是不爭的事實。當然這並非是說早期拉岡完全沒有語言學的支援背景，並且，達利式的顛覆現實的瘋狂之真也的確是其邏輯運作中重要的思考點，而鏡像－想像關係在主體成年生存中也不是完全不起作用。上文中我已經指認過，拉岡的這種發生學研究是建立在關係本體論之上的，固然那是一個帶負號的關係本體論。1953年以後，拉岡直接從語言學結構主義中汲取了大量學術資源，開始了他對**偽主體**理論的重點分析。其中，象徵性的能指關係成為此時的主要邏輯工具，而語言中的無意識象徵、能指鏈和大寫他者是其關鍵字。自然，共時性結構的隱性關係成為其決定性的邏輯平臺，但這也是更深一層意義上的偽主體的批判發生學。1960年之後，拉岡更加重視自己理論的本體論層面研究，**不可能的**存在之真成為他關注的焦點。幻象、欲望結構、症候和對象a成為關鍵字。至此，拉岡哲學漸入神祕的玄學情境。重要的是，拉岡哲學的學術平臺不是一個簡單的線性邏輯布展，其成熟期的理論邏輯是一個極其複雜的學術語境，他的想像、象徵和真實三重存在域交織於成年主體生存掙扎之中，最後，他以症候（集合性的「Σ」）這個「第四個環節」縫合了不斷爆裂的主體存在，這

[1] 參見〔法〕多斯：《從結構到解構——法國20世紀思想主潮》，季廣茂譯，中共中央編譯出版社2004年版，上卷，第128-129頁。

就是拉岡晚年所說的「症象人」。

其實，在進入拉岡語境的幾個重要領域之前，我們有必要熟悉一些支援性的內在思想線索。我仔細排了一下，主要是作為拉岡**思想內驅力**的超現實主義，作為拉岡**思想鏡像物**的達利，作為拉岡**哲學平臺**的黑格爾的主奴辯證法和欲望辯證法，作為拉岡哲學**核心研究對象**的他者理論，作為拉岡主要**概念資源群**的索緒爾和語言結構主義理論，以及作為拉岡**存在之真實域**背景的巴代伊哲學。還應該說明的是，在拉岡的哲學思考中，胡塞爾現象學中的意向概念和海德格爾的時間中的存在本體論都是他很深的邏輯支撐。有人就直接指認拉岡是「將海德格爾的哲學重新注入到佛洛伊德的思想中去了」。[1]但考慮到這兩種東西都已經是當今中國西學研究中的「本真行話」，故不在此做過多的介紹性分析。這一點請讀者在拉岡文本中遭遇胡塞爾和海德格爾時一定不要忘記。[2]如果綜合地說，這會是拉岡的哲學邏輯在歷史發生學意義上的**譜系學**。一語概之，這是走出拉岡謎宮的線路圖。由於這些理論資源似乎是在不同時期突顯出對拉岡學說一定理論症候群的具體作用，所以，我將這些支援性線索分別插入到相關的章節之前去了。

不過，在展開關於拉岡哲學的全部討論之前，讓我們在下面的序幕中先集中且通俗一些地來專門介紹一下被拉岡殺死和油炸了的理論父親佛洛伊德。

---

1 〔法〕德里達、盧迪內斯庫：《明天會怎樣》，蘇旭譯，中信出版社2002年版，第17頁。

2 蜜雪兒·古柏爾（Michel Guibal）說，拉岡與海德格爾有私交，閱讀拉岡，一定要懂胡塞爾和海德格爾。參見古柏爾在四川大學哲學系題為「於關於拉岡、精神分析與中國文化」的演講的第三講。據多斯介紹，拉岡與海德格爾第一次見面是在1950年。那時候，拉岡正被海德格爾的文本搞得神魂顛倒。1953年，他親自翻於譯了海德格爾的《邏各斯》一文，經後者審閱後發表於《精神分析》雜誌上。1955年，海德格爾夫婦訪問法國，為了向海德格爾表示敬意，拉岡竟親自駕車陪同。只是他開快車讓海德格爾太太大感不快。參見〔法〕多斯：《從結構到解構——法國20世紀思想主潮》，季廣茂譯，中共中央編譯出版社2004年版，上卷，第495-496頁。在20世紀的許多西方現代思想家那裡，多多少少都會與海德格爾哲學有著某種內在的牽涉。用列維納斯的話說，當代學者對海德格爾都有一種「債務關係」。這基本上是對的。

序幕

場燈聚在尚未拉開的幕布前的報幕人身上，此人無臉，但卻高聲叫道：「它們是簾子，我們需要看一看簾子後面才是！」

大幕徐徐拉開以後，臺上是一個會議的主席臺，一群學者模樣的人面對觀眾在一排鋪著白布的長條桌後正襟危坐。背後的幕牆上拉著一條橫幅，上面寫著：「紀念佛洛伊德逝世××周年」。一位戴眼鏡的中年男子走到台前的話筒邊。說話前他刻意松了一下自己的領帶：「現在我宣佈，回歸佛洛伊德學術研討會閉幕！」

一下子，場上場下都靜了下來。臺上坐著的人面面相覷，一幅驚詫的表情。此時講話的發言人一怔，隨即苦笑道：「對不起，錯了。我宣佈，回歸佛洛伊德學術研討會開幕！」

觀眾席上一陣哄笑。當此人轉身走向主席臺時，人們清楚地看到他背上寫著兩個字：「拉岡」。笑聲剛停，觀眾席第一排中間突然站起一位老者，他幾乎是喊著說：「他說錯了嗎？沒有！他內心裡並不想回歸我，他是要埋葬我。口誤更真實地說明瞭他面具後面的真實。這正是我讓你們掀開的簾子！」

而當那位老者憤憤地坐下時，觀眾又看到他的背上寫著「佛洛伊德」。

第一章

佛洛伊德：心靈深處的哥倫布

精神分析的兩個發現——性本能的活力不能被完全壓制住；思辨活動本身是無意識的過程，這一過程只是通過不完全和不可靠的感覺傳輸給自我並受其控制——等於這樣一個判斷：自我不是自己家裡的主人。

——佛洛伊德

實際上，以上這幕短劇在現實生活中倒真也會發生。偶爾，在某個會議的開幕式上，我們可能聽到主持人無意中冒出個讓人啼笑皆非的口誤：「我宣佈，大會正式閉幕了」！對此，聽眾往往只是善意地一笑置之，因為人們會覺得這是一個普通的口誤。可是也有人不這樣認為，依他們的解析，此類口誤的背後，往往隱藏著發言者內心深處的真實，即他對這個會議的反感和抵觸。提出這種分析的學術背景也就是我們在前面已經多次提到的精神分析學。在本章中，我們首先要集中討論的就是作為這一學派創始人的當代科學家和思想家西格蒙德．佛洛伊德。[1]這也是本書主要研究對象拉岡哲學最基本的邏輯前

[1] 佛洛伊德（Sigmund Freud 1856-1939）：奧地利著名心理學家，精神分析學創始人。1856 年 5 月 6 日，佛洛伊德出生在維也納東北大約 150 裡的弗賴伯格小鎮的一個並不富裕但卻十分和睦的猶太家庭。佛洛伊德童年時所受的啟蒙教育主要來自他的父親，他雖然沒有受過高等教育，文化水準較低，但卻從生活經驗和猶太教的文化傳統中獲得了不少深刻的見解和知識。於在當時的歐洲，猶太民族由於宗教和其他原因生活在社會的最底層，受到種種不正常的壓迫和歧視。這種文化、心理和社會的歧視，自幼一直貫穿了佛洛伊德的一生。這也是後來佛洛伊德在心靈深處強烈逆反和反抗精神的主要背景。他 9 歲就上了中學，學習成績始終名列前茅，由此取得了免試進入大學的資格。佛洛伊德在語言方面具有超人的才能，他不僅熟悉自己祖先的希伯來語，而且精通拉丁文、

提。在西方心理科學發展的歷史上，佛洛伊德的名字與精神分析學是密不可分的。然而，作為當代最偉大的心理學家和思想家之一，佛洛伊德精神分析理論實際上遠遠超出心理學的研究範圍。霍爾說，一次大戰結束時，「佛洛伊德已經為世界各地數以萬計的人所熟悉，心理分析學風靡一時，生活的每一側面無不受其影響」。[1]用拉岡的

希臘文和英語等其他主要西方文字。佛洛伊德十分喜愛文學和哲學。他閱讀過大量不同時期不同作家的優秀作品，特別推崇文學大師莎士比亞和歌德。佛洛伊德精讀過許多重要的西方哲學書藉，廣泛汲取古代希臘以降哲學思維的許多重要的理論觀點和理論邏輯方法。這一切，都為佛洛伊德以後的科學理論創造打下了堅實的思想基礎。佛洛伊德的大學生涯是在維也納大學醫學院開始的。從 1873-1881 年，他於把大量的時間用於學習生物學、醫學、病理學、外科手術等課程上。此外，他也認真聽過三年的哲學課，在理性思維上達到了較高的造詣。這些年，也是佛洛伊德為他一生偉大的科學事業奠定知識基礎的時期。1881 年 3 月，佛洛伊德以優異的成績通過了醫學院的畢業考試，獲得了醫學士的學位。1882 年，佛洛伊德在從事了一年多的理論研究之後，改行做了專職醫生。後來，他自己把這一實際工作的重要轉變稱之為「我生命中的轉捩點」。於其實這一「轉折」的意義，就在於佛洛伊德從此獲得了真正的醫學實踐的機會，而這為他日後所開展的精神分析工作提供了豐富的實際經驗。特別是 1883 年 5 月，佛洛伊德轉到了當時著名的梅納特精神病治療所，當上了一名神經病治療醫生。這是以後佛洛伊德研究潛意識及各種變態心理現象的開端。在 1882-1885 年，佛洛伊德在初期的醫學實踐中，對人類神經系統的疾病已經有了非常深刻的認識，並且取得了初步的研究成果。也是在這時，他打定了一個主意：「把成為一個神經病治療專家作為我一生的奮鬥目標」。此時他並沒有意識到，這個目標竟開創了一個嶄新的科學事業。1885 年 8 月，佛洛伊德獲得了赴巴黎留學的獎學金，師從當時歐洲非常著名的神經病學專家沙考特教授。也是從這裡，他從神經系統病理學和組織學轉向了神經病治療學。在那裡，他第一次看到了催眠術的巨大力量。正是通過催眠術的成功運用，佛洛伊德發現在人的意識背後，還隱匿著另一種極其有力的心理過程，這就是所謂「無意識」。於在他看來，這種不同於一般意識現象的潛在的無意識，是被人們顯性意識壓抑和控制的領域，它往往經過外部力量的幫助，去除精神的壓力，才能轉化為「意識」。由此，佛洛伊德開始認真探索這種人類心理深層的精神現象，這一分析和研究的科學過程也就是所謂「精神分析」了。1896 年，佛洛伊德開始使用「精神分析」一詞。之後，佛洛伊德的研究不斷深入，經歷了幾十年的努力，最終創立了著名的精神分析學。佛洛伊德的主要代表作有：《科學心理學綱要》（*Entwurf einer Psychologie*, 1895）、《夢的解析》（*Die Traumdeutung*, 1900）；《日常生活的心理分析》（*Zur Psychopathologie des Alltagslebens*, 1904）；《精神分析引論》（*Vorlesungen zur Einführung in die Psychoanalyse,* 1917）；《自我與本我》（*Das Ich und das Es*, 1923）；《一個幻覺的未來》（*Die Zukunft einer Illusion,* 1927）；《文明及其不滿》（*Das Unbehagen in der Kultur*, 1929）；《《摩西與一神教》（*Der Mann Moses und die monotheistische Religion,* 1939）。

1 〔美〕霍爾：《佛洛伊德心理學入門》，陳維正譯，商務印書館 1985 年版，第 10 頁。

話說，精神分析理論不僅關涉到人文學科，「而且關係到人的命運的東西都受到了佛洛伊德理論的影響：哲學，形而上學，文學，藝術，廣告，宣傳，我相信由此還到經濟」。[1]甚至可以說，20世紀以來，但凡與人類精神生活有關的文化科學活動以及探討人的本質的各種理論學說，或多或少都烙著佛洛伊德思想的印跡。[2]也正是這個佛洛伊德的學說，成為了我們將主要討論的拉岡哲學生長起來的重要理論基礎。拉岡也是一輩子自稱是佛洛伊德的遺產繼承人，也是他公開提出了那個著名的口號：「回到佛洛伊德」！可是我們將會看到，正是這個口口聲聲說要「回到佛洛伊德」的拉岡，恰巧最澈底地展開了一場理論弒父的行動！以下，我將盡可能通俗地來討論這些來自於佛洛伊德思想中最重要的心理學和哲學問題。

1、心靈的新大陸：意識背後的無意識深淵

精神分析學的發生，緣起於1893年兩位奧地利醫生佛洛伊德和布羅伊爾發表的一篇題為《論歇斯底里現象的心理機制》的論文。文章提出運用催眠法來治療歇斯底里，這一新的方法被視為「精神分析」的開端。在1896年3月發表的法語論文中，佛洛伊德首次提出了「精神分析（Psychoanalyse）」一詞。作為一個完整的科學理論體系，它應該涵蓋如下幾個主要的組成部分：一是**臨床**精神病治療方法及其理論。作為治療精神病患者的醫療技術、方法和理論，精神分析學無疑是在醫療實踐中產生的，並且的確在臨床中獲得了非常顯著的治療效果。雖然這種臨床精神病治療方法和理論不能簡單地等同於整個精神分析學理論體系，但的確可以說，它是精神分析學來自實驗科學的現實前提。二是作為一般**心理學研究**的精神分析學，這個部分正是本章將要關注的主要內容。與先前的心理學說不同，佛洛伊德的研究不再

---

[1] 〔法〕拉岡：《拉岡選集》，褚孝泉譯，上海三聯書店 2001 年版，第 460 頁。

[2] 德里達甚至說，「沒有接受過精神分析治療的人，什麼事情也做不成」。參見〔法〕德里達、盧迪內斯庫：《明天會怎樣》，蘇旭譯，中信出版社 2002 年版，第 219 頁。

僅僅注意人身上直接表現出來的各種顯性意識中的心理現象（如馮特以來的正統實驗心理學），而是注重透過表層的意識現象，深入到人們未曾注意過的深層心理活動之中。佛洛伊德宣稱，自己發現了人心深處一個巨大的、深不可測的世界，亦即我們每個人最真實的心理領域，它的最深層湧動著無數我們先前完全不瞭解的東西，這就是**無意識**現象。[1]佛洛伊德習慣於將日常生活中隨處可見的顯性意識現象視為掩人耳目的簾子，他最喜歡說的那句話就是：「掀開簾子看看」！拉岡後來也提到了簾子，可他的回答卻是：「看了，簾子後面什麼也沒有」！

在佛洛伊德看來，人的主體心理現像是由顯性的意識（理性）與無意識（被壓抑的本能衝動）共同構成的，而無意識的心理過程則是其中更為原始和基礎的部分。對無意識現象的本質和運行機制及其在人心理過程中的地位與意義的揭示和說明，構成了精神分析學理論的核心內容。為此，佛洛伊德提出了兩個基本概念，一是**無意識**（Unbewusste），二是**性的本能**（Instinkt）。這兩塊理論基石後來都被拉岡搬掉了：其一被改寫成「無意識是大寫他者的話語」，其二則被作為生物主義殘餘更澈底地刪除了。佛洛伊德說，「精神分析的第一個令人不快的命題是：心理過程主要是無意識的，至於意識的心理過程僅僅是整個心靈的外在部分和動作」。[2]無意識的概念是精神分析學的理論基礎，它構成人的心理過程中實質的部分，依佛洛伊德之見，在人的整個心理現象中，有意識的部分同樣也起源於無意識的東西，或者說是在無意識的基礎上發展起來的。「第二個命題也是精神分析的創見之一，認為性的衝動，廣義的和狹義的，都是神經病和精神病的重要起因，這是前人沒有意識到的」。[3]性的本能的概念，是無意識觀點的進一步發展和深化，它說明人的神經活動大都以性衝動為基礎，無意識的根源正是人的內在本能衝動。這是一種廣義的性

[1] 佛洛伊德是在 1895 年的《科學心理學綱要》一書中最早期提出無意識現象的。
[2] 〔奧〕佛洛伊德：《精神分析引論》，高覺敷譯，商務印書館 1986 年版，第 8 頁。
[3] 〔奧〕佛洛伊德：《精神分析引論》，高覺敷譯，商務印書館 1986 年版，第 9 頁。

本能，它不僅是導致精神病症的根結，而且也是無意識基礎的主要內容，甚至還是人類文化、科學、道德、宗教的內在昇華的根本力量。眾所周知，佛洛伊德後來建立的有關人的心理結構和個性結構的整套理論，都是以無意識和性本能這兩個基本概念為基礎的，這也是佛洛伊德精神分析學說與其他一切心理學說最為根本的異質之處。其實，就在精神分析學發生發展的同時，一種哲學思想業已形成，特別是當佛洛伊德將自己的學說運用於分析人的全部心理過程、運用於解釋整個社會道德、科學與宗教等文化之時，它已經在事實上昇華成了一種新的哲學世界觀。

佛洛伊德將自己的精神分析學視為人類思想史上一次重要的理論革命。他宣稱自己的發現與一切傳統理性觀念直接相反，與一切傳統的道德和美育觀點也截然相左，這兩點上就足以「觸怒全人類」了。[1]有意思的是，佛洛伊德把歷史上發生過的重大思想革命依時間線索分為宇宙學的哥白尼的革命、生物學的達爾文革命，以及心理學的佛洛伊德革命。他認為這其中每一次思想革命都使人類原先在思想史中那種虛假的完整形象受到澈底的顛覆性的批判，「人」，越來越成為科學認識中一種具有相對性和缺乏自足性的存在。如果說，哥白尼的科學思想革命證明瞭太陽中心說，即地球圍繞太陽旋轉，廢黜了「地球處於中心位置的特權」，從而否定了人類是宇宙的「中心」和主宰；達爾文的進化論證明瞭人類起源於動物，證偽了人類對動物尊貴感[2]；那麼佛洛伊德認為自己的精神分析學則論證了人類本性是無意識的本能衝動，從而根本否認了意識（理性）自我在人類內心世界裡的中心地位。拉岡說，佛洛伊德的發現表明，只有當主體偏離了自我時「才真正觸及主體」。[3]也由此，「人的真正中心不再是在人本主義傳統所指出的地方了」。[4]因為在佛洛伊德那裡，「凡是精神

[1] 〔奧〕佛洛伊德：《精神分析引論》，高覺敷譯，商務印書館 1986 年版，第 8 頁。
[2] 〔法〕拉岡：《拉岡選集》，褚孝泉譯，上海三聯書店 2001 年版，第 605 頁。
[3] 〔法〕拉岡：《拉岡選集》，褚孝泉譯，上海三聯書店 2001 年版，第 304 頁。
[4] 〔法〕拉岡：《拉岡選集》，褚孝泉譯，上海三聯書店 2001 年版，第 383 頁。

的東西，首先都是無意識的」。[1]這也就意謂著，「我們每人的『自我』就連在自己的屋裡也不能成為主宰」。[2]正是佛洛伊德的這一指證，後來被拉岡極端地誇大成自我的空無和死亡。果真如此的話，這當然就會是一場名副其實的思想史「地震」。[3]實際上，這三次科學思想上的「革命」都去除了關於人的認識中虛假的一面，使人對自己的看法更加接近真理性。

佛洛伊德將精神分析學指認為一場發生在心理學中的哥白尼、達爾文式的革命。乍聽起來，這好像十分費解。為了說明問題，我們不妨回頭看看我在序言中講述的那第一個故事：我的學生王二不曾預約突然來訪，自說自話地在我家客廳裡吞雲吐霧、誇誇其談，當時令我極其憤怒。可一旦我發現他實際已經是一位精神病患者，那就不得不自認倒楣。為什麼？因為，精神病患者已經不是一個正常的人，他不是具有控制自己言行的意識主體，換句話說，他，並不知道自己在幹什麼。無論精神病患者做什麼，都是**無意識**的。好！這個分析裡有一個重要的前提，即人是有意識的，倘若人失去意識，我們就會將他排除到**不正常**的人群中去。在此，意識無形中就被我們**等同於**人本身了。也因此，意識現象理所當然地成了人類思想史的主體，科學、知識、藝術以及各種文化研究都十分自然地將意識作為自己研究的對象。根據柏拉圖的理念說、笛卡兒的「我思故我在」、帕斯卡的「人是一根會思考的葦草」以及黑格爾的精神王國，人即意識，主體即理性，這是多少年來天經地義的共識。可是，佛洛伊德偏偏要與此唱一個結結實實的反調。他說，人們習以為常的這些東西是假象，意識並不是人的主體，人的真正本質和精神動力恰巧是長期以來被視作不正常的無意識現象。笛卡兒說，「我思故我在」，佛洛伊德偏不信這個邪，他要說的是，「我原欲故我在」。在主體體認的問題上，這的確可以稱得上是一個哥白尼式的革命。只不過，在拉岡哲學中我們

1 〔奧〕佛洛伊德：《佛洛伊德引論》，顧聞譯，上海人民出版社 1987 年版，第 41 頁。
2 〔奧〕佛洛伊德：《精神分析引論》，高覺敷譯，商務印書館 1984 年版，第 225 頁。
3 〔法〕拉岡：《拉岡選集》，褚孝泉譯，上海三聯書店 2001 年版，第 606 頁。

將看到，佛洛伊德這場革命的結局將比他所反對的人們更加悲慘。我始終認為，拉岡哲學呈現出一種較之佛洛伊德這一哥白尼式革命來說更為激進的形式。拉岡將要證明的是，本能與沉重的肉身是非人的，甚至連佛洛伊德指認為人之本質的無意識也不過是他者的奴性話語編織物。也是在這個意義上，我們說拉岡其實是**後佛洛伊德**的。這就好比當我們每天看到太陽從東方升起、再從西方地平上落去，就想當然地以為太陽總在圍繞地球旋轉（地心說），可這僅僅是一種視覺上的假象，哥白尼透過這個表相，科學地指證恰是地球在繞太陽旋轉。可見，哥白尼也跟人們的常識唱了個反調。拉岡說，佛洛伊德將自己的發現比作所謂的哥白尼革命，是因為他的發現正好也使「人自居為宇宙中心的地位再次成了問題」。[1]不難看出，此處佛洛伊德批判性地證偽對象指的就是思想和意識主體。巴赫金說，「在佛洛伊德那裡，基本論題的展開總是伴隨著**對意識的批駁**」。[2]

佛洛伊德說：「我一生只有一個目標，就是推論出或猜測出精神裝置是怎樣構造的，究竟是什麼力量在其中相互作用和相互制約。」[3]如上所述，長期以來人總將自己詡為有意識、有理性的動物，在心理學中也不例外。傳統心理學都只以人的有意識的心理過程為研究對象，將自覺意識等同於心理現象的主體，由此認定對意識的研究就等於對全部心理活動的研究。換句話說，「在以前，心理學通常以肉體上和精神上正常的健康人作為研究的對象」。[4]作為心理學家，佛洛伊德毅然站到了這一傳統觀念的反面：在從事精神病治療的過程中，佛洛伊德發現人的正常心理活動背後存在一種更為有力的東西，即**無意識**心理現象。在此基礎上，佛洛伊德進一步大膽提出，意識並不是心理活動的全部，甚至不是其主要的部分：心理過程主要是

1　〔法〕拉岡：《拉岡選集》，褚孝泉譯，上海三聯書店 2001 年版，第 448 頁。

2　〔前蘇聯〕巴赫金等：《佛洛伊德主義批判》，張傑等譯，中國文聯出版公司 1987 年版，第 6 頁。

3　轉引自〔美〕霍爾：《佛洛伊德心理學入門》，陳維正譯，商務印書館1985年版，第9頁。

4　〔前蘇聯〕雷賓：《精神分析與新佛洛伊德主義》，李今山等譯，社會科學文獻出版社 1988 年版，第 13 頁。

無意識的，至於意識的心理過程則僅僅是整個心靈的分離的部分和動作。對於無意識的心理過程的承認，乃是對人類和科學別開生面的新觀點的一個決定性的步驟。

言下之意，在人的心靈中，除去意識以外，還存在眾多**內隱的**無意識。「如果我們必須假定某一過程**目前**正在進行著，然而**目前**我們又對其一無所知，我們使稱該過程為無意識的」。[1]這已經是一種哲學說明了。佛洛伊德認為，內隱的無意識才是心理現象的主要部分，意識只不過是無意識心理過程的分離部分和外部動作罷了。佛洛伊德這裡的斷言無異於對有史以來的全部人類思想文化和文明的顛覆性宣判：理性觀念的人不是人，因為人的本質原動是非理性的無意識。在宣判人之死亡這條茫茫畏途上，佛洛伊德跨出了相當重要的一步，正是在這一步的基礎上，拉岡更加激進地將人類主體一把推下萬劫不復的深淵，不過同時墮入深谷的也包括佛洛伊德的本能－無意識。在佛洛伊德看來，傳統心理學僅僅對人的精神生活做出了部分的說明，實在算不上是對人心理現象的完整研究。他認為傳統心理學所提供的心理圖式是虛假的，至多只是一種膚淺的表層心理，他自己的心理學才提供了一種關於人的心理活動**深層機制**的科學，即關於無意識的深層心理學。有的論者說，「精神分析，就是發現一種場所，即無意識的場所」。[2]從傳統心理學研究的表面出發，深入到它更本質的部分中去，這是佛洛伊德心理革命的一個重要特點。從思考邏輯上看，佛洛伊德是**從外到內**的，意識是表象，被壓抑的本能原欲才是本質；到了拉岡那裡，這種**從外到內**卻成了**只有外沒有內**，自我與主體都只是幻象建構的外殼，二者腹中皆空空。拉岡不無得意地譏笑道：佛洛伊德視為珍寶的無意識，不過是大寫他者的唾棄物而已。

進一步說，佛洛伊德認為自己的深層心理學不只是對人心理現象

---

1 〔奧〕佛洛伊德：《精神分析引論新講》，蘇曉離等譯，安徽文藝出版社 1987 年版，第 77 頁。

2 參見〔法〕薩福安：《結構精神分析學——拉岡思想概述》，懷宇譯，天津社會科學院出版社 2001 年版，第 31 頁。

的簡單描述，而是對人之深層心理結構基礎和原初動力的揭示。關於人的深層心理，佛洛伊德曾經有過一個十分著名的比喻，他說如果把人的全部精神生活比作茫茫大海中的冰山，那麼人之精神生活中的意識領域就只是凸現在海洋表面上那一個小小的冰山尖頂，而人之精神生活中的無意識領域才是最為本質的潛藏在深海之中的那座巨大的冰山主體。佛洛伊德的這個判斷顯然打擊了一大片。在他看來，有史以來的整個傳統心理學研究（其實包括全部思想史）都相當片面地只停留巨大冰山的那一方小小尖頂上，而他的新心理學則要潛入之前無人能達的深海，透過意識這個海面上的表層深入到精神生活的內部，去探索無意識的更廣闊的天地，由此征服整個心理科學的宏大世界。我們不妨用時髦一些的文字來概括佛洛伊德的意義——佛洛伊德開啟了**祛主體**的思想進程，可他卻又不是**祛中心**的，因為，他只是將意識中心論轉換成無意識中心論罷了。這也是佛洛伊德與拉岡重要的異質性所在。

對這些背景略有知曉之後，我們終於可以對無意識的學說作一些更具體、更進一步的介紹了。實際上，這也是佛洛伊德**前期**心理學研究所關注的重點問題。佛洛伊德在自己的早期科學著作中，曾經將人的心理區分為表層意識、深層的無意識和居於二者之間的前意識三個部分。他認為在人的整個心理活動中，以上三者之間既相互制約、相互滲透，又相互衝突，由此構成了作為一個複雜的動態整體的心理過程。可見，主體意識不是一個單一實體，而是一個結構起來的複雜功能體。這也可以算得上是主體理論邏輯中一種重要的學術突破了。

當然，提到人的心理活動，首先還是應該談談意識現象。不過，這裡的所謂意識現象，指的並不是我們在傳統意義上用來與物質相對立的哲學「意識」規定，而是指人們對各種心理現象的自覺運用，譬如此刻你正在閱讀本書，那麼你十分清楚地知道在幹什麼、心情如何，你甚至可以抬起頭來，小聲說：「我正在看書」。所有這一切，都是你自己能夠**有意識自覺做到**的事情，心理學家告訴我們，正是心理活動中的意識在自覺地支配你所做的這一切。依佛洛伊德之見，全部自覺的意識現像是與人類文明進程相依相存的一個**繼發性**過程，是心理發展的最高階段，也是心理活動存在的最高形式。將意識現象提到這樣的高度，倒與傳統的心理學觀點並不矛盾。然而，佛洛伊德筆下的「最高階段」卻還別有深意。倘若用通俗一點的文字來闡述，我們可以說，佛洛伊德用「最高階段」來評價意識現象，是想說明後者在人的心理因素這個大家庭中作為統帥和主宰一切的「家長」的崇高地位，它支配和統治著我們的整個精神家庭，使之協調運作。這倒暗合黑格爾主奴辯證法中那個居統治地位的主人。正是在意識的管轄和指揮下，人的精神生活才能保持常態。另一方面，在佛洛伊德看來，意識雖然是家長，卻並不是人類心理活動本來具有的實質，而只是一種「繼發性」（也就是後來產生出來）的**非本真性**的心理現象。我想提醒讀者，佛洛伊德這個作為家長的意識，就是後來拉岡那個暴力性他者的源頭。

意識再往下走應該就是所謂的心理過程中的「前意識」（Preconscience）。「前意識」指的是人們心理活動中某些一度屬於意識的觀念和思想，因與當下的實際生活離得較遠，不得不暫留在意識的近處。我注意到，容格的個人無意識概念十分接近佛洛伊德的前意識概念。因為在容格那裡，無意識正是以前「曾經意識到的，現在卻忘記的東西」。前意識雖然遊移於意識的近處，但在人正常的意識活動中，當某種需要出現的時候，前意識將立時顯現，參與我們的現實生活。還是拿當下的你做比，此刻你可能正十分投入地閱讀本書，正讀到這一行，父親突然開口向你詢問舅舅的電話號碼，而你也隨口就回答了他。這個生活細節平淡無奇，也許天天都會發生，但請注意，舅舅的電話號碼必定曾經在你的自覺意識中（也許是舅舅先前告訴過你的），但後來並不經常需要用到它，它於是就被存在你的「前意識」中。當你進行看書這個意識活動時，你還是不需要使用它，它便也仍舊停留在意識近處的前意識領域裡。爸爸一發問，這個前意識便被記憶輕易地呼喚出來了。可見，**前意識也就是在意識附近的心理現象**，它可以較快、較容易地進入意識領域，完成某個使命後，便又悄然退回前意識領域中去。[1]

心理運演的最後，就是人們常常無法注意到的無意識了。[2]1889年，當佛洛伊德還是一位年輕的醫生時，他從催眠術專家伯恩海姆的試驗中發現了人的心理現象中存在於自覺意識之外的東西：

（1）意識的動機，無論其主觀上怎樣執意，並非是和行為的動因相一致。

（2）行為有時可以受制於活躍在心理之中，但卻不能意識到的力量。

（3）這些心理力量藉助一定的方法才能夠被意識到。[3]

這是佛洛伊德最早得出的關於無意識現象的結論。請一定注意，無意識並不是通常我們所說的**下意識**（subconscience）。下意識是什麼？此刻你端坐桌前看書，頭上突然發癢，你很自然地會伸手去撓，這當然不需要自覺意識，一切都只在下意識中發生。而無意識不是下意識，它指的是我們可能原本存有想做某種事情的心理，但在正常的意識中這樣的做法不被允許，心理將很自然地將做這種事情的衝動壓制下去，只有到了某些被允許的特殊場合，這種心裡衝動才會爆發出來。譬如，倘若一個十分光滑的球狀物出現在你面前，你也許不自覺地就油然而生某種伸手去撫摸一下這個球狀物的心理願望，可是如果這個球狀物是個人頭，你就不得不將自己心底的這個衝動壓制住。讀到此處，你或許想放聲大笑，可如果在教室或閱覽室自習，你就得偷

1　〔奧〕佛洛伊德：《論無意識》，《一個幻覺的未來》，楊韶剛譯，華夏出版社 1989 年版，第 138 頁。

2　巴赫金將佛洛伊德的無意識理論發展區分為三個時期：一是 1890 ～ 1897 年的形成時期，此時，佛洛伊德的無意識觀念十分接近當時法國的一批精神病學家和心理學家；二是 1897 ～ 1914 年的發展期，也是佛洛伊德以無意識理論關注應用心理治療的時期；三是 1914 以後的形而上學階段，此時，佛洛伊德已經自覺地將無意識理論提升為一種哲學。參見〔前蘇聯〕巴赫金等：《佛洛伊德主義批判》，張傑等譯，中國文聯出版公司 1987 年版，第 32 ～ 33 頁。

3　參見〔前蘇聯〕巴赫金等：《佛洛伊德主義批判》，張傑等譯，中國文聯出版公司 1987 年版，第 35 頁。

偷地掩嘴而笑。當然，倘若你是一個人在家，那麼你完全可以放縱自己，縱聲大笑。實際上，在每日的生活中，我們的心中可能產生大量的不自覺想去做某件事情的衝動，遺憾的是心靈深處那個盡職盡責的「家長」無處不在，那就是意識，它時刻壓抑著我們自然萌發的許多衝動。這些**被意識壓抑下去的衝動和欲求**，就是佛洛伊德所說的無意識。筆鋒至此，我們不妨回頭看看序言中的王二，王二內心中被強行壓抑下去的諸多欲求，倘若能夠處於意識正常的控制之下，就完全可能轉化為他生存的隱性動力。起先，佛洛伊德只是發現了存在於我們內心中的偶然閃現的無意識病症。而後來，按照佛洛伊德新的看法，無意識的基礎是人類個體心理活動中那些最原始、最自然地發生的本能和欲望。雖然，「無意識並沒有解剖學上的定位，也不是某種實體」[1]，但它卻可以通過觀察獲取。可是，無意識現象不僅不是反常或無關緊要的，甚至恰巧就是人類精神心理中最重要的因素，佛洛伊德常常將無意識稱之為「原發過程」，因為無意識具有**原動性**（本來就存於人的心理活動中），它是人類個體心理活動的內在源泉。依奧茲本的解釋：「無意識在性質上是原動的。它那不斷爭取意識的表現的內容，乃是意識的生活後面的原動因素。論到同它的關係，意識不過是由深藏的伏流所產生的心理生活之表面的微波。」[2]個體的一切心理活動，無論是正常的還是變態的，高級的或者低級的，動態的或是物化的精神產品，都是無意識直接或者間接作用的結構。無意識決定了個體一切心理活動的實質，決定了心理活動的意向、方式和程度。所以，無意識比意識更能說明個人主體存在的深層本質。但是，無意識被意識壓迫在心理的最深處，它們千方百計地想突破意識層面，但總力不從心地被意識控制和壓抑在心理活動的深海，因為只有這樣，意識的正常活動才能得到保證。我發覺，佛洛伊德這裡的意識與無意識的關係，與黑格爾主奴辯證法中的那個主人與奴隸的構架其

1 〔美〕弗恩：《精神分析學的過去和現在》，傅鏗編譯，學林出版社 1988 年版，第 33 頁。

2 〔英〕奧茲本：《佛洛伊德與馬克思》，董秋斯譯，中國人民大學出版社 2004 年版，第 5 頁。

實大致相仿，意識作為家長雖然可以發號施令，可作為被壓迫的那個無意識才是真正的原動，在根本性的邏輯關係上，它們之間的支配關係卻是翻轉的。

顯然，佛洛伊德新心理學的主要研究對象就是這種無意識現象。他將無意識看作心理結構的基礎和心理現象的實質。佛洛伊德認為，心理實質必須具備如下兩種規定：其一，應該是心理過程的基礎，並且是意識藉以產生的根源；其二，必須是人心理過程的內在動力，是不斷流動的心理過程的能量。而人的自覺意識顯然並不具有這兩個重要質點，只有無意識，它恰好是心理過程的深層基底（內心中），也是心理的「原發性過程」（本來就想如此）和心理運動的動力和源泉。「無意識系統的核心是由本能的表現組成的，它的目的是排放精力發洩，就是說，它們是一些願望衝動。」[1]在拉岡那裡，佛洛伊德的這些本能原欲作為非人的生物性被澈底否定了，而無意識則轉喻成另一種全新的指意。二者的根本異質性在於，佛洛伊德的無意識是個人主體最本己的東西，而拉岡的無意識則是外在於個人主體的、他者強制的伴生物。

相形之下，如果說無意識是「原發性過程」，則意識就是「繼發性過程」。前者是後者的基礎，後者是前者發展的產物。當然，佛洛伊德認為無意識是心理現象的基礎，並不是要否定時刻與我們為伴的意識現象在心理活動中的重要地位。與盲目和深層的無意識相對，意識是唯一能照亮心理世界的一線光芒，只有它，才能昭示被無意識籠罩的黑暗王國。而無意識的東西倘若不能轉譯為意識的語言，必定就無法顯現出來。是啊，如果不是我在你面前的這本書裡有意識地闡述佛洛伊德的觀點，你又如何能明白什麼是無意識呢？

潛藏在心理最底層的無意識是一種來勢洶湧的本能衝動，無論遇到多大的阻力，這股子衝動總會以永恆的衝動力和滲透力尋找出口，

---

[1] 〔奧〕佛洛伊德：《論無意識》，《一個幻覺的未來》，楊韶剛譯，華夏出版社 1989 年版，第 147 頁。

從而對人的意識和行為產生影響。當然，無意識並不直接等於本能，本能衝動和欲望是在意識壓制之下才形成非意識的無意識。佛洛伊德還著手對無意識受到意識壓抑後隨之而來的轉移問題進行了深入研究，這也是無意識在意識呈現之外的其他通道和在場方式。以下，我們即將發現，曾經顯著影響青年拉岡的法國超現實主義思潮的理論道路，正是將佛洛伊德的無意識理論運用到藝術革新中去的嘗試。

2、壓抑：症候、夢與口誤的真諦

壓抑就是不允許。譬如在先前我們提過的那個例子裡，你不能隨便摸別人的頭，你可能很想摸這個「球形體」，但顯然不能如意；再或者你可能是一個老煙槍，可如今越來越多的公共場所陳設著「禁止吸煙」的標示，於是，再痛苦你還是要強忍著。強行控制你心中某種內在的衝動，不允許它自由實現出來，這就是**壓抑**（Verdrängung）。壓抑是佛洛伊德精神分析學裡的一個重要範疇。在他看來，壓抑是導致無意識的一個重要成因。人的每一個心理歷程都將先在無意識狀態中存在，而後才能轉變為意識狀態，不過卻並非所有的無意識狀態最終都能如願轉變為意識現象，此時，這些沒能如願的無意識狀態就成了被壓抑的本能衝動。

佛洛伊德曾經作過一個形象的比喻：無意識系統好比一進房屋院落裡最大的那個前廳，形形色色的本能衝動一起擁擠在一這個大屋子裡；毗連大前廳的是一個小房間，或者可以說像一個接待室，這個地頭就是意識的地盤了。前廳和院落之間開了一扇森嚴的小門，門前會有個守門人，負責對前廳裡那一眾擠擠挨挨試圖沖將進來的本能逐一檢查，凡不合適的本能一概免進接待室。於是，被拒之門外的諸多本能也就成了那個被**壓抑**的無意識狀態。[1]晚年拉岡曾經將那些沒能成功進入象徵化的東西視為重要的對象a，視為欲望成因，並稱之為大

---

[1] 〔奥〕佛洛伊德：《精神分析引論》，高覺敷譯，商務印書館 1984 年版，第 233 頁。

寫的**真實**。不難發現，這個大寫的**真實**中依稀可以看見佛洛伊德那個壓抑邏輯的影子。

一個心理活動同時要經歷兩個階段，在這兩個階段之間插入一種檢查過程（監察作用）。在第一個階段心理活動是無意識的，且附屬於無意識系統；如果在監察作用的檢查下，這種活動受到了拒絕，它就不能進入到第二階段，即受到了**壓抑**，並且必須保留為無意識的，但是如果它通過了這種檢查，就開始了它的第二階段，從此便屬於第二系統，我們將稱之為意識。[1]

在佛洛伊德看來，本能衝動遭到自我意識堅決的抗拒之後，被壓抑到了心理結構的底層，便成了無意識。可是這種轉變並不意味著本能衝動從此消失，相反，它的反作用力將更大、滲透性也將更強。對它而言，未來的結局有二：或者順利進入意識領域，或者在一定的條件下，呈現某種變形的方式，但還是將義無反顧地進入意識領域。佛洛伊德將這種現象稱為**轉移**。可見，在無意識領域中潛伏的強烈本能衝動雖然總是處於嚴厲的壓抑之下，但依然隨時在試圖尋找發洩的機會和途徑，從而達到心理狀態的暫時平衡。例如，當我們在生活中遇到一件非常不高興的事情，如一大早起來就無意做了錯事（丟了錢包或心愛的隨身聽），受到家人的指責，一肚子委屈但無處出氣（因為是自己的錯，你不能埋怨他人），一切不舒服的心理感受都只能往肚裡吞（壓抑）。這個時候，你如果自己留心一下，很容易就能發現，那個被壓抑下去的「氣」並不會就這麼消失，它會不時悄然轉化成某種別的形式發洩出來，或者變成你重重地扔向遠方的一塊石頭，也變成你朝著路人翻起的一個白眼，再或者也可能轉化為你無端對朋友或親人發起的一次莫名攻擊，最後，這個「氣」可能在你得到另一個新的補償（下午通過了英語六級或晚上在球場上的出色表現）後消失。以佛洛伊德所見，在人的心理狀態中，的確存在著某種壓抑的過程，

---

[1] 〔奧〕佛洛伊德：《論無意識》，《一個幻覺的未來》，楊韶剛譯，華夏出版社 1989 年版，第 135 頁。

但這種壓抑的過程同時也預伏著轉移實現的可能，換句話說壓抑與轉移是一個相輔相成的統一。因此，為了實現心理結構的平衡，人必須進行必要的心理能量的轉移，但轉移的形式卻是多種多樣的。

首先，這種轉移會在人的身體中產生某種**症候**（Symptome）。其實，這也是佛洛伊德非常重視的一個心理現象。他甚至說過，整個精神分析學就是起源於對症候的分析，或者說症候是精神分析的理論出發點。我們發現，所謂的這個症候經過改造之後，成了拉岡晚期理論的核心，後者還據此發明瞭將症候與幻象疊加變形後的「症象人」。在佛洛伊德看來，「症候派生於被壓抑物，它們宛如後者派往自我（Ich）的代表」。[1]於是，所謂症候，就是指被壓抑的衝動的一些**替代性的**滿足，譬如剛才我們所說的那個「氣」，可能就轉化成了你扔出去的那塊石頭或者你對朋友發起的那場莫名攻擊。這，就是替代性的症候。佛洛伊德說：症候是「受壓制觀念的新的、人為的、暫時的代理人」，[2]「症候的形成實為無意識中他事的替代。」[3]

已經成為**無意識**的被壓抑衝動，通過迂回曲折的方式，找到了釋放的途徑和替代性滿足的方式，使得壓抑的目的全部落空。……被壓抑的衝動在軀體的某些地方爆發出來，產生**症候**。於是，症候就成了折衷的產物，因為儘管它們是一些替代性的滿足，但由於自我的抵抗，它們還是改變了模樣，偏離了原先的目標。[4]

佛洛伊德在其早期《日常生活的心理奧祕》中曾經指出，遺失東西是一種症候，「東西之所以會丟掉，往往是沒有被注意的症候性行為的延伸，因為，這種遺失至少在暗地裡符合遺失者的意願」。這似乎是說，丟東西是一種對物品無意識疏離的症候表現。可見，在佛洛伊德看來，症候與無意識之間存在的，是一種相互替代的關係，當我

---

1 〔奧〕佛洛伊德：《精神分析引論新講》，蘇曉離等譯，安徽文藝出版社 1987 年版，第 60 頁。

2 〔奧〕佛洛伊德：《精神分析的起源與發展》、《佛洛伊德著作選》，賀明明譯，四川人民出版社 1986 年版，第 18 頁。

3 〔奧〕佛洛伊德：《精神分析引論》，高覺敷譯，商務印書館 1984 年版，第 220 頁。

4 〔奧〕佛洛伊德：《佛洛伊德引論》，顧聞譯，上海人民出版社 1987 年版，第 39 頁。

們看到某種症候出現，就能得知它背後必定有某種被壓抑的無意識在湧動。[1]因此，在心理治療的實踐中，如果我們能夠使形成某種症候的歷程「重新還原」，就可能消除這種症候。可是到了拉岡那裡，這個症候的意思又發生了翻天覆地的變化。因為在晚年拉岡那個症候背後，其實並沒有什麼要兆示的東西。當拉岡說，人就是一個症候時，這裡的症候已經意指了人類主體存在中試圖將想像性、象徵化建構與真實縫合起來的那條纏屍布。

當然，無意識轉移最強烈和最直接的形式就是歇斯底里病症（其中最極端的情況則是我們在生活裡通常所說的「瘋子」）。在這種情形下，無意識將不加任何改裝地闖入人的意識領域，甚至在某種程度上嚴重干擾和替代意識的作用和功能。在序言所講的第一個故事中，王二的情況顯然就是無意識占了上風，而意識主體被弱化直至不做主。當然，這是一種非常情況。拉岡也是從瘋子開始自己的研究的，可他的結論卻令眾人目瞪口呆：**所有的人都是瘋子**！我們與真正的瘋子的差別只要於程度或不同的形式。他的名言有：一個自以為是國王的國王與一個稱自己是國王的瘋子同樣是瘋子。這個看起來有悖常理的「謬論」我們將在下面的討論中做更詳盡的破解。

在一般人身上，無意識的轉移表現得比較平緩，無意識的心理動力被嚴密地加以控制，以防止其隨意進入意識領域，只有當自我稍微放鬆下來的時候，它們才會偶然得以外現，這就像**夢境**和日常生活中偶發的過失。

夢，是我們每個人都曾有過的經歷。在夢中，許多現實生活中不可能發生的荒誕事情常常上演：我們可能夢見自己成了會飛的超人；也可能忽而夢見自己一下子回到孩提時光、忽而又夢見自己頃刻間成了一個白髮老人；我們還往往能在夢中遭遇許多奇奇怪怪的情節和現象，或者是被什麼可怕的東西緊緊追趕而無法逃脫，以之致嚇得大汗淋漓，也或者意外地獲得了平素夢寐以求但卻一直無法擁有的東西。

---

[1] 〔奧〕佛洛伊德：《精神分析引論》，高覺敷譯，商務印書館 1984 年版，第 220 頁。

於是，我們可能剛剛在夢裡經歷大悲或者大喜，可在那跌回現實的夢醒時分，必定會發現自己其實仍然毫髮無損地躺在床上，中國古代那個著名的黃粱夢醒之典故，最為形象地形容了這種情形。做夢，在我們心中好像總是一種不現實之事的代名詞。關於夢，在佛洛伊德之前已經有過很多人做過專門的研究，但古代的一些思想家給出的大都是一些神祕的解釋，而後來的科學家們對夢的研究常常又不夠深入。在佛洛伊德看來，夢是一種有著重要意義的現象，尤其是對他的精神分析理論。夢境，成了佛洛伊德心理學中主要的研究對象之一。研究日常生活中最普通的現象，從中找出重要的意義，這是佛洛伊德科學研究中另一個十分重要的特徵。他甚至說，夢的理論是精神分析的一個重要轉捩點，正是因為夢的出現，精神分析才「由一種精神治療變成了一種深層心理學（tief Psychologie）」。[1]當然，這也是他揭示無意識現象的重要途徑之一。玄妙的拉岡卻並不如佛洛伊德這般癡迷於夢境。

佛洛伊德認為，夢境雖然往往顯得脫離現實且零亂無章，但卻包含著巨大的研究價值。只有通過夢的研究，我們才能窺見人的內在心理結構和包含衝突的真實心理過程，才能證明人的深層心理中的廣大無意識領域。所以，在佛洛伊德的精神分析學中，再不近情理的夢境，都會在慎密的分析之後顯露出真實的本義。

依佛洛伊德所見，人的夢境展現的主要是自己欲望（願望）得到滿足的情形，這是無意識活動的一個重要的領域。人在夢境中，處於一個介乎睡眠與蘇醒之間的半透明狀態。首先，人在夢裡脫離了外界的環境和意識本身的壓抑，因為睡眠狀態就是不願意與外界交涉，不願對外部事情發生興趣，脫離外界以躲避現實生活中固有的那些刺激。其次，夢境是以視覺意象自由地組成的一定情境，這些情境往往無法直接轉譯為語言。在這樣的情境中，一些無法在正常生活中實現

1　〔奧〕佛洛伊德：《精神分析引論新講》，蘇曉離等譯，安徽文藝出版社 1987 年版，第 1 頁。

的願望將漸次出現並得到滿足。「夢無論是如何的複雜，大部分均可以解釋為願望的達成」。這裡的願望（Wunsch）不是生物或生理性的現實需要（Müssen），而往往有較強的心理成份；需要的滿足是實體性的，而願望的滿足大多帶有幻想性。拉岡後來對需要、需求和欲望的區分與佛洛伊德是完全不同的。拉岡對滿足欲望的途徑之指認是另一種意義上的**幻象**，原因就在於，拉岡將欲望視為非本己的他者欲望的欲望。願望即原來在現實中被壓抑下去的種種心理中的幻想和「念頭」，不難發現其實這就是無意識。從而，**無意識則成了夢的起源**。因為，人在夢中實現的無意識的願望不過是自己先前經歷中被壓抑下來的東西。重要的是，在夢中以視像為替代物來滿足的那個願望，並不是現實的欲求，即不是意識的欲望，而是未實現的或被壓抑的原初願望。所以，佛洛伊德才說：「精神生活在夜晚即脫離現實，從而有可能回復到種種原始的結構中去」。[1]我敢斷定，王二那天對我描述的情形，大多數是他在自己的夢中曾經實現過的欲望，只不過那時它們必然是無意識的。這也是相當一部分夢境在我們醒來之後無法記住或無法描述的重要原因之一。最後，一旦人發瘋了，無意識就直接做了主人。當然，這只是佛洛伊德式的解釋，拉岡的解釋會更複雜一些。

然而，夢境中並不是完全沒有意識的存在，一個完整的夢境必定是意識與無意識構成的統一體。一場酣夢過後，我們能夠回憶起來的東西只能是意識，夢境背後的意向和願望卻是無意識的。所以，佛洛伊德將夢看作一幅畫謎，謎面本身的各種細節和關係能夠為我們理解，因為這是意識的東西，而夢境本身卻永遠是一個謎，在表面的畫裡可能潛在地隱匿著另一種真實的意義，它又是無意識的。這就好像我們夢見自己吃力地攀爬一段險陡的臺階，這個畫面本身並不難理解，但是其實這個夢並不意味著我們想上樓，而很可能是在表達我們

[1] 〔奧〕佛洛伊德：《精神分折引論新講》，蘇曉離等譯，安徽文藝出版社 1987 年版，第 15 頁。

意欲在學業或工作上進步的願望。從而，夢境就有了顯意和隱意兩個層面。

所謂夢的顯意就是夢境的表層意義，指夢者能夠回憶起來的夢境的情景及其意義。佛洛伊德說：「夢中必定存在著兩種力量，一種企圖表現某物，另一種卻竭力阻止前者的表現。這場衝突的結果便是外顯的夢。」[1]夢的隱意則是指夢者必須經由聯想才能知道的隱匿在顯意背後的深層意義。其實，前者是意識，後者就是無意識了，這不過是佛洛伊德無意識學說在釋夢理論中的具體化而已。在他看來，夢的構成分為三個部分：其一，**夢的隱意**，這是夢的由來和根源；其二，夢的工作本身，即夢的製造過程；其三，**夢的顯意**，這是夢的工作的產物。[2]一般說來，夢的顯意與隱意的關係有三：一是以顯意的部分來暗喻隱意，二是以顯意來指示隱意，三是用顯意直接代表隱意。說到底，夢就是用隱意製造顯意的工作過程。這也是夢的微觀心理機制問題。具體說，夢的工作首先是一種**凝縮**作用。佛洛伊德認為夢的隱意通常十分豐富，而夢的顯意卻貧乏粗略，凝縮即是對隱意（無意識）的刪節，在這個刪節中，原有的意義被重新組合，這是夢境呈現奇形怪狀和曖昧不清的重要原因。夢境的怪誕，夢話的晦澀，都是夢凝縮的結果。其次，夢的工作還有**移置**（Entstellung）作用，這主要表現為夢的隱意與顯意的不一致，在夢的顯性意義中占主要地位的內容並不是其背後隱性意義的主體，反之亦然。夢的移置表明無意識中的願望往往通過改裝複現出來，甚至會以一種「削弱了的、歪曲的和辨認不出的方式」來呈現。這兩種功能後來被拉岡依雅各布森的邏輯挪用到對能指作用的分析中。其三，夢還有**象徵性**（Symbol）方式。[3]在夢中，象徵關聯著隱意和顯意，可是夢的象徵符號又具有雙重性：

---

[1] 〔奧〕佛洛伊德：《精神分折引論新講》，蘇曉離等譯，安徽文藝出版社 1987 年版，第 11 頁。

[2] 〔奧〕佛洛伊德：《精神分析引論》，高覺敷譯，商務印書館 1984 年版，第 88 頁。

[3] 〔奧〕佛洛伊德：《精神分析的起源與發展》、《佛洛伊德著作選》，賀明明譯，四川人民出版社 1986 年版，第 25 頁。

一方面它是被壓抑的欲望的替代者，與無意識的東西相關聯；另一方面，它又是改裝過的東西，能夠以合法的身分進入意識領域。由於象徵符號的多種多樣及其意義的不穩定，釋夢變成一件十分困難的事情。在拉岡那裡，象徵成了語言的本質功能，並畸化為對存在本身的殺戮。除此之外，夢的工作還有潤飾和文飾作用。何其有趣——日常生活中做夢其實是再普通不過的事情了，但佛洛伊德卻能在其中發現如此複雜的道理。這就是科學家的過人之處。

除了夢境，人在日常生活中犯下的大量**過失**也是無意識的表現。與強烈的變態心理現象不一樣，日常過失是一種特殊的心理現象，它包含著某種無意識的意向，即應當禁止的願望的滿足，如口誤、筆誤、遺忘等。這些看起來十分普通的小小失誤，經過佛洛伊德的解釋，也都成了人的意識控制稍有放鬆的情況下，無意識願望趁機得以表露的心理現象。也因此，佛洛伊德將過失現象的研究稱為「精神分析學的入門」。一句話，過失是有意義的。比如我們在本章開頭的那幕劇中看到的例子。這是佛洛伊德在《日常生活的心理奧祕》一書中舉的例子；一位澳洲眾議院的議長在致開幕辭時將開幕說成了閉幕。佛洛伊德說，正因為這位議長內心裡「覺得這次會議對他本身殊無可言，原來就希望它快點閉幕」，只不過迫於無奈不得不將這種想法壓抑下去，可是稍不留神，他那被壓抑的真實意見可能就無意識地漏出來了，於是他把「開幕」說成了「閉幕」。[1]這，就是過失的意義。與以往的心理學家不同，佛洛伊德十分關注日常生活中的小過失，他採取了一種以小見大的方式來對待過失。他認為，這些看起來瑣細、平凡和不重要的事情，恰巧隱匿著重要的心理祕密。在他看來，所有過失都有內在的心理原因，都不是無意的動作或無由的產物。但是發生過失的人自己一般都無法覺察，其表現常常是無意的。佛洛伊德說：「**某些看來無心的行動，在精神分析的過程中，常可以發現有著**

---

[1] 〔奧〕佛洛伊德：《日常生活的心理奧秘》，林克明譯，甘肅人民出版社1986年，第53頁。

充分的動機，而且迫使這些不自知的動機浮現於意識層面。」[1]

實際上，過失的出現是由兩種相反的意向同時引起的。比如，上面我們看到的口誤通常有兩種情況，一是說話人心理活動中的一種意向完全排斥了其他意向，於是將話完全說反了，譬如將「開幕」說成「閉幕」；另一種情況是一個意向歪曲或更改了另一個意向，如將「不配」說成「不願」。在這種情況中，我們會發現過失一般是由人的兩組意向的「互相干涉」或「相互牽制」造成的，其中一種是牽制或干涉的意向，另一種則是被牽制或被干涉的意向。[2]

無論是哪一組，其牽制的傾向都**被壓制下去。說話者決意不將觀念發表為語言，因此他便說錯了話；換句話說，那不許發表的傾向乃起而反抗說話者的意志，或者改變他所允許的意向的表示；或者與它混合起來，或意取而代之，而使自己得到發表**。這就是口誤的機制。[3]

在這裡，佛洛伊德主要關心的是這種牽制的意向，因為這種意向往往就是一種內心中的反抗，這些意向一般說來恰巧是以往被意識壓抑的欲望，屬於無意識的領域。這些被壓抑的東西衝破意識的控制之後表現出來，造成了所謂的過失。過失，不過是無意識心理衝動的另一種轉移形式。比如作為過失出現的遺忘，就是由「被壓抑的事物引起的」。

當然，無意識最理想的轉移形式是被佛洛伊德稱為**昇華**（Sublimation）的過程。這也是無意識的性本能衝動在自我的允許下，求得欲望的滿足。他把人類社會生活中各種創造性活動都視為無意識昇華的結果。「性的精力被昇華了，就是說，它舍卻的目標，而轉向他種較高尚的社會目標」。[4]這麼一來，各種藝術、科學發明、

[1] 〔奧〕佛洛伊德：《日常生活的心理奧秘》，林克明譯，甘肅人民出版社 1986 年，第 162 頁。

[2] 〔奧〕佛洛伊德：《精神分析引論》，高覺敷譯，商務印書館 1984 年版，第 26 頁。

[3] 〔奧〕佛洛伊德：《精神分析引論》，高覺敷譯，商務印書館 1984 年版，第 44-45 頁。

[4] 〔奧〕佛洛伊德：《精神分析引論》，高覺敷譯，商務印書館 1984 年版，第 9 頁。

理論研究乃至整個人類文明就都成為人的無意識轉移和昇華的結果了。在佛洛伊德看來，「『文明』只不過是意指人類對自然之防衛及人際關係之調整所累積而造成的結果、制度的總和」。文明涉及人類活動的兩個方面：一是人類與自然的關係，他將這種關係規定為人對自然的消極的被動的防衛關係，以此保護人類的生存與種族的延續；二是人與人的關係，即人類內部的關係，佛洛伊德把這種關係視為人際之間的調整關係，以保證人類內部的聯合。在這兩方面的關係中，文明都是人類利用自身本能的衝動，又捨棄其簡單的性目的，而轉向較高尚的社會目標，即性的精神昇華。

以佛洛伊德之見，從其起源和發展的歷史來看，文明始終出自人的原始本能的衝動，又是對本能享樂的否定，所以文明在本質上是與本能欲望的滿足相對立的。因而，作為社會現象的文明乃是對無意識本能的控制和壓抑。這是佛洛伊德精神分析學關於文明的一個極重要的論斷。在他看來，本能與文明永遠處在二律背反的發展過程中。不過，儘管文明是對個人欲望滿足的否定，佛洛伊德還是肯定社會文明和社會進步，並不主張放棄文明，退回到原始自然狀態。[1]因為他認為：「人與動物有別，正在於文明馴制人的基本本能，改變本能的趨向。沒有文明就沒有藝術，沒有美，沒有知識，沒有科學」，而「每一種文明都是建立在迫不得已的工作和放棄本能的基礎之上」。[2]正是基於這種觀點，佛洛伊德又用自己的精神分析學詮釋了整個人類文明與文化現象。

美和藝術是佛洛伊德十分關注的方面。在他看來，美的存在並非是對象本身的某種客觀特性，而是對象對人的感性衝動的意義。也就是說，美根源於「性感」，即主體從對象身上獲得性力衝動的滿足。「一切美和完善的價值都要依賴其對我們的感性生活的意義來確定」。所以，人們完全不必對美的對象的變化心懷隱憂，只要人們具

1　〔奧〕佛洛伊德：《文明及其不滿》、《一個幻覺的未來》，楊韶剛譯，華夏出版社 1989 年版，第 21 頁。

2　〔奧〕佛洛伊德：《一個幻覺的未來》，楊韶剛譯，華夏出版社 1989 年版，第 81 頁。

有美好的生命感受，便將擁有無限的美。某個對象失去了，人們會再從新的對象身上獲得另一種美。佛洛伊德認為，審美就一種美的享受，一種快樂。同樣，藝術也是一種性衝動的轉移和昇華，只不過是人的被壓抑的性欲望的變相的滿足而已，人類原始本能衝動在藝術中找到了自我實現的途徑和方式。道德與宗教也是佛洛伊德著重研究的社會歷史現象。在他看來，宗教與道德形成的一個重要原因也是無意識本能欲望的被壓抑。宗教與道德實際上是根據人的願望和現實社會需要而形成的一種內在力量，一種並**不是**謬誤的幻覺。[1]這也就是塑造「超我」的社會文化基礎，它通過「自我」控制人的本能欲望（本我）。談到這裡，我們必須涉及佛洛伊德晚期的人格理論了。

3．騎手自我：人格的內在三元結構

如今，倘若與人談及精神文明，我們常常會說人要「自尊」、「自愛」，集中為一點就是每個人都要有健康的心理人格，而以自我為中心的人格學說正是精神分析學的重要內容之一。當然，這也是佛洛伊德晚年在其無意識理論的基礎上構造的一個不同於傳統觀念的新的人格模式，它展現了人以本能為基點和內趨力，進而在社會現實中成長起來的過程。

應該指出，佛洛伊德1923年在〈本我與自我〉（*Das Ich und das Es*）一文中提出的人格理論是對他早期提出的無意識心理結構理論的修正和發展，也有人將該理論稱為佛洛伊德繼意識、前意識和無意識心理結構之後的第二個人格系統。佛洛伊德發現，心理結構只是心理主體的一種心理活動特性，它只能說明人的心理活動實質是什麼，卻還不能說明人為什麼會有這樣的心理狀態，而人的更深一層的**人格結構**才可能真正揭示人的本質。也就是說，對人的心理現象，除去「知其然」外，我們還要進一步「知其所以然」。

1　〔奧〕佛洛伊德：《一個幻覺的未來》，楊韶剛譯，華夏出版社1989年版，第102-103頁。

依佛洛伊德新的看法，人格結構由本我、自我和超我三者構成。在一個正常而健康的人身上，這三大系統構成一個**統一和諧**的主體心理組織結構。它們相互之間的互動和配合，使人能夠有效而自如地與外界環境交往，以滿足人的基本需要和欲望。反之，當人格的三個系統相互衝突時，人就會處於心理失調狀態，嚴重起來甚至可能導致心理疾病。

本我（Es），是佛洛伊德從尼采那裡借來的一個術語，它相當於佛洛伊德原先所說的無意識之基礎。[1]可是，「本我是我們的人格中隱密的、不易接近的部分」，是人類個體與生俱來、先天存在著的各種本能、欲望的總和。「它含有一切遺傳的東西，一切與生俱來的東西，一切人體結構中內在的東西」。[2]佛洛伊德將其形象地比喻為本能的蓄存庫，「像是一口充滿了沸騰的各種興奮劑的大鍋」。[3]本我猶如一個混沌的大世界，它包涵著一團雜亂無章的、很不穩定的本能性的以及被壓抑的欲望。再細一些說，可以從三個方面來界定：首先，本我是個體出生時就源初存在的各種各樣的本能衝動的總和。本能當然也就是天然的東西，是自然而然的本性和能量，譬如我們的種種生理需要和其他衝動，像餓了要吃，渴了要喝，惱了會哭鬧等等，以上總總，都不需要別人來教，我們天生就會。這就是一個原始的「我」。在此，所有的本能衝動同時存在，互相衝突，它們從不隸屬於任何統一的意志，而是各自尋求滿足或發洩的通道。這恰巧是人最真實的需要行動的心理狀態。其次，本我是人格結構的原始基礎，原初動力。正是這種原初的本性和能量，發生出以後人全部的心理活動和生存，在一定的意義上，我們可以將本我視為人類生存與發展中最重要的基礎和最強大的內在能量和動力。這麼一來，生活中的一切現

---

[1] 佛洛伊德自己說，本我一詞是他借自尼采，並吸取了喬治・格羅德克（1923 年）的建議形成的「非人稱代詞」。參見〔奧〕佛洛伊德：《精神分析引論新講》，蘇曉離等譯，安徽文藝出版社 1987 年版，第 80 頁。

[2] 〔奧〕佛洛伊德：《精神分析綱要》，劉福堂譯，安徽文藝出版社 1987 年版，第 2 頁。

[3] 〔奧〕佛洛伊德：《精神分析引論新講》，蘇曉離等譯，安徽文藝出版社 1987 年版，第 81 頁。

象和過程都可以在那個原初的本我中找到根源。其三，本我以追求本能衝動和被壓抑的欲望的滿足為目的，即以追求快樂為目的。因此，它將是非理性的，不受現實原則的約束。「本我充滿了本能提供的能量，但是沒有組織，也不產生共同意志，它只遵循快樂原則（Das Lustprinzip），力求實現對本能需要的滿足」。[1]霍爾說，「快樂原則的目的就是消除人的緊張，或者在不可能的情況下，把緊張降低到一定的水準」。[2]本我好比一匹桀驁不遜的野馬，它不受意志支配，不受道德約束，雖然常常難以實現自己的目的，但總還是會頑強地表現出來。可是，本我是一種依從**快樂原則**的本能衝動，「它沒有善惡，無所謂道德性」，所以它會不問時機，不講條件，不顧後果地一味要求自我滿足，尋求快樂。如不加以克制，任其表現和氾濫，就會使人變得瘋狂，不可收拾，以至最終摧毀自己的一切。佛洛伊德曾以人先天具有的攻擊性為例，必須加以約束，因為我們總不能無故地隨意打人罵人或像獲奧斯卡獎的優秀電影《辛德勒的名單》中那些滅絕人性的法西斯分子那樣殺戮他人！因此，人的本我，不能簡單地就隨意實現出來。然而，這個在佛洛伊德全部人格系統中擔任基礎角色的本我，在拉岡那裡，卻是根本不存在的。因為如果它是本能，那就是動物的生物性屬性，而如果作為人的本真基始性，拉岡對它就是澈底否定的。拉岡認為，如果有本我，也只能是一個空無。

所謂**自我**（Ich），即本我的表層部分，指個體成長過程中部分本我由於接觸現實，轉而分化成一種有組織、有個性的感性人格系統。霍爾說，「在一個調節良好的人身上，自我是人格的『行政系統』」。[3]容格的觀點也很接近，他將自我看成是個體人格中的「一種持續的聚合作用」。它是我們原來那個「本我」應付現實的心理構件。當人出生時，自我與本能並沒有分化，自我是隨著個人的生存和

1 〔奧〕佛洛伊德：《精神分析引論新講》，蘇曉離等譯，安徽文藝出版社 1987 年版，第 82 頁。

2 〔美〕霍爾：《佛洛伊德心理學入門》，陳維正譯，商務印書館 1985 年版，第 15 頁。

3 〔美〕霍爾：《佛洛伊德心理學入門》，陳維正譯，商務印書館 1985 年版，第 20 頁。

心理活動的發展才逐漸發生的。在自我從本我中分化出去的過程中，以人的知覺和軀體為支點的感知現實系統起了重要的作用。實際上，自我就是以本我為基礎，藉助知覺系統而形成的理性自我和意識自我。自我的本質是**認同**（Identität，內居）。這種認同往往是通過對象性存在（他人）而獲得的，它使一個自我的連續性知覺系統的**肯定性**建構成為可能。

自我在本我的指令下控制著各種活動管道；但是在需要和行動之間，插入了一個起到延緩作用的思維活動，在這期間，它利用了記憶的殘餘經驗。以這種方式，它廢黜了無限制地控制著本我中的事件程序的快樂原則，而代之以現實原則（Reality-Prinzip），該原則保證更大程度的確定性和的更大的成功。[1]

依霍爾的解釋，「現實原則的目的就是推遲能量的釋放，直到真正能滿足需要的對象被發現或產生出為止」。[2]現實性對於自我來說，就是推遲緊張的釋放，它也不是不讓自我走向快樂，而是迫於現實暫緩實行快樂原則。

關於自我的具體分析又有三點：第一，自我是意識自我。所謂意識自我，即理性的內容開始在人格心理系統中占上風，現實生活中的非我性的公共道德能夠支配自我，從而不再放縱本我的隨心所欲。不過，因為自我是感性的「軀體自我」，所以它也可以是無意識的。第二，自我一方面系由本我分化出來，可另一方面卻又是外部世界的代表，因此它在人格結構中具有雙重地位：既依據本能的要求，又接受**現實的原則**。言下之意在於，自我當然不是外部強加於我們的，它是本我的意願，是「我」想做什麼，但這種本我的意願和需求又會考慮到現實中的可行性。譬如，今天我原本心情不好（真想大哭一場），可是我卻正在參加朋友的婚禮，理所當然地，我不能隨意表現本我真實的心理。所以，自我有（依照超我的命令）執行壓抑的功能。第

1　〔奧〕佛洛伊德：《精神分析引論新講》，蘇曉離等譯，安徽文藝出版社 1987 年版，第 84 頁。

2　〔美〕霍爾：《佛洛伊德心理學入門》，陳維正譯，商務印書館 1985 年版，第 21 頁。

三，自我表現出兩種功能，一是自居（認同）作用，二是昇華作用。一方面，它以本我的本能和欲望對象自居，另一方面，又通過轉移為其他能力而得到實現和昇華。

通俗地說，在人的現實生活中，本我的一部分在與外界實際接觸的過程中不斷受挫，也不斷得到修正，從而就變成了**現實的**自我。「自我代表了理性和機智，而本我則代表了不馴服的熱情」。[1]駕馭本我的，正是這個自我。「本我在哪裡，自我便將到那裡（Wo Es war, soll Ich werden）」！[2]關於這一點，在本章開頭的「劇場指南」中，我們已經看到了拉岡大做文章的情境。[3]「自我代表有意識和理智控制的行為，仲介著內在精神力量和外部的現實，以現實的名義遏制驅力。」[4]佛洛伊德將自我與本我的關係比喻為騎馬者與其座駕的關係。馬是運動力量的提供者，但騎馬人卻掌握著運動的方向和進退的支配權。「自我就像一個騎在馬背上的人，它得控制馬的較大力量；所不同的是，騎手是尋求用自己的力量來做到這一點的，而自我則使用借力。」[5]佛洛伊德說，自我最為可憐，它得同時服侍三位專制的嚴厲主人：外部世界、超我和本我。並且，這三位主人的要求往往背道而馳、互不相容。不過，到了拉岡那裡，佛洛伊德的自我被完全證偽了。一是自我喪失了與本我的連續體關係，因為本我是無。二是自我之發生緣起於鏡像和各種小他者的反射關係。所以，以拉岡的眼光來看，佛洛伊德的心理自我不過是一種想像中的虛假建構物。拉岡那篇著名的〈超越「現實原則」〉一文，主旨就是要推倒本我－自我走向現實的通道。

---

[1] 〔奧〕佛洛伊德：《精神分析引論新講》，蘇曉離等譯，安徽文藝出版社 1987 年版，第 85 頁。

[2] 〔奧〕佛洛伊德：《精神分析引論新講》，蘇曉離等譯，安徽文藝出版社 1987 年版，第 89 頁。

[3] 〔法〕拉岡：《拉岡選集》，褚孝泉譯，上海三聯書店 2001 年版，第 400-402 頁。

[4] 〔斯〕齊澤克：《快感大轉移—— 婦女和因果性六論》，胡大平等譯，江蘇人民出版社 2004 年，第 10 頁。

[5] 〔奧〕佛洛伊德：《自我與本我》，《一個幻覺的未來》，楊韶剛譯，華夏出版社 1989 年版，第 175 頁。

超我（Über-Ich）是自我的一個高級存在，佛洛伊德有時將其稱之為「批判和發佈禁律的機構」，[1]它代表了「人類生活的較高層次的那種東西」。其實，超我也是兒童早期在父母、老師和社會上其他人的教育下，將社會的法律規範、倫理道德內化所形成的「自我理想」和「自我良心」系統。齊澤克說，佛洛伊德命名的所謂超我實際上是社會權威——被社會認可的認知、欲望的模式和對象選擇模式等——的內心延伸。[2]這話十分精闢。所以，超我也是自我與現實衝突的一個產物。佛洛伊德發現，在多數精神病患者身上，都有一種幻覺中的「不明機構的監視」，他認為，這就是隱藏在正常人的自我內部的一種自我約束的「良心」。良心的功能是禁止，這不同於自我中對本能所起的延緩作用。這是一個特殊的機構，該機構成為一個獨立的事物，並假定良心是它的功能之一，而作為良心的評判活動的基本準備工作的自我監視，則是該事物的另一功能。既然我們承認該事物是一種獨立的事物，我們就給它起一個自己的名字；從今以後，我們將把自我中的這個機構稱之為「超我」。[3]

第一，超我是通過自我的自居和超越而在自身形成的「自我理想（Ideal Ich）」，「自我根據它來衡量自己，竭力信效它，爭取滿足它所提出的任何更高的完美性要求」。[4]它是一種良心和批判能力，如宗教感、道德、社會情感和理想等。[5]所以，超我常常表現為「道德要求」。第二，超我的最深刻的根源卻在本我，它是本我的代表，所以他同時又是本能衝動和反對本我外化的雙重混合體。第三，超我

1　〔奧〕佛洛伊德：《精神分析引論新講》，蘇曉離等譯，安徽文藝出版社 1987 年版，第 27 頁。

2　〔斯〕齊澤克：《快感大轉移——婦女和因果性六論》，胡大平等譯，江蘇人民出版社 2004 年，第 24 頁。

3　〔奧〕佛洛伊德：《精神分析引論新講》，蘇曉離等譯，安徽文藝出版社 1987 年版，第 64 頁。

4　〔奧〕佛洛伊德：《精神分析引論新講》，蘇曉離等譯，安徽文藝出版社 1987 年版，第 70 頁。

5　〔奧〕佛洛伊德：《自我與本我》，《一個幻覺的未來》，楊韶剛譯，華夏出版社 1989 年版，第 182 頁。

是以良心、理想的形式或以無意識的罪惡感的形式去支配自我的，因此它將不可避免地帶有一定的自我監視的強制性，是一種自我壓抑的過程。然而，佛洛伊德的超我概念，在拉岡哲學中被撕裂成許多質性碎片。在拉岡的「父親之名」、「大寫的他者」、「被斜線劃著的主體」（*$*）等概念中，都分有了超我的複雜語境。

回顧人一生成長的過程，自我往往是在幼年時期逐步形成的。孩提時代，兒童的自我尚未強大到能夠控制本我的地步，所以不得不藉助父母的威信壓制本我的衝動。還以剛才那個場景為例，如果是孩子的心情不好，他就不會因為場合或他人的心情而掩飾自己的情緒，在歡天喜地的婚禮上，他（沒有受到壓制的本我）會自顧自地放聲大哭。此刻，心裡已經有了超我的父母便會用眼色責怪或大聲呵斥，甚至用武力來制止他。此後，在不同的人生場景中，在不同的場合裡，父母會憑自己外在的權威漸漸讓他明白什麼時候、什麼情況下「我」才能做什麼。父母的形象和權威往往是無條件的，少年的心中同時也就形成了一種自我認同的強力性的權威，這就是超我的雛型。有趣的是，在拉岡那裡，這也是小他者II的面容之鏡的作用。佛洛伊德將這個過程稱為**自居**或認同作用。「這是一個自我同化於另一個自我之中，於是第一個自我在某些方面像第二個自我那樣行事，模仿後者，並在某種意義上將後者吸收到自身之中。」[1]拉岡將這種對小他者（鏡像與他人的面容）的認同或內居作用直接指定為否定性的自欺。佛洛伊德還指認了一種所謂「目標定向性認同」，這是說自我對權威和成功者的對象化認同。特別是隨著孩童逐漸成年，這種對權威形象的認同將慢慢被外部的文化倫理（宗教與道德）和法律所充替，形成以理想和良心為主導的超自我系統。這就是拉岡那個大寫的他者了。

在佛洛伊德筆下，無論是本我、自我，還是超我，都無一例外地統一在無意識本能的範圍內。本我是本能的承擔者，自我是本能的分

---

1 〔奧〕佛洛伊德：《精神分析引論新講》，蘇曉離等譯，安徽文藝出版社1987年版，第68頁。

化物，而超我則是本能的現實表現，人格結構其實也就是本能的組元。並且，這個人格系統不是一個靜態的結構，而是一個動力系統。對此，佛洛伊德說：「我們把心理區分為本我、自我和超我。如果這個區分代表了我們認識的某種進展，它就應該使我們更澈底地瞭解更清楚地描述心理的動力結構」。

之所以說本我是人格結構的基礎和動力，在於它自身包含的生的本能（愛的本能）與死的本能的鬥爭，這場鬥爭是在沒有統一意志、不能說什麼是需要的無意識狀態下悄然發生的。生的本能是要求快樂，在快樂的原則下活動著，而死的本能則要求平靜，盡力使生的本能安歇下來。這兩種本能衝動的鬥爭，或愛或恨，構成生命衝動和生命過程。只要人類存在一天，這個過程就將無止境地進行下去。個人的一切活動，社會的一切文明，都根源於這種本我的本能衝動及其鬥爭和妥協。

實際上，這也已經涉及到人的本性問題了。從佛洛伊德的理論思路中，我們能夠發現他是在主張人的本性基於本能。在這一點上，人與動物是沒有區別的，人的社會文化只不過是自身本性受到壓抑的結果。這種本性是由生和死的本能源發生出的愛和恨構成的。相對來說，恨更根本。所以：

第一，人的本性是惡的。佛洛伊德認為，死的本能在本能衝動的矛盾中，更為原始，更為根本，表現在外部世界之中就是以他人為攻擊對象和目標，所以利己、狂妄、殘暴、破壞、征服乃是人類的普遍天性。不過，在強調人性本惡的同時，佛洛伊德也肯定了人的本性中存在著普遍之愛的一面，承認社會文化對人的本能的壓抑在絕大多數場合是成功的。

第二，人的本性是利己的。這是佛洛伊德強調死的本能和恨的第二個必然結論。依他之見，死的本能力圖防衛外界的刺激，於是向外爆發破壞衝動，以保護自己，因而這種爆發之中總帶著利己主義的性質。每個人都會在現實生活中犧牲別人的利益，以滿足自己，即便人們間或也會在現實生活中幫助別人，互相合作，甚至犧牲自己，也只不過是利己本性的昇華而已。當然，佛洛伊德也承認，愛的本性才是促進文明進步的現實因素。

第三，人的本性是倒退的，或者強迫重複的。因為，死的本能是在無生命物體開始有生命的那一刻產生的，它要求恢復無生命的狀態，這無疑是一個保守和倒退的特徵。如果單從這種特徵來看，人類是不可能創造出社會文明的，但是因為死的本能從一開始就受到了壓抑，並由此昇華，從而才創造了人類寶貴的財富。

那麼，人的這些本性又是從何而來的呢？佛洛伊德給出了一個十分大膽和奇特的回答：人的原始性衝動——「力比多」才是人的最終本性。

4、力比多：欲望的祕密

以往心理學中被嚴重忽視了的性的理論，在佛洛伊德精神分析學中佔有十分重要的地位。對性的突出強調和獨特解釋是佛洛伊德精神分析學中一個極重要的方面。性問題的科學心理研究形成於佛洛伊德對精神病理學的探究。但是從開始提出這個觀點的那一刻起，佛洛伊德的論調便一直遭到各方面的批評和指責，而佛洛伊德並未因此放棄他的研究，反而將性（欲）理論作為他一生關注和求解的目標。假如我們說無意識學說是精神分析學的基礎，那麼性（欲）理論便是這種無意識學說的核心質點。甚至，我們可以這樣說，理解精神分析學就必須理解無意識學說，而要理解無意識則必須理解性（欲）理論。惟其如此，才可能把握佛洛伊德精神分析學的根本。拉岡倒好，他的觀點是：**從來就不存在什麼性關係**。

如前所述，佛洛伊德將自己的精神分析學概括為兩個基本命題：其一是無意識在全部心理活動中的地位，主要是**顛倒式地**研究傳統心理學中的意識與無意識的關係問題；其二就是性衝動在無意識心理現象中的重要地位問題。佛洛伊德將無意識視為人心理系統的深層基礎，這是一個由大量本能衝動和被壓抑的欲望構成的神祕領域。在這裡，佛洛伊德進一步提出了一個更加深入的問題，即又是什麼東西構成了這些本能衝動最重要的本質呢？這也是他長期探究的一個關鍵之點。在多年的神經病治療實踐和理論研究中，佛洛伊德先是從變態心理現象、夢境和日常過失入手（這是因為在正常的心理活動中，無意識不能輕易表現出來），發現無意識衝動的背後是人的性本能，性衝動才是人的心理活動的最終原動力。他指出，在生活中發生的夢、過失和性變態都不過是人的性本能衝動的變相滿足，而剛才我們已經涉及到的那些看起來十分高尚的人類社會的各種文化、科學與藝術現象，也不過是性本能衝動的轉移和昇華罷了。

在自己的性理論中，佛洛伊德仔細描述了人類個體性發展的三個主要時期，即幼兒期、童年期和青春期。

所謂**幼兒期**是指從嬰兒出生到五歲的生長期。這是人類個體性發展的起點，它將為以後的一切性生長奠定基礎和基本的方向。在這個階段中，性心理將從發生到初步運動，先後經歷兩個階段：**自戀**（Narzissmus）階段（出生到三歲）和對象選擇階段（三歲到五歲）。所謂自戀階段，是指嬰兒出生後，尚分不清主體與客體，只能從最早的生理活動中得到快感的時期。此時，他自己就成了性的對象。在這裡，「自我把自己作為對象，其所作所為好像是在跟自己戀愛」。[1]佛洛伊德將其指認為「自戀情結」。而到了對象選擇階段，幼兒已經開始區分自己與對象，並從主體走向外界，以尋求對象。按照佛洛伊德的觀點，孩子一般會選擇異性的父母為自己愛的對象，如男孩對母親的愛、女兒對父親的愛。這就可能造成孩子對另一父母單親的排斥，對此，佛洛伊德稱之為「俄狄浦斯情結（Ödipuskomplex）」。[2]

1　自戀（Narzissmus）或「納西瑟斯」一詞就是佛洛伊德從希臘神話中借用來的。在那裡，納西瑟斯是一位愛上自己的美少年，後入水成為一株水仙花。參見〔奧〕佛洛伊德：《精神分析引論新講》，蘇曉離等譯，安徽文藝出版社 1987 年版，第 119 頁。

2　俄狄浦斯是古代希臘神話中的一個人物，神預言他將殺死自己的父親，並娶母親為妻。後來他真的在無意中這樣做了，當知道這件事情的真相時，俄狄浦斯痛苦地自戳雙眼而亡。

童年期，一般是指兒童從五歲到十二歲的生長期，佛洛伊德將其稱為性生活的潛伏期。這也是孩子性生活發展不斷受到外界影響和各種精神力量壓抑的時期。上述壓力，在現實生活中主要表現為孩子所受到的早期教育的影響，如父母和老師的種種帶誡規的引導，譬如不讓他啃手指頭，不能隨地大小便。父母嚴厲地告訴他什麼是羞恥的、不道德的，這就在孩子心中引發一種最初的道德感，從而將原來的性衝動帶離性本身的用途，指向其他目標。當然，這並不是性生活的中斷，而只是性生活受到家庭、社會和精神力量的影響，在壓抑下變異了形式，具有了社會和文明的色彩。

青春期是從十二歲到十八歲左右的發展時期。在這個階段，人的性器官開始成熟，性的快感主要依附於生殖機能，潛伏著的性衝動又復甦了，性生活將再度起航，沿著早期發展道路繼續前進。在青春期的性生活中，性的目標和對象都將轉向一個自體外的異性對象，以獲得成熟的滿足。在佛洛伊德看來，這個階段的性生活發展極為重要，如果個體性發展能夠順利進入青春期，將性目標和對象集注於某異性個體身上，將有助於形成正常的人格；相反，如果個體的性生活受到外部干擾或其他原因的阻隔而停滯，無法進入青春期，就可能導致各種性變態和性倒錯，甚至產生變態人格，終而發生精神病症。

所以，在佛洛伊德那裡，性本能成了人生中最重要的內趨力，它是構成人生存表象深層無意識衝動的更深一層動力。

依佛洛伊德之見，性本能衝動和性欲是無意識的基礎和核心，但在現實生活中，由於受到意識（文明）的壓抑和控制，人的原初欲望往往得不到直接的滿足和顯現。性本能，佛洛伊德把它稱為「力比多」（Libido），其本意是原始的欲望。這是一種本能的力量，即性力。力比多並不是一般的生殖，它在佛洛伊德的精神分析學中有更寬泛的含義。在佛洛伊德看來，力比多形成於人機體活動中某種特殊的化學變化裡，它為我們提供了一種原始衝動的能量，正是這種原始動力在人生命活動中的產生、增加、分配和轉移，構成了五彩繽紛的人生。從裡比多自身的存在和活動來看，其主要目的是尋求快樂，也就是說按照快樂的原則行事。

後來，佛洛伊德又將力比多泛化成一種包羅一切的「生命本能」，即生的本能和「愛洛斯」（Eros）。從而，力比多又成為上面我們已經看到過的在人生命活動中的內在創造力，它包含了愛、個體生存和種族繁衍的願望，生長和發展的傾向；可是同時，它也內含著相反的破壞力，即死亡的本能「沙奈多斯」（Thanatos）。以佛洛伊德之見，人的生命是由兩個對立的本能合成的：一方面是人身體內部那些促進生長和發展、抵抗死亡的力量，即建設性的力量，即生的本能。生的本能導致生命的延續，促進新的生長因素的出現，從而保證個體和種族的生命歷程得以發展。另一方面又有身體中那些保守的、惰性的因素，它們要求回到事物的初始狀態，引向死亡的力量，即死的本能。於是，力比多就成了生與死、愛與恨交織的生命驅動力。正是這種根殖於人的本性中的性本能，創造了人、創造了人類歷史、創造了五彩繽紛的文化世界。[1]

在本書一開頭，我們已經提到了拉岡以及他那句著名的「回到佛洛伊德」的口號。拉岡與佛洛伊德其實是上下兩代人，後者轟動一時的成名作《夢之解析》發表之後的第二年，前者方才姍姍來到人世。說起來都是精神分析學的巨匠，但在他們生前，兩人並沒有過直接的交往，唯一的聯繫是在1932年，當時年輕的拉岡剛剛完成博士論文的答辯，給佛洛伊德寄了一份自己的論文，可是熱情而滿懷憧憬的拉岡只收到了佛洛伊德的一張明信片。其實，拉岡的學術理路從一開始就不是按照佛洛伊德的邏輯發展的。在本書的「劇場指南」部分中，我們已經看到他居有太多的哲學文化背景，前期對拉岡影響較大的是超現實主義（恰好也是以佛洛伊德無意識理論為思想原動）和經過科耶夫重新詮釋的黑格爾哲學，後期又有大量語言學結構主義和巴代伊哲學等其他學術資源的侵入。同時，我們多次指出，拉岡從來沒有簡單

1　〔奧〕佛洛伊德：《文明及其不滿》，《一個幻覺的未來》，楊韶剛譯，華夏出版社 1989 年版，第 49-50 頁。

挪用過別人的東西，他與其他學術資源的關係常常是一種奇特的顛覆性關係。所以，黑格爾必定無法在拉岡那個他者的欲望關係中認出自己，索緒爾也一定會對著拉岡的能指概念而氣得發瘋，更不要提他與自己的師祖佛洛伊德的關係了。在這種關係的起點上，拉岡認為「自佛洛伊德以來，我們領域的這個中心園地看來荒蕪了」。在他看來，荒蕪並非因大師去世而出現的「空位」，而是由於「他的著作的意義越來越被抹殺了」，佛洛伊德的思想像「一種技巧在傳授著，內容莫測，而任何清新的批評卻會引起驚慌」。[1]可以看出，拉岡更加重視佛洛伊德的門徒不夠重視的佛洛伊德論著中的哲學文化層面（如《圖騰與禁忌》和《一個幻覺的未來》）。[2]德里達就認為，「拉岡非常關注人文科學，而與他同時代的精神分析學家們很少有人關注這些問題」。[3]

1932年，拉岡率先提出所謂的「鏡像階段」理論，使佛洛伊德晚年的自我與本我概念成為個人主體偽像的誤認和本源性空無的崩裂，佛洛伊德的主體人格成了拉岡想像域中反諷的對象。1953年，拉岡公開提出「回到佛洛伊德」，但這一年同時也是他將語言結構主義資源導入精神分析學創立能指暴力話語說的發端。佛洛伊德那裡的意識與無意識的結構分層，從此變成拉岡筆下已經是無的主體在象徵語言符號中的被殺戮，他者（能指鏈）以空無建構主體，並使其無意識成為他者奴役的無形繩索。對這一嚴重的顛覆事件，拉岡只是淡淡地說：「在精神分析學塵土飛揚的工地上，這些地方還是空白著。」[4]從此，拉岡在自己的公開研討會（seminar）上茫然迷失於深深的學術思辨中，他的話語成了常人無法理解和詮釋的神祕玄學。固然，拉岡也熱衷於談論精神分析學所重視的人之欲望，可是，欲望對象在他筆下已經成了一種大寫他者的陰謀，真實域中只剩下不可能達及的大寫

---

1 〔法〕拉岡：《拉岡選集》，褚孝泉譯，上海三聯書店 2001 年版，第 252-253 頁。

2 〔美〕庫茲韋爾：《結構主義時代》，尹大貽譯，上海譯文出版社 1988 年版，第 142 頁。

3 〔法〕德里達、盧迪內斯庫：《明天會怎樣》，蘇旭譯，中信出版社 2002 年版，第 236 頁。

4 〔法〕拉岡：《拉岡選集》，褚孝泉譯，上海三聯書店 2001 年版，第 475 頁。

物和對象a。在主體與他者的爭鬥中，人最終無化為一個症候。這些令人恐怖的東西顯然不是直接來自佛洛伊德的。有人評論道，拉岡實際上在對佛洛伊德「發起了俄狄浦斯式的挑戰」。[1]依我說，這是對的，拉岡所謂的「回到佛洛伊德」顯然是一種口是心非的弒父。倘若要拉岡對佛洛伊德說一番肺腑真言，那一定會：我依從您，我將讓您越發深刻，可是我不得不殺死您。

拉岡反對佛洛伊德的生物學基礎，他要把生物學的東西轉換成文化的，自然的東西轉換成社會的，因而他必然反對本能而確認能指，反對性欲而主張看不見的隱性語言結構。所以，「佛洛伊德派的核心術語在拉岡的論辯中大多數處於邊緣地位」。[2]

與佛洛伊德的科學實證傾向不同，拉岡的理論沒有臨床的表面象徵性的特徵，他更喜歡**超現實的**東西。波微曾經說，「理論對於拉岡而言，就是一根鏈條、一種集束、一種捆綁起來的東西，相互關聯的產生意義的諸因素的一種編織物」。[3]

與佛洛伊德不同，拉岡將精神分析學視為一種作為欲望工具的言語的科學，或者說是可直接言說與不可直接言說的欲望關係的科學。

與佛洛伊德的肯定性話語不同，拉岡將精神分析學改造成一種批判性的闡釋學。

下面，就讓我們進入拉岡哲學的魔幻世界。

1　〔日〕福原泰平：《拉岡——鏡像階段》，王小峰等譯，河北教育出版社 2002 年版，第 21 頁。

2　〔英〕波微：《拉岡》，牛宏寶等譯，昆侖出版社 1999 年版，第 27 頁。

3　〔英〕波微：《拉岡》，牛宏寶等譯，昆侖出版社 1999 年版，第 14 頁。

第一幕

拉岡：偽自我的鏡像之舞

人很久以來就已消失了並且不停地在消失。

——福柯

場燈亮起，舞臺佈景驟然變成陰森的夜。天幕上看不見星星，只有一支憂傷的單簧管曲縹緲傳來。

聚光燈投在舞臺上的光點慢慢擴展為大大的圈，光圈中央的人們環繞著一個懷抱嬰兒的年輕女子翩翩起舞。

突然，女子問道：「我兒子叫張三嗎」？

一個身著長袍的青年男子高聲回答：「不！老婆，他叫李四。」

母親不再說話。眾人也沉默。人們將目光投向人群中最年長的白鬍子老者。

寂靜中老人緩慢沉著的聲音威嚴響起：「他叫王二麻子。」

有人接著說：「我們這輩子窮怕了！王二將來一定要有錢。」

又一人說：「我們家還沒出過大學生呢！王二將來一定要上大學。」

再一人說：「我活到現在還沒去過美國呢！王二還是出國吧！。」

最後一個說：「我們家總被人欺侮，王二要做大官」。

母親懷抱中的孩子猶自酣然熟睡，他當然不曉得人們說的竟然是他。

燈光漸漸暗去。

背景音樂已經由單簧管換成了小提琴，但曲子似乎變得柔情和熱烈一些了。

燈光再起的時候，一個穿著嬰兒肚兜的青年男子和著音樂在舞臺上輕舞飛揚。那個年輕的母親在沒有光亮處陪著他，目光流轉、舉手抬足，無不讓人感到她總是輕輕柔柔地呵護著他。起初，青年男子的頭與四肢分別擺動，看不出協調的舞姿和節奏。可是當他走過舞臺中央一面巨大的鏡子時，被鏡中的影像深深吸引住了。他忽而在鏡子前扭動身體的每個部位，忽而又轉過身去望望身後。

突然，音樂的旋律變得激昂起來，節奏也愈發奔放和熱烈！

男子再度從鏡子前旋轉出來時，舞姿竟突然顯得協調和完美起來。然而，人們都能看到，他的臉上已經戴上了一張面具，那正是他在鏡中的影像。

樂隊的合奏悠揚漸起，小提琴輕柔的獨吟漸被淹沒。母親和重新加入的周遭的舞者們在黑暗中忽隱忽現，他們中每個人似乎都在用目光和舞姿向青年男子告誡和傳授著什麼，尤以母親為甚。可是不久，聚光燈漸漸集中到那個身穿長袍的父親身上，已經蓄上鬍鬚的父親的舞姿顯得最為高貴和威嚴，他不斷將手中的權杖直指天空。終於，青年男子的舞蹈與其他舞者完全一致了。

舞臺上的音樂、光線和舞蹈，都成了一個同質的整體。

拉岡的著名的鏡像理論的實質是偽自我說。一方面，他相當深地承襲了黑格爾主奴辯證法的內裡構架，另一方面又很澈底地祛除了那種「從蘇格拉底到黑格爾所實現的自我意識的辯證法」。拉岡自己說，那個過去一直被認為是完善了完成了的主體理論，其實是整個歷史進步的「最根本的假設」：「事實上他是被叫做這個進步的基質；他名為Selbstbewu β tsein，即自我意識，全意識的存在」。[1]此處言說的針對性是很強的，也是在這個意義上，拉岡判定佛洛伊德的精神分析學的本質正在於「只有當主體偏離了自我意識時這個驗證的過程才真正觸及主體」。[2]拉岡雖然明確肯定了佛洛伊德對自我意識式的理性主體的否定，可是又嫌佛洛伊德的革命不夠澈底，他要連佛洛伊德的無意識走向現實的心理自我一併否定掉。拉岡聲稱，自己最有興趣的是那個「自以為是主人的奴隸」——**自以為是個人自我主體的非主體性**。拉岡區分了鏡像階段中個人**心理自我**建構與語言建構起來的**個人主體**。拉岡要顛覆自笛卡兒以來一切思想文化傳統，[3]其中也包括自己的老師——佛洛伊德。在這種顛覆中，超現實主義的邏輯被顛倒

1　〔法〕拉岡：《拉岡選集》，褚孝泉譯，上海三聯書店 2001 年版，第 606 頁。

2　〔法〕拉岡：《拉岡選集》，褚孝泉譯，上海三聯書店 2001 年版，第 304 頁。

3　〔美〕庫茲韋爾：《結構主義時代》，尹大貽譯，上海譯文出版社 1988 年版，第 139 頁。

為一種關係本體論的深層批判，達利等人作為超越現實生活的想像卻被轉喻為先行簒位的小他者。這是一種全新的令人深深恐懼的理論批判。在第一幕中，我們先概要介紹作為青年拉岡早期思想基礎和邏輯構架的超現實主義思潮特別是達利的批判語境，以及黑格爾的關係性自我認同觀和主奴辯證法，然後，再進入拉岡境像理論那種過於形上的思辨境界。

第二章

超現實主義與新黑格爾主義

現實是人的牢監和生命的棺材，應當撕破它們，讓已變化成的、活生生的、真實的我——精神妄想狂的蝴蝶飛出來！

——達利

長期以來，關於拉岡哲學邏輯的發生學研究始終是我們的弱項，特別是關於拉岡早期學術思想的初始脈絡，人們的把握總是不夠準確，其中最為關鍵的問題就是對拉岡語境的學術資源和支援背景的探究。回顧以往關於拉岡哲學與其相關學術資源關係的研究，大都顯得過於直接而簡單。我的觀點是，拉岡與其相關學術思潮之間即便真的存在某種內在的襲承關聯，那也必定是拉岡以顛覆性的邏輯線索對它們進行重構和挪用，而非一般的傳承。於是，許多我們原本熟知的傳統概念和範疇在拉岡語境中都呈現了與初始語義完全異質的內容，有時甚至是悖反。留意到這個特點，能使我們在處理類似問題時更為得心應手一些。本章將主要討論影響拉岡早期哲學思想的法國超現實主義，以及經過法國新黑格爾主義仲介了的黑格爾關係性自我意識和主奴辯證法等思想。

1、超現實主義：另一個世界的驚異之美

我已經交待過，20世紀30年代，青年拉岡與超現實主義者打得火熱。在某種意義上我們發現，超現實主義思潮的表現方式和顛覆現實的內裡邏輯很深地影響了拉岡，成為後者早期理論興趣的重要來源之

一。[1]甚至可以說，超現實主義就是青年拉岡思想的邏輯內驅力。不過，必須指出，與超現實主義的旨趣，即力圖打破現實的物性生活，追求未被世俗物欲毒化的理想境界這個興奮點不同，拉岡雖然也運用了超現實主義的方法來穿透現實生活的迷霧，但他並不是在現實生活的背後**肯定性地**發現驚異之美，而是致力於顛覆式地揭露出人之生存面相背後的倒錯悲劇。在以往許多關於拉岡思想支援背景的討論中，人們一般都只停留在超現實主義是拉岡思想的來源之一這樣的表面文章上，而從來還沒有意識到這種重要的**邏輯倒置**關係。以下，我們不妨先來討論超現實主義思潮。

超現實主義（Surréalisme）是第一次世界大戰以後在法國興起的社會思潮和藝術運動，其影響遍及歐洲各國，席捲文學、美術、戲劇、音樂等各個領域。倘若我們追根究底回溯上去的話，超現實主義緣起於一種在歐洲浪漫主義運動中衍生出來的關心**另一世界**（l'autre monde）隱性事物的藝術思想。這裡所謂的「另一世界」，並不是彼岸的上帝之城，而是留在生活世界的此岸，反抗物化現實生活的藝術超拔物。有意思的是，這個此岸中的「另一世界」在後來的拉岡那裡卻成了否定性的**大寫他性**。在波德萊爾和蘭波筆下，一種在虛偽的社會現實中堅韌不屈的反常人心態、一種超拔於物欲橫流的生活現實的另類藝術心境成為人生的真諦。超現實主義的直接母體是產生於20世紀初的達達主義（Dadaïsme）。達達主義的歷史性在場，用他們自己的話說，是「因為人類的世界被破壞得不成樣子，而在人的精神上引起了失望的結果，他們再也不相信有什麼穩定、持久的東西了」。[2]那麼人類的世界是被誰破壞的？恰巧是人自己。這正是對韋伯去魔化布爾喬亞世俗世界的邏輯反叛。就在韋伯看到價值中立的工具理性成為資本控制自然和科學管理社會進程（科層制）的地方，達達主義更加一針見血，他們看到了人的真實存在的毀滅。說實在話，我已經真

---

[1] 〔法〕拉岡：《拉岡選集》，褚孝泉譯，上海三聯書店 2001 年版，第 57 頁。

[2] 〔法〕杜布萊西斯：《超現實主義》，老高放譯，北京三聯書店 1988 年版，第 20 頁。

的不敢再往下想往下追問了：作為腳下這塊正在世俗化的黃土地的主人，今天的中國人是否也已經「不成樣子」了？達達主義者發現，中世紀的神靈隱遁之後，人的的確確成了世俗生活的主人，可是，精於謀算的無限制財富巨增的資本邏輯支配下的人的物欲和貪婪卻徹底摧毀了這個現實世界。用形式合理性來掩蓋的標準化、程序化和量化的資本主義精神，有效地控制著新教倫理普照之下的象徵性的法律、知識、家庭和國家，在這裡，個人主體生存中真實的生命欲望已經被無情地抽空。這也正是今天我們民族行進的現實目標。

1916年2月8日，人類正處於第一次可恥的相互屠殺的世界大戰之中，這是戰爭進程裡十分普通的一天，一群藝術家在蘇黎世的小酒館裡用一把裁紙刀不經意地插進一本拉魯斯法文字典時，獲得了一個沒有任何意思的音響能指「DADA」。這個本無意指的能指，「貌似毫無意義的名稱，本身已賦有一切可能的意義」。[1]它的發明者查拉這樣寫道：

> 一個詞兒誕生了，我們不知怎麼回事，達達達達。我們借這個什麼意義也沒有的嬗變的新詞宣告友誼的開始。其實，這個詞還是最大的抗議，也是最強烈的肯定，且具有問候、自由、臭罵、大眾、戰鬥、速度、祈禱、安靜、私事、否定和絕望者的巧克力諸多意蘊。[2]

面前的這個世界已經沒有了使人超拔出來的神，沒有了逃離此岸的上帝之城，有的只是布爾喬亞的金錢動物和虛偽面具下的無賴。而達達正是要以「無賴對付無賴」，以虛無對付虛無！人只能靠自己的**異在**與這個令人失望的現實**分割**。於是，「達達」隨即成了一種對現

---

1 〔法〕貝阿爾等：《達達——一部反叛的歷史》，陳聖生譯，廣西師範大學出版社 2003 年版，第 2 頁。

2 查拉：《蘇黎世曆記》，轉引自〔法〕貝阿爾等：《達達——一部反叛的歷史》，陳聖生譯，廣西師範大學出版社 2003 年版，第 9 頁。

實社會道德、既定藝術標準的毅然反抗，成了一種全新的個性化的生存方式。達達主義者們用顛倒一切生活常規和現有社會體制的方式，打破所有知識的分類，混淆一切文體和藝術形式，試圖引發一場傳統世俗生活的「總崩潰」。他們總是反對現實，主張**超出現實**的非同一性的怪異情境。

我們此處將要面對的超現實主義，就是在上個世紀20-30年代間由達達衍生的學術思潮。正是消失在感性衝動中的達達運動之終結，最終催化了超現實主義的發生。超現實主義從達達主義中吸收了激進的反傳統和自動性創作的觀念，但又克服了達達主義否定一切的致命弱點，相比之下，超現實主義有著比較穩定的信念和綱領。與達達的簡單憤世不同，超現實主義試圖肯定性地尋求一種現實世界**之外**的**真實**存在。這種超現實的存在之真也是拉岡一生致力追逐的東西。不過，拉岡將它從超現實主義者眼中的藝術可能性變成了**不可能**。更重要的是，拉岡更澈底地將超現實主義的理想化真實也指認為偽真實，理由是這種所謂的真實依然是他者無意識編碼的結果。拉岡在這個問題上的觀念顯然受到了巴代伊的影響，後者曾經在與超現實主義的爭論中深刻地質疑了這種作為「偽至高性」的真實。

超現實主義產生的標誌是1924年安德烈・布勒東的《超現實主義第一宣言》和同年成立的「超現實主義研究室」。[1]超現實主義者們堅決反對臣服於奴役性現實生活的唯物主義和現實主義，他們認為後者將人變成急功近利的實惠小人；同時，超現實主義者們也拒斥絕對理性主義的實證尺度與邏輯標準，因為它使人失卻了主體獨有的幻想

1 安德烈・布勒東（André Breton 1896-1966）：法國超現實主義運動的創始人和「教父」。他也是法國 20 世紀上半葉最重要的詩人和小說家。布勒東 1898 於年出生於法國奧恩省的丹神布雷市。早年到巴黎學醫，並開始創作詩歌。1915 年服役。於布勒東於 1919 年發表第一部詩集《當鋪》，並與東波合作以「自動寫作法」寫出第一部小說《磁場》。布勒東曾經參加達達主義運動。於他於 1924 年發表《超現實主義第一宣言》，並成立「超現實主義研究室」。於該研究室掛版於巴黎格萊內爾大街 15 號。於布勒東於 1930 年發表《超現實主義第二宣言》，創辦《為革命服務的超現實主義》雜誌。1942 年，布勒東發表《超現實主義第三宣言緒論》。

和瘋狂。這論調聽起來倒頗有幾分浪漫主義的口吻：「科學殺死了樹叢中的小精靈」。布勒東曾經痛苦地吶喊：「在文明的掩護下，以進步為口實，人們已經將所有（不管是否有理）可以稱之為迷信或幻想的東西，一律摒除於思想之外，並且禁絕了一切不合常規的探求真理之方式。」[1]之所以禁止一切不符合現實體制的東西，就是為了讓所有人都成為沒有靈魂的工程師們製造出來的「鐵籠」（韋伯語）中的奴隸，而布勒東等人要做的就是超出這個法理性的物化**現實**。我們已經知道，1935年，拉岡曾寫下一篇題為〈超越「現實原則」〉的文章，雖然該文的矛頭直指佛洛伊德，但也多少自覺或不自覺地暗合著超現實主義。超越現實，就是要打破今天人們奴性認同的這個物性世界，就是要顛覆資本主義建構起來的這個體制。鮑德里亞說，超現實主義的目標「就是顛覆與反轉，它們從根本上動搖著世界的確定性」。[2]

如何超越現實？是否追隨達達主義，以一種顛覆式的生存樣式激烈地反叛現實生活？超現實主義者們選擇的路徑是藉助於佛洛伊德的**無意識**學說。這樣一來，超現實主義者與拉岡之間又有了一個共同的理論分母。布勒東聲稱，超現實主義的意義在於重新發現了精神世界中一個「最為重要的部分」，一個已被眼前的現實物欲生活拋棄了的世界，即超越現實的似夢的**想像**世界。請注意，被稱為想像域的生存領域正是早期拉岡哲學中的研討主題。不過，拉岡與超現實主義同流卻並不真正同道，拉岡的想像域並不是被追逐的理想對象，恰巧相反，他的想像域非但不是美麗的如詩似夢，甚至恰巧是人生這一場看不見盡頭的惡夢的啟始。夢一般的美好想像，只能作為我們「心靈深處蘊藏著的非凡力量」。

1　〔法〕布勒東：《超現實主義第一次宣言》，《未來主義．超現實主義》，張秉真等譯，中國人民大學出版社 1994 年版，第 249 頁。

2　〔法〕鮑德里亞：《論誘惑》，《生產之鏡》，仰海峰譯，中共中央編譯出版社 2005 年版，第 170 頁。

這要感謝佛洛伊德的發現。根據這些發現，終於形成了一股思潮，而藉助這一股思潮，人類的探索者便得以做更進一步的發掘，而不必再拘泥於眼前的現實。想像或許正在奪回自己的權利。[1]

達利就直接承認自己「沉迷於精神分析」。[2]我們看到，超現實主義試圖藉助佛洛伊德的**無意識**學說，把現實生活與本能、無意識和夢的經驗揉合在一塊，以達到一種絕對的和超現實的情境。有意思的是，他們一邊反對日常現實生活中的麻木經驗的**下意識**發生或**自動性**[3]，一邊卻要揭示人生命存在中本真的無意識衝破理性壓抑的**自動**噴湧。比較典型的事實是後來他們發明瞭所謂依存於無意識的「自動寫作法」。超現實主義者欲圖透過顛覆生活的藝術作品來呈顯無意識的世界，用奇幻的宇宙取代現實的平庸日常生活，從而創造出超越現實的**他境**。可是這個他境在後來拉岡的語境中又變成了否定性的東西。由此，布勒東說，超現實主義的目標並非某類文學或藝術形式，而是追求徹底解放精神的一種方式。

超現實主義，陽性名詞。純粹的精神自動現象，主張通過這種方法，口頭地、書面地或以任何其他形式表達思想的實實在在的活動。它是思想的照實記錄，不得由理智進行任何監核，亦無任何美學或倫理學的考慮滲入。[4]

精神自動，其實質就是佛洛伊德所謂的無意識的自動噴湧，當那個我們前面已經談到過的在門口守衛的理智無法「進行任何監核」的時候，人們即可通過本真性的無意識的直接在場登臨超現實的彼岸。在這個意義上，我們又可以將超現實主義視為對絕對理性主義的徹底拒斥。也是因為這一點，布勒東斷定超現實主義與馬克思的歷史唯物主義有一個「共同的傾向，即都是以黑格爾系統『龐大的流產』

---

1 〔法〕布勒東：《超現實主義第一次宣言》，《未來主義．超現實主義》，張秉真等譯，中國人民大學出版社 1994 年版，第 249 頁。

2 〔法〕達利：《達利語錄》，陳訓明譯，湖南美術出版社 2004 年版，第 4 頁。

3 反對日常生活麻木的自動性，也是俄國形式主義思潮中的一個重要理論觀點。

4 〔法〕布勒東：《超現實主義第一次宣言》，《未來主義．超現實主義》，張秉真等譯，中國人民大學出版社 1994 年版，第 262 頁。

為出發點的」，它藉助了否定之否定使自身具有了辯證法的「靈活性」。[1]並且，布勒東等人十分熟知黑格爾哲學，從某種意義上說，超現實主義是在科耶夫、伊波利特之前，最早向法國思想界介紹和傳播黑格爾思想的。[2]超現實主義的這個理論傾向顯然也直接影響了青年拉岡。馬克思那句擲地有聲的口號——哲學是為了「變革世界」也就成了超現實主義顛覆現實的指南。

具體到藝術創作上來說，「超現實」意指一種發自內心的**自發性的**藝術創作。這種**超級現實**的實質內容就是長期為人忽視的想像和夢境及其種種變幻。在這種發自內心的藝術活動中，人不必畏首畏尾地觀望物性現實，相反，他將更加自由地「完全從屬於自己，換言之，即將日益增多的大量欲念保持在無拘束的狀態」。[3]從此，長久禁錮於專斷實用主義的「想像力」（l'imagination）之解放，便成了超現實主義發展的基點。超現實主義的影響十分深遠而持久，直到1968年的法國「紅色五月風暴」中，左派造反學生還在要求「一切權力歸想像」（L'Imagination au pouvoir），要求與傳統現實生活中的「老爸爸」的價值澈底決裂。不過，必須注意的一點是，拉岡對人之生存關係中的形象－意向－想像作用的規定與超現實主義雖有相同的開端，卻得出了截然不同的結果。超現實主義那種掙脫傳統理性和現實道德觀念束縛的美學觀念，促動藝術家們嘗試不同的手法來表現原始的衝動和自由意象的釋放。新的美學觀念是：「令人驚訝的才是美」、「藝術就是驚奇」。為了重新尋回那原本屬於人的原生力量（或肉體力量），超現實主義採用許多非文學性的手段和技術，以「令人眩暈的方式」急速深入想像的泉源。

1　〔法〕布勒東：《超現實主義第一次宣言》，《未來主義．超現實主義》，張秉真等譯，中國人民大學出版社 1994 年版，第 300-301 頁。

2　列弗斐爾在自己的自傳《蹉跎歲月》一書中曾經描述過 1924 年他與布勒東的一次會面，布勒東給列弗斐爾一本法譯的黑格爾的《邏輯學》，並輕蔑地說：「你連這本書都沒有看過？」也由此，後者才開始閱讀黑格爾，並進而走入馬克思主義的研究領域。

3　〔法〕布勒東：《超現實主義第一次宣言》，《未來主義．超現實主義》，張秉真等譯，中國人民大學出版社 1994 年版，第 256 頁。

布勒東認為，超現實主義是一種超於現實的「純心理的自動現象」。這個**自動性**很重要，它當然不是人們在現實中那種麻木的下意識的受動性自動，而是人在擺脫了現實束縛後內心無意識衝動的一種自由釋放。我們不妨以布勒東發明的**自動寫作**（Automatisme）為例，它指的是在排除了理智的有意安排之後，完全由真實生命意志無意識地「任意」和「偶然」來完成寫作任務。而拉岡的思考，正是從這裡開始的，超現實主義在擺脫現實之後自由釋放出來的東西果真是屬人的原初力量嗎？拉岡深思之後給出的回答是否定的。他發現，即便是人在無意識中釋放出來的東西，也是他性和不真實的，因為，「無意識是他者的話語」。布勒東曾經說，這種自動寫作甚至不同於喬伊絲的「內心獨白」，後者的寫作之思固然也呈現了「四面八方湧現的潮流」，但仍然是對現實的模仿，而超現實主義認為，最理想的寫作狀態就是意識的空白無物，從而產生出一種自動寫作：這是「一泓泉水滾滾向前，只須對它本身作頗為深入的探索，而絕不能妄想引導它的流勢，否則它就會立即枯竭」。[1]再比如納瓦爾的**夢敘事**（les récits de rêves）。超現實主義總是試圖證明「幻想的領域和神智清醒的領域具有同等重要的現實性」。[2]達利就說過，「超現實主義是指人的充分自由及其做白日夢的權利」。[3]在他們看來，夢幻總是可以使人「深入到人的自我當中去」。

如果我們能夠從這個世界當中擺脫出來，如果我們把眼睛閉上，那麼，我們就會被帶到一個充滿了形象和被壓抑的記憶的世界中去，而這個世界則會使我們超然於一切邏輯和理性之外。對於佛洛伊德來說，這個世界就是無意識的欲求和隱瞞著傾向的象徵；而當人識別出這個世界的時候，他就會獲得對自己本身的全面意識。[4]

---

1 〔法〕布勒東：《論活生生的作品之中的超現實主義》，《未來主義 ‧ 超現實主義》，張秉真等譯，中國人民大學出版社 1994 年版，第 358 頁。

2 〔法〕杜布萊西斯：《超現實主義》，老高放譯，北京三聯書店 1988 年版，第 48 頁。

3 〔法〕達利：《達利語錄》，陳訓明譯，湖南美術出版社 2004 年版，第 31-32 頁。

4 〔法〕杜布萊西斯：《超現實主義》，老高放譯，北京三聯書店 1988 年版，第 48-49 頁。

於是，超現實主義在這一點上就必然與幻想占主導的**瘋狂**相關聯。這又與拉岡的理論起點和興趣相一致。所以，也有人說超現實主義是「睡眠與酒精的會合」，並由此達及一種精神錯亂式的隱喻的戲劇世界。再就是所謂的**無用物體**（objet inutile），依達利的解釋，「超現實主義的物品應當是絕對無用的，並且從實用的觀點看，最絕對荒謬的。它以最大的可觸知性體現著發狂個性的精神奇想。」[1] 直到今天，我們依然能在世界各地的許多現代藝術館中看到這些無解的「無用物體」。除此之外，超現實主義的手法還包括說白思想（la pensée parlée）、拼貼法（collage）、磨擦法（frottage）和謄印法（décalmamia）等。總之，超現實主義的東西都在於追求某種「客觀偶然性」，尋求由無意識活動產生的意外的趣味、意象的暗示性和超現實的驚異之美。

值得注意的是，這個超現實主義正是1930年前後強烈吸引青年大夫拉岡的東西。然而，在拉岡的手中，超現實主義卻被整個地翻轉了。

2、達利：妄想狂批判中的一團自己的欲望

其實，我個人倒認為，青年拉岡與後來那個被超現實主義團體開除掉的達利的關係可能還更深一些。[2]布勒東曾經說，「達利使超現實主義成了一種具有重大意義的工具，即妄想狂批判方法」。[3]達利真的很特別。無論是他的畫，還是他的言論，都那麼令人激動，因為他毅然決然地摘下了常人一輩子都緊緊蒙著的現實性面具。他，就是他的**真實存在**。我始終十分確定地以為，把握達利與拉岡之間深刻而

1　〔法〕達利：《達利自傳》，歐陽英譯，上海人民美術出版社 1997 年版，第 210 頁。

2　薩爾瓦多 · 達利（Salvador Dali 1904 ～ 1989）：西班牙超現實主義畫家和版畫家，以探索潛意識的意象著稱。與畢卡索、馬蒂斯一起被認為是 20 世紀最有代表性的三個現代主義畫家。

3　〔法〕達利：《非理性的征服》，《達利談話錄》，楊志麟譯，江蘇美術出版社 1991 年版，第 131 頁。

長久的相互影響是理解拉岡哲學起源極為重要的一環。對此，有達利自己的一段話為證。1937年，達利33歲，拉岡則長其3歲，在之前的一年，拉岡剛剛提交他那篇著名的關於「鏡像理論」的報告，而在這一年，達利和拉岡之間有過一次重要的會見。達利是這樣描述兩人間的這次會面的：

> 我剛接到一位最傑出的年輕精神病醫生的電話。他才在《米諾托》中讀到我關於「妄想狂活動的各種內在機制」的論文，他向我表示祝賀，我對這樣一個題目的正確科學認識（一般而言，這是極為罕見的）令他吃驚。他想見見我，當面討論一下這個問題。我們商定當晚在我位於巴黎高蓋街的畫室裡會面。這臨近的會面使我十分激動，整個下午，我都在努力起草一份我們要談的事情的大綱。實際上，我滿意我的各種觀點（就連超現實主義團體中最親近的朋友們，也把它們看成是自相矛盾的心血來潮的產物）會在一種科學的環境中加以考慮。我一心想使我們初次交換意見這件事能正規地、甚至有幾分莊嚴地進行。[1]

事實十分清楚，達利稱此時的拉岡為「最傑出的年輕精神病醫生」，而且將這次會見視為自己的觀點已被在「科學的環境」中考慮的情境。顯然，在達利看來，如果說他自己代表著藝術，那拉岡則象徵了科學。不過其時他並不知道，這個來自科學領域的醫生其實也是一個浪漫的詩學大師。達利尤其預料不到的是，這個「最傑出的年輕精神病醫生」此後的思想發展理論竟然會直接證偽達利式的自以為是的本真生命實在。從達利的描述來看，這次會見中兩人顯然相談甚歡，展開了「一場非常緊湊的專業性討論」，在兩個小時之內，雙方「以真正激動的辯證方式談論著」。此外，達利也道出了會見最為

---

[1] 〔法〕達利：《達利自傳》，歐陽英譯，上海人民美術出版社 1997 年版，第 18 頁。

關鍵的成果是：「我們驚奇地發現，由於同樣的原因，我們的觀點與公認的構造主義論斷是對立的。」[1]會見後，兩人約好定期接觸，以及時交換觀點和意見。這顯然是兩位大師相互長久影響的真正開始。此處有兩個關鍵字值得我們留意，一是作為雙方共同討論語境入口的「妄想狂」；二是否定「構造主義」。

妄想狂既是拉岡博士論文研究的核心，又被達利自視為批判方法的工具。其實，妄想狂是一種以幻象為基礎的精神錯亂，譬如上文中提到的拉岡所研究的那位叫埃梅的患者。不出所料，達利對拉岡的研究給予了高度的評價：「拉岡向對大多數當代人還晦暗不明的現象—妄想症—投下了一束科學之光，並賦予它以真實的意味。」[2]達利認為是拉岡第一次證明瞭幻象式的精神錯亂本身就是系統化的，而這種系統性恰巧指認出妄想是「一種被命定圍繞其自身的驅力而趨向於現實性的活躍因素」。不過，固然達利始終在不遺餘力地肯定拉岡的研究，但後者的思考顯然在走出雙方共同的理論起點之後不久就與達利分道揚鑣了。同樣是面對妄想，拉岡發現了妄想中的幻象是虛假欲望滿足的支撐點，而達利則是想通過生命本真的幻象來顛覆現實生活；拉岡試圖用科學證偽佛洛伊德的「現實原則」，而達利則是直接應用佛洛伊德的「快樂原則」活出真實的精彩來。這大概就是科學與藝術之間橫亙的異質性。筆鋒至此，我們不妨回頭比照拉岡的另一個學術背景佛洛伊德，必須指出，青年拉岡此時對妄想狂的解釋已經完全異質於佛洛伊德了。在後者那裡，妄想症往往與同性戀的心理倒錯相關，而拉岡卻發現妄想狂的真正病因其實是患者對另一個對象性「自己」的幻想性認同。並且，這「另一個」自我幻想的形成恰巧不是來自佛洛伊德所關注的偏狹的個人性欲，而是緣於某種個體之外的「社會張力」的影響。我已經指認過，這正是後來拉岡那個著名的**他者**理論的邏輯緣起。

1　〔法〕達利：《達利自傳》，歐陽英譯，上海人民美術出版社 1997 年版，第 18 頁。

2　〔法〕達利：《不可告人的自白》，轉引自〔英〕波微《拉岡》，牛宏寶等譯，昆侖出版社 1999 年版，第 43 頁。

不過，拉岡與達利之間的第二個共同點將更重要，即他們在反對維繫現實的**構造主義**上的一致性。這個所謂的構造主義不是別的，正是人之文明教化所導致的社會生活之現實建構。在拉岡與達利看來，知識與習慣共同維繫著一種理智主體和理智化的生活，人們每天在日常生活中依據現實體制來建構自己，建構生活關系。可是，恰巧就在這種建構中，人最澈底地失卻了真實的自己。而就在拉岡致力於藉助精神分析學揭露生活的幻象本質時，藝術家達利始終在瀟灑地用**快樂原則**中的瘋狂本我活出他最真實的一生。他那存在和超現實主義藝術的作品，每一幅都是對妄想和瘋狂的控制，這種瘋狂本身則打破了**白癡化的**現實。達利說：

> 在現在的這種文化背景下，由於自我懲罰的機械論和建築學，由於心理上對官僚政治的慶賀，由於意識形態的混亂和樸素想像，由於父輩感情的荒蕪以及其他方面的荒蕪，我們這些現代的人已經系統地被白癡化了。[1]

妄想狂呈現在常人身上是失去自我的「發瘋」，而到了達利這裡卻是失去偽現實中**偽自我後的本真生命體現**。我覺得，達利的偽自我其實並非有意在否定佛洛伊德的自我建構，可這一點卻深刻地啟迪了拉岡，因為這正是拉岡後來那個鏡像理論中試圖證偽的核心。常人的瘋狂是脫韁的放肆野馬，而達利的瘋狂，卻成為藝術本真創造的能源，刺激著達利的才華和靈感洶湧而出。達利認為，他的「妄想狂批判能力無窮無盡」，它能讓人通過想像看到世界的真相。[2]顯然，達利非常人。

達利要用超現實主義，特別是他那種妄想狂的批判工具，勘破虛偽的現實，釋放出真正屬於本己的創生能量。然而，由達利畢生真實努力凸現出來的非理性的本我，卻被拉岡冷酷地宣判了死刑。達利

---

1 〔法〕達利：《非理性的征服》，《達利談話錄》，楊志麟譯，江蘇美術出版社 1991 年版，第 131 頁。

2 〔法〕達利：《達利語錄》，陳訓明譯，湖南美術出版社 2004 年版，第 32 頁。

說，早在20世紀20年代自己就發現這種「顛狂的批判活動」。這種方法甚至不同於超現實主義語境中獨立的意象，而是從整體上使「具體的非理性的狂亂意象」實現出來。在達利那裡，「繪畫的唯一野心是利用精確的、最帝國主義化的狂暴工具使具體的非理性意象物質化。」[1]他果真做到了。他的畫震山震水。對於半瘋的達利來說，這種「真實」的實現是可能的，可對常人來說，卻永無法企及，除非真的瘋掉了。或者，這就是後來拉岡那個「不可能之真」的重要現實依據？

不過，何止是畫？達利的整個人生就是非理性的意象活出來的非凡一生。他給自己的故居的題詞是：「薩爾瓦多·達利在此出生、生活、發瘋和發狂」！[2]用拉岡哲學的語境來形容，達利面對無處不在的巨大**他者**，始終昂著自己高傲的頭顱！七歲時，達利就揚言自己想當拿破崙；早年學習臨摹期間，面對一幅聖母像，他卻意象式地看到了一臺秤。[3]他有意識地要**與別人不一樣**，不同的想像，不同的視覺圖景，不同的情感，不同的穿著，不同的面相，不同的笑聲。達利看破了那些試圖影響和控制自己的他者，他從來不相信，也從來沒有依從過任何一個他者。父母的權威性壓制、學校的象徵性教化、社會的流行性時尚，每一個從來都能輕易控制常人的巨大的他者暗影，都成了達利劇烈對抗的敵人。達利只相信那個與眾不同的本真自己，也正因此，他會像尼采一樣自誇：「我是非凡的人。」[4]我認為，達利正是拉岡否定性邏輯的**正面**形象，這一點對下面我們進一步深入理解拉岡便至關重要。

無法否認，達利真的是非凡的，那麼這種非凡是否與生俱來？諸如我輩的這些常人能不能像他那樣生存？從達利自述傳記的分析當中，我們或許能瞥見一些答案。

1　〔法〕達利：《非理性的征服》，《達利談話錄》，楊志麟譯，江蘇美術出版社 1991 年版，第 134 頁。

2　〔法〕達利：《達利語錄》，陳訓明譯，湖南美術出版社 2004 年版，第 4 頁。

3　〔法〕達利：《達利自傳》，歐陽英譯，上海人民美術出版社 1997 年版，第 18 頁。

4　〔法〕達利：《達利自傳》，歐陽英譯，上海人民美術出版社 1997 年版，第 118 頁。

達利的邏輯其實十分質樸，他眼中的天堂是媽媽的子宮，這其實正好隱喻了個人存在的一種真實原初狀態。不過這一點在拉岡那裡倒是不成立的，拉岡哲學中並沒有本體論上的原初和基始。在拉岡看來，人的起始是一個空無。達利的原始性到了拉岡筆下就應該是**非人**的動物性。我十分疑惑，達利如何能記住他所描述的那些情景，譬如記住那「地獄火焰的色彩」、「沒有盤子的荷包蛋」和「柔軟的靜止」，他說，若想複歸那種原初情境，只要「模仿胎兒特有的姿勢，把拳頭放在緊閉的雙眼上就夠了」。達利甚至認為，人們還能在睡眠中找回「一些他試圖用各種微小細節重構的這種天堂的境界」。這也是他後來那幅「蛋中的達利」的思境，準確地說，那應該是一個**天堂中的**達利。這是一個本真的邏輯起點。人的誕生是從伊甸園中被逐出，而從子宮中落入塵世則是致命的創傷：

> 似乎人的整個富於想像的生活傾向於藉助類似的處境和表現，重建這種最初天堂的狀態。正如這種生活熱衷於征服可怕的生之創傷，在生之創傷後，我們被逐出天堂，突然從一種保護性的封閉環境進入一種面對所有危險的世界，一句話，就是面對一個極其「真實」的世界。這伴隨著種種窒息的、壓制的、盲目的、扼殺的現象，此後這些現象會帶著痛苦的、驚愕的和不愉快的痕跡留在我們的意識裡。[1]

人出生是一種被逐出，而我們面對的「真實」世界是一個窒息、壓抑和扼殺的危險世界，這是浪漫主義式的異化邏輯。在拉岡那裡，這叫本體論上決定性的失卻，或者叫無法返回的缺失。這種本體論上的缺失正是拉岡語境中的欲望對象。達利的眼中，「在我們的時代充滿了道德的懷疑主義和精神的虛無！信賴著戰後機械的偽進步之時，想像力的遲鈍貶低了精神、解除了精神的武裝、損害了精神的名

---

[1] 〔法〕達利：《達利自傳》，歐陽英譯，上海人民美術出版社 1997 年版，第 25 頁。

譽」。一切是那樣的灰暗，我們看不見一絲亮色。在現代性烈烈的颶風裡，「那些曾在若干世紀裡庇護過人的靈魂、思想和良心的宗教、美學和道德的圓屋頂」轟然崩塌，「今天，靈魂待在外面，在街頭，像狗一般」！[1]這恐怕就是佛洛伊德在精神分析學的語境中所說的那個本我為之妥協的**現實**。可是，拉岡根本不接這個茬，他乾脆就澈底否認了這個靈魂的本真存在，他說，個人主體最本己的靈魂也被魔鬼大他者內居著。然而，非凡的達利就是要對這個看似堅不可摧的強大現實說「不」！常人們都在知識教化之下沿著既定的軌道溶入了現實生活，但在這個現實生活裡，達利卻看到了生命本我的死亡，他堅決要維護那個真實的本我不受現實的強暴：「全部實踐活動都是我的敵人，日復一日，各種外部世界的對象變得愈加可怕了」。達利口中的「全部實踐活動」，顯然是指世俗生活中一切功利性的感性活動。所以，為了「肯定我的個性而鬥爭的我的生命，每一刻都是我的『自我』對死亡的一種新勝利，而在我周圍的人中間，我只看到了死亡和連續不斷的妥協。我拒絕與死亡做交易」。[2]永不向現實低頭，永不懈怠地堅強抗爭！這就是達利的非凡所在。凡是有現實，有傳統的地方，達利必定反道而行：

我的戰鬥
反對的：　贊同的：
單純　複雜
單一　多樣
平均主義　等級制
集體　個人
政治　玄學
音樂　建築

1　〔法〕達利：《達利自傳》，歐陽英譯，上海人民美術出版社 1997 年版，第 203 頁。
2　〔法〕達利：《達利自傳》，歐陽英譯，上海人民美術出版社 1997 年版，第 101 頁。

自然　美學
進步　持久
機械　夢幻
抽象　具體
青春　成熟
機會主義　馬基亞弗利式的狂熱
菠菜　蝸牛
電影　戲劇
佛　薩德侯爵
東方　西方
太陽　月亮
革命　傳統
米開朗淇羅　拉斐爾
倫勃朗　維米爾
野蠻的物品　超級文明的1900年的物品
非洲現代藝術　文藝復興
哲學　宗教
醫學　巫術
高山　海濱
幻影　幽靈
女人　加拉
男人　我本人
時間　軟錶
懷疑主義　信仰[1]

他要在自己的「一聲命令下」，埋葬「平凡的現實」。現實生活猶如一個厚實的蛹，人被知識與傳統交織而成的絲層層緊裹。依拉岡

[1]〔法〕達利：《達利自傳》，歐陽英譯，上海人民美術出版社 1997 年版，第 191-192 頁

之見，這是想像－象徵之網。可以說，達利畢生都在試圖讓本真的自我破繭而出，但將令他悲痛欲絕的理論事件是：拉岡宣稱，當我們捅破這個繭，就將發現內裡**空無一物**。達利認為，這個現實是人的「牢監」和生命的「棺材」，故爾他高聲吶喊道：「應當撕破它們，讓已變化成的、活生生的、真實的我—精神妄想狂的蝴蝶飛出來」！這幾乎是說，那個自由的能飛的蝴蝶才是我，莊子的夢非夢，而就是大寫的真實！拉岡的門徒齊澤克後來也曾直接解讀過這一語境。[1]

我一生中，事實上一直難於習慣我接近的在世上非常普遍的那些人令我困惑的「正常狀態」。我總在想，可能發生的事一點兒也沒發生。我無法理解人類會那麼缺乏個性，總會最嚴格地遵照習慣的原則行事。把事情看得像讓火車脫軌那樣簡單吧！遍佈五大洲的數千里長的鐵路是那麼多，而脫軌的現象卻那麼少。喜歡脫軌和引起脫軌的人的數量跟喜歡旅行和熱情得滿足這人的數量相比，是極其微小的。[2]

達利的存在就是脫軌。這個口號後來成為法國情境主義邏輯中的關鍵字。[3]

在達利看來，要埋葬平庸的現實，只能依靠與生俱來的瘋狂和妄想。「只有富有想像的生活」，才可能「重建天堂」！所以，達利會**本體性地**依存於自己「最初的幻覺」，「我熱衷於我身體中種種不正常症狀，竟然達到要去激發它們的地步。每天早上，我都要澆灌一下我瘋狂的植物，這只是因為在它長出將吞噬我自己生命的花與果之際，我瞭解到應當用腳踢踏碎這個植物，讓它回到地下並重新征服我的『生命空間』」。[4]

相對於現實生活裡和常人眼中的不正常和瘋狂，達利恰巧執著於那個妄想狂的批判。與被傳統知識教化為「蟲人」（尼采語）的一般

1　〔斯〕齊澤克：《意識形態的崇高客體》，季廣茂譯，中共中央編譯出版社 2002 年版。

2　〔法〕達利：《達利自傳》，歐陽英譯，上海人民美術出版社 1997 年版，第 181 頁。

3　如法國情境主義者後來比較喜歡使用的 Détournement（異軌）。參見〔法〕德波：《景觀社會》，王昭風譯，南京大學出版社 2005 年版。

4　〔法〕達利：《達利自傳》，歐陽英譯，上海人民美術出版社 1997 年版，第 147 頁。

人不同，達利時刻「在記憶中尋找那以最自發和最直觀的方式顯示給我的事物」。所以，達利的言說「自動地相繼湧出，最經常的情況是，我的言詞絲毫不配合我覺得是觸及了崇高的那些思想過程。不時，我感到發現了每種事物的謎、起源和命運」。[1]因此，達利一定會喜歡基於幻象的巫術，這是很自然的事：

> 我相信巫術，確信天體演化論或超驗的每一新嘗試需要以巫術為依據，需要重新恢復那種指引過帕拉塞爾斯或雷蒙・合爾等人頭腦的精神狀態。妄想狂批判對我的感覺擺脫不掉的那些形象的解釋，對撒滿我日程中的那些偶然事件的解釋，對伴隨著我各種無意義行動而來的時常具有「客現仍然性」的那些現象的解釋，這一切都不過是向各種符號、各種占卜、各種預兆提供「客觀嚴密性」的嘗試而已。[2]

其實，筆鋒至此，讀者應該已經能夠理解，達利為什麼能看到我們看不到的東西，達利的筆為什麼能畫出那些看起來並不在現實中實在的圖景了。在巴黎，當我真正站在達利的作品前，心裡最頻繁湧出的疑問就是：這到底是什麼意思？對一個活在現實慣性生活中的常人來說，達利是荒誕的。這是因為：達利就是他自己的欲望，未曾被他者的欲望所引誘的本真的渴望；達利就是他自己的自由幻想，沒有被知識教化收編的本真的妄想；達利就是他自己本真的存在，沒有被父母親的告誡、老師的教誨和書本語言象徵性扼殺掉的個體生命。達利超越常規之處，是他從來不在本體存在上屈服於他者的鏡像和意識形態質詢。在拉岡哲學的意義上，非常人的達利的生命不是無，而是一個真實生命。拉岡哲學的主體對象，就是那些自以為不瘋的正常人。

不過，最後那個問題的答案是那麼地令人失望的：我們永遠學不

---

[1] 〔法〕達利：《達利自傳》，歐陽英譯，上海人民美術出版社 1997 年版，第 53 頁。
[2] 〔法〕達利：《達利自傳》，歐陽英譯，上海人民美術出版社 1997 年版，第 248 頁。

來達利，原因也很簡單，達利是一個「半瘋的病人」。固然，達利也說，「不是發瘋，就是生氣勃勃地活下去！我總是重複著：活下去，老下去，一直到死；我與瘋子的唯一不同之處就是我並非瘋子！」[1] 達利十分喜歡他朋友說過的一個警句：「靠謬誤和芳香生活。」可是，我們既不能靠謬誤生活，也不能僅僅聞著香味站在人間。我們是常人，不是超現實主義藝術家達利，我們無法實現這種瘋子式的瘋狂的生存狀態。拉岡深深地看破了這一點，看破了這種真實的不可能，因而，他總是那樣陰冷而蒼涼地表達著對人生最徹底的深刻悲觀。

3、黑格爾：主奴辯證法中的欲望關係

如果說，超現實主義最早向法國思想界介紹了黑格爾思想，那麼，真正使黑格爾哲學成功地反擊當時一統天下的新康德主義，成為法國學界20世紀上半葉的共同理論基底的，則主要是法國當時最著名的哲學家科耶夫和伊波利特[2]。他們解讀後的黑格爾，更多地集中在一個焦點上，即《精神現象學》中的**主奴辯證法**。我以為，科耶夫和伊波利特解讀邏輯中最重要的關鍵字是**關係性自我意識**和**他人的欲望**。從某種意義上說，這正是拉岡之思的哲學基礎，恐怕也是我們理解拉岡鏡像理論的思之匙。為了更細微地進入這個語境，我們不妨首先直接析讀黑格爾「原版」的主人與奴隸的辯證法。

在黑格爾的《精神現象學》中，主奴辯證法是他在證偽了直接的感性意謂、知覺和知性對象世界之後，關於自我意識基本構架的討論。其實，自我意識問題的本質是人類**個體**主體的確立。這也是崇尚個人意志的青年黑格爾派（青年馬克思）的熱情所在。不過，我們都

1　〔法〕達利：《達利自傳》，歐陽英譯，上海人民美術出版社 1997 年版，第 263 頁。

2　讓・伊波利特（Jean Hyppolite1907-1968）：法國著名哲學家。與柯耶夫一起，最早將黑格爾哲學介紹到法國思想界，影響了整整一代法國當代思想家。1939 年，他將黑格爾的《精神現象學》譯成法文。1954 年出任巴黎高師校長。主要代表性著作：《黑格爾〈精神現象學〉研究》（*Figures de la pensée philosophique*, 1947）；《邏輯與存在》（*Logique et existence*, 1952）等。

明白，在黑格爾的邏輯中，個人主體實際上是一個被大寫的絕對理念座架的**偽主體**（後來他的歷史哲學中的那個被使盡「狡計」的理性折磨的蒼白「激情」）。這恐怕就是後來拉岡那個大寫他者（A）與個人偽主體（$）關係的先在影像。當然，拉岡的第一步是證偽佛洛伊德式的自我，偽自我是拉岡鏡像理論的邏輯目標。

關於自我意識，黑格爾有一個極其重要的規定，即「自我意識就是**欲望**（Begierde）」[1]，欲望則意味著自我意識將不是自身獨立的自足實體，它「只有通過揚棄它的對方（這對方對於它被表明是一個獨立的生命）才能確信自己的存在」。在黑格爾這裡，欲望已經脫離了常識意義上的欲求情境，自我意識作為欲望，不是簡單地欲求一個物的對象，而是一個同樣居有欲望的它的對方，「就意欲的對象——生命來說，**否定**或者是肯定**一個對方**，亦即出於欲望」。[2]言下之意，欲望的對象不是物，而是另一個欲望，即**欲望著另一個欲望**。以上觀點，在拉岡的欲望學說中得到了很重要的重新布展。

黑格爾當然反對那種傳統的抽象的實體性自足自我。在他看來，自我意識即是**關係**。這其實也是後來馬克思那個「社會關係總和」的邏輯前提，同時也是拉岡證偽性關係本體論的前提。首先，還不是絕對主體的原初自我意識是由**對象**物（「自身以外的某種他物」，**他的**對象物）的反思關係映照和確立的。[3]不難看出，這是費希特哲學中那個沒有閉合的自我與非我的邏輯關係。這種反思關係是一種由對象反射得來的**物性鏡像式**的關係。「自我意識是從感性的和知覺的世界的存在反思而來的，並且，本質上是從**他物**的回歸」，[4]它「惟有**通過它的對方才是它自己**」。[5]仔細端詳，拉岡的鏡像論其實是對黑格

---

1 〔德〕黑格爾：《精神現象學》，賀麟等譯，上冊，商務印書館 1979 年版，第 120 頁。

2 〔德〕黑格爾：《精神現象學》，賀麟等譯，上冊，商務印書館 1979 年版，第 121 頁。

3 這裡的對象物是特指的自我意識的關係投射之對象，即黑格爾所明示的「它的對方」（＝對象），而非與主體無關的自在客體。所以，同一個「object」在此處則不能譯作**客體**，而只能譯作**對象**。後來的拉岡和齊澤克那裡，是同一條邏輯理路。

4 〔德〕黑格爾：《精神現象學》，賀麟等譯，上冊，商務印書館 1979 年版，第 116 頁。

5 〔德〕黑格爾：《精神現象學》，賀麟等譯，上冊，商務印書館 1979 年版，第 119 頁。

爾這一論點的顛倒性挪用。自我只有通過對象反射的影像認同和內居，才能得以確立，所不同的是，拉岡筆下的確立卻是一個存在本體論上的騙局。黑格爾筆下從「它的對方」的關係性「回歸」也有否定性的意味，但絕不像拉岡這樣澈底。黑格爾說，在一般的情況下，由於對象物的不足，這種起始性的自我知覺往往是否定性的痛苦經驗。其次，是作為自我意識的那個個人與另一個同樣是自我意識的個人相**共在**。請讀者注意，這另一個（他人）不是泛指中的任意，而是指自我意識相關的**對方**。黑格爾說，自我意識（個人主體）恰巧是為**另一個**而存在的，它的存在「只是由於被對方承認」。[1]巴代伊說，黑格爾的這個承認（reconnaissance）至關重要，因為，在任何一個人身上「只是如此顯現的東西在他人如此承認它之前並不真正存在」。[2]他人的承認與自己的認同是同體發生的。黑格爾的這個觀點也影響到後來的巴赫金。請注意！這又是拉岡證偽性他者理論的起端處，只不過在那裡，作為對方的他人變成了無臉的小、大寫他者。這顯然又是個人主體之間的關係。為此，黑格爾提出了自我意識的雙重意義：

> 自我意識有另一個自我意識和它對立；它走到它自身之外。這有雙重意義：第一，它喪失了它自身，因為它發現它自身是另外一個東西；第二，它因而揚棄了那另外的東西，因為它也看見對方沒有真實的存在，反而在對方中看見了它自己本身。[3]

「看見自己」，這種關係的本質是**主體性鏡像認同**了。必須告示一下，我們離拉岡已經越來越近了。主體在於他「自身之外」，這個觀點就直接成為拉岡主體論的理論根據。對此，沙特做過評價，他說，黑格爾發現了「我**在我的存在中**依賴別人」，或者說，「我是一

1　〔德〕黑格爾：《精神現象學》，賀麟等譯，上冊，商務印書館 1979 年版，第 122 頁。
2　〔法〕巴代伊：《色情、耗費與普遍經濟——巴代伊文選》，汪民安譯，吉林人民出版社 2003 年版，第 256 頁注 1。
3　〔德〕黑格爾：《精神現象學》，賀麟等譯，上冊，商務印書館 1979 年版，第 123 頁。

個由於一個別人才是自為的存在」。[1]應該提醒讀著的是，黑格爾對自我意識的確認在總體上是肯定性的，因為另一個他人的出現，並不是作為自我意識的否定，而恰巧是一種相互的認同和肯定，一種肯定性的對等的雙方。這與拉岡他者論的基本立場是異質的。在後者的他者認同中，我們總是失去本來就是空無的自己。黑格爾說，「它們承認它們自己，因為它們彼此相互地承認著它們自己」。[2]可是，當自我意識處於自在階段時，那另一個對方卻帶有「否定性的性格」，所以，我與他人的初始關係是極端對立的，這表現為一種鬥爭，一場「生死的鬥爭」。黑格爾甚至認為，人（自我意識）只有冒生命的危險，才可以獲得自由。「一個不曾把生命拿去拼了一場的個人，誠然也可以被承認為一個人，但是他沒有達到他之所以被承認的真理性作為一個獨立的自我意識」。[3]因此，在這場你死我活的鬥爭中，每一個人都在千方百計地置對方於死地，然而，現實的結局卻是一方臣服於另一方，即一方是被承認者，另一方是承認者。科耶夫說，後者「選擇了被奴役」，為了活著，他只能作為奴隸。[4]

因為它們最初是等同的，並且是正相反對的，而它們朝著統一的返回又還沒有達到，所以它們就會以兩個正相反對的意識的形態而存在。其一為一種獨立的意識，它的本質是自為存在，另一為依賴的意識，它的本質是為對方而生活或為對方而存在。前者是**主人**，後者是**奴隸**。[5]

這實際上已經導引出主人與奴隸的辯證法關係了。

---

[1] 〔法〕薩特：《存在與虛無》，陳宣良譯，北京三聯書店 1987 年版，第 317 頁。

[2] 〔德〕黑格爾：《精神現象學》，賀麟等譯，上冊，商務印書館 1979 年版，第 124 頁。

[3] 〔德〕黑格爾：《精神現象學》，賀麟等譯，上冊，商務印書館 1979 年版，第 126 頁。

[4] 據奧斯本的考證，柯耶夫此處的詮釋中有一個重要的改動。即將黑格爾原文中的「Herrschaft und Knechtschaft」（統治與隸屬）譯成了法文中的「maîtrise et esclavage 於」（主人與奴隸，相當於英文中的「mastery and slavery」）。而伊波利特在 1939 年將黑格爾的《精神現象學》譯成法文時依從了柯耶夫的譯法。參見〔英〕奧斯本：《時間的政治》，王志宏譯，商務印書館 2004 年版，第 107 頁。

[5] 〔德〕黑格爾：《精神現象學》，賀麟等譯，上冊，商務印書館 1979 年版，第 127 頁。

主人是自為存在著的意識，它與**另一個**（將來會被命名為**他者**）意識相關，後者的本質屬於一般的物。因而，主人總是藉由後者與兩個環節發生關聯：一方面是作為**欲望對象**的物；二是**物性**意識。主人完全有力量支配這種與物直接面對的物性意識——奴隸。並且，只是「在這種關係裡，奴隸才成為奴隸」。[1]馬克思後來在自己的經濟學研究中改寫過這句話，即黑人在特定的社會關係之下才會是奴隸。其實，同質的邏輯還有相反的一句：也只是在這種關係中，主人才成為主人。科耶夫說，「主人不僅將他者看作自己的奴隸，這個他者也這樣看待自己」。[2]巴代伊與拉岡後來都發現，正是因為臣民的認同，國王才成其為國王。所以，拉岡才得出那個驚人的結論：如果一個國王真以為自己原本就是國王，他就是個瘋子。「主人是通過另一意識才被承認為主人的」。此處，悄然出現了一種重要的**奴性他者**的觀點，即在一個特定的奴役關係中，他者的存在正是為了映射性地反指主體的確立和建構。這個觀點是後來當代反抗性激進話語（後殖民批評和新女權主義）中他者邏輯的重要歷史基礎，但卻不是拉岡式魔鬼他者的理論同道。[3]

其實，談到這裡，一個三角關係已經出現，即主人、奴隸與作為欲望對象的物。主人有欲望，但這種欲望並不能否定物的獨立性，主人不再與物直接相對，而是通過奴隸對物的「加工改造」即勞動，才能享受物，滿足其欲望。由此看來，奴隸的行為其實是主人自己的行為。對奴隸來說，作為獨立的自為意識的主人是他的本質，而處於絕對主人權力之下的奴隸，懷著畏死的恐懼提供服務，這種奴隸式的服務意識通過勞動來面對物（「取消自然的存在」），從而使欲望過去之後那種隨即消逝的直接滿足轉變為一種持久的東西。

1　〔德〕黑格爾：《精神現象學》，賀麟等譯，上冊，商務印書館 1979 年版，第 128 頁。

2　A.Kojève. *Introduction to the Reading of Hegel*, trans. James H.Nichols Jr. Cornell University Press.Ithaca and London.1980.P.18. 中譯文參見汪民安編：《生產》第 1 輯，廣西師範大學出版社 2004 年版，第 427 頁。

3　於關於他者理論的複雜歷史背景，請參見本書第 7 章的具體討論。

勞動是**受到限制**或**節制**的欲望，亦即**延遲了的**滿足的消逝，換句話說，勞動**陶冶事物**。對於對象的否定關係成為對象的**形式**並且成為一種**有持久性的**東西，這正因為對象對於那勞動者來說是有獨立性的。這個**否定的**仲介過程功陶冶的**行動**同時就是意識的**個別性**或意識的純粹自為存在，這種意識現在在勞動中外化自己，進入到持久的狀態。因此那勞動著的意識使達到了以獨立存在為**自己本身**的直觀。[1]

黑格爾此處想說明的是，勞動改變物使意識持久性地外化於對象，從而創造了勞動著的意識本身的自我體認和獨立存在。科耶夫說，勞動就是教化人超越動物。因為「這個勞動創造了一個真實的客觀世界，這是一個非自然的世界，一個文化的、歷史的、人性化的世界，只有在這個世界上，人的生活同自然懷抱中動物的生活和『原始人』的生活才有本質上的區別」。[2]正是這個勞動，使主人與奴隸的關係發生了一種內在的顛倒，奴隸在勞動中獲得自己的自為存在，因為他通過勞動賦予物的形式是「客觀地被建立起來的」。由此，意識通過勞動返回了，奴隸便成了自然的主人，而不勞動的主人則成了消極的沒有教化的抽象主觀性。這麼看來，最後的勝利者竟是那個被奴役的奴隸。科耶夫說，「主人的真理是奴隸和奴隸的勞作」。[3]這就是**主奴辯證法**。正是黑格爾的這個主奴辯證法，被拉岡斷言為自己每一個理論邏輯環節的關鍵之處用來「把握方向」的東西，因為正是它才「推斷出我們的歷史的整個主觀和客觀的進程」。他深刻地評論道：

> 在這裡自然個人是無足輕重的，因為事實上面對死亡中加於他的絕對主人，人的主體是無足輕重的。只有通過別人的欲望和

---

1 〔德〕黑格爾：《精神現象學》，賀麟等譯，上冊，商務印書館 1979 年版，第 130 頁。

2 A.Kojève. *Introduction to the Reading of Hegel*, trans. James H.Nichols Jr. Cornell University Press.Ithaca and London.1980.P.26. 中譯文參見汪民安編：《生產》第 1 輯，廣西師範大學出版社 2004 年版，第 434 頁。

3 A.Kojève. *Introduction to the Reading of Hegel*, trans. James H.Nichols Jr. Cornell University Press.Ithaca and London.1980.P.20. 中譯文參見汪民安編：《生產》第 1 輯，廣西師範大學出版社 2004 年版，第 428 頁。

> 勞動的仲介人的欲望才能得到滿足。如果在主人和奴僕的鬥爭中涉及到的是人對人的承認，這種承認是以對自然價值的否定來宣佈的。不管這種否定是表達在主人的肅殺暴政中還是表達在勞動的生產暴政中。[1]

現在，我們不妨把討論的視線焦點移到科耶夫和伊波利特對《精神現象學》的詮釋語境中。伊波利特說，人們總是將黑格爾與提出了人的個體存在的齊克果嚴格對立起來，而他認為，至少在青年黑格爾的《神學手稿》和《精神現象學》中，黑格爾直接突顯了其與「現代存在主義者相似的」作為個人存在的**存在**概念。[2]請注意，他們此時重新詮釋黑格爾的主要意圖是指認黑格爾哲學與存在主義的邏輯十分接近。這種理論意向發端於法國存在主義哲學家華爾的詮釋邏輯。[3]我發現，他們主要都在關注《精神現象學》中的主奴辯證法，其中又尤以我們方才討論過的自我意識和欲望概念為核心問題。

在科耶夫的眼裡，黑格爾《精神現象學》的主旨並非傳統黑格爾哲學研究所指認的那種精神意識的「胚胎學」，相反，黑格爾的真實目的是想認識作為自我意識的個人主體。真正熟知黑格爾哲學的人會曉得，這種解釋是新人本主義的武斷和故意。在科耶夫看來，黑格爾拒絕承認純粹的、自律的、獨立於特定歷史情境中的自我主體，在他的批判性邏輯中，自我意識只有當意識的對象不再是無關的自然物質（客觀意謂性），而是在為我關係中的**另一個**自我（他者）時才被建構起來。所以，科耶夫大段引述了青年黑格爾的表述：

---

[1] 〔法〕拉岡：《拉岡選集》，褚孝泉譯，上海三聯書店 2001 年版，第 118 頁。

[2] 〔法〕伊波利特：《馬克思與黑格爾研究》，《新黑格爾主義論著選輯》，張世英等譯，商務印書館 2003 年版，第 420 頁。

[3] 讓．華爾（Jean Wahl, 1888-1974）：法國現代存在主義哲學家。1929 年，他出版《黑格爾哲學中的苦惱意識》一書。

> 人就是那個夜晚，那個在它的樸素中包含了一切的空無：很多無窮多的表現、形象，沒有一個會直接與它相聯繫，但也無一不在。這就是夜晚，存在於此自然的內在——純粹的自我。在某些變幻不定的表述中，到處是夜晚：此處一個流血的頭顱突然被射中，彼處一個白色的人影瞬間消失。當我們在眼睛裡觀察人類的時候我們看見了夜晚，那個使我們害怕的夜晚：世界的夜幕在我們面前升起。[1]

以上是在青年黑格爾1805年所作的一個簡短演講中摘錄下來的一段話。不過，被科耶夫引述的黑格爾這段話弄得神魂顛倒的法國思想家倒真不在少數，阿爾都塞、巴代伊、福柯和拉岡無不如此。黑格爾的意思是說，相對於自然物質的實在性，人的存在是一種看不見實物的無，也是一個改變自然的否定性的黑夜。巴代伊的理解為：「人勞動和奮鬥，改造了現存所予物，改造和破壞了自然，創造一個並不實在的世界」。[2]人的這種存在更多地是一種精神的內在關係。具體到此處的語境中，指的即是自我意識之間的關係。所以，伊波利特說，「只有兩個自我意識相遇才可能存在自我意識，才可能存在人的存在。『我』在另一個我中自知，而另一個仍然是它自己」。所謂的「另一個」，正是拉岡後來的小他者。並且，「人的自我意識首先是欲望，而欲望是無止境的。……所以，自我意識，也就是自我欲望只有面對另外一個自我意識才能從普遍生命中脫穎而出」。[3]於是，作為欲望者的自我意識總是試圖置另一個欲望者於死地，並且，這種死亡和否定性恰是人的自為存在的內在規定。伊波利特也坦承，自己這是在向面死而生的存在主義哲學靠攏。不過，也有人認為，伊波利特

---

1 〔德〕黑格爾：《耶拿精神哲學》，轉引自《黑格爾的幽靈》，唐正東譯，南京大學出版社 2004 年版，第頁。

2 〔法〕巴代伊：《色情、耗費與普遍經濟——巴代伊文選》，汪民安譯，吉林人民出版社 2003 年版，第 268 頁。

3 〔法〕伊波利特：《馬克思與黑格爾研究》，《新黑格爾主義論著選輯》，張世英等譯，商務印書館 2003 年版，第 424 頁。

對黑格爾《精神現象學》的解釋更關注其中的「苦惱的意識」。

在這一點上，科耶夫與伊波利特的觀點非常接近，他認為人的每一存在，作為自我意識的存在，都意味著欲望，甚至是以欲望為其存在前提。正是由於欲望，「人才得以成形，並作為一個『我』向自身和他人顯現」。[1]因此，要想成為真正意義上的人，就必須超越動物的保存生命的生物性欲望，而去追求自己的非生物的欲望。與生物性欲望的對象性關係不同，也與人求真的對象性認知關係相異，作為自我意識的人的欲望指向一種非實體的、空無的和超越性的主體**關係**。這個關係就是黑格爾意義上作為自然實在層級中的黑暗和空無。

要出現自我意識，欲望就應該指向一個非自然的客體，指向一個既定現實之外的東西。現在，既定現實之外的唯一的東西就是欲望本身。因為作為欲望的欲望——就是說在它滿足之前——僅僅是一個顯露出來的無（nothingness），一個非真實的空洞性。[2]

這個觀點顯然對拉岡的欲望論產生了直接的影響。從黑格爾那裡，我們知道人的主體性存在是不同自我意識之間的相對關係。科耶夫說，「真正和真實的人是他和他人互動的結果，他的『我』，以及他的自發觀點是通過『承認』被仲介化的」。[3]所以，人的欲望，不是一個既定的對象，而是「指向另一個欲望」，或者叫欲望著另一個欲望。用拉岡後來的話語表達則是欲望著他者的欲望，此處的他者＝另一個自我。科耶夫甚至說，「在眾多欲望彼此相互產生欲望的時候，社會才是人類性的」。「我」渴求另一個欲望對自己的對象性承認，或者說，「我」的欲望的本質是「我」想成為欲望的對象。

---

1 A.Kojève. *Introduction to the Reading of Hegel*, trans. James H.Nichols Jr. Cornell University Press.Ithaca and London.1980.P.3. 中譯文參見汪民安編：《生產》第 1 輯，廣西師範大學出版社 2004 年版，第 412 頁。

2 A.Kojève. *Introduction to the Reading of Hegel*, trans. James H.Nichols Jr. Cornell University Press.Ithaca and London.1980.P.5. 中譯文參見汪民安編：《生產》第 1 輯，廣西師範大學出版社 2004 年版，第 413 頁。

3 A.Kojève. *Introduction to the Reading of Hegel*, trans. James H.Nichols Jr. Cornell University Press.Ithaca and London.1980.P.15. 中譯文參見汪民安編：《生產》第 1 輯，廣西師範大學出版社 2004 年版，第 424 頁。

要欲望另一種欲望歸根結底就是要實現這一欲望：我的價值或我所「代表」的價值是另一種欲望所欲望的價值：我想要他將我的價值「承認」為他的價值。我想要他承認我是一個獨立的價值。換言之，所有人類的人性的欲望，即產生自我意識和人性現實的欲望，最終都是為了獲得「承認」的欲望的一個功能。[1]

如此這般的欲望才區別於動物，且獨「屬於人類」。欲望的本質是返回自身，是對特殊的主體確認的追逐。科耶夫認為，「人的歷史是被欲望著的欲望的歷史」。這真是很誇張的說法。顯然，話說到此，已經不完全是黑格爾的語言了，齊克果式的存在主義的話語早已參雜其中。齊克果用來拒斥黑格爾的法寶，正是個人不可替代的感性生存（欲望、痛苦和喜悅）。曾經有人說，科耶夫是用海德格爾的話語來解讀黑格爾的，我個人認為這話不準確。因為海德格爾並不熱衷於主體的感性欲望。科耶夫說，在一個男人與一個女人的關係中，實際上人們欲望的並不是對方的肉體，而是他人的欲望本身，在愛戀之中，一個人是想要**被欲望**。[2]這一論點後來被拉岡發展成「根本不存在什麼性關係」。顯然，科耶夫和伊波利特將黑格爾的自我意識觀念徹頭徹尾地改裝成了新人本主義式的個人主體的欲望辯證法。有論者曾經評論說，是拉岡將黑格爾哲學「現代化了」[3]，其實，這種對黑格爾的「現代化」起始於科耶夫和伊波利特，並且直到今天，齊澤克還在更加澈底和全面地將黑格爾的「現代化」進行到底。

另一個需要說明的問題是，我並不以為科耶夫和伊波利特對黑格爾《精神現象學》中主奴辯證法的說明發生了某種異質性的變化，就基本的邏輯線索來看，他們只是準確地轉述了黑格爾，而並沒有增加

---

1 A.Kojève. *Introduction to the Reading of Hegel*, trans. James H.Nichols Jr. Cornell University Press.Ithaca and London.1980.P.7. 中譯文參見汪民安編：《生產》第 1 輯，廣西師範大學出版社 2004 年版，第 416 頁。

2 A.Kojève. *Introduction to the Reading of Hegel*, trans. James H.Nichols Jr. Cornell University Press.Ithaca and London.1980.P.6. 中譯文參見汪民安編：《生產》第 1 輯，廣西師範大學出版社 2004 年版，第 414 頁。

3 〔美〕庫茲韋爾：《結構主義時代》，尹大貽譯，上海譯文出版社 1988 年版，第 130 頁。

什麼新東西。一些論者在討論拉岡鏡像理論背景時，不是直接依據黑格爾，而是轉引科耶夫複述的主奴辯證法，這種思路是有問題的。例如多斯說，「科耶夫強調人類的非中心化，強調黑格爾對形而上學的批判，並賦予『欲望』一詞以優先權」。[1]其實讀過一點黑格爾原著的人都知道，在他的理念王國中，人類不過是絕對觀念實現自己目的的「激情」式的工具，因此，「人類的非中心化」是應有之意。至於說到「意識的非中心化」，情況會更複雜一些，準確地說，應該是自我意識的非中心化。當然，相對於絕對精神而言，任何形式上出現的意識現象（如苦惱的意識等）都只是絕對觀念發展進程中的過渡性環節而已。可見，黑格爾和科耶夫二人與拉岡的真實關係，應該是黑格爾的主奴辯證法直接影響了拉岡的鏡像理論，而科耶夫式的欲望辯證法只是中晚期拉岡欲望理論的否定性背景而已。關於這一點，我們將在後面的討論中做具體分析。

好了，令人期待的時刻終於到了，我們即將直接遭遇拉岡哲學本身。

1　〔法〕多斯：《從結構到解構——法國20世紀思想主潮》，季廣茂譯，中共中央編譯出版社2004年版，上卷，第127頁。

第三章

從自戀到畸鏡之戀

來！給一把祕密鑰匙。告訴你，鏡子是死人進出的入口，你別跟任何人講！

——約翰・考古特

黑格爾關係性的自我意識－主奴辯證法可謂是給拉岡提供了一個重要的關係式，個人主體並不能自我確立，它只有在另一個對象化了的他人鏡像關係中才能認同自己。可是，拉岡遠不能滿足於此，他的新發現是，這種認同說到底卻是以他者的鏡像對主體自己的篡位式取代而告終的。我們知道，在黑格爾的這一上述理論中，欲望和勞動是這一取代關係的轉換要件，可是，作為心理學家的早期拉岡在繼承黑格爾這份理論遺產時卻直接抹去了關鍵的勞動，從而將延遲的欲望暫時懸置起來。當拉岡用帶有**超現實主義**色彩的鏡子映射關係取代黑格爾的現實（勞動）關係時，就獲得了一種反對佛洛伊德人格理論核心現實**自我**論的有力武器。在他看來，自我並不是晚年佛洛伊德指認的由「現實的原則」組織而成的意識實體，自我實為一種超現實的幻象，因為它是一系列**異化認同**為基本構架的**偽**自我。這個真相，只有在人們「超越現實的原則」之後才能看到。

1、拉岡鏡像理論的本相

1936年，拉岡提出「鏡像階段（Le stade du miroir）」理論，這是他全面深刻地研究佛洛伊德在精神分析理論中提出的心理發生和人格歷史建構邏輯後發表的顛覆性觀點。在這個問題上，拉岡的傳記作家們通常更多地強調被拉岡作為問題導引的動物行為模式研究的基礎作用，主要是兒童心理學家瓦隆的動物與嬰兒的鏡像試驗。[1]也有人因此指責拉岡所依託的實驗心理學的基礎已然過時。對此，我並不以為然。因為，科學家瓦隆的鏡像試驗對拉岡來說，至多只能算是一個**經驗性的**依託，僅此而已。此外，我還注意到佛洛伊德本人也直接談到過幼兒的鏡像遊戲。[2]

我以為，拉岡鏡像論的主要出發點，是經由他自己改造過的黑格爾的主奴辯證法，其核心在於一種無意識的**自欺關係**。如前所述，拉岡對人之存在論的理解基礎正是馬克思－海德格爾式的關係本體論。馬克思認為，人（個人主體）的本質在其現實性上不過是其全部社會關係的總和，而海德格爾則乾脆將此在（個人主體）直接認定為「在世之中」（通過上手物建構世界、與他人共在）的關係性存在。在此，馬克思的關係性存在是直接肯定性的，而海德格爾的在世關係論則具有否定性的意味。上文我們已經專門交等待過，這種主體確立中的關係本體論緣起於黑格爾。科耶夫和伊波利特的詮釋並沒有增添多少新的東西。然而，拉岡要做的是進一步根本否定人之存在的關係本體論。奧斯本正確地看到，拉岡實際上是在用黑格爾在《精神現象學》中自我意識辯證法的第一階段的說明，「代替佛洛伊德（1910～1915年）對於初級自戀的最初解釋」。[3]因為在這裡，「黑格爾的承認概念與佛洛伊德的認同概念混而為一。黑格爾是促成拉岡有關鏡子階段論述的靈感」。[4]這是對的。在拉岡的鏡像說中，當6到18個月

1　瓦隆的心理實驗主要是通過比較動物與幼兒對鏡像的不同反應，確認人類主體早期心理發生過程中在鏡子反映關係的智慧優勢。其主要觀點參見：亨利 · 瓦隆，《自己身體的觀念是如於何在兒童身上發展出來的》，載於《心理學期刊》1931 年 11 月 — 12 月號；《幼兒性格的起源》（巴黎：博文出版社，1934）一書中。拉岡對其的指認可見《拉岡選集》，褚孝泉譯，上海三聯書店 2001 年版，第 109 頁。

2　〔奧〕佛洛伊德：《超越快樂原則》，《佛洛伊德後期著作選》，林塵等譯，上海譯文出版社 1986 年版，第 13 頁注 1。

3　〔英〕奧斯本：《時間的政治》，陳志宏譯，商務印書館 2004 年版，第 122 頁。

4　〔英〕奧斯本：《時間的政治》，陳志宏譯，商務印書館 2004 年版，第 125 頁。

大的幼兒（尚無法有效控制自己的碎裂身體）在鏡子中看到自己的統一影像時，即產生了一種**完形的**格式塔圖景。這個完形的本質是想像性的認同關係，並且這還不是黑格爾所說的另一個自我意識，而是「我」的另一個影像。乍一開始，「它的對方」就變成了它的影像－幻象。旋即，他將這圖景誤認為是自己，此時發生的恰巧是佛洛伊德所講的那個自戀階段中自居（認同）關係的幻象化，在拉岡的語境中，它是一種**本體論上的誤指（méconnaissance）關係**。無疑，拉岡已經清醒地意識到實體性主體的虛無，其中既包括佛洛伊德的生物性的本我（原欲），也包括自足的意識主體——心理自我。拉岡既肯定馬克思－海德格爾對人之存在的關係本體基礎，但又冷酷地將這種關係本體論顛倒在證偽邏輯之中。

我們已經知道，在黑格爾《精神現象學》中那種「自我意識是欲望」的觀念中，欲望是對另一個自我意識的對象性關係。我覺得，這一觀點以及深化於自反性的主人與奴隸的辯證法關係是拉岡鏡像關係的真正基礎。下文還將談到，在挪用黑格爾主奴辯證法時，拉岡同時還祛除了這一邏輯關係的歷史性現實基礎（對象性勞動），這種做法必然導致拉岡邏輯嚴重的非法性。拉岡的做法十分澈底，他首先根本否定了佛洛伊德的本我，即生物學意義上的本能原欲，使個人自我的開端成為一個與生物存在鏈斷裂開來的無。這倒暗合了黑格爾的人是一個自然意義上的「黑夜」或邏輯學開端上的「空無」一說。如此以來，本沒有生物性本我的人最初就是在鏡子中自己的影像中、在虛假的映射關係中建構心理人格的，而我們長期沒有發現的事實是：**假象成了主人**。從而，佛洛伊德對自戀的規定——自我理想，即「個人主體期望自己成為的那類人」被在相反的否定性關係中指認了，佛洛伊德的自戀真的成了水中的虛假幻象之戀，這就使得佛洛伊德的「在世」自我的開端必是一個空無。[1]不過，這不是一個自我意識面對另一個自我意識，一個實體的主人對另一個實體的奴隸的征服，而是**幻**

[1] 拉岡正是在這個意義上，根本否定那種以「現實的自我」為核心的新佛洛伊德主義。

象與空無的映射關係對「我」的奴役，也才是拉岡鏡像說的本相。由此看來，拉岡著實陰毒。也是基於此，他才得以在另一個更深的層面上拒斥了黑格爾。同樣在這裡，精明狡黠的拉岡區分出了一個非語言的小他者，即一開始就做了本是「空無」的自我之主人的a。即便在這個理論節點上，拉岡也是獨到的，他與列維納斯不同，後者的他者理論中有他人，也有作為面貌和語言的他者，可是沒有區分大寫他者和小寫他者。這種小他者起初是鏡像中那個無語的「我」的鏡像，以後是母親、父親和其他親人的面容（列維納斯的「表情」），還有一同玩耍的小夥伴的行為和遊戲，而偽自我正是在這種種**非語言性的另一個**（*autre*）對象性關係中被**現實地**建構和肯定起來的。此間的非語言即是小寫性，並且暗系於將來他的那個無法被語言象徵化的殘渣的對象a。小寫他者總是以自己直觀鏡像與感性的他人面容為伍，可是，我們切不可將拉岡的他者簡單地比做他人。在這一點上，拉岡絕對地異質於海德格爾、沙特和巴赫金。小他者固然還以形象為介體，但它並不是另一個，也不是其他的人，在拉岡那裡，他者是存在之**缺失！**在此，小他者是那個「它」的缺失，以後，大寫他者（象徵性語言）將是物與人的不在場和死亡。

拉岡將這個以對他人的感性形象反映關係為生存本體基礎的「上手世界」稱為**想像域**。當然，這裡的「上手世界」並不是海德格爾所講的物性勞作，而只是某種主觀的心理投射關係。這不是一個皮亞傑式的關於嬰幼兒心理自我的發生學建構過程的肯定性描述，絕不能把「自我看作居於**感知－知覺體系**的中心，也不看作是由『現實原則』組織成的」。[1]正是在超現實主義的相同意向中，拉岡拒絕把自我視為現實生活中不斷建構發生出來的感知實體，即他與達利達成批判性共識的「構造主義」中的自我，反之，拉岡非建構論地、批判性地揭露出一種真相：真實自我建構的**不可能**和現實自我的**被證偽**。波微說，「拉岡的『自我』（moi）是一種分裂的觀點而不是一種穩定

1　〔法〕拉岡：《拉岡選集》，褚孝泉譯，上海三聯書店 2001 年版，第 96 頁。

性的觀點」。[1]這話是正確而深刻的。當然，與超現實主義相異質的是，拉岡在此顛倒性地使用了超現實主義的意象性規定，原來在達利那裡表達真實欲望的自主、自由和革命性想像力，被他隱喻成一種奴役性的他性。想像關係的實質成為暴力性、侵凌性的**先行的**形象－意象建構。**形象**（*image*）在這裡指的又不是簡單的外部對象，而是一種緣起於人的感性存在的構形物，具體而言，即是從人的鏡像和他人的表情、行為中接受的一種非我的強制（或者叫「侵凌性」）投射。里德認為，拉岡關於形象的學說受到了法國精神病學家卡普格拉斯的影響。[2]這種投射最終形成了作為小他者**意象**（imago）結果的偽自我。拉岡說，他最早是在對妄想狂的病例研究中意識到這種鏡像偽自我的。[3]意象往往意味著「我」對於小他者的自居（認同）關係，這一誤認揭開了初入人世的個人在想像域中的人生騙劇。拉岡的想像關係實際上是以誤認為基始的，而正是該誤認關係構成了其全部哲學的邏輯基礎。

拉岡此處的想像關係是一種本體論上的二元分裂關係，「這種關係變成人（與一切『他者』）的各種關係的基礎」，[4]它也預示了人一生都不可避免的異化式的瘋狂。顯然，拉岡這裡的想像是一個廣義的規定，其中並不僅僅包括對鏡像的意象性誤認和他人言行的聯想式認同，一語概之，想像不僅是一個主觀心理構成活動，同時也包含了感性行為操作中的現實模仿、類比和齊一化。與皮亞傑不同，拉岡筆下孩子的心理建構過程不是從虛無的主客不分的狀態中開天闢地（確認主體自我和確立非我的對象性客體）的，與佛洛伊德不同，拉岡也根本不承認人作為基始存在基礎的本能原欲（「本我」），拉岡的否定性想像關係使得個體主體的開端成了一個**無**，在世中的自我之形成變為無中生**偽有**。倒是有論者比較分析過拉岡的「鏡中映象」與柏拉

---

1 〔英〕波微：《拉岡》，牛宏寶等譯，昆侖出版社 1999 年版，第 24 頁。

2 〔英〕理德：《拉岡》，黃然譯，文化藝術出版社 2003 年版，第 27 頁。

3 〔法〕拉岡：《拉岡選集》，褚孝泉譯，上海三聯書店 2001 年版，第 59 頁。

4 〔美〕庫茲韋爾：《結構主義時代》，尹大貽譯，上海譯文出版社 1988 年版，第 142 頁。

圖的「岩洞映象」和佛洛伊德的「水中映象」（那納西瑟斯的水中倒影自戀）的關係，[1]那本應是十分有益的研究，可是，最後得出的研究結果卻似乎恰好說明研究者沒有能真正理解這三種模式的根本異質性。這是由於，柏拉圖的洞穴說屬於哲學認識論的平臺，洞中光影不僅僅是主體自我的「映象」，而且是太陽之下的整個世界從洞中投向岩壁的偽像；佛洛伊德的水中倒影是喻指個人自我映射式的自居性的自戀關係，但是，在佛洛伊德那裡，自戀是認同性地真愛自己，而非對他者的異戀；可拉岡此處的鏡像之我，卻是對自我的謀殺。這種自殺不是緣起於鏡中直接的映射，而是對鏡像發生的誤認性的形象－意象－想像。人之走向現實的自我，恰巧是人生這場沒有終點的大騙局的開始，人的前進，不過是在走向異化的「想像的功能」。這個所謂的想像的功能，也就是「幻覺在經驗的技術的在心理發展的不同階段上構成對象的功能」。[2]想像的功能關係好比一串冉冉升起的肥皂泡，它靠著亮晶晶地映照人的影像而維持著，虛幻的想像關係則是其中不斷吹進的空無一物的名叫「自我」的氣體。後來，在象徵域中，這種易碎的氣泡又變成了由不朽的語言硬殼編織起來的一具空心人，而這個內裡空無的東西就被叫做主體。拉岡的理論總是讓人暈頭轉向，我時常忍俊不禁地發現，在拉岡的每一個獨到理論後頭，都會有一眾學者亦步亦趨地自以為是在追隨或者拒斥拉岡，其實是一頭霧水地被他弄得稀里糊塗卻步自治。譬如伊格頓，就竟然將拉岡的想像域說成是自我和客體在一個「封閉的圈子中」相互不斷轉化的過程。[3]

拉岡鏡像理論另一個重要的內裡邏輯是由形象－意象－想像為基座的**小他者偽先行性論**。通過引言中的討論，關於這種偽先行性的強暴特徵與海德格爾的褒義先行性之異質性，我們已經十分熟悉。通俗

---

[1] 方漢文：《鏡子階段與文化心理主體認證的聯繫》，《呂梁高等專科學校學報》1999 年第 3 期，第 31-33 頁。

[2] 〔法〕拉岡：《拉岡選集》，褚孝泉譯，上海三聯書店 2001 年版，第 251 頁。

[3] 〔英〕伊格頓：《二十世紀西方文學理論》，伍曉明譯，陝西師範大學出版社 1987 年版，第 180 頁。

地說，拉岡的先行性指的是一個不是我的他物事先強佔了我的位置，使我無意識地認同於他，並且是將這個他物作為自己的真在來加以認同的。結果，我不在而他在，他在即偽我在。拉岡後面所說的鏡像小他者和他人之面容的小他者都具有這種先行性。無論是鏡像之我，還是眾人面容之我，其實質都是以某種**形象**出現的小他者倒錯式的**意象**，在先行到來的強暴性意象關係中，虛假的自我在「自戀式」偽認同的**想像**關係中被建立起來。這是一個暴力性的偽自我建構的邏輯三段式。我注意到，傑姆遜忽略了這個形象－意向－想像的先行性的「三位一體說」，而將其簡化為所謂「形象第一性」。[1]拉岡說：「主體的歷史是發展在一系列或多或少典型的理想認同之中的。這些認同代表了最純粹的心理現象，因為它們在根本上是顯示了**意象**的功能」。[2]意象的本質正是對那個先行**占位**的小他者的認同，自我是一種對篡位的小他者鏡像的心像自居。「意象則是那個可以定義在想像的時空交織中的形式，它的功能是實現一個心理階段的解決性認同，也就是說個人與其相似者關係的一個變化」。[3]拉岡之所以在邏輯層面上將這一領域指認為想像域，目的也是想直接說明自我建構的主觀性和虛假性，而小他者的強暴性偽先行性，則是這種想像域的本質。

其實，倘若我們要現象學地逃出拉岡的語境，就需要看清楚的問題在於拉岡邏輯的某種理論僭越。因為，即使我們承認拉岡那個鏡像關係的發生是可能的，那它也一定不會是一種孤立出現的東西，離開了主體真實生存的一定的歷史性現實行為，（如皮亞傑正確指認的個體主體早期的感性行為的建構，黑格爾、馬克思和海德格爾正確指認的勞動生產與主體建構的本體性基始關係），單憑純粹主觀的鏡像、形象和想像，主體是無法認同自我的，哪怕是拉岡所說的偽自我。其實，黑格爾那個奴隸與主人的辯證法倒是保持著與現實歷史的真實關

[1] 〔美〕傑姆遜：《拉岡的想像域與符號界》，載《晚期資本主義的文化邏輯》，陳清僑譯，北京三聯書店 1997 年版，第 214 頁。
[2] 〔法〕拉岡：《拉岡選集》，褚孝泉譯，上海三聯書店 2001 年版，第 184 頁。
[3] 〔法〕拉岡：《拉岡選集》，褚孝泉譯，上海三聯書店 2001 年版，第 196 頁。

聯，它只是黑格爾借歷史來講一段自我意識（人與人）之間的辯證關係，簡單地將其倒轉或泛化是不現實的，因為每個時代有每個時代的人類生活，自然也有每個時代不同的主體與他者關係。出現真正意義上的「鏡像」關係也一定是一個**歷史性的**事件，即便承認「偽自我」的發生，其形式也必定會是迥異的。比如原初民的水中倒影之鏡像、中國古代的銅鏡之像、歐洲古代的平面玻璃鏡和今天的數碼影像之境的歷史性差異是巨大的。[1]拉岡的邏輯是沒有任何歷史感的。

讀者可能已經感覺到，關於拉岡鏡像理論的討論往往過於形上，讓人一頭霧水、不知所云。既然如此，下面我們就嘗試進入拉岡鏡像說的具體語境之中，尋找進一步的答案。

2、太虛幻鏡中的「我」之誕生

1936年8月3日15點40分，拉岡向墨爾本第14屆國際精神分析大會提交了闡釋「鏡像階段」（Le stade du miroir）思想的第一篇論文。[2]這是一個重要的歷史時刻，在那一刻，拉岡直接把矛頭指向了佛洛伊德的自我說。更寬泛地說，從此以後，拉岡自覺地「與所有直接從我思（cogito）而來的哲學截然相對」，[3]並從心理學－精神分析學的科學邏輯出發掀起了一場聲勢浩大的革命，令當代新人本主義的**個人**主體第一次真正面臨了深刻的危機。

討論進行到此，我們已經能夠判定，自詡為哥白尼式革命的佛洛伊德的個人主體理論仍然是肯定性的，雖然他否定和分裂了理性主義的思（意識）之主體，但畢竟又重新確立了以本能原欲為基底的本我之現實實現——自我。在自我和本我的關係中，自我並未與本我根本

1　參見由水常雄所寫的鏡子文化史論著《鏡子的魔術》，孫東旭譯，中譯本，上海書店出版社 2004 年版。

2　此文後來遺失。1949 年 7 月，拉岡又向在瑞士蘇黎士召開的第 16 屆國際精神分析學大會提交了一篇論文，題為《作為「我」之功能形式的鏡像階段》。

3　〔法〕拉岡：《拉岡選集》，褚孝泉譯，上海三聯書店 2001 年版，第 89 頁。

脫離，雖然前者的確是本我與現實對象世界和他人的關係性結果，但這絲毫不能改變自我的根子仍深埋於本我之中這個確鑿的事實，換句話說，佛洛伊德的自我主體總還是自足的功能性關聯式結構。「佛洛伊德將自我等同於『感覺－意識體系，這個體系是由機體得以適應『現實原則』和器官的總和所構成的」，[1]它聯結本我，並不斷外化為超我。拉岡倒好，他直接稱晚期佛洛伊德的自我觀念為「狂想」。[2]從中，拉岡對老師的真實態度也就昭然若揭了。拉岡這一刀直指年邁的佛洛伊德人格理論的核心。[3]拉岡說，長期以來，佛洛伊德的這個自我「為意識所有，但不為反思所及」，[4]如今，該由他自己來進行真正的反思了。對自己的理論，拉岡相當得意，他宣稱自己關於鏡像階段的發明，已經可以「直抵一種理論和實踐上構成阻力的核心」。此處所謂的核心，就是佛洛伊德以身體自戀和自我認同雙重指稱構築起來的和諧的個人主體——「自我」。拉岡認為，佛洛伊德的「**自我**是個功能，自我是個綜合，一個功能的綜合，一個綜合的功能，它是自主的」。可是，壞就壞在這個自我猶如一個堆滿了雜物的抽屜，雖然有用，但也常會蒙人。[5]佛洛伊德常常讓人們揭開簾子，看一看簾子後面的真相，可是拉岡卻直接宣稱佛洛伊德的真相只不過是更壞、更能騙人的簾子。

拉岡之所以將佛洛伊德的自我觀念稱為騙人的現象，是因為那個人人都認可的從「原生的」本我到自我（超我）的個人主體其實並不存在，這種並非故意欺騙的事件無意識地掩蓋了一種缺失。什麼缺失？即原初「我」的虛無！這是一個本體論上長期被遮蔽的重要缺失。拉岡說，「掩蓋這個缺失是主體歡快的祕密」。[6]拉岡的言下之意在於，一直被人們誤認為是一個獨立存在的個人主體（自我）其

---

1 〔法〕拉岡：《拉岡選集》，褚孝泉譯，上海三聯書店 2001 年版，第 184-185 頁。

2 〔法〕拉岡：《拉岡選集》，褚孝泉譯，上海三聯書店 2001 年版，第 59 頁。

3 這一年，佛洛伊德正好 70 周歲。

4 〔法〕拉岡：《拉岡選集》，褚孝泉譯，上海三聯書店 2001 年版，第 104 頁。

5 〔法〕拉岡：《拉岡選集》，褚孝泉譯，上海三聯書店 2001 年版，第 405 頁。

6 〔法〕拉岡：《拉岡選集》，褚孝泉譯，上海三聯書店 2001 年版，第 63 頁。

實是一個幻覺意義上的想像騙局，「我」從一開始就是一個空無，它不過是「一個操作性的觀念」[1]，其實質是我們將一個開端上就是假相的鏡像誤以為真實存在的個人主體。拉岡認為，佛洛伊德假設的自之發生實為一種**意象中的**開裂，這種開裂從來沒有形成一個自足的主體，反而是造就了一個更加陰黑的舞臺。有時，拉岡也稱其為「與生俱來的開裂」。[2]以後，在這個被稱為主體的舞臺上上演的將是窮盡個人一生的偽我與他者爭鬥的悲劇。這個鏡像最初是鏡子中的「我」的影像，爾後則是「我」周圍眾人（開始是其他玩伴的模仿性姿勢的反應，然後是長輩、大人的存在）的目光、面相和形體行為構成的反射的鏡式**形象**。請一定注意，這鏡像雖然來自於外部的介體，可它始終依然還是個人自己的**自畫像**。總之，這幅自畫像的本質就是自我認同。「那就是我」，「我在這裡和那裡」的「我」實際上是一種以先行的**想像**為本質的反映性幻象，在這個鏡像式的偽在中，根本不存在佛洛伊德所說的主體自戀和自我認同，而是存在論上的異化之無。每一個人，都將被自己的這幅自畫像欺騙終生。「人類世界的本體論結構」就是拉岡**想像域**的無之本體論。

拉岡這裡已經是一個非常大的宣判：過去被人們自覺不自覺地視為個人主體的那個我，被笛卡兒作為理性之思起點的那個我，還應該包括第一個新人本主義先驅鬥士施蒂納筆下的那個「唯一者」的我，齊克果口中的「那一個」真實的我，海德格爾的此在之我，統統都只不過是一種想像中幻在的「**理想我**（je-idéal）」而已。[3]非常可怕的是，拉岡可謂是釜底抽薪式地斷了當代新人本主義的存在論之根：**個人主體是不存在的**。根據常識來判斷的話，這真是一通聳人聽聞的奇談怪論，不過，且先不急，我們不妨還是先來看拉岡的分析再做定論。

關於此，拉岡有一段非常重要的表述：

---

[1] 〔法〕拉岡：《拉岡選集》，褚孝泉譯，上海三聯書店 2001 年版，第 405 頁。

[2] 〔法〕拉岡：《拉岡選集》，褚孝泉譯，上海三聯書店 2001 年版，第 399 頁。

[3] 〔法〕拉岡：《拉岡選集》，褚孝泉譯，上海三聯書店 2001 年版，第 90 頁。

> 一個尚處於嬰兒（*infans*）階段的孩子，舉步趔趄，仰倚母懷，卻興奮地將鏡中影像（image spéculaire）歸屬於自己，這在我們看來是在一種典型的情境（situation）中表現了象徵性矩陣（matrice symbolique）。在這個矩陣中，我突進成一種初始的形式（forme primordiale）。以後，在與他者（autre）的認同過程的辯證關係中，我才客觀化；以後，語言才給我重建起在普遍性中的主體功能（fonction de sujet）。[1]

依拉岡的邏輯，這個偽我的發生，先是主體在想像域中鏡子式地假自戀以及在他者的反指中被誤認和物相化偽造，而後是在語言象徵（能指鏈）的主體建構中澈底被謀殺。接下來，我們就先來看看悲劇開端的鏡中幻象。

拉岡所謂的鏡子階段其實是指個人自我初始建構的時期（拉岡用「infans」來表示這種孩子的前語言時期），此時，個人主體第一次將自己指認為「我」。不過在他的眼裡，這個自我的形成與以往一切肯定性的主體建構說，包括佛洛伊德的自我說完全不同，它的本質是「主體在認定一個影像之後自身所起的變化」，亦即所謂的**意象**關係。「鏡像階段的功能是意象功能的一個殊例。這個功能在於建立機體與它的實在之間的關係，或者說，建立內在世界（Innenwelt）與周圍世界（Umwelt）之間的關係」。[2]然而，這種意象關係卻是以**自我否定**的顛倒形式出現的：幼年的「我」在鏡像中的異化認同也是「我」之初始具象。這個意象的建構以犧牲內在世界（「我」）對象化，即黑格爾意義上的本體異化為偽現實外在世界為代價。

其實，對於鏡子[3]本身，它不過只是一個普通的物理反射板，它

1 〔法〕拉岡：《拉岡選集》，褚孝泉譯，上海三聯書店 2001 年版，第 90 頁。中譯文有改動。參見 Jacques Lacan, *Écrits*, Éditions du Seuil, Paris, 1966.p.94.

2 〔法〕拉岡：《拉岡選集》，褚孝泉譯，上海三聯書店 2001 年版，第 92 頁。

3 鏡子一詞的法語為「miroir」，英語是「mirror」，其詞根是拉丁文「mirari」，原意為詫異。

的功能也不過是把一個三維空間的實際存在轉換為一個二維平面的圖像而已。可是，鏡子的反映圖像是令人驚詫的，鏡子的存在的確有著令人著迷的特性。當然，與東方古代將鏡子神聖化的語境不同，「西洋鏡」似乎始終處於一種妖魔化的情境之中。在古希臘神話中那個著名的納西瑟斯（Narcissus）鏡像故事中，水鏡的出現，是人自戀和迷入自己的水中倒影變成水仙花而死亡的述事。在基督教文化中，就有教條告誡人們切不可迷入鏡像，因為鏡子中「宿有死靈魂」，一旦人長久迷戀鏡子，魂魄必將被魔鬼奪走。[1]在一些藝術作品中，鏡像往往與虛榮、死亡為伍，如郝特魯斯特的《虛榮的寓意》和無名作者的《骷髏與裸女》。[2]拉岡的此處的鏡像語境顯然與這種西方文化傳統相關。

拉岡有過一句名言：「人總是一個早產（prématuré）兒」，因為相對於生下來就會水的魚兒和生下就能站立的小馬駒而言，初生的人類實在太懦弱了。雅斯佩斯也指認過這一點。[3]里德說：「如果僅靠自己，嬰兒可能會死亡。他們出生的太早了。呱呱落地的時候，他既不會走路，也不會說話，對自身的運動機能只有很少的控制力，從生物學的意義上說，他們發育得很不完全。」[4]用拉岡自己的話來說，則叫「動力無助」狀態。拉岡發現，個人對自己的源初認識，發生在一個嬰兒6-8個月生長中的鏡像階段，那是一個構造「我」——偽自我中心起始的**本體建構**過程[5]。拉岡認為這是人作為**類**「過早出生的一個後果」。[6]起初，嬰兒的知覺生髮於繈褓和搖籃裡主客不分的混沌中，他（她）無法界劃自己的身體與媽媽、外部世界的區別，所

1　〔日〕由水常雄：《鏡子的魔術》，孫東旭譯，上海書店出版社2004年版，第175頁。

2　參見〔日〕由水常雄：《鏡子的魔術》，孫東旭譯，上海書店出版社2004年版，第182～185頁的例畫№.96～99。

3　〔德〕雅斯佩斯：《雅斯佩斯文集》，朱更生譯，青海人民出版社2003年版，第172頁。

4　〔英〕理德：《拉岡》，黃然譯，文化藝術出版社2003年版，第16頁。

5　〔法〕拉岡：《拉岡選集》，褚孝泉譯，上海三聯書店2001年版，第90頁。於我們已經多次指出，拉岡的鏡像說，是借用了心理學家瓦隆關於動物與幼兒鏡像行為觀察的一個心理實驗。

6　〔法〕拉岡：《拉岡選集》，褚孝泉譯，上海三聯書店2001年版，第193頁；第412頁。

以他會吸吮著自己的指頭和被角，將它們當成媽媽甘甜的乳頭，他（她）無法知道自己看到的小腳是自己的，他也無法協調自己複雜的身體行為，包括排泄和進食。這是一個康德的先驗時空和理念構架沒有座架之前的碎裂的感性世界！拉岡常常指認這種原初性的「破碎的身體」。按拉岡的說法，這個「破碎的身體」將猶如一種終生無法治癒的創傷，時時在成年以後的主體夢境之中浮現。那個將來要被叫做「我」的小傢伙靜靜地躺在那裡，可是他並不知道存在一個「我」。我們馬上還將看到，其實這個「我」早在尚未出世之時就已經被他人先行命名，之後還會在言語的詢喚中日益被建構成主體。6個月左右的時候，孩子仍然還躺在媽媽懷裡，但已經能在鏡子中看見一個自己之外的先行的影像，一個用自己的眼睛看到的**總體**影像，一個自己身體之外的「其他」或者「另一個」（autre）不同於媽媽，並且與自己身體上所有可以看見的部分的行動完全同步的鏡像。[1]原先，孩子只能看到以自己鼻子為中心點的一幅破碎的視圖，但那時當他將鼻子向前伸出的時候，我們所有的其他東西：手，腳，心，嘴，以至眼睛都不願跟著去，這就受到了合作破裂的威脅。一旦感到了這威脅的恐慌，就要採取嚴厲的措施。凝合起來！也就是說，求助於鏡子的蜜月為之欣喜的形象的力量，求助於左邊和右邊的肯定了的神聖的結合，雖然如果主體仔細看一下就會發現它是次序顛倒的。[2]

拉岡說，與動物（如猴子）對鏡子形象稍縱即逝的興趣不同，面對鏡中的影像，孩子「會由此產生出一連串的運作，他要在玩耍中證明鏡中的形象的種種運作與反映的環境的關係以及這複雜影像與它重現的現實的關係，也就是說與他的身體、與其他人，甚至與周圍對象的關係」。[3]他既會去確認鏡子後面有沒有其他東西，也會在鏡子前面確認自己身上可直視和不可直視的部分，同時還會確認鏡子中的一

[1] 拉岡說，幼兒在最初的幾個月裡就能區分人形，而從第10個月開始就能辨識人臉。〔法〕拉岡：《拉岡選集》，褚孝泉譯，上海三聯書店2001年版，第109頁。

[2] 〔法〕拉岡：《拉岡選集》，褚孝泉譯，上海三聯書店2001年版，第413頁。

[3] 〔法〕拉岡：《拉岡選集》，褚孝泉譯，上海三聯書店2001年版，第90頁。

切物體影像和現實物的映射關係，最終，他會得意地一笑，澈底確認那個鏡中的「他」就是「我」！顯然，這實際上並不是常識中的照鏡子，而是一種本體論的意向性整合，一種對自己先行總體性的鏡像佔有，或者叫「變身的活劇」。拉岡後來曾經將這個過程指認為「雙重鏡像」：一是孩子對自己肉體統一性的想像性認同；二是從小他者那裡獲得的自我認同。[1]其實，我本人就不記得這個認同過程，在女兒的身上也沒有直接實證過這一現象。是不是每一個幼兒都能記得這個鏡像認同過程，甚至是不是每個人都有過這個獨立的鏡像階段並不重要，因為這其實只是拉岡的一個哲學隱喻，拉岡只不過想借它說明個人自我自欺性確立的一個必然環節。我想到的問題是，肉體的「我」6個月大小以前的確不能協調自己的肉體，可後來他真的協調了自己的肉體，那時候已不再是一個鏡像，而是他能夠統一起來的物質實體上的整體，以及在存在中統一起來的行為整體。這個非想像的行為總體與鏡像關係的關係究竟是什麼？這才是拉岡看不見或不想看見的東西。拉岡說，這是一種「勝利地」**佔有**形象的過程，孩子「附帶著伴隨它的興高采烈的啞戲，還有在極迅速地驗完了鏡子背後沒有形象之後時在鏡像認同的控制中的那種戲嬉的迎合」。[2]里德曾經分析過，在生物學語境中，「生物融入自己所在的環境」是一條自然法則。而拉岡則進一步將這一觀點發展成：「生物對外在於自身的形象能一種類似想像的方式加以佔有。」[3]這個**想像的方式**很關鍵。拉岡正是用它命名了他對主體誤認和錯位的第一個階段：**想像域**。這也是人在自己最起初的成長期中，首次成為發自自身的聲音、行為的自主主體和這個統一肉體的主人。依海德格爾的說法，這是個人此在（自我）的**第一次存在**或者**在場**（Anwesenheit）[4]，雖然這還是所謂的「自我」弱弱的初級形態。然而，喜滋滋的個人並不知道，就在這種看似成功的

---

1 〔法〕安德烈：《女人需要什麼》，餘倩等譯，天津人民出版社 2002 年版，第 126-127 頁。
2 〔法〕拉岡：《拉岡選集》，褚孝泉譯，上海三聯書店 2001 年版，第 192 頁。
3 〔英〕理德：《拉岡》，黃然譯，文化藝術出版社 2003 年版，第 18-19 頁。
4 〔德〕海德格爾：《存在與時間》，陳嘉映，王慶節譯，北京三聯書店 1987 年版，第 32 頁。

確認間，他已經無意識地殺死了真正的**自己**。當然，我們這裡討論的是正常人（偽）自我的建構過程，而在精神病患者那裡，這種「被割裂的身體」將重新再現。拉岡從超現實主義的繪畫作品中直接引入了這個重要概念，[1]也就是說，主體的解構（精神主體的分裂）將直接表現為身體的斷裂以及語言話語掌制權的淪喪。

3、小他者影像中的異戀

我注意到，拉岡將這個鏡像之我的確認視為一種從視像開始的保證自身連續性、統一性心身整體的視覺**格式塔**建構：

主體藉以超越其能力的成熟度的幻影（mirage）中的軀體的總體形式（forme totale）是以**格式塔**（Gestalt）獲得的。也就是說是在一種外在性（extériorité）中獲得的。在這種外在性裡，形式（forme）是由多種成分構成的（est-elle plus constituante que constituée），並且形式是在一種凝定主體的立體的塑像和顛倒主體的對稱中突顯（apparaît）出來的，這與主體感到的自身的紊亂動作完全相反。這個**格式塔**（Gestalt）通過它體現出來時的兩個特徵，象徵了**我**在思想上的永恆性，同時也預示了它異化的結局（destination aliénante）。並且這個形式還孕含著種種轉換，這些轉換將**我**與人自己樹立的塑像，與支配人的魔影，以及與那個自動機制（automate）聯結起來，在這種機制中人造的世界（monde de sa fabrication）行將在某種多義關係（rapport ambigu）中完成。[2]

這是一段極為經典的表述。當自身與外部現實都還處於無法界劃的非統一狀態中的嬰兒在鏡子中看到相對穩定的自己的影像時，即誤將這個並不是自己的「他者」（第一個小寫的他者autre，拉岡取其法

---

[1] 〔英〕波微：《拉岡》，牛宏寶等譯，昆侖出版社 1999 年版，第 30 頁。

[2] 〔法〕拉岡：《拉岡選集》，褚孝泉譯，上海三聯書店 2001 年版，第 91 頁。中譯文有改動。參見 Jacques Lacan, *Écrits*, Éditions du Seuil, Paris, 1966.p.95.

文第一個字母a，為了區別起見，我們可以把它叫做**小他者I**，這時的他者是一個長著「我」的臉和身體影像的**他人**）認同為「自我」（作為a的視覺格式塔心像的a'），這是一種自戀式的虛假自居。請注意，格式塔心理建構在拉岡這裡經常承擔一種否定性的造假使命。拉岡也曾提及，這種主體自我的格式塔偽建構的動因就是基於一種幼兒欲圖擺脫幾個月來機體行動不協調之苦惱的「情感動力」。下面我們還要講到，拉岡的認同觀與佛洛伊德正好是相反的，對象性認同不是肯定性的主體自我之建構，而是一個騙局。在這裡，「主體將自己從根本上與自己身體的視覺格式塔認同起來，相對於他行動上還存在的嚴重的不協調而言，這個格式塔是一個理想的統一，是個有益的**意象**」。[1]這裡原意思是說，相對於幼兒在現實的肉身中的不和諧而言，這個意象是一個完整的「我」的「設定的和諧」，然而，這個格式塔心理建構中的理想鏡像卻是一種欺騙。[2]巴赫金在討論成人的「對鏡自顧」時，也談到了鏡像的部分虛假性。他說，在鏡像中「我們看見的是自己外貌的影像，而不是自己外貌中的自己，外貌沒有包容整個我，我是在鏡前，而不是在鏡中；鏡子只能為自我客體化提供材料，甚至還不是純質的材料。我們在鏡前的狀態，總是有一些虛假」。[3]這就是最初的那個「理想－我」（佛洛伊德原詞為Idea-Ich，

1　〔法〕拉岡：《拉岡選集》，褚孝泉譯，上海三聯書店 2001 年版，第 110 頁。

2　〔法〕拉岡：《拉康選集》，褚孝泉譯，上海三聯書店 2001 年版，第 62 頁。

3　〔前蘇聯〕巴赫金：《審美活動中的作者和主人公》，中國社會科學出版社 1996 年版，第 372 頁。巴赫金（Bakhtin, Mikhail Mikhailovich 1895～1975）：前蘇聯著名文學理論家，20 世紀最偉大的思想家。1895 年 11 月 17 於日生於奧勒爾市一銀行職員家庭，1918 於年畢業於聖彼德堡大學文史系。後曾在維爾城一中學任教，1920 年秋轉往維捷布斯克教授文學和美學。從這時期開始了哲學和人文科學諸多領域的研究工作。1923 年因病辭職治療。1924 年去彼得格勒供職。他前期著作有《藝術與責任》、《語言創作的方法問題》等。1929 年發表的《陀思妥耶夫斯基的創作問題》（1963 年修訂版更名為《陀思妥耶夫斯基詩學問題》），是他的主要力作，書中提出「複調小說」理論，為他獲得世界性聲望奠定了基礎。他 30 年代寫成《拉伯雷與中世紀和文藝復興時代的民間文化》。1945 年起應邀到摩爾達維亞師範學院任俄羅斯和外國文學史教研室主任，1961 年退休。其間同時進行他所稱的「元語言學」研究。1969 於年起定居於莫斯科。1975 年 5 月 16 日巴赫金因病逝世於莫斯科。他的研究成果死後被編成論文集《美學和文學問題》和《語言創作美學》出版。巴赫金的思想只是在 20 世紀 70 年代才被介紹到西方，因此他

後來拉岡用l'idéal du moi（im）來表示），自我（moi）正是這個**先行被看見的**「理想－我」的形象。必須注意的是，與佛洛伊德的語境不同，拉岡這裡對「理想－我」的使用已經具有了貶義，理想化即意象中的誤認，其中已經內含了虛假的成份。因為，這對於孩子從前無法協力的破碎世界是一個根本性的改變。「自我形成的原型雖然是以其外在的功能而使人異化的，與它相應的是一種因安定了原始機能混亂而來的滿足」。[1]孩子正是通過外在於自身的形象來認同自己的，不管這個形象是真實的鏡像，還是另一個小夥伴的形象，「一旦我對某一外在形象產生認同，我就可以做我以前所不能做的事情」，原因在於，這個「看起來很完整的形象能讓我用新的方式控制自己的身體」。[2]這就是拉岡所說的通過「另一個」形象（小他者 I ）來實現的意象功能。可是，孩子並不知道，在這個整體性和自律性的想像外觀中，它恰巧在無知的誤認中失卻了自己。這個同一性，恰巧是負面的幻象。

還有一個需要說明的問題：拉岡反復說起的孩子身體的破碎與世界的分裂，指的並非是孩子的真實肉體的破碎以及外部世界的混亂，因為不管有沒有照鏡子，正常孩子的肉身依然是完整的，每一個新生兒來到的人類世界也的確是有序的，拉岡所說的破裂是指一個嬰幼兒在初次面對這個世界時，從感性行為和心理結構上建構主體和客體的過程。在皮亞傑的兒童發展心理研究中，我們可以看到這個心理現實的相反的肯定性建構過程。

可是，這種想像式的總體性認同必然需要付出代價。因為孩子統一自己的肉身，協調自己的行為機能，是以一種**本體上的異化**為前提的。這是人類個體存在中發生的第一個異化。這種根本性的異化似乎

在《審美活動中的作者和主人公》一書中所討論的鏡像－他者（другой）理論不可能直接影響到拉岡。所以，我們此處不打算專題性討論巴赫金的理論。必要的話，我們會在具體討論中織進巴赫金相關的分析。

[1] 〔法〕拉岡：《拉岡選集》，褚孝泉譯，上海三聯書店 2001 年版，第 112 頁。

[2] 〔英〕理德：《拉岡》，黃然譯，文化藝術出版社 2003 年版，第 19 頁。

始終與人的存在形影相隨，在後來的象徵域中，主體使用語言符號統一世界與自身的社會文化實在，卻失去了存在本身，因為語言即主體存在之死，是異化之異化（第二個本體異化即主體異化）。在此處，鏡像異化只是第一個本體異化（自我之異化）的**第一個層面**。鏡像式的想像認同，「造成了一個只有身體和器官、卻缺乏一種現象學的中心」的世界，個人至多是一種「鏡像與自身的疊加」[1]。在這裡，自我通過投射於非我的對象（鏡像）或**另一個**人來反射自己，然而，「主體被自己鏡中的形象迷住了」[2]！這就好比納西瑟斯看見水中自己的倒影時被深深迷住的情景。「他瘋狂地跳進去，將外部的他者的鎧甲披在身上，把自己的形象完全隱沒其中」。[3]就像我們已經多次說過的那樣，孩子並不知道，在認同於鏡像的同時，失卻的正是自己。波微說，在孩子那裡，「身體曾一度似乎是被四分五裂的，散佈得到處都是，而與這種記憶相關聯的焦慮，點燃了這個人體的欲望，去成為一個安然的身體之『我』的擁有者和居住者」。然而，年幼無知的孩子哪裡能知道，這其實是一種「身體的複雜幾何學，作為一種詭計、一種欺騙、一種誘餌而加諸個人的鏡像作品」，他深深地誤陷於這個陷阱之中。[4]他並不知道，這個形象「向人表露了它的致命的意義，同時還有死亡：它存在著，但是這個形象只是作為他者的形象而交給他的，也就是說是從他那裡奪過來的」。[5]一面是破碎的真實肉體，一面是異化的形象，孩子義無反顧地撲向了異化的影像。福原泰平有一個挺形象的比喻，他說，孩子在「鏡像階段中歡喜的瞬間，就像偷吃禁果的亞當和夏娃被逐出伊甸園一樣，也是踏上去往失樂園

---

1 〔美〕傑姆遜：《晚期資本主義的文化邏輯》，陳清僑譯，北京三聯書店 1998 年版，第 212-213 頁。
2 〔美〕傑姆遜：《晚期資本主義的文化邏輯》，陳清僑譯，北京三聯書店 1998 年版，第 216 頁。
3 〔日〕福原泰平：《拉岡——鏡像階段》，王小峰等譯，河北教育出版社 2002 年版，第 44 頁。
4 〔英〕波微：《拉岡》，牛宏寶等譯，昆侖出版社 1999 年版，第 26 頁。
5 〔法〕拉岡：《拉岡選集》，褚孝泉譯，上海三聯書店 2001 年版，第 93 頁。

的踏板的一瞬」。[1]這也就構成了拉岡第一個人間**現實**世界的圖景，即那個被他命名為**想像域**的世界。在1953年的羅馬演講前後，拉岡開始使用原來與鏡像階段基本同質的「想像域」範疇。這是一個以偽主體（自我）與小他者構成的想像性的**二元關係**為主要視軸的**偽世界**。

這哪裡是佛洛伊德所說的什麼主體認同和**自戀**，如果自我是自戀的基礎，而自我卻又是以異化式的鏡像認同為前提，那麼自戀就不過是「人類個體將他自己著迷於一個從他自己異化出來的意象上」罷了，人迷上的是一個虛幻的鏡像，開始了一段異化之迷戀的**異戀**。在拉岡眼裡，佛洛伊德的自戀實為「自戀幻象」，偽自我的「人生是以自戀幻象來編織其最『現實』的座標的」。[2]在這一點上，拉岡不同於超現實主義，他不是簡單地否定現實，而是著手從根本上說明現實本身的虛幻性。依拉岡的邏輯，現實本身倒是超／非現實的。拉岡似乎的確解決了佛洛伊德提出的自戀基礎問題，可卻是以一種顛覆的方式來回答的。在此，主體已經將自己的起源渡讓給了一個不是他自己的他者。納西瑟斯戀上易碎的水中倒影而死，倒真的隱喻了這個異化事實。[3]我以為，拉岡的異化規定顯然來自黑格爾，在佛洛伊德的自我論中我們顯然看不見這個字眼。可是，拉岡的這個異化規定卻澈底否定了經典異化邏輯[4]中的複歸之路，這即是說，非我不可能再揚棄性複歸主體，因為自我的原初本就是一個空無，從此，黯淡的人生將永遠被一種閹割了海德格爾－荷爾德林「鄉愁」的永恆的悲劇命運所

---

1 〔日〕福原泰平：《拉岡——鏡像階段》，王小峰等譯，河北教育出版社2002年版，第45頁。

2 〔法〕拉岡：《拉岡選集》，褚孝泉譯，上海三聯書店2001年版，第150頁。

3 佛洛伊德的自戀（narcissisme）一詞就取自希臘神話中那個叫納西瑟斯（narcissus）的美少年，因對自己在水中的倒影產生了愛情，最後憔悴而死後變成水仙花。於拉岡其實巧妙地利用了這個故事中的隱喻，水中的倒影是虛假的鏡像，由於小他者的先行占位，自我在虛幻的想像中死去。

4 於在黑格爾的異化邏輯中，抽象的理念要實現自己必將物化（沉淪）為自然、社會歷史的物性存在（第二自然），然後再揚棄對象性的異化複歸於絕對觀念。青年馬克思的勞動異化邏輯也有著本真勞動類本質—勞動異化—揚棄私有制和異化複歸人的本質的三段式。而荷爾德林－海德格爾那裡，在世的物性不歸途終將有詩意的「回家」之鄉愁。

籠罩。[1]人，本來就沒有真的家園，所以也就根本不存在回家的路。從呱呱墜地的那一刻開始，我們踏上的就是一條真正的不歸途。這也是後來拉岡那個不可能的存在之真和齊澤克那以不可能性為基底的後馬克思革命觀的邏輯起點。

鏡子階段（stade du miroir）是場悲劇（drame），它的內在衝勁（poussée interne）從不足匱缺（insuffisance）奔向預見先定（anticipation）——對於受空間同一性（l'identification spatiale）誘惑的主體來說，它策動了從身體的殘缺形象（image morcelée）到我們稱之為總體的矯形形式（orthopédique de sa totalité）的種種幻想，一直達到建立起異化著的同一性（identité aliénante）的強固框架，這個框架以其僵硬的結構（structure rigide）將影響整個精神發展。[2]

因為自此，從人最早建構自己的原初起點開始，就上演了一場他永遠不以自己本身來度過一生的悲劇。在研讀拉岡的這近兩年中，不少學生中途放棄，他們都不願意跟著我往下讀，因為拉岡的宣判著實令人恐懼，那是一種對人生幾近絕望的悲觀。不管是真是假，拉岡冷冷的聲音似乎如同人生舞臺上別具深意的畫外音，始終在宣佈我們從來沒有自己在場過。時常，當我們在生活中遇到一個相似的例證，便會深深地恐慌一陣。在此，主格的「我」已經是一個失卻了自己存在的異化身分——不是佛洛伊德以為的那種自足自我，而是虛假的「自映的**我**」。[3]由此，佛洛伊德所說的那個「自我」則被逐放為一個**無名的他者之鏡像**（小他者 I 的鏡像，a的鏡像＝a'）。這是一種「存在的否定性」。由此，主體在開端上就是一個**空無**。里德曾經陰鬱地對此加以評論，他說：「自我總體像一個不可信的代理，它的作用就是

1　波微十分正確地看到了這一重要異質性。他是通過比較拉岡的異化與馬克思的異化理論的差別達及這一點的。參見〔英〕波微：《拉岡》，牛宏寶等譯，昆侖出版社 1999 年版，第 27-28 頁。

2　〔法〕拉岡：《拉岡選集》，褚孝泉譯，上海三聯書店 2001 年版，第 93 頁。中譯文有改動。參見 Jacques Lacan, *Écrits*, Éditions du Seuil, Paris, 1966.p.97.

3　〔法〕拉岡：《拉岡選集》，褚孝泉譯，上海三聯書店 2001 年版，第 94 頁。

掩蓋統一性缺乏這個令人不安的事實」。[1]無，是個人自我主體的真正基始。拉岡自己說：「自我的作用只是為了用對話語來說最根本的抗拒來掩蓋主體的位移」。[2]以主體之名佔據主體位置的，從一開始就只是一個「替身」。當這個作為替身的偽自我在場時，本我就被謀殺了，確切地說，是「我」的自殺。[3]拉岡繼續冷冷地宣佈道：「人在每個時刻都是以自殺來構成他的世界」。[4]在拉岡那裡，我們聽到的總是這種陰森的論斷，並且總是響徹在本體論的斷裂之處。我們可以記著，這是個人主體第一次自殺身死。人，「在出生時在人的想像功能取得了新的聲譽之後接受了死亡的印記」。[5]

在這個發展的開始，基本是異化的原初自我就與基本上是自殺的原始犧牲聯結起來了：這就是瘋狂的基本結構。

這樣在自我與存在之間的這個原始的不和諧就將成為基調，這個基調將穿過心理歷史的各個階段而迴響在整個的聲音階中。[6]

拉岡認為，鏡像關係的本質是一種**負意象**，「我們有幸在我們的日常經驗和在象徵的效用的陰影中看到意象的被遮掩的面景的出現」，這個鏡像就是我們所面對的「可見世界的門檻」，但這個入口一開始就通向了異化之途。在此之後，個體與其自身還將處於永不一致的**異化命運**之中[7]。傑姆遜說，這將造成「主體與他自己的自我或形象之間永遠也不能溝通的鴻溝」。[8]接下來，我們將看到，開始是鏡像（小他者Ｉ）之誤認，爾後將是**他人**們對象性映現的形象（＝自

[1] 〔英〕理德：《拉岡》，黃然譯，文化藝術出版社 2003 年版，第 22 頁。

[2] 〔法〕拉岡：《拉岡選集》，褚孝泉譯，上海三聯書店 2001 年版，第 453 頁。

[3] 於對於拉岡的鏡像理論，國內一些學者竟然將其指認為肯定性的「自我認同」和「自我意識」的主體理論。這是太離譜的錯誤詮釋。參見方漢文：《後現代主義文化心理：拉岡研究》，上海三聯書店 2000 年版，第 32-33 頁。

[4] 〔法〕拉岡：《拉岡選集》，褚孝泉譯，上海三聯書店 2001 年版，第 121 頁。

[5] 〔法〕拉岡：《拉岡選集》，褚孝泉譯，上海三聯書店 2001 年版，第 363 頁。

[6] 〔法〕拉岡：《拉岡選集》，褚孝泉譯，上海三聯書店 2001 年版，第 194 頁。

[7] 〔法〕拉岡：《拉岡選集》，褚孝泉譯，上海三聯書店 2001 年版，第 91 頁。

[8] 〔美〕傑姆遜：《晚期資本主義的文化邏輯》，陳清僑譯，北京三聯書店 1997 年版，第 211 頁。

我心像）建構起來的小他者II之暴力，而成人後的未來，則是語言構築起來的大寫他者之奴役和控制。個人主體，從a'到被斜線劃去的S，總是不斷**死著**。下面，我們接著來看小他者II導演的新一輪的「完美的謀殺」。

4、從鏡像到形象：眾人之鏡中建構的異化主體

鏡像階段中的個人偽主體認同的另一個重要方面，是**他人之鏡**的想像性誤認，即面容（他者）形象的異化投射。這個「他人之鏡」其實是我自己的概括。作為小他者II的無臉的面容，與列維納斯的他者觀有異曲同工之妙。鏡子在此已經成為一個隱喻，指代主體與小他者之間的一種關係性介體。在以後的象徵域中，這個介體將是巨大的語言之鏡，拉岡將其稱為「從鏡面認同到模仿建議到儀容迷惑」，這一切都是個人自我對「映在鏡中」的那個「我」的異化認同。這是第一個本體異化的**第二個層面**，即他人面相認同中發生的自我異化。以我的理解，除去鏡子的影像，拉岡的鏡像階段還廣義地泛指一種「主宰了童年的最初幾年**眾人**」所建構起來的眾人的**目光**之鏡。[1]我發現，拉岡關於鏡像階段中這個重要方面的論述被大多數論者忽略了，唯有福原泰平，提到了這個「第三人稱的他者的目光」和「大人的視線」。[2]

拉岡發現，在幼兒6個月到兩歲半之間的成長期中，一種新的「人形**意象**」主導著他與其他人間的關係。首先是他與自己小夥伴的傳遞性意象關係，一個有意思的現像是：打別人的兒童說自己被打，看見別人跌倒卻自己哭，[3]顯然，他是在**他位**之中認同於別人之後來看儀容和表演的。此處，體現出一種新的「自我」之對象性關係。

1　〔法〕拉岡：《拉岡選集》，褚孝泉譯，上海三聯書店 2001 年版，第 84 頁。

2　〔日〕福原泰平：《拉岡——鏡像階段》，王小峰等譯，河北教育出版社 2002 年版，第 49 頁。

3　〔法〕拉岡：《拉岡選集》，褚孝泉譯，上海三聯書店 2001 年版，第 187 頁。

換句話說，從鏡子裡錯認了自己的偽自我，不久還會落到他身邊的眾人手裡，他們以有聲和無聲的存在，每時每刻構成著一種個人主體「應該」成為的**形象之鏡**。許茨將這種情境稱之為「生平情境」（biographical situation），但在那裡，許茨只是中性地指認說，這種生平情境中，父母親和其他成年人的將引導我們最初的經驗。[1]巴赫金的觀點可能更進了一步，他已經看到「這些通過他人所獲知和預料的因素，都完全內化於我們的意識。……這些反映一旦在生活中固定下來，（有時確實也會如此），它們就會變成前進的止點、阻力，有時還會深濃縮化，以致於在我們生命的黑夜裡生出我們的另一個人格」。[2]他還說過，通過「虛幻的他人的眼睛，不可能看到自己真正的面貌，而只能看到自己的假面」。[3]這個「黑夜裡的另一個人格」和「假面」，顯然已經帶否定性的意味了。可到了拉岡這裡，他則完全將其判定為否定性的**暴力性侵淩**。關於這一點，大家可以回想一下我們在序言中提到的那個梅子的故事。比之於前面那個鏡像說，對這種眾人之看的暴力性懸設我們可能更為熟悉和感同身受一些。如果你是一個大學生，那你必定剛剛從這種父母、中學老師的暴力鉗制中逃出不久，甚至至今還被拘役其中；如果你有了自己的孩子，那你正是那個不讓孩子自己在場的兇惡他者之一。拉岡說，這種新的形象使「一群人」在個人主體面前樹立一種存在的榜樣，這些人代表了「你」的自主性，並為「你」建構著生活的現實結構。[4]你必須和應該**是**！這就是你的**理想**。**理想總是在他處的**。理想總是侵凌性的！這

[1] 〔德〕許茨：《社會實在問題》，第 4 頁。

[2] 〔前蘇聯〕巴赫金：《審美活動中的作者和主人公》，《巴赫金文論選》，中國社會科學出版社 1996 年版，第 356 頁。還需要注意的是，巴赫金此處並非僅僅是指孩童時期大人對其的影響，而是泛指一切個體之「我」從他人那裡獲得的影響。巴赫金這裡使用的「他人」（другой）一詞，就是英語中的「other」。但我注意到，他經常卻是在他人的意義上使用此詞的。

[3] 〔前蘇聯〕巴赫金：《審美活動中的作者和主人公》，《巴赫金文論選》，中國社會科學出版社 1996 年版，第 371 頁。

[4] 〔法〕拉岡：《拉岡選集》，褚孝泉譯，上海三聯書店 2001 年版，第 189 頁。

是非常可怕的一種理論指認。當然，這種理想此時必是無意識的。里德曾經這樣分析道：

> 拉岡將此稱之為「理想認同」（an identification with *Ideal*），這裡所說的「理想」不是指某種任何事物的完美或字面意義上的「理想」。這種理想是沒有被意識到的。兒童並不會突然決定自己要成為某個長輩或某個家庭成員，而是把他（或她）自己小時候聽到的話會混合在一起，形成無意識裡的各種符號的核心。[1]

開始可能主要是他威嚴的父母，然後是他身邊一切可以教訓他的人。大家都在看著他，並且這種目光並非是眼中目光的投射，而是一種鏡像之看。[2]這正是那個鏡像中小他者的新生代，我們可以將其稱為**小他者Ⅱ**。當然，它還是小寫的a。福原泰平在這一點上的理解是不正確的，他錯將他人的目光當成象徵域的起始處。其實在拉岡那裡，這種有面容的他人之看還是鏡像階段的想像域。象徵域的真正邊界是無臉的語言（能指）。[3]依拉岡的說法，這種目光其實一開始就出現在鏡像之側：

> 在獲致鏡中身軀形象的歡悅中可以支配的是這個只露了個角的最易消隱的東西：目光的交換。這可以從幼兒轉向那個以隨便什麼方式在說明他的人的動作上可以看出，即使那個人只是在看他做這場遊戲。[4]

---

1 〔英〕理德：《拉岡》，黃然譯，文化藝術出版社 2003 年版，第 42 頁。中譯文有改動。

2 拉岡說，孩子在出生 10 天開始就對人的臉面所形成的意象做出反映。參見《拉岡選集》，褚孝泉譯，上海三聯書店 2001 年版，第 188 頁。

3 〔日〕福原泰平：《拉岡——鏡像階段》，王小峰等譯，河北教育出版社 2002 年版，第 49 頁。

4 〔法〕拉岡：《拉岡選集》，褚孝泉譯，上海三聯書店 2001 年版，第 63 頁。

拉岡說：「甚至盲人也是那兒的主體，因為他知道自己是別人目光的對象」。[1]談到這裡，我們已經不難看出沙特那個他人注視理論的影響了。巴赫金也深刻地看到，就是在成人鏡像中，由於我們常常是想「通過他人和為了其他的評價自己的外貌」，所以，這個鏡像中還有「第二個參與者」，即「一個虛幻的他人，一個無權威和無根據的作者，混入了自我觀照事件；當我對鏡自顧時，我不是一個人，我還有一個異己的心靈附身」。[2]其實，這種目光就是一種暴力性的壓力。「一個嚴厲的長輩只要一出現就足以嚇住孩子，你不需擺出懲罰者的架子：孩子早就看到了。這效力比任何曉任更持久」。[3]大人甚至不需要出現，只要有一聲可能發自大人的響動聲，已經足以產生這種暴力的威懾。幾乎所有正在上學的孩子們都有過這樣的經歷，放了學偷偷在家中看電視，一聽到門鈴聲，就連滾帶爬地去關電視，而後端坐在桌子前裝出一副用功做作業的樣子來。有一次，我在本科生的大課講座上講起女兒類似的經歷，學生們都笑了，那是一種鼻子酸酸的會心苦笑——因為他（她）們都有過這樣的痛。

正是在生命的最初幾年中儀容及威嚇的經驗中，個人才被導入掌握這些功能的幻象之中的。在這個幻象之中他的主體性一直是分裂的，這個幻象的想像教養被心理學家們天真地客觀化為自我的綜合功能。但是這個教養不如說是顯示了使人進入那個主人與奴隸的異化辯證法的條件。[4]

看，拉岡說這是**主奴辯證法**！其實，這是在指證我們的父母與我們之間、我們與自己的孩子之間的親情關係啊！他們和我們都舉著製造暴力的黑手。拉岡邏輯中殺死自我的並不是什麼外界入侵的壞蛋，**小他者 II** 恰巧是我們自己最親近的人製造並被我們認同的自我。這是

---

1 〔法〕拉岡：《拉岡選集》，褚孝泉譯，上海三聯書店 2001 年版，第 64 頁。

2 〔前蘇聯〕巴赫金：《審美活動中的作者和主人公》，中國社會科學出版社 1996 年版，第 373 頁。

3 〔法〕拉岡：《拉岡選集》，褚孝泉譯，上海三聯書店 2001 年版，第 100 頁。

4 〔法〕拉岡：《拉岡選集》，褚孝泉譯，上海三聯書店 2001 年版，第 363 頁。

他總在說人的自殺的原因。在拉岡看來，成長中的個人主體與他人的關係首先是一種帶有「侵凌性」（暴力性）的微細的「情感交流」，這個「交流」往往以自己同類的感性形象的方式出現，是一種現象學意義上的社會性的**意向**關係。「主體在他自己的情感中認同於他人的形象，而他人的形象在他身上抓住了這個情感」。[1]關鍵在於，情感中的有毒的形象將是致命的。「人在他的同類身上認出自己，人以一種不可磨滅的心理聯繫關聯在他的同類身上。這種心理聯繫延續著他的幼年的確實是特定的苦難」。[2]照拉岡的邏輯，自我成長的歷史是一部被他者奴役的苦難的異化歷史。再進一步，拉岡說，成年之後，人將**互為他者**！[3]

我注意到，拉岡是在〈超越「現實原則」〉一文中，從精神分析學家與病人的對話中最早指認出這種認同關係的社會**泛化**的。當病人對分析家傾述時，分析家作為聽眾在場，可是病人在言說中並非真的在對著具體的分析家說，後者只是一個抽象存在的聽者，他必須隱去自己，「我們不作任何表露，我們將自己非個性化，我們的目的是使對方面對一個理想的沉靜」。[4]也就是說，分析者是一個必須在場的無聲的「他」。拉岡發現，任何言說（語言）在指稱什麼事物之前，首先都是面對一個聽眾：「**想對他說**」！這個「**他**」即是一種**沒有具體面容的他者**。這很像列維納斯的那個提出呼喚的他者的「面貌」。對他說，希望他聽見；其實還包括對他表現，希望他看見；對他存在，希望他理解和承認。這體現了一種看不見的意向，「代表了社會關係的某種張力」。「張力」的實質就是一種現實的牽引性強制：它可以是「要求的意向，懲罰的意向，贖罪的意向，演示的意向，純粹侵凌性的意向」。[5]並且，這個個體主體存在（言說、表現和希望被

[1] 〔法〕拉岡：《拉岡選集》，褚孝泉譯，上海三聯書店 2001 年版，第 187-188 頁。
[2] 〔法〕拉岡：《拉岡選集》，褚孝泉譯，上海三聯書店 2001 年版，第 82 頁。
[3] 〔法〕拉岡：《拉岡選集》，褚孝泉譯，上海三聯書店 2001 年版，第 218 頁。
[4] 〔法〕拉岡：《拉岡選集》，褚孝泉譯，上海三聯書店 2001 年版，第 1033 頁。
[5] 〔法〕拉岡：《拉岡選集》，褚孝泉譯，上海三聯書店 2001 年版，第 78 頁。

理解和承認）所面對的**他**，卻是呈現為「道德上的匿名狀態」，只是一種**象徵**。這個「道德上的匿名狀態」，以後將發展為絕對大他者之看，如青年盧卡奇和戈德曼所說的「沉默的上帝之看」。對於病人來說，這種以意象關係為核心的象徵關係是通過想像轉移到這個無臉的他身上的，一切都在無意識中發生，「意象是永久性地存在於我們稱之為主體的無意識的那個象徵性的超決定層面的」。[1]注意！佛洛伊德的無意識概念正是從這裡開始變形的。

拉岡說，分析家面前的病人其實不是在向面前的這個聽眾言說，而是「向另一位想像的但更實在的人講：回憶中的幽靈，孤獨的見證人，責任的雕像，命運的信使」。這是一種想像關係中存在的特殊的他人的**形象**。可悲的是，對於個人主體來說，「這個形象是以異化的作用而反射在他身上的，根據的是他在**扮演**這個形象，作它的**化身**，認同於它」！[2]拉岡說，個人主體總是「促進他自己與形象之間的溶合，他從一開始就傾覆了這個溶合在主體身上的功能；而他只是在這個傾覆的過程是才確認出這個形象」。

他早知道這個形象是個人的形象，因為它激起情感，因為它施行壓迫，但正如它在主體面前所做的一樣，它在他的眼前隱去自己的容貌。他是在一副家庭畫像中找到這個容貌的：父親或母親的形象；全能的成人（l'adulte tout-puissant）的形象，或者慈愛，或者可怕，或者幫助人，或者懲治人；兄弟的形象；爭寵的孩童；自己的影子或伴侶的影子。

主體以自己的行為使這個形象現顯，這個形象不斷地重現（reproduit）在他的行為中，但是，他**不知**（ignore）這個形象。不知有兩層意思。他不知道這個形象解釋了他在行為中反復做的事，不管他是不是以為是自己做的；再者，當他提起自己回憶中的這個形象，

---

1 〔法〕拉岡：《拉岡選集》，褚孝泉譯，上海三聯書店 2001 年版，第 104 頁。

2 〔法〕拉岡：《拉岡選集》，褚孝泉譯，上海三聯書店 2001 年版，第 79 頁。引文內黑體為引者所加。

他不知道這個形象的重要性（importance）。[1]

可憐的自我主體總是使自己溶入那個眾人面相寫成的「我」（偽自我）的形象，他不知道，那還是一個無臉的**不是鏡子的**鏡中之像，一種暴力性的意象。這讓人想起Pink Floyd《迷牆》中的一句歌詞：「一百萬雙充滿恐懼的眼睛，在你身後靜靜的爬行。」[2]拉岡說，「**意象**在人身上出現的第一個效果是一個主體**異化**的效果。這是基本的一點。主體是認同在他人身上並一開始就是在他人身上證明自己。」[3]海德格爾倒沒有說明拉岡所關注的這種眾人之鏡，他只是在常人的雜然共在中談及社會層面的他人之鏡。我們已經知道，海德格爾的他人的本質恰巧是「無此人」。而這個無此人的他人卻是人們生存依從的鏡像：「他人首先是從人們聽說他、談論他、知悉他的情況方面在『此』。……每個人從一開頭就窺測他人，窺測他人如何舉止，窺測他人將應答些什麼」。然後就會有面具下的平均化。[4]海德格爾將其稱之為此在「不是它自己存在」的「沉淪」，也是存在中的異化式的「自拘」。[5]福柯相近的觀點是，「在我們的社會中，角色支配了我們的感知，我們的注意力被一張張的臉的活動所吸引，它們來來去去，出現又消失」。[6]

1　〔法〕拉岡：《拉岡選集》，褚孝泉譯，上海三聯書店 2001 年版，第 79 頁。中譯文有改動。參見 Jacques Lacan, *Écrits*, Éditions du Seuil, Paris, 1966.p.84-85.

2　《迷牆》（*The Wall*），英國導演埃蘭．派克（Alan Parker）1982 年攝製的電影。影片的主角是一個叫 Pink 的青年人的生長故事。「牆」是一個隱喻，它是隔離痛苦的手段，同時更是限制自由的桎梏。Pink 小時候父親就戰死了，他在媽媽的溺愛中長大。Pink 於對壓抑的學校制度心存不滿，於是在寫作和音樂中尋找自由。但他成功後發現「牆」也與自己一起長大了，他感覺為名所累，為人所傷，絕望之餘，決定與世隔絕。在最後，同 Pink Floyd 的音樂專輯一樣，牆被推倒了。Pink Floyd 是歐洲著名搖滾樂隊。於《迷牆》為這一樂隊發行於 1979 年的一張極有名的音樂專集。

3　〔法〕拉岡：《拉岡選集》，褚孝泉譯，上海三聯書店 2001 年版，第 188 頁。

4　〔德〕海德格爾：《存在與時間》，陳嘉映，王慶節譯，北京三聯書店 1987 年版，第 212 頁。

5　〔德〕海德格爾：《存在與時間》，陳嘉映，王慶節譯，北京三聯書店 1987 年版，第 215-217 頁。我們在下文中還會專題性地討論海德格爾的他人理論。

6　〔法〕福柯：《權力的眼睛》，上海人民出版社 1997 年版，第 101 頁。

也是在這裡，我們並不難發現，拉岡恰好是對黑格爾《精神現象學》中自我意識之間那種承認關係進行了一次顛倒性的運用。一個更重要的方面是，拉岡在此幾乎是自覺肯定了馬克思對人的本質的定義，即現實社會關係的總和。拉岡明確說，人對形象的認同表現了特定的「社會結構」，那些在特定時期中以人與人的關係影響到主體心理建構的最隱密的東西，就是人的「**個性**」本身。[1]當然，對個人主體最關鍵的影響，還是來自他的父母親和最初影響他兒童時代的其他人。這種關係在佛洛伊德那裡可以被叫做「情結」。「形象是通過**情結**的途徑而建立在心理之中的」。

主體認同於那些形象，為的是單獨地輪流演出那些角色衝突（conflit）的戲劇。這劇種的天分將這個戲劇置於笑聲和淚水的氛圍之中，這個戲劇是**即興喜劇**（commedia del arte），因為每個個人都即興上演，並且按照各人的才華和按照一條悖理的法則或者使這各戲平庸無味或者使它非常的有表現力（expressive）。[2]

這是「本我」與支配我的**幻影**（想像域）的一體化。在拉岡看來，個人主體之「自我」的建構就是形式上的定格（開始於鏡中的那個影像！），因為那個鏡像（小他者 I ）構成了還處於破碎身體狀況中我的一貫性和連續性的整體，這是恒久性的身分和實體性的對象「事實」的異化認同，在認同中便對真我的奴役和異化悄然發生[3]。隨後又是他人面容之鏡，這個小他者 II 加劇了認同中的異化。我注意到，巴赫金也曾經在非否定性的語境中描述過這個他人鏡像中的「自我」：「那個令人畏懼、欽佩和熱愛的人，亦即自己本身，我卻看不見，我只是從內心體驗自己；甚至當我幻想自己的外貌受到稱讚時，我也不需要這種外貌，我想像的只是它留給他者（другой）留下的印

1　〔法〕拉岡：《拉岡選集》，褚孝泉譯，上海三聯書店 2001 年版，第 84 頁。

2　〔法〕拉岡：《拉岡選集》，褚孝泉譯，上海三聯書店 2001 年版，第 84-85 頁。中譯文有改動。參見 Jacques Lacan, *Écrits*, Éditions du Seuil, Paris, 1966.p.90.

3　〔法〕拉岡：《拉岡選集》，褚孝泉譯，上海三聯書店 2001 年版，第 188 頁。

象。」[1]並且，如果我們不能正確體認這種他者鏡像中的幻象，「我在他者身上的反映，即我對他者所顯現的樣子，就會成為我的另一個人格，闖入我的自我意識」。[2]齊澤克說，「只有他者為其提供了整體的意象，自我才能實現自我認同；認同與異化因而是嚴格地密切相關的」。[3]在拉岡那裡，作為偽自我的鏡像成為我最親近的認同內核，我們無法破解的是，自己將被這個虛構的自畫像欺騙終生。容格將這個自畫像稱之為人處於所謂「順從原型」中的**面具**（persona），即一個人公開展給他人與社會的一面。[4]他對其的定義為：「一個人實際所**不是**的，但他自己和他人又據以接受此人的東西」。[5]對此，凱西和伍迪評論說，拉岡「強調自我並非真理或真實性的場所，也不具有自律的控制能力，而是幻覺的凝固物，是誤認的源泉，它必定要消融於精神分析的過程，以便解放那真實的自我或者說主格的『我』」。[6]這一評點的前半段是對的，但最後的結論令人疑竇叢生，難道拉岡消解自我真的是為了再找到一個解放了的自我？對這一點，我們存疑。

總之，拉岡鏡像理論的實質就是對佛洛伊德自我觀的直接證偽。這一哲學隱喻的具體構成是極具複雜的：從狹義的鏡子映射開始，偽自我在場於外在於我的虛假鏡像格式塔，之後，可憐的鏡像自我在眾人的面容之鏡和非言傳的意會行為之鏡中滑入了自我異化的深淵。隨後，這個映射性的鏡像會在更大範圍中的社會介體中成像。在以後的象徵域中，這種異化式的自拘之鏡將會被文化符號之網所替代，在那裡，主體將直接被語言所建構。

1　〔前蘇聯〕巴赫金：《審美活動中的作者和主人公》，《巴赫金文論選》，中國社會科學出版社 1996 年版，第 367 頁。

2　〔前蘇聯〕巴赫金：《審美活動中的作者和主人公》，《巴赫金文論選》，中國社會科學出版社 1996 年版，第 401 頁。

3　〔斯〕齊澤克：《意識形態的崇高對象》，中譯文參見季廣茂譯，中共中央編譯出版社 2002 年版，第 33 頁。

4　〔美〕霍爾：《容格心理學入門》，陳維正譯，北京三聯書店 1987 年版，第 48 頁。

5　〔瑞〕容格：轉引自《巴赫金文論選》，中國社會科學出版社 1996 年版，第 371 頁注 1。

6　凱西；伍迪：《拉岡與黑格爾——欲望的辯證法》，《外國文學》2002 年第 1 期，第 72 頁。

拉岡還認定，當鏡像期結束的時候，那個鏡像中的偽我便開始轉化為更加欺偽的「社會之我」。[1]想像的鏡像突然轉換成一種語言介體構成的巨鏡，這一次，鏡子是一種**象徵**之看。物與人都在這面巨鏡中相互映照。福柯說，「那面物在其深處凝視自身並相互觀照的巨大的平靜的鏡子，實際上，充滿著話語的咕噥。默默的映照被詞重複著，詞指明瞭一切」。[2]而鮑德里亞則在拉岡的這一邏輯之中，提出了對工業性「生產之鏡」的批判。[3]拉岡的**大寫他者**終於要登場了。拉岡後來自己總結道：「我從一個象徵說裡重找回了鏡像認識的要點，這個象徵理論從最微妙的非個人化一直講到替身的幻覺」。[4]語言不直接映照性地提供偽主體的鮮活言行成像，而是複雜曲折地以意義之網構築出文化社會主體之類像。這是列維納斯那種無臉的他者之呼喚和質詢，但列維納斯的責任和倫理之看在這裡變成了反派角色的話語霸權。有一種時刻已經來臨：「通過對他者的欲望，它將全部人類知識轉化為仲介，又通過合作，它在一個抽象的對等物中組構它的對象」。[5]在那裡，「我」將成為一個被他者欲望點燃的欲望機器！我注意到，這是拉岡最早期提到主體的欲望與他者的欲望仲介性問題。

好罷，現在我們就來看第二幕：已經自殘了的自我主體在象徵域中將會遭遇什麼。悲劇的第二幕，依然還是悲劇。

1 〔法〕拉岡：《拉岡選集》，褚孝泉譯，上海三聯書店 2001 年版，第 94 頁。
2 〔法〕福柯：《詞與物》，莫偉民譯，上海三聯書店 2001 年版，第 37 頁。
3 〔法〕鮑德里亞：《生產之鏡》，仰海峰譯，中共中央編譯出版社 2005 年版。
4 〔法〕拉岡：《拉岡選集》，褚孝泉譯，上海三聯書店 2001 年版，第 64 頁。
5 〔法〕拉岡：《拉岡選集》，褚孝泉譯，上海三聯書店 2001 年版，第 94 頁。

第二幕

偽主體：象徵性能指鏈的節點

語言是對物和人的殺戮。

——拉岡

這一幕，書生模樣的青年男子獨個兒徘徊在舞臺中央。他不停低語，像是在喃喃自問：「我是誰」？路人匆匆走過，對青年男子隨意問道：「王二，吃飯了嗎？」青年男子似是楞在當地，許久，才連連朝著那遠去的背影說：「吃了，吃了」。緊接著，他像是還未回過神來，將信將疑地繼續自問：「我是王二？」

一個女學生模樣的姑娘蹦蹦跳跳地走上場來，迎面就笑容可掬地朝青年男子恭敬行禮：「王老師好！」「噢，好，好。」青年男子頗為吃驚地敷衍著，這下子他更為疑惑：「我是老師？」

「我怎麼了？為什麼我不記得自己是誰？」那個被別人叫做王二的人重重跌坐在路邊的石頭上，一副垂頭喪氣的模樣。

此時，一個打扮入時的女子優雅上場。一見到坐在地上的王二，女子趕忙急步上前攙扶：「你看看你，一個大學老師怎麼就這樣坐在路邊上？」王二聞言更加焦躁，一跺腳絕望地跑下場去。一旁的女人忍不住潸然淚下：「這哪是我原來那個瀟灑風流的丈夫王二?!一次小小的車禍，怎麼就能把人變成這樣?!」

場燈漸漸暗去。

旁白：人，只不過是一個由符號關係建構起來的象徵性身分。失卻了身分，你也就失去了自己的存在。

燈光再起時，一個戴著寬邊眼鏡的學者模樣的男子推著一輛平板小車緩步上臺來，車上站著一個被布條層層纏裹起來的人。燈光如此昏暗，以致我們幾乎看不清那堆布條上面的人臉。平車行到舞臺中央時，男子突然將那人身上纏著的布條扯開，此時燈光漸漸亮起，男子手中的布條越扯越長，我們可以清晰地看見布條上密密麻麻地寫滿了字，第一圈正面寫著「局長」，反面是「教授」；第二圈正面是「博士」，反面是「先進」；第三圈正面是「丈夫」，反面是「父親」；第四圈寫著「科長」和「講師」；第五圈寫著「碩士」和「學士」……，布條越來越快地展開，不停疊加的文字疾速變化，我們漸漸看不清布條上的字了，似乎出現了一些畫面，是幾張人臉和匯聚各種表情的面容。終於，最後一圈布片輕輕飄落。台下觀眾吃驚地發現，布條裡面裹著的人形不見了，小推車上竟空無一物。此時，那男子彎腰抱起散落在地上的布條，觀眾可以清楚地看到他的背上赫然寫著兩個大字：「拉岡」。

在第一幕裡，我們發現拉岡哲學中自我在非建構主義發生學意義上的消解其實起於鏡像階段的誤認說，拉岡正是由此宣判了個人主體初始的本體性空缺，因為個人主體將鏡中的投影錯認為自己。可是，個人主體的初始建構如果真是想像域中異化了的他物，那原初的自己（佛洛伊德稱之為「本我」的東西）此時究竟去了哪裡？拉岡並沒有明確交待。大概的意思是說佛洛伊德的本我（本能原欲）實屬動物的生物基礎，因此它應該從人的存在層級中刪除。這麼一來，那個從娘胎中墮入塵寰的「早產兒」就不被認作人的始端，並且人的自我確認的第一在場瞬間不折不扣就是一幅騙人的鏡像。拉岡指認鏡像階段是人生第一齣悲劇，可這竟然還只是不幸的開始。鏡像階段之後，失去了真實存在的自我主體興沖沖上路時，其實卻是被非我的小他者影像冒名頂替的。然而，被逐出真在樂園的個人主體在想像域中的騙局遠未結束，新的悲苦將在接下來的人生中接踵而至。1953年，拉岡向羅馬的國際精神分析大會上提交了〈精神分析學中的言語和語言的作用和領域〉一文，文中他明確提出，精神分析學的研究必須「轉向語言的領域」。[1]在其中，我們發現個人主體更悲苦的異化將發生在**象徵**

[1] 〔法〕拉岡：《拉岡選集》，褚孝泉譯，上海三聯書店 2001 年版，第 255 頁。波微說，1953 年是拉岡思想的一個新的分界線，這一年，他被逐出國際精神分析學會。他不得不有自己的全新話語。《精神分析言語與語言的功能和領域》一文正是拉岡理論邏輯體系的第一次完整的勾畫。拉岡思想發展這一重要的新時期，其標誌性成果還包括 1957 年發表的《字元的代理作用》。也是在這時，佛洛伊德才被徹底地超越了，因為這是一種全新的理論突現，在佛洛伊德那裡並沒有受到重視的語言成了真正的主角。佛洛伊德此時在拉岡的言說中，失去了他的王位，現在，佛洛伊德只是一位「過時的理論創始人」。參見〔英〕波微：《拉岡》，牛宏寶等譯，昆侖出版社 1999 年版，第 50 頁。

域中，通俗一些說，即是**語言對個人主體的謀殺**。如果說，拉岡用鏡像階段證偽了佛洛伊德的「自我」概念，而在這裡，他又無情地讓「超我」名譽掃地。更重要的是，作為主體性深一層自我確立的思想意義體則被揭露為無意識語言能指的異化和侵凌。以鏡像為介體的小他者（a）之役，現在成了象徵性語言的**大寫他者**（A）之役。主體是否可能？又何以可能？拉岡的回答是：永不。在這一幕中，我們先來討論作為拉岡象徵域學術背景的語言學結構主義的歷史線索，爾後，再來接觸拉岡那更令人震驚的主體證偽語境。

第四章

索緒爾與語言學結構主義

從總體來考慮符號。

——索緒爾

如果說，早期拉岡哲學的學術資源主要來自超現實主義和新黑格爾主義，那麼對拉岡中晚期哲學語境歷史性追究的最後焦點，必然會集中於語言學結構主義。因為拉岡中晚期研究的主要詞語至少在空間意義上過多地依從了索緒爾、雅各布森，特別是克勞德·李維史陀等人所構建的結構主義語言學平臺，拉岡的大量範疇均取之於這個重要的理論思潮。所以，要吃透中晚年拉岡，我們就必須先來說語言學結構主義的故事。當然，拉岡對後者的汲取依然是一種顛覆式的吸收。這是我們已經熟悉的拉岡式的思想史承襲模式。

1、索緒爾：能指與所指

結構主義是20世紀中期在歐洲興起的一種重要的學術思潮。[1]它最早發端於世紀之初法國語言學家索緒爾的符號理論，歷經俄國形式主義和捷克的「布拉格學派」，最後在60年代的法國獲得空前的勝

1 這裡的結構主義主要是指語言學語境中產生出來的結構主義思潮。結構主義還有另一個發生學路徑，即從複雜性科學特別是系統論和控制論中形成的結構主義思想。如皮亞傑的建構主義思想。於關於語言學結構主義的歷史語境及其演進過程，可參見多斯：《從結構到解構——法國20世紀思想主潮》（上下卷，季廣茂譯），季廣茂譯，中共中央編譯出版社2003年版。這是目前我所讀到的有關結構主義思潮最好的學術史傳記。

利。[1]結構主義一反傳統西方的主體中心說，在個人主體之外的語言結構系統中建立了祛主體性的全新語境。多斯曾評論道：「結構主義是對西方歷史上一個特定時刻的抗爭與回應。在一定程度上，它表達了自我仇恨，表達了對傳統西方文化的拒絕」。[2]此處提及的自我仇恨是指結構主義對笛卡兒以來一切**主體哲學**的貶謫和拒斥。在這一點上，結構主義與拉岡哲學的邏輯意向是完全一致的。20世紀下半葉以後，結構主義逐漸發展成一種影響廣泛的世界性學術思潮，它直接作用於西方現當代諸多重要的文化、藝術和學術流派。我以為，結構主義是一種值得我們認真關注的學術思潮。

說到結構主義，布洛克曼曾經十分形象地使用一個空間上的邏輯關係做比，即「莫斯科（聖彼德堡）—布拉格—巴黎」，這也是**語言學**結構主義歷史發生學的真實歷史邏輯。當然，篇幅所限，我們在此不可能足夠完整地再現結構主義思想的歷史進程，只能選擇其中一些重要環節，特別是拉岡後來截取並用以座架佛洛伊德的一些重要思想規定。

以時間為序的話，第一個要說到的人物一定是瑞士語言學家索緒爾[3]的**共時性語言關係論**。我也認為，這是對拉岡中晚期語言學精神分析思想影響最大的理論。

索緒爾關於語言的論說，起於他對語言（langue）和言語（parole）活動異質性的界劃。根據他自己的標注，這叫「**一開始就**

---

1 傑姆遜說，結構主義是在 1955 年李維史陀發表《憂鬱的熱帶》一書後成為「群眾運動」的，又因 1960 年《泰凱爾》的創辦和 1962 年李維史陀的《野性的思維》一書的出版，結構主義在 1966-1967 年間登上了它的思想頂峰。參見〔美〕傑姆遜：《語言的牢籠》，錢佼汝等譯，百花文藝出版社 1995 年版，第 5 頁。

2 多斯：《從結構到解構——法國 20 世紀思想主潮》，季廣茂譯，中共中央編譯出版社 2004 年版，上卷，序言第 4 頁。

3 索緒爾（Ferdinand de Saussure 1857-1913）：瑞士著名語言學家。1857 於年，索緒爾出生於日內瓦。1875 年入日內瓦大學學習物理和化學，1876 轉入萊比錫大學學習歷史語言學。1878 年發表《論印歐語言母音的原始系統》一文。1880 年，以《梵語中絕對所有格的用法》獲博士學位。索緒爾長期在巴黎和日內瓦從事語言學研究。他 1913 年 2 月去世，終年 56 歲。代表性論著為生後由他的學生巴厘（Bally）和薛施藹（Sechehaye）整理出版的課堂講演錄《普通語言學教程》(1916 年)。

站在語言的陣地上，把它當作言語活動的其他一切表現的準則」。[1] 語言是一種準則，是言語活動的主要部分，相對而言，言語屬於一個更大範圍的社會存在範疇，它的性質更為複雜，橫貫於個人與社會、物理與心理等多重領域。巴特就認為，擴展的言語就是後來在後現代語境中受到焦點式關注的話語（discours）。[2]而語言是一個獨立的系統總體或「一個分類的原則」。索緒爾正是由此標舉出自己獨特的**共時性**語言學研究語境的。其中的關係就好比漢語是一種獨立的語言系統和準則，可是中國人的言語活動卻是極其複雜的社會現象，從標準普通話到任何一種地方方言（如廣東話和閩南語），之間存在著極大的差異性。

索緒爾說，要將語言從複雜的言語活動中分離出來，就要從在個人行為中建構言語的交談出發。交談一定是兩個以上的人之間的對話行為，這是一種循環式的**社會事實**，起點是言說者頭腦中的一個事件，即「概念的意識事實是跟用來表達它們的語言符號的表象或音響形象聯結在一起的」。[3]比如我們此刻正在論說拉岡的他者思想，那麼首先，在我們的頭腦中，拉岡關於他者概念的意義與漢字中的「他者」形象和發音是聯繫在一起的。此時，它只是我們頭腦中的一個**心理**現象，當我們將這個詞述說出來，通過發聲，它已經轉換為一個**生理**現象，最後，當聲音傳遞到聽者的耳中，就成了一個**物理**現象。可是，只有當聽者能夠聽懂「他者」這個漢字，這才最終構成一個言說的「社會事實」。如果言說者的發音是英語的「other」，而聽者固然聽到聲音然卻不知其意，那就並不構成索緒爾所說的循環中言說的社會事實。所以，被索緒爾稱為社會事實的是如下一種經過**無意識**的「社會晶化」了的現象，即個人言說交談中，每個人都在複製作為「平均數」的符號關係。這個語言結構化的無意識性，正是後來拉岡論說大寫他者時著意關心和強化的東西。

[1] 〔法〕索緒爾：《普通語言學教程》，高銘凱譯，商務印書館 1980 年版，第 30 頁。
[2] 〔法〕巴特：《符號學原理》，李幼蒸譯，北京三聯書店 1988 年版，第 117 頁。
[3] 〔法〕索緒爾：《普通語言學教程》，商務印書館 1980 年版，第 32 頁。

假若言語是一種「個人的意志和智慧的行為」，那麼其中那種社會**晶化**了的符號關係就是**社會性**的語言。「語言就是言語活動減去言語，它是使一個人能夠瞭解和被人瞭解的全部語言習慣」。[1]異質性的言語形成同質性的語言符號系統，後者是一種個人之外的有著確定對象的符號關係。索緒爾強調說，在語言中，「意義和音響形象的結合是主要的」。這就是索緒爾那個著名的**所指**與**能指**相結合的意指（signification）理論。

索緒爾說過，「語言是組織在物質中的思想」。[2]可在他看來，語言符號連結的不是事物和對應它的名稱，而是概念和音響形象的結構性關係。[3]這是一個重要的界定，語言不是反映論中指認的對象（實存）與其直接表象的關係，而是概念（存在＝本質）與指認這一意義的示符——音響形象的關係。也就是說，語言本身是一種關係，但它並非一對一地直接指稱對象，而是語言自身的一種關係系統。拉岡後來也接受了這個觀點。他特意說明，這個音響形象指的不是物質的東西，而是這種聲音和形象的「心理印跡」。所以，「語言符號是一種兩面的心理實體」。索緒爾說：「我們建議保留用**記號**（signe）這個詞表示整體，用**所指**（signifiésignified）和**能指**（signifiantsignifier）分別代替概念和音響形象」。[4]巴特說，索緒爾的記號區別於信號（singal）、指號（indice）、象徵性的符號（symbole），它特指一種非象徵意義上的任意的**記號**。而能指和所指這一對範疇，也是在他對形式（forme）和觀念（idée）、形象（image）和概念（concept）等關係性規定的比較中精選出來的。[5]

能指與所指歷來是語言學研究兩個最難理解的範疇。我們必須在索緒爾的原初語境中對它們做一個較為深入的解讀。依索緒爾的說

1 〔法〕索緒爾：《普通語言學教程》，商務印書館 1980 年版，第 115 頁。
2 〔法〕索緒爾：《普通語言學教程》，商務印書館 1980 年版，第 157 頁。
3 〔法〕索緒爾：《普通語言學教程》，商務印書館 1980 年版，第 101 頁。
4 〔法〕索緒爾：《普通語言學教程》，商務印書館 1980 年版，第 102 頁。
5 〔法〕巴特：《符號學原理》，北京三聯書店 1988 年版，第 131、133 頁。

明，所指，是在語言符碼中那個被表示、被指認的成分。請一定注意，這個成分不是實在的事物或對象，而是作為一定對象本質的**觀念意義**。「所指不是『一樁事物』，而是該『事物』的心理表象」，[1]所以，有人以「符碼受指」或者「指符」來直譯此詞。能指，則是用來表示、標識一定觀念意義的意符成分，前面我們已經知道，這是一種由音響形象構成的指代符，所以也有人用「符碼施指」或「符旨」來直譯這個詞。巴特說，「能指是一種仲介物，它必須有一種質料」，聲音與形象、物品與書寫物都是能指的內質。[2]最重要的是，「索緒爾的記號只關心所指（概念）與能指（聲音意象）之間的關係，從而把指涉物一腳踢到了門外」。[3]

以上是一個十分重要的學術關鍵點，即所指和能指不是兩個相互獨立的東西，而只是**同**一語言記號的兩面。比如漢字中「人」這個字元，書寫下來的一撇一捺的「人」和漢語發音中「ren」就是「人」的能指或施指，而「人」所意指的區別於其他動物的人的意義觀念，則是「人」的所指或受指。所有語言符號都由能指和所指構成。用一個不十分準確的類比，這有些類似於記號的外部形式和其意義內容之間的關係。巴特就曾說：「能指構成表達面，所指構成內容面。」[4]在另一個場合，索緒爾甚至說，語言就像一張紙，「思想是正面，聲音是反面」，二者無法切割開來。需要特別指出的是，索緒爾絕沒有對所指和能指進行等級劃分。反倒是後來的克勞德·李維史陀和拉岡將能指變成了象徵關係中騎在所指之上的君王。

其實，這種記號並不僅存在於語言之中，現實生活中還有大量非語言的記號，譬如圖畫和象徵性的事物。斯特羅克就曾經舉過一個生動的例子闡述這種關係：

1　〔法〕巴特：《符號學原理》，北京三聯書店 1988 年版，第 136 頁。

2　〔法〕巴特：《符號學原理》，北京三聯書店 1988 年版，第 140 頁。

3　〔法〕多斯：《從結構到解構——法國 20 世紀思想主潮》，季廣茂譯，中共中央編譯出版社 2004 年版，上卷，第 65 頁。

4　〔法〕巴特：《符號學原理》，北京三聯書店 1988 年版，第 134 頁。

> 如果花兒還只是在靜悄悄地開著，我們就無法把它當成一種記號，因為並沒有什麼東西已經呈現出來並將它變成一種記號。但如果對於文化來說，花兒可以並且常常被用作一種記號：比如把它紮成花環，作喪事之用等。在這種情況下，花環就是一種能指，用我們的話來說，它的所指就是「慰藉」。[1]

如果我們向自己心愛的女孩子送玫瑰，那這花朵也是能指，它的所指就是愛。這是容易理解的比喻。

同時，在索緒爾那裡，所指與能指的關係首先表現為一種**任意性**。多斯認為，索緒爾這個觀點來源於柏拉圖《克勒泰勒斯篇》中赫莫傑尼斯與克勒泰勒斯的對話。在那場討論中，前者明確提出，詞語是任意指給各種事物的。[2]他舉例說，在法語中，「姐妹」的觀念與用來做它的能指的s-ö-r（soeur）這串聲音沒有任何內在的聯繫，它完全可以用其他詞語來表示。再比如，中文中的「蘋果」，在法語中是「pomme」，英語裡則是「apple」，德語中又成了「apfel」。這些詞與它們所指認的對象之間並沒有必然的關聯，完全是任意性的約定俗成而已。在這裡，索緒爾還專門批評象徵符號說，即記號（signe）不等於符號（symbole），特別是將能指與象徵聯結起來的認識，在他看來，象徵恰巧不是任意的，不是空洞的意符，而正好是有內在關聯的指稱。[3]索緒爾對象徵的這種理解，顯然不同於後來的拉岡。在這個問題上，索緒爾還有一個重要的思想，即能指與所指的關係並非凝固不變，而是變化不居的。

可是，索緒爾關於語言記號關係任意性的觀點必然會引出一種質疑，如果能指與所指的關係是任意的，並且不與對象直接相關，那

---

1 〔英〕斯特羅克：《結構主義以來》，渠東、李康等譯，遼寧教育出版社 1998 年版，第 9 頁。

2 〔法〕多斯：《從結構到解構——法國 20 世紀思想主潮》，季廣茂譯，中共中央編譯出版社 2004 年版，上卷，第 59-60 頁。

3 〔法〕索緒爾：《普通語言學教程》，商務印書館 1980 年版，第 104 頁。

麼，它們又如何建構具有真實內容的意指作用？其實，這恰好引導出索緒爾語言結構論的正面邏輯，即任何語言概念都不是獨立存在的，而只能依存於與符號結構總體的特定關係。在索緒爾看來，語言是一個內含複雜結構的功能系統，「它的各項要素都有連帶關係」。為此，他提出了「音鏈」和「語鏈」的概念。這也是後來拉岡能指鏈的邏輯導引。任何一種語言中的概念符號都是任意的、暫時的，將隨著歷史的發展而不斷變更。所以，沒有基本內核的記號就必然只是一種共時性的**關係存在**，它們只能在特定的歷史時期中通過與其他符碼的差異性關係來確定自己的存在。也由此，索緒爾說，語言系統中的概念都不是預先規定的觀念，而是由系統生出的價值。我們說價值與概念相當，言外之意是指後者純粹是表示差異的，它們不是積極地由它們的內容，而是消極地由它們跟系統中其他要素的關係確定的。它們的最確切的特徵是：它們不是別的東西。[1]

索緒爾說過，就符號而言，「沒有正面的規定，只有差別」，因為任何一種能指和所指任意構成的意符均沒有自己獨立的意義，它只能在一種語言的系統總體或「格式塔整體」（Gestalteinheit）中獲得異質規定性。在這一點上，索緒爾倒真是接近馬克思、海德格爾的「關係本體論」。在此，我們當然可以想起馬克思那句人的本質在其現實性上是他「全部現實社會關係的總和」以及海德格爾那個只能「在世之中的」此在。對這一點，布林迪厄有著非常自覺的意識。他直接指認結構主義為關係性思維方式：「該思維方式與實體論思維方式決裂，導致任何一個成份的特徵將通過把該成分同其他成分結合為系統的各種關係來顯示，是這類關係給出了該成分的意義和功能」。[2]也就是說，一個概念並不具有什麼「初始的意義」，「它不過是由它與其他類似的價值的關係決定的價值，沒有這些價值，意義就不會存在」。再通俗一些說，索緒爾反對概念孤立地直接映射對

1　〔法〕索緒爾：《普通語言學教程》，商務印書館 1980 年版，第 163 頁。

2　〔法〕布林迪厄：《實踐感》，譯林出版社 2003 年版，第 5 頁。

象，而強調語言作為一個系統結構整體式地與世界的面對。由此，索緒爾很深地拒斥了傳統語言學中的要素中心說和「以詞為中心的語言觀」，即**語音**論，而走向強調總體關係的**音位**說。後來，維特根斯坦還曾說過：「句子只有作為語言系統的一分子時，就像微積分中的一個式子一樣，才有意思」。所以，索緒爾有一句口號式的言論：「從總體來考慮符號」，[1]而這個至關重要的總體結構恰巧又是我們無法直觀的東西。捕捉一種抽象的語言系統結構，拒絕歷史主義，突顯共時性，貶低歷時性，正是後來結構主義理論邏輯中最關鍵的思想本質。作為總體性出現的語言結構將會轉化為結構主義的核心範式，也成為福柯的知識型、阿爾都塞的問題式、拉岡的大寫的他者之原型。

不過，還需要提一下的是，索緒爾並沒有直接使用「結構」一詞，「結構主義」這個命名是由雅各布森認證的。

2、語言結構主義的歷史邏輯

1913年，索緒爾與世長辭，這個年份恰巧也是當代思想史上講述語言結構主義故事開始的時段。第一批人物是20世紀前期（1915-1930）雲集在莫斯科的一批文學理論家，他們的名號為「形式主義」。[2]有意思的是，這一學術思潮的名稱並非自指，而是起於對手帶有貶義的批評。[3]其中，什克洛夫斯基[4]和雅各布森[5]是主要代表，二

---

[1] 〔法〕索緒爾：《普通語言學教程》，商務印書館 1980 年版，第 167 頁。

[2] 於從時間上看，發生於 20 世紀初的形式主義不可能直接影響到早年的拉岡，並且這一文學理論思潮只是在 20 世紀 50 年代由美國語言學家維克多 · 埃利希首次將其介紹到西方。然而，1965 年，也正是結構主義開始真正興起的時候，托多羅夫才編譯了《俄蘇形式主義文論選》，這一流派立即引起了法國思想界的高度重視。

[3] 參見：《俄蘇形式主義文論選》，中國社會科學出版社 1989 年版，第 5 頁。

[4] 維克托 · 鮑里索維奇 · 什克洛夫斯基（Viktor Shklovsky, 1893—1984）：前蘇聯文藝學家、作家。俄國形式主義學派的創始人和領袖之一。俄國形式主義是 20 世紀第一個重要的文學理論流派。它對整個 20 世紀的文學理論和文學批評的發展和走向具有奠基性的作用。

[5] 羅曼 · 雅各布森（Roman Jakobson, 1896—1982）：前蘇聯傑出的語言學家，詩學家，莫斯科語言小組的領袖。1918 於年，雅各布森畢業於莫斯科大學，兩年後任莫斯科戲劇

人分別統領了聖彼德堡的「詩歌語言理論研究會」（1914年成立）和莫斯科的「語言學研究小組」（1915年成立）。需要注意的是，這個新的學術思潮也緣起於藝術。雅各布森就說，「我是在一群畫家中長大的」。對他影響最大的是畢卡索、喬伊絲和斯特拉文斯基，以及象徵主義、未來派特別是立體主義等美學藝術運動。顯然，從學術內裡層面上看，索緒爾的日內瓦語言學派和胡塞爾現象學中的意向性觀念在更深的層次上對形式主義產生了影響。

與之前我們已經看到的超現實主義運動一樣，形式主義的藝術家們不滿於當時在文學藝術領域居統治地位的聲稱「反映現實」的實證主義和現實主義，他們拒絕將文學藝術視為外部現實（客觀內容）的簡單鏡像，而試圖突顯藝術的**技巧性介入**的能動本質。在傳統藝術形式和內容的關係上，他們更看重表現性的形式。因為作為客觀現實的「內容**本身**什麼也不是，重要的只是用法」。[1]於是，他們聲稱，要「從傳統的形式類比中解脫出來，從形式作為外殼、作為可以傾倒液體（內容）的容器的概念中解脫出來」。[2]形式，已經深化為一種導致藝術發生的**變形和突顯程序**。這又暗合了索緒爾的一句話：「語言是一種形式，而不是一種實體」。所謂的形式其實正是後來那個關鍵性的**結構**概念的雛形。而這種變形的程序就是所謂的**陌生化**。

什克洛夫斯基率先提出了所謂「陌生化」（ostranenie）的觀點。[3]這是一種文學藝術的手法（形式），在形式主義者看來，它表徵了藝術的本質，即通過「增加感覺難度和感覺時間的困難形式的手法」，以達到一種「破壞感覺自動性」的效果。[4]什麼叫「感覺自動

學院俄語教授。不久，雅各布森移居到布拉格。1933 於年任教於捷克馬薩里克〔1〕大學（今普基涅大學），教授俄羅斯語文學和捷克中世紀文學。於第二次世界大戰時雅各布森定居美國，先後任教於哥倫比亞大學和哈佛大學。1982 年雅各布森在波士頓逝世。

1 〔英〕布洛克曼：《結構主義》，李幼蒸譯，商務印書館 1980 年版，第 54 頁。

2 〔英〕艾亨鮑姆：《「形式方法」的理論》，《俄蘇形式主義文論選》，中國社會科學出版社 1989 年版，第 29 頁。

3 據說，「陌生化」一詞，是什克洛夫斯基在自己的《散文理論》中試圖用俄語「奇怪」一詞構造一個新詞時，少寫了一個字母而誤為的，後來就將錯就錯地使用了。

4 艾亨鮑姆：《「形式方法」的理論》，《俄蘇形式主義文論選》，中國社會科學出版社 1989

性」？其實就是感覺在日常生活中的痲木性。這一點，幾乎完全與超現實主義的論點一致。在這種痲木的感覺自動中，「一個事物處在我們面前，我們知道它，但是我們不再去看它。因此，我們就這一事物無話可說」。該狀態的實際結果就是人們在日常生活中喪失了任何新鮮感和生命激情。在那些偉大的藝術作品中，比如在托爾斯泰的小說裡，這種感覺自動化被藝術家們解構，人們彷彿是「第一次看到」過去熟知的各種事物，在一個完全陌生化的藝術情境中，尋常的人與物重新散發出神性的光芒。根據這樣的理論邏輯，藝術的本質就是**反現實**。這與超現實主義的思路又是十分吻合的。

1920年，雅各布森移居捷克，並按照莫斯科語言學研究小組的模式，於1926年建立了布拉格語言學學會，並進而形成著名的布拉格學派。也是在此時，雅各布森讀到了索緒爾的《普通語言學教程》，並且開始認真精讀胡塞爾的《邏輯研究》。1928年，發源於索緒爾的日內瓦語言學派和布拉格學派共同召開了第一屆國際語言學大會。在那裡，第一個以結構與功能為核心的語言學綱領新鮮出籠了。[1]在這份綱領性檔中，語言首次被表述為一種自足的功能系統。原先那種在特定藝術形式（詩歌和小說）中表現出來的主體能動性，現在已經蛻變成言說主體特定的「意向性」的重構，語言成了一種功能性方法的、有著自身內在結構的系統。1935年，雅各布森等人正式開始使用「結構主義」的名稱。

首先，索緒爾的如下原則得到了認可：語言是一種以**非象徵性的記號**為核心的符號學的事實。作品的記號性解構了反映論的映射模式，所以，語言只有作為一個總體才能成立。於是，第二個重要原則必然是語言是一個關係性的**功能結構**，「它的各個要素只能在此統一的框架內才能理解」。霍克斯做過一個形象的比喻，他說，結構主義

年版，第 31 頁。

[1] 1929 年之後，胡塞爾應邀在布拉格發表演講，這種學術交流一直持續到胡塞爾去世。布洛克曼認為，胡塞爾的意向性構成概念為布拉格語言學派的語言結構注入了新的活力。參見布洛克曼：《結構主義》，商務印書館 1980 年版，第 65-67 頁。

就像一種X射線，「它透過表面上獨立存在的具體對象，透過『以要素為中心的』（或『語音的』）世界，來探究『關係的』（或『音位的』）」。[1]第三個原則是主體的**空心化**（或者叫**祛主體中心化**）。由於任何言說、思想和文本都將是一定語言結構功能作用的結果，所以傳統意義上的主體都被消解了，取而代之的是一定文本的上下文結構——語境（context）或對話者之間共同建構的語義場。這一點，明顯受到了承襲海德格爾關係存在論的艾伯奈爾和馬丁・布伯等人所謂的「對話哲學」的影響。並且，這裡的結構主義思想已經是拉岡語言精神分析的重要學術資源了。拉岡後來關於能指鏈和偽主體等的觀念均得益於此。

在此，還有必要專門交待一下雅各布森關於詩學象徵結構的一個重要觀點，即**隱喻**與**轉喻**的關係。雅各布森的這個論點上承索緒爾，後者在討論語言的共時性結構中提出過詞語建構的「水準」（組合）與「垂直」（選擇）關係。1956年，雅各布森發表了〈語言的兩個方面和失語症的兩種類型〉一文。他在研究失語症的兩種「組合錯亂」（「相似性錯亂」和「鄰近性錯亂」）時，發現該精神病症與詩學中的兩種修辭手法同構，即隱喻與轉喻密切相關。兩種修辭都是針對一個事物來提出另一個事物，而二者又是「等值」（equivalence）的。比如隱喻中「寶馬轎車箭一般馳過」，「轎車」與「箭」的等值是以事物比喻代詞之間的相似性類比為基礎的；而在轉喻「克林姆林宮正重新考慮與德國的關係」中，特定的建築物與俄國總統的等值則是以事物同它鄰近的代碼（總統的住所）聯結為基礎的。再借用索緒爾的話來說，隱喻的本質是聯想式的「垂直關係」，而轉喻的本質則是橫向接合的「水準關係」。二者之間的關係也是語言結構的**共時性**關係與**歷時性**關係。我們已經交待過，拉岡與雅各布森在1950年上成了過從甚密的摯友，後者的思想直接影響了拉岡。後來，拉岡將這一重要的象徵性修辭結構與佛洛伊德釋夢邏輯中的壓縮和移置連結起

1　〔英〕霍克斯：《結構主義與符號學》，瞿鐵鵬譯上海譯文出版社 1987 年版，第 57 頁。

來。霍克斯說，正是雅各布森的表達範式，為拉岡哲學提供了重要邏輯構件：「隱喻的概念說明瞭症候概念（一個能指另一個有關聯的能指所替代），轉喻的概念則講清楚了欲望的起源（通過能指與能指之間的組合連接，產生一種把這一過程延伸到未知領域的無限制的擴張感）」。[1]

結構主義的最後一站停在了20世紀60年代的巴黎。在法國結構主義大師冗長的行列裡，有這樣一些響亮的名字：克勞德·李維史陀、巴特、阿爾都塞、福柯、格雷馬斯、克莉斯蒂娃。有意思的是，拉岡已經憑自己獨特的理論立於這些大師之列。當然，法國結構主義才是拉岡中晚期思想建構的真正歷史語境（或者叫同質性語境）。我的觀點是，法國結構主義並非結構主義邏輯的原發性語境，而不過是布拉格結構主義邏輯的一種區域性布展和專業侵入。結構主義邏輯最重要的理論構件已經在布拉格學派的學術平臺上基本搭建起來，而法國人只不過是接受和深化了這一理論邏輯，且又迅速解構了它而已。無論是克勞德·李維史陀的結構人類學、格雷馬斯的結構語義學，還是早期巴特的結構主義語言符號學，甚至包括早期福柯的結構主義知識型理論和阿爾都塞用於馬克思主義思想史分析構架的問題式，都是將突顯功能整體的結構主義話語具象為某一專業或研究領域的結果。[2]我認為，在這個理論平臺上，真正屬於法國現代學術界自己的東西，倒真是消解結構主義現代性本體論的革命，即德里達、後期巴特和福柯等人的研究成果。

---

1 〔英〕霍克斯：《結構主義與符號學》，上海譯文出版社 1987 年版，第 79-80 頁。

2 多斯曾經將法國結構主義區分為三種類型：一是「科學結構主義」，其中包括李維史陀、格雷馬斯和拉岡；二是「符號學的結構主義」，其中有熱奈、托多羅夫和塞爾；三是「歷史化或認知性結構主義」，這裡有阿爾都塞、布林迪厄、福柯、德里達和韋爾南。〔法〕多斯：《從結構到解構——法國 20 世紀思想主潮》，季廣茂譯，中共中央編譯出版社 2004 年版，上卷，序言第 9 頁。我認為，多斯的分類是外在和牽強的。

3、克勞德・李維史陀的象徵主義結構人類學

在此，我們還需要費點筆墨來專門討論一下與拉岡思想靠得很近的克勞德・李維史陀的結構人類學。[1]因為拉岡所謂的「語言學轉向」，實際上就是通過克勞德・李維史陀來實現的。對這一點，拉岡自己也做過明確的指認。[2]克勞德・李維史陀可能是法國學界中最早與雅各布森建立緊密關係的學者之一。1941年，他與雅各布森同在美國紐約的一所學校任教，期間兩人結成好友，前者由此深受後者語言學結構主義的影響。克勞德・李維史陀自己說，是「雅各布森第一次向我透露了一個我從未搞過的學科：語言學」。[3]多斯說，作為同事，他們相互聽課，形成了一種學術上的「共生現象」。[4]從那時起，克勞德・李維史陀就開始將結構主義引入人類學的研究中，並陸續形成一批重要的結構人類學的成果。可以說，結構主義中那種祛主體中心論的觀念極強烈地影響了他。我們看到，克勞德・李維史陀公

---

[1] 李維史陀（Levi-strauss, 1908-）：法國現代結構主義人類學家。李維史陀 1908 於年生於比利時。1914 年後隨父母移居法國。1927 年入巴黎大學學習，獲法學碩士學位和哲學教師資格。1932 年起在中學任教。1934 年任巴西聖保羅大學任社會學教授，同時開始接觸人類學文獻。1936 年發表第一篇人類學論文。1941 年在美國初識雅各布森，並開始將結構主義引入人類學研究。1848 年獲博士學位。1950 年任巴黎大學高等學術實驗學校社會人類學室主任。1959 年，任法蘭西學院社會人類學主任。同年，入選法蘭西學院。其主要學術論著為：《南比誇拉印地安人的家庭生活》（博士學位論文，1948）和《親屬關係的基本結構》（1949）、《苦悶的熱帶》（1955）、《神話的結構研究》（1955）、《結構人類學》（1958）、《未馴化的思維》（1962）、《圖騰主義》（1962）和《神話學》（四卷，1964-1971）。

[2] 於拉岡自己說，對於佛洛伊德的理論，「只有通過建立起這些術語與人類學時下的用語有同義關係，甚至與哲學的最新問題的相應關係，才能澄清這些術語的含義」。這裡的「人類學」是指李維史陀的結構人類學，而「哲學的最新問題」即語言結構主義。參見〔法〕拉岡：《拉岡選集》，褚孝泉譯，上海三聯書店 2001 年版，第 248 頁。

[3] 〔法〕李維史陀：《今昔縱橫談：施特勞斯傳》，袁文強譯，北京大學出版社 1997 年版，第 53 頁。

[4] 〔法〕多斯：《從結構到解構——法國 20 世紀思想主潮》，季廣茂譯，中共中央編譯出版社 2004 年版，上卷，第 17 頁。〔法〕李維史陀：《今昔縱橫談：施特勞斯傳》，袁文強譯，北京大學出版社 1997 年版，第 55 頁。

開追隨索緒爾，提出「主體是認識論的絆腳石」，直接否定笛卡兒式的「我思」。在關於神話的研究中，他直接確認「神話是匿名的」，「神話是用主體的嘴說出來的，卻不讓主體知道他說了什麼」，[1]以此證明主體存在的非法性。這與拉岡後來那個大寫的他者（A）同主體的關係相當類似。在克勞德．李維史陀眼裡，語言結構主義的要義有四（這是他轉引特魯別茲克伊的表述）：第一，將意識層面的語言現象研究轉為對其「無意識底層結構」的研究；第二，詞語本身不再是獨立的意義實體，符號之間的關係成為學術焦點；第三，語言是一個系統；第四，語言系統的活動有其自身的客觀規律。

我注意到，克勞德．李維史陀更關注的其實是語言結構主義中的**無意識的功能性關係體**，即他稱為語言學中那種「作為無意識思想過程結果的、由關係體系組成的基本的與客觀的實在」。[2]更重要的是，他將語言結構主義直接引入關於社會現象本身的分析中，試圖建立一門研究社會關係構成的社會科學。具體而言，他自己的人類學就是要揭示出「每一種制度與每一項習俗後面的無意識結構」。[3]顯然，此間也同時基有佛洛伊德的背景。克勞德．李維史陀很早就熟讀了佛洛伊德的論著。可是，他並不贊成精神分析學的理論邏輯。[4]在他看來：

> 一方面，無意識活動的各種規則一直是外在於主觀感知的（我們能夠意識到它們，但是把它們當作對象）；然而，另一方面，正是它們規定了這一感知的各種樣式。……精神生活的各種基本現象，也即制約精神生活並規定其最一般形式的各種基

---

1 參見〔法〕多斯：《從結構到解構——法國20世紀思想主潮》，季廣茂譯，中共中央編譯出版社2004年版，上卷，第339頁。

2 〔法〕李維史陀：《結構人類學》，俞宣孟等譯，上海譯文出版社1995年版，第62頁。

3 〔法〕李維史陀：《結構人類學》，俞宣孟等譯，上海譯文出版社1995年版，第26頁。

4 〔法〕李維史陀：《今昔縱橫談：施特勞斯傳》，袁文強譯，北京大學出版社1997年版，第137頁。

> 本現象，是處於無意識思維的層面上的。於是，無意識是我與他者之間的中間項。[1]

依克勞德·李維史陀自己的說明，此處對佛洛伊德的引證直接受到了毛斯的影響，並且，他在此對無意識等要領的引證已經遠遠超出了佛洛伊德的語境。多斯說，克勞德·李維史陀的「這個純粹形式化的空無一物的無意識，這個純粹的容器，與佛洛伊德的無意識頗有南轅北轍之勢」。[2]此外，我們還能在此約略分辨出拉岡的影子，即克勞德·李維史陀指認的「我與他者」的關係，他甚至還區分出**主我**與**客我**，所謂「客我」即拉岡後來那個「最陌生的他者」。關於這一點，克勞德·李維史陀自己曾直接認可過拉岡的自我和他者的「深刻」理論。[3]

其一，我們也能看到馬克思對克勞德·李維史陀的重要影響。克勞德·李維史陀自己說，他16歲就開始接觸到馬克思的思想，最早讀的是馬克思的《資本論》。「馬克思使我發現了一個世界，我那時深受影響」。[4]馬克思是克勞德·李維史陀自己指認的三個理論「親戚」之一，另外兩個分別是佛洛伊德和地質學。克勞德·李維史陀認為：

> 馬克思是第一個系統地在社會科學運用模式方法的人。例如，整個《資本論》就是在實驗室內製造的一種模式，馬克思使其運轉，然後將各種資料與觀察到的現象相對照。我在馬克思的

1　參見李維史陀為毛斯的《社會學與人類學》一書所寫的導論。佘碧平譯，上海譯文出版社 2003 年版，導論第 14-15 頁。

2　〔法〕多斯：《從結構到解構——法國 20 世紀思想主潮》，季廣茂譯，中共中央編譯出版社 2004 年版，上卷，第 158 頁。

3　參見李維史陀為毛斯的《社會學與人類學》一書所寫的導論。上海譯文出版社 2003 年版，導論第 8 頁注 1。於可是，李維史陀自己說，他這是唯一一次引用拉岡，只是出於友誼的緣故。參見〔法〕李維史陀：《今昔縱橫談：施特勞斯傳》，袁文強譯，北京大學出版社 1997 年版，第 96 頁。

4　〔法〕李維史陀：《今昔縱橫談：施特勞斯傳》，袁文強譯，北京大學出版社 1997 年版，第 9 頁；第 19 頁。

> 著作中還發現了這樣一種思想：如果不將人們內心的想法與他們的實際生存條件聯繫起來，就不能理解這種思想。[1]

對此，多斯分析道：「在馬克思那裡，克勞德·李維史陀學到了一個原則：表層現實並不是最重要的。研究者必須建立一個模型，以超越物質表象，深入現實的根基」。[2]事實也正是如此。面對社會生活中深層結構和法則，克勞德·李維史陀專門引述了馬克思的一段話：「人們創造著他們自己的歷史，但他們並不懂得他們正在創造它」。[3]以此，他試圖說明一定社會歷史情境中存在的**歷史無意識**。這也是克勞德·李維史陀與精神分析學語境中的拉岡不約而同的第一個共同興趣點。不過，在此我還要特別說明，此論點在前者那裡是建構性的，被用來正面描述原始社會社會體制和傳統習俗中的象徵關係；而在拉岡那裡，該觀點的布展成了主體無意識能指關係的偽證性批判。而更晚一些的齊澤克則將其引申到宏觀的意識形態批判層面上。

其二，更加重要的一個方面，是克勞德·李維史陀思想中那深深的**象徵主義**（symbolisme）。象徵主義來源於19世紀末、20世紀初法國的詩學和前衛美術運動。[4]與拉岡一樣，克勞德·李維史陀也與超

---

1 〔法〕李維史陀：《今昔縱橫談：施特勞斯傳》，袁文強譯，北京大學出版社 1997 年版，第 138 頁。

2 〔法〕多斯：《從結構到解構——法國 20 世紀思想主潮》，季廣茂譯，中共中央編譯出版社 2004 年版，上卷，第 19 頁。

3 〔法〕李維史陀：《結構人類學》，俞宣孟等譯，上海譯文出版社 1995 年版，第 28 頁。李維史陀並沒有給出這段引文的具體出處。後來齊澤克又專門引述馬克思這一表述。〔斯〕齊澤克：《意識形態的崇高對象》，中譯文參見季廣茂譯，中共中央編譯出版社 2002 年版，第 39 頁。馬克思的原文參見：《資本論》，第 1 卷，人民出版社 1975 年 6 月版，第 90-91 頁。

4 象徵主義為 19 世紀 70 年代在法國文學界興起的一種詩學思潮。其早期代表人物有韓波、魏爾倫、馬拉美等人。1886 年，莫雷亞斯發表《象徵主義宣言》。象徵主義認為，在可感世界的深處存在著一種更為真實的世界，只有藝術家所具有的特殊的超常感知力——「通感」才能達及這種真實。在他們的眼裡，世界是一個象徵的總體，通感即是從象徵式地通向真實的道路。後來，這種思潮又深刻地影響到音樂和美術領域。

現實主義的密切關係，而布勒東等人就酷愛象徵主義。[1]而將象徵主義運用到對社會現象的解釋中來的，則是法國社會學家毛斯。[2]克勞德·李維史陀自己說，毛斯在1924年就開始向心理學說明社會生活是一個「象徵關係的世界」，[3]所以，他將毛斯稱之為法國的「結構主義的精神之父」。在克勞德·李維史陀看來，人與動物最關鍵的異質性在於二者與現實世界的不同關係，動物是浸於物性經驗過程，而人則通過語言將現實的直接感性關係提升為一種以符號為仲介的象徵關係。對他來說，「社會是在它的習俗和制度中象徵性地表現出社會性的」。[4]在關於原始部落中存在的神話、圖騰制度和親屬關係的研究中，克勞德·李維史陀發現，在人類原始思維發展的前期，當理性規則還未佔據支配地位的時候，思維是以沒有觀念的「形象」，即**象徵性的能指**來指認人類與世界和類族關係的，這也是一種「未被馴化的思維」，[5]這種非觀念化思維的核心是以形象為主的「象徵系統」。他發現，在這些象徵系統中，「所指是根本不存在的」。[6]那時，

1　李維史陀：《今昔縱橫談：施特勞斯傳》，袁文強譯，北京大學出版社 1997 年版，第 44 頁。

2　毛斯（Marcel Mauss, 1872-1950）：法國當代社會學和人類學家。1872 年 5 月 10 於日出生於法國埃皮納爾的一個猶太家庭。1891-1892 年在法國波爾多大學學習法律。1892-1893 年服兵役。1895 年入法國高等實踐研究學院第 4 部和第 5 部學習歷史與宗教。1925 年創辦「民族學研究所」。1931 年當選法蘭西學院「社會學講座」教授，1932 年當選「中世紀哲學史講座」教授。1938 年，當選高等實踐研究院宗教科學部主任。1945 年被任命為法蘭西學院「榮譽教授」。1950 年 2 月 11 日去世。主要論著為：《宗教史論集》（1909）；《民族志手冊》（1947）、《社會學與人類學》（1950）。

3　參見李維史陀為毛斯的《社會學與人類學》一書所寫的導論。上海譯文出版社 2003 年版，導論第 5 頁。

4　參見李維史陀為毛斯的《社會學與人類學》一書所寫的導論。上海譯文出版社 2003 年版，導論第 7 頁。

5　許多論者將李維史陀的這本書名 *la pensée sauvage*，譯成「野性的思維」，但從李維史陀本人的真正語境中看，他所研究的圖騰制度和早期親屬關係中表現出來的恰恰是一種還沒有被徹底觀念化（所指化）的形象（能指）思維，所以，譯成「未馴化的思想」更接近原意。參見〔英〕斯特羅克：《結構主義以來》，渠東、李康等譯，遼寧教育出版社 1998 年版，第 11-12 頁。並參見李維史陀：《野性的思維》，商務印書館 1897 年版，第 249 頁。

6　〔英〕斯特羅克：《結構主義以來》，渠東、李康等譯，遼寧教育出版社 1998 年版，第

「如果觀念還沒有出現的話，形象可以為觀念保留未來的位置，並以否定的方式顯出其輪廓」。[1]所謂的觀念即理念化的所指，而形象則是未被觀念化的能指。我覺得，克勞德・李維史陀這個象徵理論正是讀解拉岡那種十分另類的語言象徵論的重要理論線索。

這也就引出了第三點，即克勞德・李維史陀眼中的符號學能指與所指的關係。我發現，他一反索緒爾的觀點，率先提出了**能指先於所指**的論點，多斯評論說，克勞德・李維史陀「拿起索緒爾的記號，目的在於騰空它的所指，或者不惜代價，削減所指與能指相比時所具有的重要性」。[2]這是對的。克勞德・李維史陀自己也說過，「各種符號要比它們所表徵的更實在，能指先於並規定著所指」。[3]因為，在所指與能指之間，總橫亙著某種**意義過剩**的不平衡，這種差異恰巧是因為「能指過剩」。

在努力理解世界的活動中，人總是掌握著一種意義過剩（他根據民族學家和語言學家研究的象徵思想的法則在事物之間分配意義）。這一補充配給的分送——若是可以這樣說的話——對於總的來說相互之間仍然處於互補關係（這一關係是運用象徵思想的條件）的自由的能指與確定的所指來說是絕對必要的。[4]

「象徵思想」與「自由的能指」是此處最重要的關鍵字。這種邏輯連結直接導致了索緒爾原本那個所指和能指說的基本邏輯的顛覆。我以為，這一觀點對後來的拉岡，特別是對拉岡那個突顯能指作用的象徵理論產生了非常直接和深遠的影響，只不過拉岡更加澈底和直接，他的能指乾脆逐放了所指，沒有再給所指留下寸土之地，使所指

---

13 頁。

1 〔法〕李維史陀：《野性的思維》，商務印書館 1897 年版，第 27 頁。

2 〔法〕多斯：《從結構到解構——法國 20 世紀思想主潮》，季廣茂譯，中共中央編譯出版社 2004 年版，上卷，第 39 頁。

3 〔法〕李維史陀：《毛斯〈社會學與人類學〉導言》，參見《社會學與人類學》，上海譯文出版社 2003 年版，第 15 頁。

4 參見李維史陀為毛斯的《社會學與人類學》一書所寫的導論。上海譯文出版社 2003 年版，導論第 26 頁。

淪為能指與能指間的被錨定的意義節點。也是在這種象徵性描述中，克勞德・李維史陀像雅各布森一樣，大量使用了隱喻和轉喻的手法。

其實，不僅僅是克勞德・李維史陀的思想影響了拉岡，反過來說，拉岡的思想同樣影響了克勞德・李維史陀，[1]更何況，在當時法國的思想界中，克勞德・李維史陀、拉岡、福柯和巴特是被譽為結構主義的「四個火槍手」而共同進退的。[2]其實，個中情況十分複雜，四人之中只有克勞德・李維史陀真正算得上是一位自始自終的正統結構主義者，福柯和巴特都只能說是一度的結構主義者，他們最終都成了結構主義思潮的反叛者和解構者，而拉岡，至多只能算借用了結構主義的資源，在理論深層其實反而是證偽結構主義合法性的人。1968年以後，除去忠心耿耿的克勞德・李維史陀，另幾個「火槍手們」紛紛反叛了正在走下坡路的結構主義。

1　〔美〕庫茲韋爾：《結構主義時代》，尹大貽譯，上海譯文出版社1988年版，第11頁。

2　參見〔法〕多斯：《從結構到解構——法國20世紀思想主潮》，季廣茂譯，中共中央編譯出版社2004年版，下卷，第114-115頁。還有一種說法是，法國結構主義的「四個火槍手」分別是拉岡、福柯、阿爾都塞和巴特，而李維史陀則是他們的共同父親。

第五章

作為存在之屍的象徵性語言

抽象的概念是事物的死亡。

——黑格爾

與拉岡和其他影響他的學術資源的關係如出一轍，精神分析學與語言學的聯姻，仍然是通過一種奇特的顛倒邏輯來實現的。從邏輯起點上看，拉岡對象徵性語言學的引證緣起於黑格爾那種概念是世界之始的觀念。這聽起來好似一個故意的邏輯反諷，因為拉岡真正的理論底牌是在說明象徵性語言構成世界和人類主體之後，接著揭露這種構成本身恰巧是現實存在與主體的真正死亡。更加令人發笑的是，闖進精神分析學的殿堂之後，語言學反而成了拉岡的手裡一門可怕的殺人武器，因為已經在鏡像階段中失卻自我的人類個體，在象徵性語言（大寫的他者）的教化之下發生的主體建構中進一步導致了**以無築無的異化之異化**。下面，我們就來看拉岡這個奇特的理論證偽。

1、拉岡語言觀的邏輯起點

1953年前後，拉岡第一次正面提到索緒爾，這表示著他的思考在形式層面上已經直接轉向語言學。其實，拉岡對語言問題的關注並不是從20世紀50年代才開始的，早在拉岡初涉精神分析學研究的青年時代，這種思考已經初露端倪。1936年，拉岡在〈超越「現實原則」〉一文的第四部分中，正是從語言與精神分析的關係入手布展其論述的。[1]50年代，應該說是拉岡從理論邏輯上大跨度集中挪用語言結構主義的時期。從研究對象上看，拉岡研究重心的轉換暗合了個人主體成長從感性的、身體性的嬰幼兒時期到以語言文化教化為主的成年時段。如果說在想像域中，拉岡已經說明瞭個人「自我」的虛假性，那麼在這一新的研究進程中，他要進而直接證偽新人本主義的個人**主體性**。顯然，語言結構主義正是在這個關鍵時刻，深深地嵌入到拉岡語境之中的。也是在這一點上，拉岡十分得意，他譏笑佛洛伊德沒能趕上歐洲哲學文化中這個「語言學轉向」的大日子。在那篇〈精神分析學中的言語和語言的作用和領域〉中，拉岡直接提出了語言對精神分析學的重要意義。他認為，我們這個學科的科學價值來自於佛洛伊德在其經驗歷程中提煉出的理論概念，這些概念還未經過足夠辨析，因此保留著日常語言的多義性，這些概念既得益於這些言外之意，又不免於誤解的危險。[2]

所以，佛洛伊德的概念要進一步科學化，就必須引進語言學的範式。拉岡認為，佛洛伊德的一些主要概念，「只有轉向語言的領域，只有按照言語的功能來組織，這些概念才具有其完整的意義」。[3]這似乎是唯一的出路。在大部分論者那裡，拉岡思想演變中出現的這段新時期被簡單地看成是他將結構主義與佛洛伊德結合起來的階段，這種理解其實已經走上了一種邏輯歧途。依我的看法，拉岡絕不是在研究語言學問題，他只不過是利用了語言學結構主義中一些重要的學術資源，以此達到自己的理論目的而已。所以我認為，拉岡的思考是別有深意的！其實，拉岡思想發展中這個新階段的開端還是要從黑格爾那裡開始說起。

眾所周知，黑格爾曾在《精神現象學》中試圖證偽客觀的感性意謂，他非要說世界始於自我意識（感性個人主體）背後的理念（真正的本質主體）。於是，說明抽象概念的《邏輯學》成為邏輯體系

1　〔法〕拉岡：《拉岡選集》，褚孝泉譯，上海三聯書店 2001 年版，第 77 頁。
2　〔法〕拉岡：《拉岡選集》，褚孝泉譯，上海三聯書店 2001 年版，第 248 頁。
3　〔法〕拉岡：《拉岡選集》，褚孝泉譯，上海三聯書店 2001 年版，第 255 頁。

的第一基始構件，還原到歷史現實中，則是突顯概念是世界歷史之始。世界的發生由此成為抽象理念沉淪於物、物化為社會歷史，再由主體性的自我認識揚棄一切異己性的物化，達及具體的真正自由的絕對觀念（大寫的主體）的歷史進程。在我們的常識中，黑格爾經常面臨窘境，人們習慣於簡單地將之指認為觀念生產客觀世界的「唯心主義」。拉岡門徒齊澤克專門講過一個笑話來說明這個過於簡單的指認：據說，在雅魯澤爾斯基執政的時期，政變當局晚上宵禁，20點過後士兵方能射殺街上的路人。一天，兩個巡邏士兵在還差10分鐘才滿20點的時候看見有人行色匆匆地路過，一個士兵立即開槍將行人擊斃。同伴問他為什麼要在20點還差10分時就開槍，他回答道，「我認識那個傢伙，他住得離這兒很遠，10分鐘之內他無論如何也趕不回家，為了簡化手續，我現在開了槍……」。齊澤克說，人們對黑格爾總體「泛邏輯主義」做出的傳統宣判，就好比這個士兵提前開的那一槍，**「射得過早」**（shoot too fast），黑格爾根本不是傳統指認的那個樣子。可是，如果我們擺脫這種討論的抽象知性，進入到每一個個人主體的身心發生過程之中，以上的討論就會有較大的格式塔改變。

其實，在每一個人最初的記憶中，當自己乍一開始與這個在我們入世以前早就存在的世界打交道的時候，我們總是發現身邊的大人們對他人和他物的指認都是從一個個言說中的聲響和活動中的形象開始的（即索緒爾所說的「能指」），譬如「爸爸」、「媽媽」、「吃」、「洗澡」、「睡覺」、「醒了」。顯然，圍繞著無助的「我」的諸多事物多是功能性的，且其中的對象性指認（索緒爾的「所指」）並沒有多少非明指的象徵關係。拉岡前面所說的那個鏡像式的想像關係大多就是在這種**被餵養性**中注入的。一旦有一天，孩子看見母親的手指向夜空中的月亮和星星，聽見冬日裡呼叫地吹進屋子裡來的風聲，感覺到手心和膚上偶爾飄落的涼涼的雪花，那就有了「我」之外的**看到、聽到和觸到的**世界。隨著這個世界的擴大，「人」、「狗狗」、「東西」一類的死掉的概念開始不斷替代那些**不在場**的活生生的物與人構成的世界場景。於是，我們開始**知道**這個世界。在此之前，我們吃、喝、睡和哭鬧於物性世界之中，可是我們並不**質性地**（即差別性地）瞭解它。所以，個人主體與世界的最初關係（關係即是反思，馬克思曾經引述黑格爾的話說，有主體的地方才有「關係」）不是**及物**，而是作為替代物的各種抽象的我們並不理解的概念替代（符號關係）和**代理**。請大家一定記住，這個「代理」是拉岡－齊澤克在本體論意義上最喜歡使用的概念之一。這其實就是黑格爾《邏輯學》在個人主體歷史發生學意義上的生活世界中的位置。抽象的概念——世界的基始性是個體在世的出發點，也是人在這個外在世界中汲取養份的「腸子」。這是齊澤克的比喻，他模仿黑格爾指認植物是「腸子在體外的動物」一說，將語言觀念系統說成是人的最重要的「根」。「**象徵秩序**不就是人類動物在其自我之外的一種精神腸子嗎」？[1]黑格爾常說，一個年幼的孩子與一個白髮老翁同說一句話（能指），比如，兩人都在慨歎「活著可真難啊」！其所指將完全不同。孩子之所以說這話，很可能只是因為媽媽不讓他看電視，或者不答應買他要的玩具，而同樣的話，倘若是出自一個年邁的老人，那就可能是歷盡滄桑的人生感歎。孩子口中那**抽象的**概念是**沒有多少所指的能指**，它的豐厚所指只有在孩子日後的生活閱歷中，才能被逐漸建構出來。待到他也屆「知天命」之年，這句話的所指就會有豐富內涵的**具體**概念。這就是我們可能在「射得不早」的理解中發現的黑格爾邏輯學的祕密。我要說，這同樣也是拉岡語言哲學的祕密。齊澤克狂喜歡黑格爾的原因可能也在於此。為什麼？不妨繼續來看下面的分析。

在此，我們不妨首先交待拉岡的一個入口，即語言（觀念）是**對物和人的殺戮**。有人說，拉岡這個觀點直接來自於黑格爾。這其實是一種簡單化的表面連結。黑格爾說過，精神是存在的骨骼、**抽象的**概念是事物的死亡之類的話，他的意思是想說明，具體事物總是會歷史

1　〔斯〕齊澤克：於《偶然性、霸權和普遍性——關於左派的當代對話》，胡大平等譯，江蘇人民出版社 2004 年版，第 267 頁。

地消失，只有精神能從歷史性**此在**的事物的死亡中獲得永恆。[1]巴代伊也看清了這個問題的實質。他曾經直接指認概念的本質是一個使存在從「自然賜予的那個此時此地」的狀態中超拔出來的過程。[2]

實際上，拉岡的觀點與科耶夫對黑格爾的解釋有關。根據科耶夫轉述的變形過的黑格爾話語，當我們最初通過概念對經驗現實進行指認的時候，便已儼然成為殺死存在物的兇手了。拉岡也指認過這一點，他的話則是「黑格爾的謀殺的形象」。[3]科耶夫曾經生動地舉過一個例子，當我們用「狗」這個概念來指認現實中的狗的時候，「這個詞已經不會跑、不能喝水、也不能吃東西：詞語中的意義（本質）不再是活的——即它已經死了」。[4]黑格爾原先的說法是：「亞當成為動物們的主人的行為，其最初的行為便是給了動物們一個名字。就是說，亞當使那些動物們在它們的實存中『無化』了」。[5]巴代伊也說到過這隻狗。他說，這個概念「狗」已經不是現實中具體存在的那個狗了，它被剝掉了骨肉實體性，從而被無化了，但同時它又是任意一隻狗的「普遍化的狗」。從抽象的概念走向世界的旅程，恰巧是殺死感性存在物的過程。然而，拉岡的語言哲學卻又大大地發揮了這個觀點：**語言（觀念）就是對人和物的殺戮**。這是拉岡語言觀在哲學本體論上的真實思考點。顯而易見，此觀點並非直接來自於語言結構主義。索緒爾雖然以記號的任意性拒斥反映性符號論，但絕沒有本體邏輯上的否定含義。

另一個更重要的方面是，拉岡這種「觀念是實存的不在場」的思

---

1 〔德〕黑格爾：《精神現象學》，賀麟等譯，上冊，商務印書館 1979 年版，第 21 頁。這裡的此在（Dasein）的事物即指在一定歷史條件下具體實在的事物。過去在黑格爾哲學的漢譯中，「此在」一般譯為「定在」。

2 參見〔日〕湯淺博雄：《巴代伊：消盡》，趙漢英譯，河北教育出版社 2001 年版，第 136-137 頁。

3 〔法〕拉岡：《拉岡選集》，褚孝泉譯，上海三聯書店 2001 年版，第 64 頁。

4 A.Kojève. *Introduction to the Reading of Hegel*, trans. James H.Nichols Jr. New York and London: Basic Books.1969.P.140.

5 〔德〕黑格爾：《1803-1804 年的體系》，轉引自：〔日〕湯淺博雄：《巴代伊：消盡》，趙漢英譯，河北教育出版社 2001 年版，第 138 頁。

考點又與佛洛伊德關於無意識的表形機制的解釋，即**象徵性關係**直接相聯。眾所周知，佛洛伊德是在描述無意識在夢境的釋放路徑時確立無意識的象徵機制的。在那裡，象徵關聯著夢的隱意和顯意，夢的象徵符號既是被壓抑的欲望的替代者，又與無意識的東西相關聯；另一方面，它又是改裝過的東西，可以憑合法的身分進入意識領域。拉岡不滿於將「象徵都壓抑到無意識中」[1]的傳統精神分析學理路，他以克勞德・李維史陀和毛斯理論中象徵與社會秩序的內在關係說為跳板，將象徵關係升格為**語言符號與主體存在**的關係。拉岡認為，傳統語言學研究中最大的誤認，就是語言和言語的關係脫離了現實的「交際結構」，即由活動性的能指作用形成的象徵關係。在拉岡這裡，語言的本質就是存在論上的象徵關係。並且，語言符號作為一種象徵關係，不是被壓抑的欲望的替代，而是存在本身的謀殺，語言的確是一種改裝，但它的背後卻**空無一物**。現在，以存在不在場的符號為核心的象徵關係成了主體存在的本體論結構，所以，拉岡把**象徵域**視為他確認偽主體真相的重要層面。

還應該指出的一點是，拉岡直接將語言與人的主體存在相聯結，並不是因為他完全忽視語言的原始歷史性發生問題。相反，拉岡他曾經明確談及，在自己的語言學研究視域中，「能指與勞動的原始關係仍然停留在黑暗中」。[2]這可以算是一種自覺的放棄。但是，拉岡並沒有發現，他的這種放棄同樣可能導致自身邏輯運演的非法性。因為，觀念象徵關係並無法完全脫離自身所依存的特定現實基礎。克勞德・李維史陀所指認的神話、圖騰制度和親屬關係中的象徵系統，完全依存於原始部落中存在的生活現實特定，當拉岡抽去這一特定的現實社會基礎並將這種象徵關係確認為一種普適性本體關係時，也就失去了這個邏輯構架的合法性。抽象的象徵性符號絕不可能獨立地存在。這是主觀唯心主義大師哲學拉岡想不到和看不到的邏輯盲區。

1　〔法〕拉岡：《拉岡選集》，褚孝泉譯，上海三聯書店 2001 年版，第 307 頁。
2　〔法〕拉岡：《拉岡選集》，褚孝泉譯，上海三聯書店 2001 年版，第 426 頁。

2、概念：存在的屍體

拉岡在自己的《文集》（*Écrits*）導言中，一上來就提了一個問題，即在人們習以為常的言語和寫作中的人的形象是否可靠？這是他針對法國作家布封那個「風格即人（Le style est l'homme même）」的名言發出的質詢。拉岡的觀點簡單而直接，「是我們對著說話的那個人嗎」？我們如何知道，那個正在言說和寫作的偉人不是一種幻象？不是一種由語言築構起來的狡獪的裝飾物？思想風格如果偽，人如何為真？他反諷地說，當代英雄（即所謂偉人和名人）的定義就是：「他們在離奇形勢下的可笑業績而聞名」。[1]與此同義的格言還有前面我們引過的那個瘋子與國王的故事。這個觀念與我們最先看到的青年拉岡博士論文中關注的那個女瘋子埃梅的思考點相一致。不同之處在於，埃梅是一個遭大寫他者遺棄的失敗者，而那些所謂的「成功人士」則是將大寫他者製造的夢幻當真者。當一個人以為他自己是人們敬仰的學者和偉大的首領時，那也正是他的瘋病迷深的時刻。只有當功名褪去，他無法挽回地成為一個孤苦零丁的退位老人時，真相才能顯露出來。[2]那時，他不瘋了，也不再自以為**是**。關於主體**生而必瘋**的問題，我們在下一幕中還會專門討論。

相對於傳統哲學研究中那種不證自明的「完備性主體」，拉岡面對的主體是作為**問題**出場的主體。在這一點上，他與福柯幾乎如出一轍。福柯說：「我想根本不存在獨立自主、無處不在的普遍形式的主體。我對那樣一種主體觀持懷疑甚至敵對的。正相反，我認為，主體是在被奴役和支配中建立起來的。」[3]拉岡認為，主體是一個存在論上的「太監」，其內部最重要存在之基根是一個空無。這是一個徹頭徹尾的**本體論上的醜聞**。我們現在已經知道了這個醜聞即是在鏡像階

---

1 〔法〕拉岡：《拉岡選集》，褚孝泉譯，上海三聯書店 2001 年版，第 8 頁。
2 這是本書卷首語的真實語義背景。
3 〔法〕福柯：《權力的眼睛》，上海人民出版社 1997 年版，第 19 頁。

段中發生的偽自我事件。鮑德里亞後來將其之為「祕密」。當然，「人們只有放棄了主體的完備性才能接受這個醜聞之石；閹割，這就是它的名稱」。[1]對拉岡而言，主體，只是頂著一串象徵性符號的虛名，內裡卻空空的**偽**主體。所以，齊澤克會說：「我們尊敬另一位主體，並不是因為他有什麼傑出品性，而是因為他存在著某種基礎性匱乏，正是這個基礎性匱乏界定了他的存在。」[2]乍聽起來這像是一通鬼話，沒什麼道理，可是我們馬上就會發現這話其實是無比深刻的。此刻，我們顯然能清晰地感覺到海德格爾對傳統本體論否定性觀念的影響。

拉岡認為，在後鏡像階段中，自我的建構總是在不斷躲避那永遠非中心化的主體，這一觀點與海德格爾的存在本體論有異曲同工之妙。主體在日甚一日地喪失，存在也在日甚一日地被人忘記：「自我與存在之間的日益不和，是整部心靈史都著力強調的課題」。[3]

在《拉岡選集》的第一篇——〈關於《被竊的信》的研討會〉的一開頭，拉岡針對自己的理論發現進行了一段重要的概述，大體意思是說，人們誤認為實體性存在的主體不過是一種特定的**重複**機制（l'automatisme de *répétition, Wiederholungszwng*）。這裡，拉岡還專門用德文標了佛洛伊德的原詞。拉岡指出，對主體的這種重複性指認被佛洛伊德稱為「強迫性自動重複」。原先，這個概念的提出是佛洛伊德為了說明人格的某種「穩定性」。霍爾說：「一個典型的擁有穩定人格的成人，其行為的特點在於他所有的變化都圍繞著一個不變的基調進行」。[4]可是，拉岡卻用自動重複性來指認人在日常生活中通過各種習慣性言行活動不斷建構自己的過程。當然，拉岡的指認是貶義的，它實際上正暗合了俄國形式主義和超現實主義所拒斥的那個現

1　〔法〕拉岡：《拉岡選集》，褚孝泉譯，上海三聯書店 2001 年版，第 239 頁。

2　〔斯〕齊澤克：《實在界的面龐——齊澤克自選集》，季廣茂譯，中共中央編譯出版社 2004 年版，第 11 頁。

3　〔法〕多斯：《從結構到解構——法國 20 世紀思想主潮》，季廣茂譯，中共中央編譯出版社 2004 年版，上卷，第 130 頁。

4　〔美〕霍爾：《佛洛伊德心理學入門》，陳維正譯，商務印書館 1985 年版，第 107 頁。

實生活中的麻木的「經驗自動性」。這也是他和達利年輕時那個反對建構主義的共同點。人（主體）就是這種麻木的功能性的重複，而他自身則是一個空無，因為只是「從**並不曾在的**內容中，重複的內容才展開」。[1]可見，是空無的重複填補了主體的本體存在之無。

那麼，這個在空無中重複的究竟是什麼？拉岡說，「這個重複是象徵的重複」，因為它只能存活於「能指鏈的動因之中」。**能指關係**正是象徵的本質，所以這將是一種「重複的能指組合」。[2]關於這個關鍵性的能指與能指鏈範疇，我們將在下一章展開具體的討論。拉岡的意思是，凡進入語言中的人，其實已經處於一種不同於想像域的全新領域之中了，「這個轄域的品質以語言的形式支撐並歡迎他」，該生存活動域就叫**象徵域**。拉岡關於象徵域的基本原則是：「象徵域不能被看作是由人來構成的，而應被看作是構成人的」。[3]主體由語言結構座架，這個觀點倒真是來自語言學結構主義。巴代伊也充分指認了這一點。後來阿爾都塞的意識形態建構主體的觀點也基於此。

拉岡說，他的這種指認，是想說明人類主體在象徵域中存在的**外在性**。

如果我們是認真對待佛洛伊德的發現的話，我們必須將無意識的主體（sujet de l'inconscient）置於這個外在之中。我們知道，在精神分析開創的經驗中**象徵**（*symbolique*）是通過想像（imaginaire）的什麼樣的仲介而左右了最為隱密的人的結構（l'organisme humain）。[4]

其實，拉岡承認佛洛伊德對無意識主體在意識**之外**的確認是合理的，但是他又明確反對佛洛伊德後來建構的心理自我（即拉岡所說的那個「居於『感知－知覺中心」的現實自我）。我們看到，拉岡已經用鏡像階段的想像物證明瞭這種自我的非本真性，這與佛洛伊德是根

---

1 〔法〕拉岡：《拉岡選集》，褚孝泉譯，上海三聯書店 2001 年版，第 37 頁。
2 〔法〕拉岡：《拉岡選集》，褚孝泉譯，上海三聯書店 2001 年版，第 60 頁。
3 〔法〕拉岡：《拉岡選集》，褚孝泉譯，上海三聯書店 2001 年版，第 38 頁。
4 〔法〕拉岡：《拉岡選集》，褚孝泉譯，上海三聯書店 2001 年版，第 1 頁。中譯文有改動。參見 Jacques Lacan, *Écrits*, Éditions du Seuil, Paris, 1966.p.11.

本異質的。可是，對於個人主體的真正持存來說，想像並非一切，通俗點說，鏡像作用多在個人主體的非成年時段中起關鍵作用。這倒不是說，在人成年之後，鏡像映射就不再起作用，而是說，在個人主體一生中更重要的持存和存在結構是在傳統學術所理解的**主體際的意義之境**中實現的。順著傳統話語的邏輯往下說，當孩子開始**自己懂事**了，想像就不再是他生存中的主要支撐結構，他將成為一個**理性主體**（即笛卡兒所認定的那個「我思故我在」的主體），自主地理解這個充滿意義的世界。所以，拉岡也複述道，「只有主體才能理解意義；反過來，所有意義的現象必涉及到主體」。並且，主體的真正開端是語言（概念）。「起始處是語言，並且我們生活在它的創造之中」。上文中我們曾對黑格爾哲學中「世界起於理念」一說進行了討論，因此面對此刻拉岡的這個論點不會過於吃驚。如果嘗試用海德格爾的話來表徵，即語言建構生活，有語言的地方才有我們周圍的世界。然而，在拉岡這裡，這個創造了豐富意義構架和生活世界的語言，雖然生成了主體，可是卻也在其問世之際謀殺了它。這是因為，意義與主體均形成於語言**象徵域**的能指鏈滑動中。此一觀點與海德格爾的語言為存在之家的論斷是根本異質的。這就猶如這一幕開始時的王二，暫時的失憶後，個人主體的重新建構是在周圍的人們用語言對他進行的**不斷重複**的招呼和質詢中實現的。韓國青春偶像劇的編導似乎非常熟悉這一情境，在多部電視連續劇中，男女主人翁都由於車禍而失憶，進而失去自己原來的存在。如《藍色生死戀II》中的男主角姜俊尚因車禍暫時失憶，而成了不記得自己過去的李民亨。[1]《走向天堂的階梯》中的女主角也因車禍而忘記自己原來的戀人和所有的存在。[2]德國電影《回到16歲》也是這個邏輯，男主人翁作為一個律師在車禍中暫時失憶，只記得自己16歲以前的東西，這倒使他擺脫了成年以後建

1　韓國電視連續劇《藍色生死戀II》（2002年，又譯《冬季戀曲》），導演：尹錫浩；主演：裴勇俊、崔智友、朴龍河、樸素美。

2　韓國電視連續劇《走向天堂的階梯》（2004年），導演：李長秀；主演：權相宇、崔智友。

構起來的「壞蛋式」（風流倜儻、轉移黑錢）的社會身分。

拉岡強調說：「對主體來說象徵構序（l'ordre symbolique）來說是具有構成力（constituant）的」！[1]並且是一種持久的構成效力。他甚至說：

> 因為佛洛伊德發現的正是人與象徵體制的關係對人的本質的效用的園地，以及將它們的意義追溯到存在的象徵化的最根本的動因中去。漠視這一點意味著忘卻佛洛伊德的發現並使經驗破產。[2]

拉岡說得不可謂不動聽，可是人家佛洛伊德並沒有做出過拉岡指控的這種指認。歪曲別人的東西也不忘把別人掛在嘴邊，這就是拉岡常做的事。拉岡所謂的象徵域即是人們通過語言交往構成的**意義**世界，語言象徵域的核心要件當然就是符號或者概念。在這一點上，傑姆遜的理解是不對的，他將拉岡的象徵性符號的本質說成是「一種前語言的，以基本的視覺為其邏輯的表現」的意象。[3]因為，在拉岡那裡，象徵與意象並不能簡單等同。關於概念符號，拉岡持著一種十分偏激的看法：**概念即存在的死亡**。通過上面的分析，我們已經知曉這一觀念的邏輯緣起了。用拉岡自己的話來說，即象徵性語言就是「對物的殺戮」。我注意到，在整個思想發展歷程中，拉岡似乎總是有意無意地在與正式書寫的學術理論文本保持距離。拉岡的主要作品都是以**直接言說**的方式在場的，其重要的學術創見幾乎都是嚴格地通過學術報告的形式而在世，特別是後來那長達20多年的現場研討會。我想，這同樣是一種理論自覺。我們知道，海德格爾只是將石化了的形

---

1 〔法〕拉岡：《拉岡選集》，褚孝泉譯，上海三聯書店 2001 年版，第 2 頁。中譯文有改動。譯者漏譯了十分重要的 ordre 一詞。參見 Jacques Lacan, *Écrits*, Éditions du Seuil, Paris, 1966.p12.

2 〔法〕拉岡：《拉岡選集》，褚孝泉譯，上海三聯書店 2001 年版，第 283 頁。

3 〔美〕傑姆遜：《晚期資本主義的文化邏輯》，陳清僑譯，北京三聯書店 1997 年版，第 211 頁。

而上學觀念指認為對存在的遺忘，阿多諾也僅僅是反對觀念對存在的不周延獨斷的概念拜物教，拉岡倒好，他一開口，概念乾脆就是存在的謀殺者了。在這個意義上來看，拉岡的語言暴力論倒與毛澤東所說的「知識越多越反動」和尼采的學術「蠱人」不謀而合了，三者似乎都在揭露語言知識之假及其面具性。下面，我們來分析拉岡的邏輯。

拉岡認為，語言的本質是符號化的**象徵性**，象徵其實是用「別的東西」來替代真實存在的過程。[1]海德格爾認為，象徵只是指引關係中的一種。[2]所謂的「別的東西」，就是非此時此地真實顯現的存在事物的**不在場**代理符號（代號→概念）。他說，佛洛伊德在兒童的遊戲中發現了這種從存在到象徵性替代的「初始時刻」，而自己不過是多次引述了佛洛伊德這個發現罷了。在對自己一歲半的孫子進行的心理觀察實驗中，佛洛伊德發現在孩子的媽媽離去後，幼兒常常會守著一個用線系住的木板玩個不停，扔出再拽回，口中還會同步發出相應的呼喚「噢－」與應答聲「嗒－」。佛洛伊德的解釋是，木板在幼兒的遊戲中替代了離去的媽媽，他口中發出的「噢－、嗒－」就是對媽媽不在之在的最初語言代碼，[3]這也是象徵關係的原始生髮。拉岡的評論是：

> 這就是那個遊戲（jeu），在這個遊戲中幼兒把一個他其實不關心的客體（objet）移到他的視線之外；然後再把它拿回來，隨後又使它消失；同時他以不同的音節來統制這個交替（alternance）變化——我們要說這個遊戲以其根本的性質表現了人類從象徵域構序（l'ordre symbolique）中所得到的規定。[4]

---

1 〔法〕拉岡：《拉岡選集》，褚孝泉譯，上海三聯書店 2001 年版，第 287 頁。

2 〔德〕海德格爾：《存在與時間》，陳嘉映，王慶節譯，北京三聯書店 1987 年版，第 96 頁。

3 〔奧〕佛洛伊德：《超越快樂原則》，《佛洛伊德後期著作選》，林塵等譯，上海譯文出版社 1986 年版，第 12 頁。

4 〔法〕拉岡：《拉岡選集》，褚孝泉譯，上海三聯書店 2001 年版，第 40 頁。中譯文有改動。參見 Jacques Lacan, *Écrits*, Éditions du Seuil, Paris, 1966, P.46

木板的消失與拽回是存在的缺席與在場，那根握在孩子手中的連線則要錨住已經消失了的存在，而不成形的言說則是以代碼充抵空無的**象徵關係有序性**的初始發生。齊澤克接話說：

> 媽媽難以預料地離去，使他處於孤苦無助的狀態，這給他留下了創傷；作為補償，他玩起了遊戲，一次次地把線軸拋到自己地視野之外，再把它拉回來，用意味深長的Fort-Da伴隨自己的動作。藉助於象徵化，焦慮消失了，兒童控制了局面，但是他為此付出的代價卻是「以詞代物」，即用意味深長的替代物（線軸）代替媽媽。[1]

對此，福原泰平也做過一些相當有意思的評論。他說，通過已經無化的對象的象徵化，孩子成了這種遊戲中「無的不在場帝國的統治者」。福原泰平還有一段更深刻更精闢的說明：「語言本來擔負著代替當場缺失的某種東西來交出什麼的功能。那是把不在場帶到眼前的祕密通道，是給缺失的東西命名，並創造出不在場創造裝置」。接著，遊戲的情況會陡然一變，「投擲纏線板成了不僅把母親，也把自己扔出去的行為。這種把在母親身邊的本來的自己拋棄的行為，使主體與自己本身永遠地分離了。結果，纏線板遊戲成為把自己的有變為無的巨大的契機，主體準備了把自身消滅於一種符號中的道路」。[2]我還發現了一個相當有趣的事實，研究拉岡的論者，多多少少都有些瘋，仔細考究起來，拉岡說的其實倒還沒有他們說的那麼多。每當感覺到這一點的時候，我也時常有些悲哀地自省。其實，就在同一篇文章中，佛洛伊德還談到這個孩子著迷的另一個遊戲，即在鏡子面前，對著自己下蹲，使自己的影像消失的遊戲，一蹲一立之間，他成功地

1 〔斯〕齊澤克：《實在界的面龐——齊澤克自選集》，季廣茂譯，中共中央編譯出版社 2004 年版，第 32 頁。

2 〔日〕福原泰平：《拉岡——鏡像階段》，王小峰等譯，河北教育出版社 2002 年版，第 82-83 頁。

讓自己的存在「不見了」（不在場）。[1]拉岡的解釋是，在象徵性的語言中，人拋棄了自己，使原來的實有無化，並被迫在這個不在場的地點重建主體，即用無（符號）貼補在已經空空如也的缺失（鏡像之我）上。這又是那個**偽先行性**，或者說是存在論意義上的篡位。某種程度上我們可以說，拉岡是倒過來認證黑格爾的。黑格爾認定概念是世界的基始，拉岡算是給他投了一張贊成票，可接下來他突然倒轉邏輯：概念倒真的是人之存在的先行者，可是由於這種**暴力性先在**（篡位），人本身的真實存在虛無化了。人類主體只是概念的編織物，而他的存在則是一個內裡的空無和本真存在的死亡。在這個意義上，拉岡直接將象徵性的符號指認為一種新的他者，不過這一次，是區別於鏡像和他者面容以及那種感性小他者的**大寫的他者**（Autre）。這裡的他者的法文第一個字母為A，因此拉岡常用大寫的A來表示大他者。此處還是黑格爾的對象性關係中他者的規定，即另一個映射和確證主體的他者。以下，我們還將專門討論拉岡的他者理論。

此外，拉岡還認為，中國古代巫師占卜時劃在沙上的連線與斷線構成的也是這種象徵的初始情境。在他看來，象徵關係最初是在人們將對象物從當下的使用轉換為非在場的記憶時發生的。從符號到詞語無疑是一個飛躍，拉岡不無詩意地說：

> 要使從實用解放出來的象徵對象（l'objet symbolique）成為從現時和現地（*hic et nunc*）解放出來的詞語，區別不在其聲響的質地，而在於它的昏暈的存在（être évanouissant），在這個存在中象徵獲致了概念的持久性（permanence）。
>
> 詞語是以不在場組成的在場（présence faite d'absence）。以詞語為仲介，不在場可在一個初始時刻得到命名（nommer）。[2]

[1] 〔奧〕佛洛伊德：《超越快樂原則》，《佛洛伊德後期著作選》，林塵等譯，上海譯文出版社 1986 年版，第 13 頁注 1。

[2] 〔法〕拉岡：《拉岡選集》，褚孝泉譯，上海三聯書店 2001 年版，第 287 頁。中譯文有改動。中譯者在此將 absence 譯作「遠隱」，其實這個不在場是非常關鍵的，就像他將哲學

如果用福柯的話來說，就叫「放棄事物，使它們『非現在化』」。[1]象徵物不再是現時現地的當下存在，並且，詞語的意義不在於發聲，而在於它的**不在之在**，正是這種所謂的「漂逸的存在」才使作為象徵物的概念成為永恆在場的東西。「象徵的本質只是一種不在場」[2]，這是一種統治無（不在場）的功能。關於這一點，我們可以回想一下愛利亞學派那種非感性在場的「存在」的本質、柏拉圖哲學邏輯中居王位的理念以及黑格爾那種空洞的抽象概念。本自空無的概念（「一」）是作為統攝感性實在具體存在物（「多」）而在場的，本質是比現象更真實的**存在**。在拉岡筆下，這種哲學式的存在提升從一開始就是在他處的存在，或者叫他性之在。以後，這個理念必將走向萬能萬有的絕對，以成為上帝和絕對觀念——大寫的「一」和大寫的他者，齊澤克後來也討論過這個大寫的「一」。可是，拉岡硬要說，概念的確立一定是存在之死，「詞語只有作為虛無的痕跡才能成立，其承載體於是不再會頹壞；依助詞語，概念將消逝者留住而育化出事物」。以我之見，拉岡這個觀點非常接近於巴代伊的思想。巴代伊曾經明確說：「語言破壞了所有的有形之物，作為使有形之物消亡了的『無』之名而言說，死亡本身生成為『言說的事物』」。[3]當然，象徵殺戮物之後，又用符號之無來重構了物。依拉岡門徒齊澤克的觀點：「所謂概念再現就是對最初已經喪失、被排除掉（『一開始就被壓抑』）的再現所作的象徵性代指。」[4]齊澤克特意舉了一個例子，即我們用「大象」（elephant）這個概念來替代真實大象的過程。

關鍵字在場（pésence）譯成「現顯」一樣。參見 Jacques Lacan, *Écrits*, Éditions du Seuil, Paris, 1966, P.276。

1 福柯：《知識考古學》，謝強等譯，北京三聯書店 1998 年版，第 59 頁。

2 〔法〕拉岡：《拉岡選集》，褚孝泉譯，上海三聯書店 2001 年版，第 16 頁。

3 參見〔日〕湯淺博雄：《巴代伊：消盡》，趙漢英譯，河北教育出版社 2001 年版，第 138-139 頁。

4 〔斯〕齊澤克：《實在界的面龐——齊澤克自選集》，季廣茂譯，中共中央編譯出版社 2004 年版，第 48 頁。

當我們說「這是一頭大象」時，我因此授予一個對象以符號身分；我給這東實在物增加了一種符號的統一特點，這改變了這東實在物而使之成為一（One）、一個自我同一的對象。符號化的悖論存在於下述事實：對象被建構為一，這種建構是通過一個完全外在於對象自身、外在於它的現實的特點進行的，是通過與對象本身並沒有任何類似性的名稱來完成的。利用一些完全沒有意義的附加物、自我刪除的存在、幾個音節這個微不足道的事實——蒼蠅生育了大象，對象成為一。[1]

可以說，齊澤克一語中的，他正確地看到了此處拉岡思想中居支配地位的正是「黑格爾的現象學思想」：

> 詞語是死亡，是對事物的謀殺：一旦現實被象徵化，被縛於一個象徵的網路中，事物本身便在詞語與概念中在場，而不再在其直接性的物理實在中現身。更準確地說，我們不可能返回到直接的現實：即使我們從詞轉向物，比如從「桌子」這個詞轉向其物理實在中的桌子，桌子本身的表象已經被打上了某種匱乏的烙印，為了知道桌子實際上是什麼，它意味著什麼，我們必須訴諸詞語，而這已經蘊涵著事物的缺席。[2]

不過，這講得又實在是太過了。詞語是存在之死，既使我們重新面對存在本身，也只能通過概念的閻王透鏡來張望了。在拉岡這裡，由概念重新建構出來的這個東西，早已不再是原生的事物和存在。象徵化是在本源性掠奪（殺戮）之後，在懸擱真實世界的過程中完成的，最終的真相是「字元（Lettre）代替了存在（Être）」。於是，我們有了一個替代了事物的名字的世界，而那些「說不出名字的事

1　〔斯〕齊澤克：《快感大轉移——婦女和因果性六論》，胡大平等譯，江蘇人民出版社 2004 年，第 55 頁。

2　〔斯〕齊澤克：《意識形態的崇高對象》，中譯文參見季廣茂譯，中共中央編譯出版社 2002 年版，第 180-181 頁。

物」[1]就將永遠處於的黑暗之中。[2]所以，「是詞語的世界創造出事物的世界（C'est le monde des mots qui crée le monde des choses）」。[3]拉岡的說法顯然極端誇張，這是一種本體論上的超現實主義，但又正好與法國原先那種超現實主義的意思完全異質。這也讓人想起福柯的《詞與物》（*Les mots et les choses*）一書的邏輯。

事物開始是混雜在將成的總體的**現時和現地**（hic et nunc）中，詞語賦予它們的本質以其具體的存在（être concret），並將它無處不在的位置給予恒久者：萬世的財富（κτ μα ἐς εἰ）。[4]

正是在事物不在場的永恆中，象徵殺戮了物。對此，福原泰平又舉過一個形象的比喻，即紙幣的象徵性：「紙片因為被當作紙幣，所以它在一個共同體的內部被挖空了內容，被象徵化了，它原本具有的書寫、包裹等功能被削除，才作為紙幣流通了」。[5]我想，更直接的例子應是象徵具體物的概念，譬如「樹」這個概念，就是在撇去了諸如冬青樹、松樹、白樺樹、槐樹、楊樹、杉樹等等一切具體存在的樹種之後，「樹」才能象徵一切並不實在的樹種。倘若依拉岡的邏輯來說，它就是在殺戮了一切樹之後方才得以生成。樹的象徵性概念重建和替代了具體存在的樹，這一次，「樹」的概念是本質，也是空無。真實的樹會生會死，而概念的「樹」則將永恆，即成為拉岡所說的「萬世的財富」。在拉岡那裡，語言符號恰巧是作為已經不在場的事物而存在的，在這個空無周圍填充著不能**在此**的物的偽相。於是，海德格爾那句「一切存在者，只要不是上帝，就是受造物（ens creatum）」[6]，現在就成了：一切存在者都是象徵語言的受造物。每

---

1 〔法〕安德烈：《女人需要什麼》，餘倩等譯，天津人民出版社 2002 年版，第 119 頁。

2 克莉斯蒂娃曾經談及佛洛伊德例證中那個遭遇「無以名狀物」的小漢斯的深深恐懼。參見〔法〕克莉斯蒂娃：《恐怖的權力》，張新木譯，北京三聯書店 2001 年版，第 51-52 頁。

3 〔法〕拉岡：《拉岡選集》，褚孝泉譯，上海三聯書店 2001 年版，第 287 頁。

4 〔法〕拉岡：《拉岡選集》，褚孝泉譯，上海三聯書店 2001 年版，第 287 頁。

5 〔日〕福原泰平：《拉岡——鏡像階段》，王小峰等譯，河北教育出版社 2002 年版，第 93 頁。

6 〔德〕海德格爾：《存在與時間》，陳嘉映，王慶節譯，北京三聯書店 1987 年版，第 115 頁。

一個孩子口中有了語言，可他們卻都失卻了真實的事物，這是一個存在普遍死去的世界。[1]伊格頓也同樣描述過這一過程。他說：「語言是『空洞』的，因為它只是一個無窮無盡的區別和缺失的過程：現在孩子只不過是沿著一條從潛在意義上看是無限的語言鏈從一個能指向另一個能指運動，他已經不能完美地佔有任何物體」。[2]也是在這個意義上，鮑德里亞後來說，「忘卻最初的謀殺是科學邏輯的、成功的發展的一部分」。[3]

3、象徵性：主體的熵學

另一個重要的方面是：象徵性對於人的存在也是如此。概念對人，也是殺殺殺！由於人能夠言談，能知曉理性概念，故「象徵使他成為人」！拉岡說，「如果一個人不得不弄清楚人什麼時候才成為類人，我們可以告訴說，是這樣的時刻，即當他進入符號性關係的時候」。[4]亦即那個想像域中生長起來的小孩走進象徵性語言教化的時刻。拉岡認為，這個象徵關係對主體來說也有一種**先行的預期性的**張力：「象徵功能表現為主體的雙重運動：人為他的行動定個目標，然而只是為了在適當的時候給予他的行動以一個基礎的位置」。[5]概念先行，是主體確立的基礎；象徵關係先行，則是主體存在的主要依託。下面，我們將會看到，從個人主體的被命名，到親人和社會關係

1　格林說：「拉岡顛覆了佛洛伊德在《圖騰與禁忌》中對歌德的讚賞太初有行」（Au commencement était l''action）。他承認他更喜歡來自聖約翰的名言：「太初有言」（Au commencement était l''action langage）」。格林：《精神分析使用的語言》，轉引自〔法〕多斯：《從結構到解構——法國20世紀思想主潮》，季廣茂譯，中共中央編譯出版社2004年版，上卷，第328頁。

2　〔英〕伊格頓：《二十世紀西方文學理論》，伍曉明譯，陝西師範大學出版社1987年版，第183頁。

3　〔法〕鮑德里亞：《論誘惑》，《生產之鏡》，仰海峰譯，中共中央編譯出版社2005年版；第160頁。

4　轉引自〔英〕波微：《拉岡》，牛宏寶等譯，昆侖出版社1999年版，第18頁。

5　〔法〕拉岡：《拉岡選集》，褚孝泉譯，上海三聯書店2001年版，第297頁。

對他的象徵性期待，構成了一個人**活著**的先行前提。並且，這是對人的存在第二次篡位式的暴力性先行，第一次是鏡像階段中的小他者（a）先行，而這一回則是大寫他者（A）的先行。拉岡提醒我們，「象徵首先是表現為對象的被扼殺，而這對象的死亡構成了主體中的欲望的永久化」。人也一樣，「象徵的轄域不能被看作是由人來構做成的，而應被看作是構成人的」。[1]在拉岡看來，象徵性符號構成人，大寫的他者映射和確證主體，人的一生是各種虛假象徵不斷貼補而成的，幾乎在每一個主體生存的時刻，都會有一種象徵性概念的先在，才有我們為之奮鬥的拼搏。「你比其他孩子優秀」，「你應該做一個『成功人士』」，這可能是所有像我們前面所提及的梅子那樣的好孩子一生中聽得最多的先行性象徵導引，其實，不管是誰，每個人在自己的一生中恐怕都少不了形形色色的先行性伴生話語。我們活著，多半是為了應答這些並不來自我們內心的他者的呼喚。所以，拉岡才會說，主體的存在總是一個對先行的象徵性概念和意義結構的回答。關於這一點，拉岡的門徒齊澤克分析道：

> 主體不是詢問，而是一種回答，這是「實在」對大寫的他者以及象徵域所提出的問題的回答（米勒，1987年）。提出問題的並不是主體，主體是對他者問題做出回答的虛無性和不可能性。[2]

當然，我們必須指出的是，象徵對人的先行性並不是一種簡單的外在強暴，它是以原先在鏡像關係中形成的那種自戀／異戀邏輯為基礎的：在自己的生存中，每一個個人主體總是將象徵關係視為最本己的建構目標來追逐的。這種東西，多半被我們叫做**理想**，並被主體不斷幸福地憧憬著。通常，象徵關係正是個人主體**尚未**實現的本質。此

1 〔法〕拉岡：《拉岡選集》，褚孝泉譯，上海三聯書店 2001 年版，第 39-40 頁。

2 〔斯〕齊澤克：《意識形態的崇高對象》，中譯文參見季廣茂譯，中央編譯出版社 2002 年版，第 244 頁。

處，我們既可以看到海德格爾、沙特的籌畫，也能看到布洛赫尚未存在的本體論。所謂的先行本質並不一定就是概念或被稱為本質的東西（沙特就說「存在先於本質」），它可以是任何能指關係構成的意義場。主體總是為了他之外的某種理想（象徵）而「去在世」，可是與此同時，主體卻沒有了自己的真實存在。形象地說，人類主體是一具用符號鏈（裹屍布）纏繞起來的**空心木乃伊**。為什麼呢？拉岡的分析是：

> 人實在是把他的時間奉獻給結構交替（l'alternative structurale）的展開上，在這個交替中在場和不在場（présence et l'absence）互相召喚。正是在這兩者的基本的合取時，也可以說是在欲望的零點（zéro du désir）時，人這個客體（l'objet humain）就被扣押了。扣押取消了人的自然性質，而使他從此服從象徵的條件（conditions du symbole）。[1]

在拉岡看來，人活著的奧祕就在於主體是通過**被扣押的空無**所形成的「大債務」而得以維繫的。[2]拉岡的說法不禁令人想起列維納斯的「人質說」，不過二者的意思是相反的。象徵以無的不在場構成人，也殺死了人本身。拉岡說，在象徵代替了死亡的地方，是「生命最初的腫脹」。[3]主體不過是一種象徵性的符號（能指）之腫脹，而非實在生命的真實存在。象徵挖空了作為實體真實在此的人，人因而成為閹割的存在，成為外在符號圍建起來的空心人。這就像我們這一幕開始時那個用寫滿符號的布條纏裹起來的空心人。海德格爾曾經說，此在的本質就是去存在（Zu-sein）[4]，可是拉岡卻將這種「去存

---

[1] 〔法〕拉岡：《拉岡選集》，褚孝泉譯，上海三聯書店 2001 年版，第 40 頁。中譯文有改動。參見 Jacques Lacan, *Écrits,* Éditions du Seuil, Paris, 1966.p46.

[2] 〔法〕拉岡：《拉岡選集》，褚孝泉譯，上海三聯書店 2001 年版，第 290 頁。

[3] 〔法〕拉岡：《拉岡選集》，褚孝泉譯，上海三聯書店 2001 年版，第 396 頁。

[4] 〔德〕海德格爾：《存在與時間》，陳嘉映，王慶節譯，北京三聯書店 1987 年版，第 52 頁。

在」變成了去由象徵通向死亡的路徑。所以，象徵關係是以一種本體論意義上的虧欠而在場的，象徵就是存在的債務！[1]**象徵是圍起一個無而建構人的**。或者，我們可以用拉岡的話來闡述，即主體以象徵之無寫在自己的本源上，但本源（被刪除的「本我」）本身就已經是一個空無，所以，這是**在無上建構無**。我要說，拉岡這個人的存在論是**無之本體論**，換到異化邏輯上，這個無之無就是**異化之異化**。

我知道，如此這般的形上言說似乎非常令人費解，因此我們不妨來看看拉岡自己的一個說明：概念「我」作為主體的象徵。拉岡發現，只有當以「我」的概念，即第一人稱表達時，作為自我的主體才具有意義。可是，當我們用「我」來標注自己時，卻已經開始了一個用海德格爾意義上的死去的石化了的「在者」（象徵性概念）來遮蔽我們真實存在的幻覺過程。於是，我們就面臨一種本體論上的危險：「危險在於將他拘禁於一種與以前一樣虛假的他的靜態甚至他的面像的客觀化過程中，以形成他的異化的新的地位」。[2]這個「我」曾經是鏡像階段中那個虛假的小他者之影像認同，現在又是大寫他者象徵關係中被固化了的客觀符號「面像」之認同，在拉岡這裡，這種仍然不是主體本真存在的觀念物還是異化的異化。如果說前一個認同是**想像性認同**，那後一個認同則是**象徵性認同**。根據拉岡自己後來的定位，前者是理想自我（Idealich），後者則是自我理想（Ich-Ideal）。里德說，自我理想與理想自我的界劃是拉岡在1953年完成的。在拉岡那裡，**理想自我就是你自己認定的形象，而自我理想則是一個象徵的點（the symbolic point），它可以給你一個位置，為你提供一個審視你的點**。如果你在開快車，可能是因為你模仿一名賽車手的形象，你以他的形象自居，這就是理想自我；但真正的問題是：**你是為誰而自居為一名賽車手的？**[3]

---

[1] 〔法〕拉岡：《拉岡選集》，褚孝泉譯，上海三聯書店 2001 年版，第 420 頁。

[2] 〔法〕拉岡：《拉岡選集》，褚孝泉譯，上海三聯書店 2001 年版，第 260 頁。

[3] 〔英〕理德：《拉岡》，黃然譯，文化藝術出版社 2003 年版，第 46 頁。中譯文有改動。

或者換一個問法：你覺得是**誰在注視著你**？拉岡的答案顯然是：他者。對這一對不同的認同關係，齊澤克也有過一個很形象的說明：

> 想像性的同一化是對一種心像的認同，在這種心像中我們偏愛自身，這種心像還代表著「我們所渴望變成的樣子」；而象徵性的同一化所認同的正是別人從中觀察我們的場所，從這裡我們也觀看自身以使我們顯得可愛且討人喜歡。[1]

齊澤克的解釋與里德是一致的。這個「別人」就是他者。**我們總在為他者表演、表現和活著**。固然我們自己並不自覺。

1960年，在拉岡〈主體的顛覆和在佛洛伊德無意識中的欲望的辯證法〉一文中出現了一個古怪的符號：「*$*」。「S」是主體，斜線是由於象徵化的導致的殺戮，而*$*就是主體被殺死後的殘骸，因為象徵奪去了人的一切身心實在，把人變成一種語言知識裹屍布纏繞起來的空心木乃伊，而人的現實生活只不過是大寫他者製造的幻象。「他被規定為一個傀儡，一個把那些實際上是由符號機器自動運行所產生的東西誤以為是自己決定的產物的傻帽。」[2]拉岡總喜歡說，主體是**以無貼在無上**的，第一個「無」是象徵性語言，而第二個「無」其實就是那個在鏡像階段已經被小他者挖空了的偽我。為人真是不幸！拉岡十分惡毒地說：「我們可以在其中看到人類遺跡的第一個象徵是棺材，在人來到他歷史的生命的所有關係中都可以看到死亡的仲介」。[3]這就是拉岡眼中看到的我們與象徵式語言的關係。這是一個何其令人難以接受的悲慘世界！「解釋象徵的問題先是使我們的小世界驚慌，隨後變得令人難堪」。[4]拉岡是故意的。我們不知道我們已

---

1 〔斯〕齊澤克：《意識形態的崇高對象》，中譯文參見季廣茂譯，中共中央編譯出版社2002年版，第145頁。

2 〔斯〕齊澤克：《快感大轉移——婦女和因果性六論》，胡大平等譯，江蘇人民出版社2004年，第221頁。

3 〔法〕拉岡：《拉岡選集》，褚孝泉譯，上海三聯書店2001年版，第333頁。

4 〔法〕拉岡：《拉岡選集》，褚孝泉譯，上海三聯書店2001年版，第302頁。

經死亡，一切都是因為我們的無知。

在人那裡這種苦行是通過一條道路而得到肯定的，在這條道路中所有的客觀知識將越來越處於一種擱置起來的狀態，因為對於主體來說，他自己的死亡這個真實並不是一個可想像的對象，而分析者也和別人一樣對此一無所知，除了他是一個要死的人這一點之外。[1]

當然，這裡的無知「不能被理解為知識的缺失，而是像愛和恨一樣都是一種存在的激情。因為與愛與恨一樣，無知也是一條存在得以構成的道路」。[2]拉岡常用來說明主體的一句話是：「他不知道他是死了」。或者說，人「只有在人們不告訴他他所不知道的真理時才能存在下去」。主體之所以得以確立，恰巧是因為他不知道自己是一個偽主體，對自己內裡的空無和他者化這個真相的無知是人活下去的堅實支撐。「『我』作為主體是以不在的存在而來到的。這個主體與一個雙重疑難相協調：一個真正的存在卻會因自知而破滅；一個話語卻是由死亡來維持」。[3]一旦我知道自己**不是人**，「我」必當自滅。

筆鋒至此，我們已經十分清楚了，在人與語言的關係上，結構主義那種主體「移心化」的觀點被拉岡在本體論意義上強化了，原先只是出現在文學藝術作品視域中的作者之死現在成了存在論意義上的個人主體之死。如果說，在拉岡的鏡像說中，未成年的個人心理自我人格被殺死在異化的想像關係中；那麼這一次，則是成年的個人主體被開膛剖肚地曝屍於所謂的**象徵域**中。僅就這點而言，我們真可以將拉岡的主體觀點叫做**主體的熵學**，因為，拉岡的主體觀永遠是在揭露主體的內部偽劣性和不斷自我崩潰。有意思的是，拉岡的好友克勞德·李維史陀在1955年就曾經提議將他自己不斷揭露人類原初偽相的人類學稱為**熵學**（entropologei）。

拉岡所指認的這一切可怕的事情是否真是我們存在中的事情？如果是，那它們又都是如何發生的？欲知就裡，我們先來看看拉岡做過

1 〔法〕拉岡：《拉岡選集》，褚孝泉譯，上海三聯書店 2001 年版，第 367 頁。
2 〔法〕拉岡：《拉岡選集》，褚孝泉譯，上海三聯書店 2001 年版，第 377 頁。
3 〔法〕拉岡：《拉岡選集》，褚孝泉譯，上海三聯書店 2001 年版，第 611 頁。

的兩個具體一些的分析。一是命名中的非我性；二是語言詢喚中的異化。這也是新一輪異化之異化的兩個層面。

4、命名：你不是為自己活著

拉岡說，個人「主體在其精神發展的某個時刻進入語言時，語言早就存在了」，[1]這是特殊的個人與普遍的語言系統之間的初始關係。然而從一開始起，在這樣的關係中，個人主體就是語言和話語的奴僕。對任何一個人來說，「從他出生之時開始，即使那時只是以他的姓名的形式，他已經加入了話語的廣泛活動之中去了」。[2]拉岡此處指的是我們的被命名，可是人們萬萬想不到，命名本身是一種一生下來就發生的死。象徵性的符號構成了人的第一情境，一個替代物從此將永遠地取代他。如果我沒有說錯，這甚至是比鏡像階段更早發生的異化事件，甚至可以叫**前異化**事件。因為我們的被命名常常都發生在我們還沒有降臨人世的某一時刻，那時，我們甚至還沒有知覺。所以，可以說命名常常是在我們混然不知時發生的事情。真不知道為什麼，拉岡總會發現一些令人喪氣絕望的事情。

拉岡說，象徵性的詞語構成了人，第一個時刻是在還沒有出生時，人就已經被他人所**命名**（nommer）了。你尚未出世，可是你已經**先行性地**有了名字。所以，在拉岡的眼裡，命名，即個人奴隸式地被迫對一個符號（大人詢喚的對象）的認同。後來，拉岡將這第一個象徵化中的能指指認為S1。你一生下來，家人就說「你是王二」。那一刻，已經異化為鏡像主體的「我」直接再外化為一個符號，並且被每天每時反復詢喚著。這是一種強迫性的認同，即拉岡說的暴力式的先行性。從此之後，爸爸媽媽和其他人將無數次地用「王二」一類的東西強迫我們就範，稚嫩的我們絕對無力拒絕這個強大的外在指認。

1　〔法〕拉岡：《拉岡選集》，褚孝泉譯，上海三聯書店 2001 年版，第 425 頁。

2　〔法〕拉岡：《拉岡選集》，褚孝泉譯，上海三聯書店 2001 年版，第 426 頁。

最終，「王二」將由強迫性指認轉化為一種自動的重複。拉岡又說，自動性重複就是建構。「王二」作為一個空洞的所指並不存在，可是自動性的重複卻使這種**無中生有**。所以拉岡十分陰險地煽動道：「並不是從我們以為一定要認定的現實的無有之中，而是從**並不曾在**的內容中，重複的內容才展開來的。」[1]這大約真是一個事實，只不過原先我們從沒有覺得這個命名是不正常的。相比之下，在這一點上巴赫金的分析還是中性而溫和的。他已經注意到，孩子是從母親和親人那裡獲知關於自己的一切命名的。「幼兒從他們的嘴裡，從他們充滿愛的情緒和意志聲調中，聽到並開始承認自己的**名字**，以及有關他的身體和內在體驗、心情的各種因素和名稱；最早和最權威的關於他的說法，第一次從外部確定他的人格，同他自己內在的、朦朧的自我感覺相適應，給他提供了使他第一次意識到並發現自己是什麼的形式和名稱。」[2]巴赫金沒有將這種命名視為殺戮，而是看作一種生命存在中自然的**愛的**傳承關係。所以他認為，「這種自幼兒時就從外部形成著一個人的母親和他人的愛，在人的一生中不斷地給他的內在身體灌注血肉」。[3]

我們已經知道，拉岡認為符號就是事物和人死亡（不在場）的代理者。對於主體來說，命名將是初始的異化之異化，或者說是異化之異化的**第一個層面**。異化之異化是人活著的方式，這種悲劇性的存在從將貫穿人的一生，永無終點。或者，還可以用拉岡式的極其費解的言說來表達，這是以無（符號——存在的屍體）在無（迷失在他者鏡像中的自我）上貼出主體。面對名字，人們從不關心已經隱沒在他者映射關係（開始是作為小他者a映象，現在則成了大寫他者A的詢喚奴隸）的「真我」，實際上，它也從來沒有出場過，且必定永遠**不可**

---

1 〔法〕拉岡：《拉康選集》，褚孝泉譯，上海三聯書店 2001 年版，第 37 頁。

2 〔前蘇聯〕巴赫金：《審美活動中的作者和主人公》，《巴赫金文論選》，中國社會科學出版社 1996 年版，第 387-388 頁。

3 〔前蘇聯〕巴赫金：《審美活動中的作者和主人公》，《巴赫金文論選》，中國社會科學出版社 1996 年版，第 389 頁。

能在場。人們對「王二」寄予了太多的期望，「王二」應該考鋼琴十級，「王二」應該上清華大學，「王二」應該在哈佛拿博士學位，「王二」應該像父親一樣成為知名學者或高官大款……聲聲迫人，你正無法挽回地在被詢喚為一個大人眼中的「王二」。這就是一種**先驗的期望**。在當前中國僵化的初等教育體制下，高中畢業以前的孩子們實際上多是為家長和老師們活著的。他們往往沒有自己愛好，丟失了屬於兒童時代和青少年歲月的諸多樂趣，更不能有真實屬於自己的個性，他們日復一日地伏案苦讀，大多只是為了滿足父母們和老師們的虛偽的「面子」。

如果說，通常的命名還是一種善意的期望，那麼還有人經歷更悲慘的人生：替他人冒名頂替地活著。收編現成的故事就是我曾經討論過的阿爾都塞。[1]阿爾都塞的媽媽露西安娜與他後來在戰場上早亡的叔叔路易訂有婚約，可是一場殘酷的戰爭奪去了路易的生命，露西安娜無奈只好嫁給從戰場上撿了條命回來的阿爾都塞的父親查裡斯。於是，一個對阿爾都塞一生產生嚴重影響的事件在他甚至還未成形時就這麼發生了：他年輕多情的母親其實並無法忘卻死去的路易，雖然與查裡斯成婚並生下了阿爾都塞，但卻以戀人的名字來命名了這個可憐的孩子。路易・阿爾都塞一生下來就不是作為他自己，而是作為一個已經失卻生命的**他人**而被自己的母親期待著。阿爾都塞自己後來說：

> 我出生之時便被命名為路易。……它更多地取決於我母親的意願而不是我的。畢竟，它的發音是那個第三者的名字，那個剝奪了一切屬於我自己的特性的人的名字。「路易」作為一個匿名的他者供隨時傳喚。它指涉的是我的叔叔，那個佇立在我背後的陰影：「路易」是路易，是我母親所愛的男人，而不是我。[2]

[1] 參見拙著：於《問題式、症候閱讀和意識形態——關於阿爾都塞的一種文本學解讀》，中共中央編譯出版社 2003 年版。

[2] Louis Althusser, *The Future Lasts a Long Time And The Facts*, edited by Oliver Corpet and

這段話太重要了。在拉岡的意義上，這甚至還不是鏡像階段中那個奪去真我之位的小他者，根本上就是一種倒錯式的**不是「我」的他人**。我，是一個不折不扣的**空無**。在阿爾都塞看來，母親只牽掛那個空無一物的名字，而並不真愛阿爾都塞這個冒名頂替的肉身。對阿爾都塞的母親來說，人真是一個沒有實在的**空無**，而對阿爾都塞來說，人生從一開始就是一個痛苦的無盡**黑夜**。他替一個並不活著的他者可悲地活著，這是一種被閹除的母愛和祛主體的分裂倒錯。我覺得，這段經歷正是阿爾都塞最終走向精神分裂的重要原因。阿爾都塞讀過拉岡，因此他發現了主體是一個無這個祕密。齊澤克曾經說過，阿爾都塞「在自己全部的成年階段，他總是被自己不存在的觀念所折磨，害怕其他人知道他的非存在，也就是說，怕別人知道他自己僅僅是一個假裝存在的冒牌貨。例如，在《讀《資本論》》出版後，他非常害怕某些敏銳的批評揭露這個詆毀性的事實：這本書的主要作者並不存在……」。[1]無獨有偶，拉岡的那位瘋狂藝術家朋友達利，竟然也有著與阿爾都塞極相似的經歷。他一出生，就沿用了他死去了的哥哥的名字甚至衣物。達利的哥哥是家中第一個孩子，1894處出生，出生時得名薩爾瓦多·達利，1901因病去世。達利出生後，被父母重新命名為薩爾瓦多·達利。[2]因此達利自己說過：「我是另一個人」。[3]

相近的一個例子是韓國電視劇《祕密》裡述說的故事，故事的主角是一對同父異母的姐妹。姐姐的媽媽在她很小的時候離去，父親另娶後生了妹妹。因母親的出走，父親遷怒於姐姐，甚至從小告訴大女兒，說她是被別人遺棄的孩子，並一直虐待這個可憐的姐姐。不料，多年以後姐姐的親生媽媽從國外回來，並且搖身變成一個了巨富。

Yann Moulier Boutang, translated by Richard Veasey, first published in the United Kingdom in 1993 by Chatto & Windus. Page 39.

1 〔斯〕齊澤克：《快感大轉移——婦女和因果性六論》，胡大平等譯，江蘇人民出版社2004年，第221頁。

2 〔西〕羅哈斯：《達利的神奇世界》，陳訓明譯，湖南美術出版社2004年版，第6-8頁。

3 參見《參考消息》2004年9月1日第10版。

為了彌補孩子因為家庭不幸而缺失的母愛，母親回來認領自己的女兒。可是此時，貪心的妹妹假冒姐姐，進入富家，過上了貴族式的生活。[1]

拉岡認為，人在開始學習語言時就已經接受了一種暴力強制，這是新的一輪更深的異化的開始：第一次學會自己的名字就是異化——「我」變成一個符號。傑姆遜說：「在接受名字的過程中，主體轉化為一種自身的表現，這個被壓抑、被異化的過程正是主體的現實」[2]。阿爾都塞後來延伸說，甚至在「每一種新的學科誕生時，其家族圈子隨時都準備表示讚歎、慶祝和命名」[3]。「我」不是實體，「我」只是一種外部性的被詢喚，在這種被詢喚中，「我」被建構成為一種格式塔式的拓撲場。這又讓我們想起序言裡的梅子，被詢喚是一種他者的渴望目光，可以表現為大人之看、老師同學之看和眾人之看，在這種他者的欲望中，再構成我的**欲望的欲望**，自然也是假中之假。行文至此，我的內心充滿苦澀，在中國這塊土地上，這種情形大概更為嚴重。有多少父母，一上來就將自己這輩子沒有完成的夢想灌輸給孩子，令他們在世之初，便背負大山似的沉重壓迫。大人和社會理想的殷殷期待，害死了多少細小心靈的蓬勃個性和真實自我，這實在值得我們認真反省。

5、偽主體的本質：我在語言詢喚是成主體

依拉岡的觀點，「本我」與**人的符號**在象徵域中一體化了。拉岡曾經說，正是佛洛伊德最早發現了人與象徵體制的關係，並將其與人的本質聯結起來。但是，拉岡筆下個人主體進入象徵域的事件，卻是

1　韓國電視連續劇《秘密》(2003 年)，導演：金史賢；主要演員：金荷能，何志元，金民鐘，柳時元。

2　〔美〕傑姆遜：《拉岡的想像域與符號界》，載《晚期資本主義的文化邏輯》，陳清僑譯，北京三聯書店 1998 年版，第 223 頁。

3　〔法〕阿爾都塞：《列寧與哲學》，杜章智譯，遠流出版公司（臺灣）1990 年版，第 214 頁。

主體新一輪的自殺性消解。該論點我們已經進行了初步的討論，下面不妨展開進一步的分析，即拉岡對人類主體本質的一種新的認證：主體在語言詢喚中被建構。拉岡說：

> 我在語言中認同了自己，但這只是作為客體喪失在語言中後才做得到。在我的歷史中所實現的，並不是已逝者的絕對過去態，因為這已不存在了，亦非我現在有過的完成態，而是對於我已要成為的來說可能是先行的將來態。[1]

這個「先行的將來態」又是我們前面在鏡像階段中看到過的那種本體論上的先行的預期邏輯，是主體在語言關係中強制性的未來。我們還不是自己，但我們將要按照先行的象徵性關係成為我自己。此時，我們已經知道這個將要是的「我自己」是他性的強制。不過這時，原先那種鏡像－意象式（a）的牽引變成了語言象徵關係（A）的預設。

拉岡認為，每一個「我」都是被語言（大寫的他者）詢喚（interroger）成主體的，象徵使人成為人，可是，一旦我在**語言的詢喚**中認同了自己，真我作為一種存在就「喪失在語言中」了[2]。其實，我們不難發現拉岡的象徵域正是鏡像建構的想像域的必然深化。此處也有一個過渡時刻：在他人面孔之鏡（小他者II）奴化的後期，孩子已經在父母和家人反復性的言語詢喚中發生了一種新的認同。里德曾經舉例分析，當母親抱著孩子看自己鏡中的影像時，可能會說，「你的眼睛真像奶奶」，「你的下巴長得和你爸爸一模一樣」，以上都是最早的象徵性對主體的滲入。克莉斯蒂娃說，在我像什麼之前，「我」不存在。[3]因為它給孩子「在這個家庭中、在這個象徵性世界中作了最初的定位，這個孩子和他的形象被詞語和名字，也就是語

---

1 〔法〕拉岡：《拉岡選集》，褚孝泉譯，上海三聯書店 2001 年版，第 312 頁。

2 〔法〕拉岡：《拉岡選集》，褚孝泉譯，上海三聯書店 2001 年版，第 364 頁。

3 〔法〕克莉斯蒂娃：《恐怖的權力》，張新木譯，北京三聯書店 2001 年版，第 19 頁。

言象徵捆在一起」。[1]在這以後，從我們開始學習第一批概念開始，「爸爸」、「媽媽」、「我」、「人」……象徵性的語言就開始替代我們的肉體以及呈現在我們眼前的這個真實世界。我已經說過，黑格爾說概念是世界的本質正是拉岡的反證，因為總是象徵性符號在我們之前先行，是符號（期望、理想和意識形態）讓我們如此這般活著。

王二是個**男孩**，王二長得很**白**，王二是**大個子**。王二很**聽話**，王二**愛乾淨**，王二**討喜**。王二**聰明**，王二**學習好**，王二**第一名**。王二是**名牌**學校的大學生，王二一定會在英國**拿PHD**。王二是個**重感情**的人，王二從**不花心**，王二是個**好父親**。王二是個**有個性**的人，王二是個**會做官**的人，王二是一個**成功人士**。其實，以上每一個肯定性和引導性的概念不斷從一個他人口中轉到另一個他人的口中，自然就形成了一種強制性的「作業批改」，其中每一個象徵性指認都會是一種對主體的詢喚和引導。那個被叫作王二的人，正是在這種**關係性**詢喚中被建構成社會存在中的意識主體的。如果說在馬克思那裡，人的本質是每個人在其現實性上一切社會關係的總和；那在拉岡這裡，人的本質則成了每個人在其象徵域中符號（能指）詢喚關係的總和。拉岡的思想深深地影響過上個世紀60年代末的阿爾都塞。後者將人視社會生產方式中的結構性職位，是馬克思加拉岡的混合物。[2]在這一點上，齊澤克有非常深刻的指認：

> 超出了我與他人的關係，我是空無（I am nothing），我只是這些關係的集合（馬克思會說，「人的本質是一切社會關係的總和。」），但這個「空無」是純粹自我相關的空無。我是什麼，只是相對於他人而言的，不過與其同時，我還是自己決定

---

[1] 〔英〕理德：《拉岡》，黃然譯，文化藝術出版社 2003 年版，第 41 頁。

[2] 參見拙著：於《問題式、症候閱讀和意識形態——關於阿爾都塞的一種文本學解讀》，中共中央編譯出版社 2003 年版，第六章。

> 自己的人，即我決定由我與他人結成的哪種關係網絡，並由這種關係網絡來決定我。[1]

當然在這裡，齊澤克與拉岡都是**倒過來**讀馬克思的。更重要的，構成我存在的那個網路就是象徵性符號之網。說「我」是一個空無，是因為作為個人主體的「被還原為一個空虛的、空洞的場所，它的內容由他人和象徵性的交互主體關係網絡所填充：『在我自身之中』我是虛無，屬於我自己的肯定性內容是我為他人的存在。換言之，如果這就是全部，拉岡最後的那句話便是主體的極端的異化。他的內容、『他的存在』決定於外在的能指網路（exterior signifying network），這一網路給他提供象徵性的認同點並賦予他某種象徵性的指令」。[2] 在拉岡看來，這種由語言建構起來的意識主體是一個更可悲的偽我，它既不代表過去的我，也不代表現在當下的我的存在，而是我被強迫去認同的**未來**之我。這是那個內在的先行性的大寫他者預期邏輯的傀儡。

對此，拉岡曾經形象地描寫道：

> 諸象徵（symboles）以一個如此總體的網路（réseau si total）包圍了人的一生，……在他出生時，它們給他帶來星座的秉賦，或者仙女的禮物，或者命運的概略；它們給出話來使他忠誠或叛逆；它們給出行動的法則讓他遵循以至他還未到達的將來，以至他的死後；依照象徵他的終結在最後的審判中獲得意義，在那兒語詞寬宥或懲治他的存在，除非他達到了為死的存在（l'être-pour-la-mort）的主體的實現（réalisation subjective）。[3]

---

1 〔斯〕齊澤克：《實在界的面龐——齊澤克自選集》，季廣茂譯，中共中央編譯出版社 2004 年版，第 91 頁。

2 〔斯〕齊澤克：《意識形態的崇高對象》，中譯文參見季廣茂譯，中共中央編譯出版社 2002 年版，第 65 頁。

3 〔法〕拉岡：《拉岡選集》，褚孝泉譯，上海三聯書店 2001 年版，第 290 頁。中譯文有改動。參見 Jacques Lacan, *Écrits*, Éditions du Seuil, Paris, 1966, P.269。

不難看出，這是一個總括性的說明。人的一生，實際上正是象徵性符號如同網路一般纏繞和詢喚的一生。當他（她）出生時，除去他性的命名，還有按出生年月日給出的星座中先行的性格、愛情結局和職業的預設。近幾年，星座現象在中國也開始流行，我們過去的傳統是屬相、血型和面相說。當生活中遭遇任何事情，我們會說，「雙魚座就是多情」，「屬猴的就是不安定」，「O型血就是充滿熱情」來進行即時定位和校正。然後，象徵性符號會以種種理想、使命和「歷史重任」為尺度，以衡量一個人生命的成功與否（「忠誠或叛逆」）；象徵性符號也會事先確立特定的道德範式和價值座標，以判斷人的品質。人們常常由此獲得成功與失敗的判定，也隨之得到「好人」與「壞蛋」的名號。最後，一直到死，還是要獲得來自象徵性符號的「寬宥或懲治」，唯一的標準是人「為死的存在的主觀實現」。「死的存在」即是殺死物與人的詞語，「主觀實現」就是那個作為**活死人**的偽主體。臨到了，還是象徵性的符號對進了棺材的主體進行「最後的審判」。「死有餘辜」和「遺臭萬年」或者「死得其所」和「萬古長青」。拉岡真是刻薄。

不僅如此，拉岡還上升到更大的認識論層面進行了概括。他說，永恆、凝滯的人類的一般知識結構實際上仍然是從絕對觀念之流出發的一種策略性回撤。主體時常在自己話語的**客觀化中**失去自己的意義，這也會是「主體在科學文明中的最深刻的異化」。這不知道已是拉岡異化邏輯中第幾回異化批判了。為此，他曾經以一個科學家在那種象徵性的研究事業和日常生活中「死亡」為例。

在科學構成（constituée par cette science）的這個宏大的客體化（l'énorme objectivation）過程中交流能夠成為有效的。科學也使他忘記他的主觀性（subjectivité）。在他的日常工作中他有效地參與在這個共同工作中，並以一個興盛的文化娛樂來充填他的閒置時間。從偵探小說到歷史回憶錄，從教育講座到集體關係修正術，這個文化足以使他忘記自己的存在和自己的死亡（son existence et sa mort），同時，在一種虛假的交流中誤識他的生活的個別意義。[1]

依拉岡的看法，一個科學家在他所從事的科學研究中忘卻自己的主觀性，他自以為手中即是客觀真理和本真世界。可他意識不到象徵符號建構世界圖景和他被詢喚為一個不是自己的科學家的真實過程。回到家裡，他用大量虛假的文化符號和偽主體際的交流填充自己的空餘時間，以忘卻自己的真正生活。在所謂文化交流中，他被詢喚為主體，但他不知道他已經死亡。

拉岡還有一個比喻，他說，對於現代人來講，象徵性的語言像「一堵牆」。這個牆是一種隱喻，它就像先前鏡像階段中的介體——鏡子和他人的面容，鏡子反射中錯認自我，而現在語言是牆，它不是簡單的鏡像，而是作為大寫的他者擋住了主體真實存在的發生和生長。著名電影《迷牆》中有不少片段反映了這一觀念。[2]即使我們瞭解到文化符號的外在性，現代文化的「正常」人常常議論的防備空話的措施也只是加厚了這堵牆。並且，「這牆的厚度可以通過上述的文化在它的範圍內的甲、乙、丙區域裡按居民人數生產的書刊的公斤數，唱片紋道的公里數和廣播的小時數的統計數字來測定」。[3]言下之意彷彿是，在現代人的生活中，象徵性符號對我們存在的侵佔已經不再是單薄的裹屍布，而是厚如城牆。所以拉岡說，今天「語言既使

---

[1] 〔法〕拉岡：《拉岡選集》，褚孝泉譯，上海三聯書店 2001 年版，第 293 頁。中譯文有改動。參見 Jacques Lacan, *Écrits,* Éditions du Seuil, Paris, 1966, P.282。

[2] 以上我們已經提到，Pink Floyd 是歐洲著名搖滾樂隊。《迷牆》（*The Wall*）是這一樂隊 1979 年推出的一個極有名的專集。《迷牆》中有一首歌唱道：

> 正如你所見，迷牆築得太高了
> 無論他如何努力，他都無法重獲自由
> 一群蛆蟲正在吸食他的大腦
> 嘿，站在路上的你
> 總是被動的去做你該做的事，你可以幫幫我嗎？
> 嘿，站在牆上的你
> 在大廳裡砸碎玻璃瓶，你可以幫幫我嗎？
> 嘿，你可別告訴我一點希望都沒有
> 在一起我們就贏，分開我們就輸。

[3] 〔法〕拉岡：《拉岡選集》，褚孝泉譯，上海三聯書店 2001 年版，第 294 頁。

不完成一切也是組織了人間關係的一切」。[1]

依拉岡之見，我們今天這個「社會的結構是象徵性的」。[2]在這個**象徵性秩序**的王國中，人受到暴力式的統治，在自我懲罰、性格面具和種種變態偽裝之下，虛假的主體被確立，而真實的欲望之人卻死亡了。為此，拉岡使用過一個隱喻，即他在50年代提出的**父親的名字**（*Nom-du-Père*）。波微說，一開始，拉岡只是對基督教聖曲和三位一體半開玩笑地進行一些暗示，可後來這個隱喻卻迅速成為其理論中一個重要的觀點。[3]在拉岡這裡，父親的名字是立法性和懲罰性權威的象徵，他「將父名視為這個象徵功能的承載」。[4]雖然父親的具體功能只能由一個人來代表，但自古以來，在象徵的意義上，父親的名字就是象徵域中法的象徵。而在拉岡這裡，父親的名字象徵著限制人類言說和欲望的法律，它的出現會在個體內心中呈現禁止亂倫、樹立教化人格、壓抑欲望的禁令。到了60年代，拉岡又將這種父親的名字升格為「聖父的名字」或**大寫的**父親的名字，以它來標識一切同一性的形上力量。這已經不是外在的法律，而是一種自我奴役的內心鎖鏈。父名不是外在的強制，而是一種威嚴之後的自我懲戒。拉岡以為，這是他對佛洛伊德超我的重寫。

拉岡指出，這也是現代人主體存在的真實面孔。他曾經以陀斯妥也夫斯基小說主人公的一段對話來加以描述：老卡拉馬佐夫問他的兒子：「上帝死了，那麼什麼都允許了？」可是他兒子卻回答：「上帝死了，什麼也不允許了。」因為現代性的主體建構中一個重要支撐點，是以抽象的法律——象徵性語言全面構築起來的自我懲罰之網。「人的法律就是語言的法律」。[5]法律即用語言建立起來的自我奴役，它的核心是責任和自我懲罰。「責任，也就是說懲治，是人之所

1　〔法〕拉岡：《拉岡選集》，褚孝泉譯，上海三聯書店 2001 年版，第 557 頁。
2　〔法〕拉岡：《拉岡選集》，褚孝泉譯，上海三聯書店 2001 年版，第 131 頁。
3　〔英〕波微：《拉岡》，牛宏寶等譯，昆侖出版社，1999 年版，第 121 頁。
4　〔法〕拉岡：《拉岡選集》，褚孝泉譯，上海三聯書店 2001 年版，第 289 頁。
5　〔法〕拉岡：《拉岡選集》，褚孝泉譯，上海三聯書店 2001 年版，第 283 頁。

以為人的根本特性之一。這個特性盛行於每個社會。」[1]所以，拉岡說，對人而言，「自我懲罰的意義覆蓋了這全部的苦痛和這全部的姿態。」[2]這是一種自拘性的集體超我。

拉岡認定，在這個四處是高牆的象徵性社會之網中，個人主體早已在一種「集中營式的社會關係」中泥足深陷，拉岡說，這就是人在本體存在上的「絕境」。拉岡此處的論說十分接近福柯所謂的全景式監獄的觀點。也是在這一點上，拉岡提到當代存在主義思潮為了衝破這種社會之網而力圖建立的個人主體觀，即：

> 一種只有在監獄高牆內才得到肯定的自由，一種表達了純粹良知無法超越任何形勢的參與要求，一種兩性關係的窺淫－虐淫的理想化，一個只有在自殺中得到實現的個性，一種只有在黑格爾式謀殺中才得到滿足的對他人的意識。[3]

這幅畫面並不陌生，它顯然是沙特、卡謬等人的個人主體的悲觀式生存圖景。有意思的是，恰巧是在上一世紀60年代結構主義狂潮將沙特掃到學界邊緣時，沙特反倒真是十分清醒地批評了拉岡的非歷史性：「如果實踐不存在了那麼主體也就不存在了。拉岡和緊隨其後的精神分析學家都告訴了我們些什麼？它告訴我們，人並不思想，而是被思想，這就像某些語言學家，他不說話，而是被說」。[4]在沙特看來，拉岡以及所有結構主義所主張的祛主體論正是技術官僚文明貶斥人類個體真實存在的意識形態。

拉岡認為，今天這個世界的本質是「集中營式的社會關係」，活躍其中中扮演某種角色的社會之我本身已經是被謀殺的真我的屍

---

1 〔法〕拉岡：《拉岡選集》，褚孝泉譯，上海三聯書店 2001 年版，第 137 頁。

2 〔法〕拉岡：《拉岡選集》，褚孝泉譯，上海三聯書店 2001 年版，第 129 頁。

3 〔法〕拉岡：《拉岡選集》，褚孝泉譯，上海三聯書店 2001 年版，第 95 頁。

4 〔法〕多斯：《從結構到解構——法國 20 世紀思想主潮》，季廣茂譯，中共中央編譯出版社 2004 年版，上卷，第 435 頁。

體[1]。倘若依這個邏輯來看，那我們周遭的社會無疑就是一個活跳屍的世界了。

最後，我們還有一個不甘心的問題，即個人主體能不能拒絕這種可怕的象徵化之網。答案會是：有可能。然而，答案的真相是「存在著一些主體，他們不說『Yes！』，而說『No！』——所謂精神病人，他們恰巧拒絕參與象徵秩序」。[2]

1　〔法〕拉岡：《拉岡選集》，褚孝泉譯，上海三聯書店 2001 年版，第 95 頁。

2　〔斯〕齊澤克：於《偶然性、霸權和普遍性——關於左派的當代對話》，胡大平等譯，江蘇人民出版社 2004 年版，第 121 頁。

第六章

能指鏈：我在我不思之處

話語的存在，是為了將你引入歧途。

——達利

前面我們已經說過，拉岡對佛洛伊德的革命性改造，主要是基於將語言結構主義資源引入精神分析而實現的，並且這種導入並非建構性的肯定，而是一種顛覆。作為精神分析學新革命的法寶，語言符號（能指）再一次毒殺著以概念為核心的語言體系構築起來的理性主義個人主體。如果說，象徵性關係只是毒化了主體的外部建構，那拉岡則是以處於思想意義域核心的能指關係證偽了理性本身。也由此，拉岡一定要改寫笛卡兒那個「我思故我在」，他的古怪宣言是「在我思之玩物之處我不在，我在我不思之處」[1]。必須承認，這又是一道極其難解的形上之題。以下，我們將盡可能通俗地加以說明。

1、能指：象徵域中的君王

拉岡並不諱言自己與結構主義語言學的歷史關係。他坦承自己認同以索緒爾、雅各布森和克勞德．李維史陀為代表的結構主義思潮，以及作為這種思潮前身的19世紀俄國形式主義的種種學術資源。拉岡十分得意地認為，佛洛伊德顯然沒有掌握這種重要的工具。[2]可是，

[1] 〔法〕拉岡：《拉岡選集》，褚孝泉譯，上海三聯書店 2001 年版，第 449 頁。
[2] 〔法〕拉岡：《拉岡選集》，褚孝泉譯，上海三聯書店 2001 年版，第 608 頁。

我卻發現握在拉岡手中的語言理論，更多地似乎是屬於「後結構主義」的觀念，因為結構主義的語言結構概念已經直接成為拉岡惡毒攻擊的對象。拉岡對語言的總體看法集中在一個原則性意見之中：「在語言中，符號的意義來自於語義的詞彙分割，所處位置以及詞素變位中的樸素關係」。[1]十分清楚，拉岡已經肯定了索緒爾以來語言學的一個觀點，即並不存在獨立的直映實在的詞語，任何一種詞語的意義都來自符號之間的功能性關係。

拉岡依從索緒爾，他也區分了語言與言語的不同，但是，他顯然更加重視**言語**。海德格爾說，語言存在論的基礎是言語。[2]其實索緒爾已經意識到，如果說語言是抽象的體系結構，那言語與語言最大的不同在於言語是一種運用語言的行為。所以，「作為行為它必定有一個主體」，同時，作為主體的行為，它「至少可以說在這個行為中主體又必定有另一個主體」，即聆聽者。[3]這是拉岡的東西了。

拉岡認為，「人的存在屬於承認的法則」，所以，人總是「在他人的話語中參證自己」。拉岡出此言的背景一是黑格爾那個在另一個自我意識中認證自己的個人主體觀，二是海德格爾的共在觀，後者說過，「此在作為共在對他人是敞開的」，每一個此在身邊都會有一個他者作為聽眾，同時，我們也是他者的聽眾，人是一種互相聆聽的共在。[4]在拉岡看來，這是言語「最根本的形式。所有人類的言語都由這個形式而來」。[5]用當代哲學的話語來描述，即是主體際交互關係。拉岡甚至認為，「既使言語碰到的是沉默（silence），只要有一個聆聽者，所有的言語都是有回答的」，[6]因為沉默中就包含著言

1　〔法〕拉岡：《拉岡選集》，褚孝泉譯，上海三聯書店 2001 年版，第 310 頁。

2　〔德〕海德格爾：《存在與時間》，陳嘉映，王慶節譯，北京三聯書店 1987 年版，第 196 頁。

3　〔法〕拉岡：《拉岡選集》，褚孝泉譯，上海三聯書店 2001 年版，第 369 頁。

4　〔德〕海德格爾：《存在與時間》，陳嘉映，王慶節譯，北京三聯書店 1987 年版，第 199 頁。

5　〔法〕拉岡：《拉岡選集》，褚孝泉譯，上海三聯書店 2001 年版，第 311 頁。

6　〔法〕拉岡：《拉岡選集》，褚孝泉譯，上海三聯書店 2001 年版，第 256 頁；第 311 頁。

說。其實，列維納斯也說過相同的話。

任何真實的言語（vraie parole）都不僅僅是主體的言說（parole du sujet），言語只有在建立在其他主體（autre sujet）的仲介之上時才能運行，由此它就向一個無盡的——但可能不是無定的，因為它是封閉的——言語連環之開放。在人類社會中辨認的辯證法（dialectique de la reconnaissance）就具體地實現於這個連環中。[1]

言語只存在於主體之間活生生的交流中。「主體只有在其言語的主體間性的連續中才得到滿足，而主體的歷史正是構成在這言語中」。[2]或者說，「一種語言所具有的言語的價值是其含有的『我們』的主體間性中測度出的」。[3]拉岡甚至說，人的科學就是「主體際性的科學的集合」。[4]悄然之間，拉岡已經將海德格爾面向物性世界的「在世之中」[5]唯心主義地退縮到**在主體之中**。

請注意，如果說在想像域中，拉岡面對的主要是個人主體成長進程中的心理自我，那麼在進入的象徵域之後，他面對的則主要是作為**成年人**的人類主體。主體是一個大寫的哲學概念，拉岡常常用大寫的S（Subject）來表示。拉岡那個作為主體的人的確是皮爾士所說的「人是一個象徵（符號）動物」，因為現實生活中人與人之間通過言語相互呼喚、質詢和應答，每一天每一刻建構起主體。正是在這個意義上，德里達直接批評拉岡理論中仍然存在著嚴重的語音中心主義。[6]

我在言語中尋找的是他者的回答（réponse de l'autre）。將我建構成主體的（constitue comme sujet），是我的問題。為了使我為他人所

---

1 〔法〕拉岡：《拉岡選集》，褚孝泉譯，上海三聯書店 2001 年版，第 372 頁。中譯文有改動。參見 Jacques Lacan, *Écrits*, Éditions du Seuil, Paris, 1966, P.353。

2 〔法〕拉岡：《拉岡選集》，褚孝泉譯，上海三聯書店 2001 年版，第 268 頁。

3 〔法〕拉岡：《拉岡選集》，褚孝泉譯，上海三聯書店 2001 年版，第 311-312 頁。

4 〔法〕拉岡：《拉岡選集》，褚孝泉譯，上海三聯書店 2001 年版，第 380 頁。

5 〔德〕海德格爾：《存在與時間》，陳嘉映，王慶節譯，北京三聯書店 1987 年版，第 66 頁。

6 〔法〕德里達：《立場》，轉引自〔法〕多斯：《從結構到解構——法國 20 世紀思想主潮》，季廣茂譯，中共中央編譯出版社 2004 年版，下卷，第 50 頁。

認可（reconnaître de l'autre），我是著眼於將至者而講出已逝者。為了得到他，我用一個名字（nom）來叫他，為了回答我，他必須接受或拒絕這個名字。[1]

其實，在上一章的討論中，我們與拉岡關於詢喚建構主體之類的話語已經打過交道，只不過在這個地方，拉岡給他那關於象徵性符號的證偽邏輯披上了一件語言學的外衣。

拉岡認為，言語發生時，才產生了主體際的**意義**，說話者的身分和相互的認同也才得到確認。正是在這種相互的認同中，人們相互感染、相互意會，有時候他們說著同一個詞語，但卻意指完全不同的東西，可是他們互相之間完全能知曉這種喻意。在中國的日常生活中，人們之間交換的許多對話都建立在一種意會交流的基礎之上，比如人們指認一個男人是「氣管炎」，聽眾都會會心一笑，因為這個「氣管炎」在中國話裡是「妻管嚴」的諧音，即怕老婆的男人。就這個意義而言，主體的本質即是象徵性的語言符號的鮮活建構物。拉岡堅持認為，既使在夢境中，主體的無意識也並不由佛洛伊德指認的生理學意義上的本能所驅動，夢的主要結構是以「能指成份的語音和象徵」為主要功能關係的。拉岡只承認兒童的夢境主要由表意形態構成。所以，拉岡說，夢有一個句子的結構，這又是直接否定佛洛伊德的。[2]

進而，拉岡聲稱，今天的精神分析學家應該進一步掌握語言符號結構中能指與所指這兩個重要的概念。他將能指和所指稱為「兩個網路」，它們會組織起互不重疊的關係來。第一個網路，「能指的網路，是語言材料的同時性結構，因為在那兒每個成份由於與其他成份相異而獲得應用」；第二個網路，「所指的網路，是實際說出的言談的歷時性總和，這個總和對第一個網路做出歷史的反應」。[3]前面我們已經說過，在索緒爾那裡，詞語所指和能指的結合產生了意義的動

1　〔法〕拉岡：《拉岡選集》，褚孝泉譯，上海三聯書店 2001 年版，第 312 頁。中譯文有改動。參見 Jacques Lacan, *Écrits,* Éditions du Seuil, Paris, 1966, P.299。

2　〔法〕拉岡：《拉岡選集》，褚孝泉譯，上海三聯書店 2001 年版，第 278 頁。

3　〔法〕拉岡：《拉岡選集》，褚孝泉譯，上海三聯書店 2001 年版，第 398 頁。

態關係。拉岡曾經明確表示向索緒爾致敬，其實在此處，他已經開始直接利用索緒爾提供的理論武器，特別是前者那個構成語言記號的能指和所指的任意性關係。不過，我們馬上就將看到，拉岡與語言學結構主義的關係正如同他與其他一切的學術資源一樣，也是根本顛倒和異質的。拉岡總是顛覆式地倒轉邏輯來借用他人的東西，在我印象中，拉岡幾乎不曾簡單地、肯定性地使用過別人的東西。

但是，拉岡卻從根本上改變了索緒爾符號結構的基本功能：第一，語言，特別是言語的主要成分是本身沒有意義的能指，能指並不依賴於所指，而反倒是後者的真正**基礎**。第二，記號的任意性不再是能指與所指搭配起來的意指關係，而是能指**之間**的有序關係。第三，這種**脫離了所指**的漂浮能指的關聯則構成了作為語言本質的象徵性。與索緒爾的相似之處，是拉岡同樣不關心對象與符號的關係，而只關注主體與語言的關係，特別是言語活動中所指與能指的任意關係。可是，拉岡更改了索緒爾所指與能指一旦結合即形成的固定符碼關係。拉岡不愧是一個**語意漂流者**，他要使能指從指向意義的關聯中澈底擺脫出來。並且，拉岡與索緒爾最主要的異質性還在於，原先在索緒爾那裡同為一體的能指與所指在拉岡的手中分家了，能指脫離了所指，並突顯為所指的基礎。相比之下，拉岡更強調「能指相對所指來說的優先性」。[1]所指被解構了，固定的意指轉形為象徵性語境，且來自於能指與能指的相互指涉。在拉岡看來，語言的王國是一個象徵性的王國，其中起關鍵作用的只是言語中能指與能指構成的**節鏈**。拉岡說，「我們關於能指的學說首先是一門學術。通過這門學術我們培養的人要熟知在所指出現時能指的各種效用的方式。這是唯一一個可以設想從解釋中會產生新的方式。」[2]所謂新的方式就是**能指至上論**。需要鄭重說明的是，如果說我們在前面已經瞭解了拉岡關於語言就是存在的殺戮一說，那麼，現在問題就進一步深化為言語中的**能指是存**

1 〔法〕拉岡：《拉岡選集》，褚孝泉譯，上海三聯書店 2001 年版，第 21 頁。
2 〔法〕拉岡：《拉岡選集》，褚孝泉譯，上海三聯書店 2001 年版，第 531 頁。

在的殺戮了。前面我們已經看到，拉岡這一觀念其實緣起於其好友克勞德．李維史陀的能指觀。持相近能指觀的還有結構主義四個火槍手之一的巴特，這主要體現在他1967年出版的《流行體系——符號學與服飾符碼》中。在那本書裡，巴特明確指認了流行體系中的意義形成於服飾能指之間的流動變易的聚合關係。[1]

在1957年寫作〈無意識中文字的動因或自佛洛伊德以來的理性〉一文時，拉岡就將索緒爾那個著名的所指在上、能指在下的公式扭轉了乾坤，他筆下的能指成了大寫的S居上位者，所指則成了小寫的斜體小寫*s*縮在被原來壓在能指脖子上的橫線之下（S／*s*）。[2]

波微說，在拉岡對索緒爾的改造中，精神分析學通向語言學的大門是這樣打開的：「能指的潛能，在這裡被象徵化地表現為一個單獨的大寫字母，它過後應該是無數肯定性贊詞和頌揚性敘述的主體」。[3]拉岡的能指說明顯受到克勞德．李維史陀和毛斯的影響。前者認為，在人類思維發展的前期，當理性規則還不曾居支配地位的時候，思維就是以沒有觀念化的「形象」，即**象徵性的能指**來指認人類與世界和類族關係的，這是一種「未被馴化的思維」。而毛斯的象徵性禮物說也給了拉岡很大的啟發。「禮物已經是象徵了。因為象徵就是條約，它們首先是條約的能指，然後才構成所指。」為此，拉岡專門舉例說，「象徵性的物品，如從不盛物的瓶子，太重而無法舉起的盾牌，乾枯的禾束，插入地上的長矛，造出來就不是為了使用的」。[4]它們本身不是概念，只是象徵性的能指，觀念（所指）不過是能指建構的結果。

當然，我們一定要注意，拉岡的能指已經不再僅僅是索緒爾那個在所指（概念）之下的**音響**和**視像**，而已經轉喻為詞語在具體言語中

1　〔法〕巴特：《流行體系——符號學與服飾符碼》，敖軍譯，上海人民出版社2000年版，第68頁。

2　〔法〕拉岡：《拉岡選集》，褚孝泉譯，上海三聯書店2001年版，第427頁。

3　〔英〕波微：《拉岡》，牛宏寶等譯，昆侖出版社1999年版，第71頁。

4　〔法〕拉岡：《拉岡選集》，褚孝泉譯，上海三聯書店2001年版，第283頁。

可能性的衍生意義。對此，多斯十分氣憤地說：「在索緒爾的能指與拉岡的能指之間，不存在一絲一毫的相似性。」[1]拉岡十分獨特的視角恰巧在於，任何一個說出和寫下的詞所能傳達的意義，往往比它想要表達的東西更為不確定。他雖然保留了索緒爾的那條橫線，但在他的魔棒下，橫線已經不再是所指和能指之間不可分割的關聯，而成了一道「能指與所指關係中對意義的抵抗」之牆。[2]

為了說明自己的能指觀，拉岡在〈無意識中文字的動因或自佛洛伊德以來的理性〉一文中，舉過一個著名的例子。他繪製了下圖：

這是我們在任何人群共同體場所都能看到的兩扇完全相同的門，門上的兩個能指「女」和「男」分別指認女廁和男廁。現在，大多數公廁門上已經沒有了那兩行中文或者外文，而是乾脆直接使用了藍色的著長褲的男人圖示「」和紅色的穿裙的女人圖示「」的能指。「男」和「女」作為一般孤立的概念只是性別的所指，可是當這兩個字或圖示並列出現在門上的時候，它們的能指在相互的判別性互涉中，產生了另一層意義：男、女廁所。[3]

再比如，拉岡很早就舉過一個例子，即法文中的「簾子」（rideau）這個詞。我不太能確定，拉岡此處使用「簾子」做喻，是否暗指佛洛伊德那個關於無意識存在的「簾子」說。

---

1 〔法〕多斯：《從結構到解構——法國 20 世紀思想主潮》，季廣茂譯，中共中央編譯出版社 2004 年版，上卷，第 322 頁。

2 〔法〕拉岡：《拉岡選集》，褚孝泉譯，上海三聯書店 2001 年版，第 447 頁。

3 〔法〕拉岡：《拉岡選集》，褚孝泉譯，上海三聯書店 2001 年版，第 430 頁。

儻若我說「簾子（rideau）」這個詞，並不是因為它約定俗成在指稱一個物體（objet），而因之它會變成多種多樣的意圖。工人、商人、藝術家或者是格式塔心理學家是以這些不同的意圖而將這個詞感覺為一件工作、一個交換價值（valeur d'échange）、一個彩色形象或者是一個空間結構（structure spatiale）。[1]

言下之意，「簾子」這個能指只有處在它與其他不同的能指的差異性關係中，才能衍生出無限的意義。對製作簾子的工人來說，「簾子」是一個具體的對象的工藝生產過程；對商人而言，「簾子」則意味著這一對象能夠值抵的金錢；而對藝術家來講，「簾子」則是一幅美術作品[2]；到了格式塔心理學家那裡，「簾子」就真會是一種當下的心理場建構完形結構了。所有這一切能指與其他能指的指涉，都產生於**意義對詞意外的無限溢出**，這種**在別處的意義構境**構成了拉岡意義上的能指語境。所以，拉岡聲稱，「能指不是『反映』，不是所謂『人際關係』的單純的產物」。[3]它往往是一種**漂浮的**能指的**異在**，並不直接在場。並且，拉岡的能指甚至不再僅僅是詞語的規定性，而可能是主體間的一個手勢、一個眼神或一個表情，在這個手勢、笑容或表情浮現的剎那，一種深深的意義存在立即就生成了。上文中，我們已經在鏡像階段看到了包括父母的表情在內的眾人之看，那都會是拉岡意義上的前語言能指。拉岡曾經信誓旦旦地說，「能指形成了一張網，我們幾乎意識不到它的存在，但它卻能澈底地影響我們的生活。它們構成了我們的世界，一個從本質上說是象徵性的世界」。[4]按照這個邏輯，我們身邊的事物就是由能指構成的，準確地說，是

1　〔法〕拉岡：《拉岡選集》，褚孝泉譯，上海三聯書店 2001 年版，第 171 頁。中譯文有改動。參見 Jacques Lacan, *Écrits,* Éditions du Seuil, Paris, 1966, P.166。

2　西方古代有一個傳說，是說在名叫宙克西斯和巴哈修斯兩位畫家的繪畫較量中，後者畫了一幅蒙畫的簾子，而宙克西斯竟然沒有認出這只是一幅作品，當他用手去揭這個「簾子」的時候則立刻認輸。拉岡自己的研討會報告ＸＩ中提到過這個故事。

3　〔法〕拉岡：《欲望及對〈哈姆雷特〉中欲望的闡釋》，《世界電影》1996 年第 2 期，第 191 頁。

4　〔英〕理德：《拉岡》，黃然譯，文化藝術出版社 2003 年版，第 39 頁。

由能指**竊位**的。語言殺死對象和主體的過程之本質是能指取代了它們的真實存在，而這種取代對象的同一性正是由**言語**中的能指關係構成的。對此，多斯曾經不無惋惜地說，這種「言語永遠割斷了它與現實的聯繫，失去了進入現實的可能，人們只能使用彼此相互指涉的能指」。[1]作為局外人，多斯的評論從表面看似乎是對的，可他不能理解的是，拉岡正是要說明那個現實的虛構性。拉岡的門徒齊澤克曾經指認到：「對一個同一性客體的唯一可能的定義在於，這一客體永遠由同一個能指所指代，永遠系於同一個能指。正是這個能指構造了客體『同一性』的核心。」[2]不僅事物由能指所替代，個人主體也將由能指所取代，拉岡的意圖是多麼的澈底！這一點，我們將在下面的討論中專門說明。

迄今為止，我們已經知道拉岡的象徵域中最重要的東西正是能指，它是個人主體更關鍵的此在之根。所以我們可以說，拉岡的能指是一個本體論上篡位的統治者。針對全部拉岡哲學來說，這個全新的能指具有本體論意義上的源初性和基始性。鮑依說，拉岡的能指具有了特殊性，「這種特殊性有著各種不同的說法，如首要性（primacy）、先在性（precedence）、駕越性（preeminence）、持久性（insistence）和優先性（supermacy）」。[3]無論在何時何處，能指總是與人的存在形影相隨。這麼一來，方才皮爾士那句「人是一個符號動物」就得改寫為拉岡式的「人是一個能指」了。在晚年的時候，拉岡則再一次將其改為：「人是一個症象。」人總是通過言說中的相互認同來建構主體，雖然認同可能形形色色，但主體將「永遠是認同於能指」。[4]能指，才是個體主體與類的真正主人。固然，拉岡已明

---

1 〔法〕多斯：《從結構到解構——法國 20 世紀思想主潮》，季廣茂譯，中央編譯出版社 2004 年版，上卷，第 145 頁。

2 〔斯〕齊澤克：《意識形態的崇高對象》，中譯文參見季廣茂譯，中共中央編譯出版社 2002 年版，第 136-137 頁。

3 參見〔英〕斯特羅克：《結構主義以來》，渠東、李康等譯，遼寧教育出版社 1998 年版，第 148 頁。

4 〔法〕拉岡：《拉岡選集》，褚孝泉譯，上海三聯書店 2001 年版，第 557 頁。

確反對基始性的哲學，但能指對他來說，顯然還是第一性的東西。對此，波微有過如下評論：

> 拉岡式的能指並不是常規的技術術語：它遷徙到其他的術語中，賦予它們潛能，並在它們執行它們自己的使命時隱密地推動它們。……它是一種不可能被違抗的法律，並且把天神般的冷漠加諸所有的言語。它既束縛又解放，既禁錮欲望又把欲望送上無盡的旅途。[1]

其實，再通俗一些說，這個高居拉岡哲學皇位的能指的實質也就是**移動的意境**，只不過此意義不再是所指與能指的結合，而只是能指單獨建構的事情，它只是對所指進行了滲透和殖民罷了，而傳統語義哲學中的意義現在已經成了一種能指的聚合性遊戲。當然，這個能指不是原來那種固定的視聽具象，而是一種永不停頓的意義境的移動。「沒有一個意義不是靠著引向另一個意義才得以成立的」。[2]不過，此處的意義我們要讀成能指引向另一個能指的關係。「能指只能維持在移動之中」。[3]當然，能指並非一種無休止的移動，意義正是形成於特定的能指與能指的**縫合點**（points de capiton）上。這個「縫合點」是拉岡哲學中的很重要的一個關鍵字，齊澤克對它也十分關注。這個縫合點使能指終止了自己的滑動。並且，能指的結構是互涉的鏈環，它作為「鏈上的一環，而這鏈又是合攏在由環組成的另一個環上」。[4]對此，拉岡將其命名為拓撲學語境中的**能指鏈**（chaîne signifiante）。

---

1 〔英〕波微：《拉岡》，牛宏寶等譯，昆侖出版社 1999 年版，第 87 頁。

2 〔法〕拉岡：《拉岡選集》，褚孝泉譯，上海三聯書店 2001 年版，第 310 頁。

3 〔法〕拉岡：《拉岡選集》，褚孝泉譯，上海三聯書店 2001 年版，第 21 頁。

4 〔法〕拉岡：《拉岡選集》，褚孝泉譯，上海三聯書店 2001 年版，第 432 頁。

能指鏈的這個結構所揭示的是這樣一種可能性：因為我與其他主體（d'autre sujets）共有這個語言，也就是說，因為這個語言存在著，我就能利用這個語言來指稱與它所說的**所有他性物**（*tout autre chose*）。比起掩飾（déguiser）主體的思想（一般是無法定義的）功能來，言語的上述功能更值得重視。[1]

拉岡體系裡的能指鏈是一種意義重疊和拓樸語境的動態結構。越到晚年，拉岡越喜歡玩數學遊戲，這令無數拉岡研究者煞費腦筋。拉岡認為，只有「能指與能指之間的關聯才提供了對意義任何研究的標準」。[2]這是一種對意義理論的重寫。維特根斯坦有一句非常著名的話：「表達只有在生活之流中才有意義」。拉岡將生活之流變成了能指之流。他說，「意義**堅持**在能指鏈中，但鏈環中的任何成份都不**存在**於它的某個時刻本身所能表示的意義中」。[3]也就是說，能指鏈的結構意味著我們在言說的時候，**並非是它所言說的東西**。「在能指之下所指不斷地遷移」，意義往往**在它處**。拉岡承認，這是多聲部音樂和詩的典型意境，因此他說，音樂家和詩人是「能指的主人」。可是，拉岡還是要將這種意境泛化成一切主體的意義生成域。伊格頓曾經解釋過這個觀點，他以英語中的「cat」為例。這個詞在不同的語境中可以是完全不同的東西，如一只毛茸茸的四腿動物、一條九尾鞭、一個惡毒的人等等，所指在不斷延伸的能指鏈中被不停地變更著。[4]

說實話，我非常認真地拜讀過不少研究拉岡的著作，可是關於能指的概念，似乎沒有多少人能說得很清楚。我自己也在這個問題上停留了很長時間。人們常常琢磨的問題是：拉岡改了索緒爾符號學中能指與所指觀中的什麼？我想用自己身邊的一個例子來說明一下。當我們看到一根細細的竹段或小木條，通常會將它指認為「小杆子」，中

---

1 〔法〕拉岡：《拉岡選集》，褚孝泉譯，上海三聯書店 2001 年版，第 435-436 頁。中譯文有改動。參見 Jacques Lacan, *Écrits,* Éditions du Seuil, Paris, 1966.p.505.

2 〔法〕拉岡：《拉岡選集》，褚孝泉譯，上海三聯書店 2001 年版，第 432 頁。

3 〔法〕拉岡：《拉岡選集》，褚孝泉譯，上海三聯書店 2001 年版，第 433 頁。

4 〔英〕伊格頓：《二十世紀西方文學理論》，伍曉明譯，陝西師範大學出版社 1987 年版，第 142 頁。

文裡這三個漢字形象和它的發音（「xiao gan zhi」）為能指，而此間意指對象的觀念則是所指，二者的結合才能共同指向現實中的對象。意義總是在**此處**，這是索緒爾原來的意思，在這個關係中，為捕捉到對象本質的所指當然是在任意性很大的聲像能指之上的，在非象形文字的西方拼音文字中就更是如此。而拉岡之意思與索緒爾其實已經大相徑庭了，他顛覆了索緒爾的符號結構，因為拉岡的能指與所指結構並不是直接面對對象的，符號是一種象徵性的替代。因此，拉岡的意思往往要更深一層。還回到剛才那個例子中去。在我小的時候，南京地方方言中經常將小男孩稱為「小杆子」，當然，這種俗語也只是流行於男孩子中間。這裡「小杆子」的能指恰好是移動的，它不是意指一根竹子，而且它的生成和廣泛流傳也並非因為小男孩的身材像一根竹杆，而是隱密地以小男孩身上的某一個特殊部位來象徵他的年齡和性別。此時，原來那個「小杆子」的觀念所指是被擠壓和廢棄的，而它現在的意義卻是在**他處**的。在拉岡這裡，這種能指轉換關係是轉喻。拉岡顯然拋棄了正常語言結構中的意指邏輯，他在特指一種意喻的象徵關係。於是，他才會說：「意義總在他處」。不過拉岡卻也不想承認，一般的思維中，語言運作仍然是以現實對象為邏輯中軸的。道理很簡單，人，並不都是詩人和哲學家。

倘若按照拉岡這樣的特殊「詩」路往下走，能指就將被指認成一種自身被刻上無的東西，因為它不會在同一位置上被發現，也無法將自己固定或錨在同一位置上，某個能指只有根據其他能指才能認定自己的位置。所以，能指的存在總在**他處**。這個他處非常關鍵，能指為王，可是能指的存在總不在自己這裡，能指就是無本身，它的存在總在他處。以後，我們將進一步瞭解到，這個他處就是**大、小他者之處**。拉岡這個他處實際上本身就是能指的一個意義外溢。這是對我們上一章已經討論過的那些「象徵性語言是一個存在之空無」，「語言是對物與主體的殺戮」等怪異命題的一個更深刻的論證。在拉岡看來，能指本身不能描述任何確定的意義，它只是一個空無的被削除的無意義空場，只能藉助其他能指來映射自身。「能指就是這樣從自己中排除自己，把自己內容掏空的場所，盒套盒式地把自己送給其他能指，送給未來，才能作為能夠成為能指的某種東西」。[1]能指就像精美的俄羅斯工藝品套娃一樣，一個套一個，但每一個的內部總是空的。能指把自己掏空，移向其他能指，而其他能指同樣是一個無，在無無相關的能指鏈中構築起不是自身的在他處的存在。這種深刻的異化存在正是拉岡叫作**大寫他者**（Autre）的語言象徵體系。對此，我們將在下一幕中詳盡討論。其實，這個能指鏈也就是過去被語言結構主義叫做「結構」的那個取代主體（作者）的東西，但它的內部構成卻是真的不同了。相對於結構主義和後結構主義來說，拉岡殺死主體的手法顯然更加殘忍。

2、能指鏈中的轉喻和隱喻

有了以上的說明，我們理解起拉岡的如下觀點就要容易得多了：意義形成於能指鏈中的不斷遷移和替換之中。可是接下去讀者一定想知道，拉岡所謂的關鍵性的能指鏈的內部結構究竟是什麼呢？換句話說，能指與能指之間的互涉關係是如何發生的呢？下面，我們不妨來看看拉岡自己的說明。關於能指鏈的結構，拉岡提出了一個數學算式：f（S）I/s

他說，這個算式是為了說明能指對所指強勢作用（S/s）的一個轉換公式。並且，這種能指的滑動，在「共時性和歷時性兩個向度上能指的互換和結合」對所指的作用有兩個重要的側面，即**轉喻**（métonymie也譯換喻或借喻）和**隱喻**（métaphore）的二重性。對此，傑姆遜曾經做過說明：

> 語言永遠無法表示任何事物，只能表示關係（索緒爾的語言

[1] 〔日〕福原泰平：《拉岡：鏡像階段》，王小峰等譯，河北教育出版社2002年版，第106頁。

學）或乾脆是空白（馬拉美）。因此語言就不得不靠拐彎抹角，靠冒名頂替；本身就是一種替代物的語言必須用別的東西來取代那個空心的內容，它的辦法要麼指出內容像什麼（隱喻），要麼描述它周圍的情況及其空白的外緣是什麼樣子，列出四周與它相鄰的東西（轉喻）。[1]

拉岡誇張地說，「通過這兩重性，語言即使不完成一切也是組織了人間關係的一切」。[2]請注意，構成人間世界一切的能指結構就是能指間的轉喻和隱喻關係。這算是一個重要的理論邏輯交待。拉岡自己說，這個公式顯示的是「橫向的能指鏈的成份以及所指中的垂直的附屬物的雙重作用這些作用按照轉喻和隱喻這兩個根本性的結構而進行分佈」。在語言學中，關於轉喻和隱喻這種對應關係是雅各遜的專利。他曾經以轉喻來對應佛洛伊德釋夢中的位移和壓縮作用，而以隱喻對應認同與符號性象徵作用。拉岡也曾經直接指認過這一重要的思想來源。[3]在另一個地方，拉岡說，「一個詞對另一個詞的取代，這產生了隱喻的效果。一個與另一個詞的組合，這產生了轉喻的效果」。[4]其實，轉喻和隱喻都是詩學研究中的重要範疇，可是拉岡通過挪用雅各布森的相近觀點到他的能指結構的說明中來。倘依拉岡自己的邏輯，這一詩學工具早已成為創造世界和主體存在的本體論邏輯工具。我以為，這實在是一種常理無法理解的理論遷移。對此，我們可以依拉岡的邏輯再做一些具體的說明。

拉岡說，所謂轉喻[5]就是作為能指的「**詞與詞**之間的聯結」，這種聯結關係的本質是「局部代替整體」。[6]這是拉岡的能指鏈中一

1　〔美〕傑姆遜：《語言的牢籠》，錢佼汝等譯，百花文藝出版社 1995 年版，第 100 頁。

2　〔法〕拉岡：《拉岡選集》，褚孝泉譯，上海三聯書店 2001 年版，第 557 頁。

3　參見〔法〕拉岡：《拉岡選集》，褚孝泉譯，上海三聯書店 2001 年版，第 537 頁注 1。

4　〔法〕拉岡：《拉岡選集》，褚孝泉譯，上海三聯書店 2001 年版，第 560 頁。

5　在英語中，轉喻（metonymy 於）一詞源於希臘文中有「metonmia」一詞，，後者又由「meta」（轉變）的「onoma」（名稱）合成。

6　〔法〕拉岡：《拉岡選集》，褚孝泉譯，上海三聯書店 2001 年版，第 63 頁。

個能指與另一個能指之間的**共時性**關係。在傳統詩學研究中，轉喻常常指這樣一種比喻過程，一個事物的名稱被轉用來取代另一個與它**相鄰近**的事物。如「白宮」代表美國政府，「交椅」或「位子」代表官職。對這一點，拉岡常用局部和整體的共時性關係來加以說明。在傳統詩學研究中，以部分代替整體或相反的比喻往往是**替代**（synecdche）。拉岡關於轉喻舉的例子是「征帆三千」，這裡的帆不是直指有三千個帆，而是以帆這個船上最重要的指標性（局部）來代替即將出征的三千艘戰船（整體）。拉岡說，轉喻是「指稱能指為產生意義而構成的實效場地的一個側面」。[1]「轉喻就是那種由如果不回指別的意義就沒有任何意義的情況而成為可能的效果」。[2]

他為此用了一個公式來表示：f（S……S'）S≌S（——）s

拉岡說，這就是轉喻的結構。恐怕，這也只有拉岡自己能懂的算式。他解釋道：

> 它表明瞭能指與能指之間的聯接（la connexion du signifiant au signifiant）導致了可以使能指在對象關係（relation d'objet）中建立一個存在缺失的省略，同時又利用了意義的回指的價值來使能指充滿了企求得到它所支撐的缺失的欲望，放在（ ）之間的符號——在這兒表現了橫線——的繼續存在，這個橫線在第一個算式中表示不可分解性，在這個不可分解性中構成了能指與所指（signifié）關係中的意義的對抗（résistance de la signification）。[3]

為了說明拉岡的這個轉喻。我們在這裡再以若埃爾・多爾討論該

---

1 〔法〕拉岡：《拉岡選集》，褚孝泉譯，上海三聯書店 2001 年版，第 436-437 頁。

2 〔法〕拉岡：《拉岡選集》，褚孝泉譯，上海三聯書店 2001 年版，第 561 頁。

3 〔法〕拉岡：《拉岡選集》，褚孝泉譯，上海三聯書店 2001 年版，第 446-447 頁。中譯文有改動。參見 Jacques Lacan, Écrits, Éditions du Seuil, Paris, 1966.p.515.

問題時列舉的例子來作一說明。[1]不過，我們用中國人熟知的東西替換將的例子中出現的一些事物：比如剛才我們已經提及的「美國政府」與「白宮」的轉喻關係。

$$\frac{S1\quad\text{視聽形象：美國政府}}{s1\quad\text{美國政府的意義所指}}$$

$$\frac{S2\quad\text{視聽形象：白宮}}{s2\quad\text{白宮的意義所指}}$$

$$\frac{S1}{s1}\qquad S2$$

$$\frac{S2(\cdots\cdots S1)}{s1}$$

$$\frac{S2}{s2}$$

在這裡，被取代的能指S1滑行在意義線以下，而所指S2（白宮自身的意義）則被剔除，從「美國政府」到「白宮」的轉喻於是完成。

所謂隱喻[2]，與轉喻的以部分替代整體的共時性關係不同，它是「以一個詞來代替另一個詞」的**歷時性**關聯。在傳統詩學中研究中，隱喻是指語言運用中，通過一種比喻使一個事物的某些特性和方面帶到或轉移到**相近似**另一個事物之上。隱喻也被稱為最基本的形象化的語言形式。史蒂文生就有「沒有隱喻，就沒有詩」一語。比如拉馬丁的詩句：「人是無港的船，時光是無岸的河；人漂泊著，從上面經過！」在這裡，詩人深悟到人的一生似乎是一次沒有停靠地的漂泊，故用有舵和無舵的船兒來隱喻人生；而無岸的河則隱喻時光的永恆流

1　〔法〕多爾：《拉岡演講稿引論》，參見〔法〕多斯：《從結構到解構——法國20世紀思想主潮》，季廣茂譯，中共中央編譯出版社2004年版，上卷，第148-150頁。

2　英語裡的隱喻（metaphor）一詞是沿用了希臘語中的metaphora於一詞，而後者又源於meta（意思是「過來」）和pherein（意思為「攜帶」）。

逝。這實在是一個生動至極的隱喻。拉岡對此的說明是一個事物對另一個事物的取代關係，所以他也說這是歷時性關係。他說，隱喻「它在兩個能指之間發出，其中一個能指取代了另一個能指在能指鏈中的位置，被隱沒的那個能指以其在鏈上的（轉喻的）聯繫而繼續在場（présence）」。[1]對此，拉岡也有一個公式：

$$f\,(S'/S)\;S \cong S\;(+)\;s$$

這是隱喻的結構，即「它一個能指替換另一個能指而產生意義的作用」。拉岡說，「置於（）之間的符號＋在這兒超越橫線——，以及這個超越對於意義出現的構成值。這個超越表示了能指進入所指的條件」。[2]還是非常讓人費解。因此我們不妨再轉換一個多爾的例子，即比如「男妓」與「鴨子」的隱喻關係：

$$\frac{S1\quad 視聽形象：「男妓」}{s1\quad 男妓的意義所指}$$

$$\frac{S2\quad 視聽形象：「鴨子」}{s2\quad 鴨子的意義所指}$$

在隱喻轉換中，這時將出現一個完全的替代，即S2替代S1。

$$\frac{S1}{s1} \qquad \frac{S2}{\frac{S1}{s1}} \qquad s2$$

$$\frac{S2}{s2}$$

[1] 〔法〕拉岡：《拉岡選集》，褚孝泉譯，上海三聯書店 2001 年版，第 438 頁。中譯文有改動。

[2] 〔法〕拉岡：《拉岡選集》，褚孝泉譯，上海三聯書店 2001 年版，第 447 頁。

在這種替代中，把S1置於意義線之下，這樣就把它變成一個新能指，同時，把舊所指S2（作為動物意義上的鴨子的概念）剔除出去。這就完成了一個隱喻。

換一句話說，即是「隱喻恰巧處於無意義中產生意義的那一點上」。[1]拉岡反復說，隱喻在詩境中出現得最為頻繁，在那裡隱喻是一種「連續的奔流」，一個「迷人的織體」。人們可能在詩中以玫瑰花象徵愛情，用大海象徵寬闊的胸襟，這都是用一個詞（能指）取代另一個。而當柏拉圖說，常人看到的世界只是燭光在洞穴牆壁上的投影時，他其實是在批評常識中的知性經驗，此處，他也是以一個能指取代了另一個。拉岡還認為，「無意識是通過隱喻的效果而活動的。」[2]

接著，拉岡進一步提出，實際上能指對所指作用的這兩個側面又正好可以解釋佛洛伊德釋夢的兩個基本功能，即移位（Entstellung）和壓縮（Verdichtung）。不過在拉岡看來，移位是轉喻，即「意義的轉移」；壓縮是隱喻，即「能指的重疊的結構」。[3]這恰好證明夢中無意識是由能指的「組織作用」構成的。並且，拉岡認為，「無意識是通過隱喻的效果而活動的。夢揭示的就是這個效果」。[4]拉岡的說法與雅各遜顯然已經大異其趣了。另一方面，能指不再是作為直接呈現某種對象的意義符號，也不是簡單標記失去、欠缺的事物的符號，而是把因消除行為而殘留下來的自身的痕跡交給未來。在這裡，拉岡還專門將轉喻的缺失錨定為欲望的基礎。這是我們後面將要討論的重要問題。

---

1 〔法〕拉岡：《拉岡選集》，褚孝泉譯，上海三聯書店 2001 年版，第 439 頁。
2 〔法〕拉岡：《拉岡選集》，褚孝泉譯，上海三聯書店 2001 年版，第 561 頁。
3 〔法〕拉岡：《拉岡選集》，褚孝泉譯，上海三聯書店 2001 年版，第 442 頁。
4 〔法〕拉岡：《拉岡選集》，褚孝泉譯，上海三聯書店 2001 年版，第 561 頁。

3、能指與主體存在之他處

其實，我們已經可以看到，在所謂的「語言學轉向」中，拉岡並不關注傳統結構主義中作為系統存在的語言結構，而主要聚焦於活生生地存在於主體之間的言說。他想指認的是，言語之中，人自以為是在對某個主體說話，但實際上他只能依從能指遊戲規則被其他話語竊取，在懸置的狀態中任由非我的**大寫他者**言說著自己。也是在這個意義上，拉岡說，「言語的最根本的用途看來是為了掩蓋真正的意圖」。[1]中國有句俗語叫「聽話聽聲兒，鑼鼓聽音兒」，意思是講，人們說話時常常不是直指，而是話中有話。當然這個意思不是拉岡的語境，後者總是習慣於在一種激進的否定本體論中出場。拉岡認為，主體總在被閹除了自己的本源性經驗的情境中，畸變成一種不是自己的空無的符號出現在世界上。「主體性在其起源時不是什麼與現實的關係，而是能指記號在那裡產生的一個句法」。[2]可見，人類主體不僅不能自我做主，甚至淪為了能指的「一個句法」，這真是非常過分的說法。拉岡的意思是，在象徵域中，當主體被從世界中取消了自己的存在時，只得把自身消失的**痕跡**寄居於能指，而這種記錄只有在他者的場所（「他處」）才獲得對現實主體的指涉。這其實就是當代西方哲學中那個被正面肯定的**主體際關係**，它與後現代語境中的消解、互文性、蹤跡等規定是接近的。

能指的移位（déplacement du signifiant）決定了主體的行動，主體的命運（destin），主體的拒絕，主體的盲目（aveuglements），主體的成功和主體的結局，而不管他們的才賦，他們的社會成就，他們的性格和性別。人的心裡不管願意不願意地都跟隨著能指的列車（suivra le train du signifiant），就像是一堆武器裝備一樣。[3]

---

1 〔法〕拉岡：《拉岡選集》，褚孝泉譯，上海三聯書店 2001 年版，第 140 頁。

2 〔法〕拉岡：《拉岡選集》，褚孝泉譯，上海三聯書店 2001 年版，第 44 頁。

3 〔法〕拉岡：《拉岡選集》，褚孝泉譯，上海三聯書店 2001 年版，第 22 頁。中譯文有改如果說能指的位移決定了主體的行動和所有命運，也就意味著功能性的能指關係決定性地建構了主體。多斯說，這裡的「結果是主體不再居於中心，而成為指涉另一個能指的能指的結果」。[1]這是一種獨斷的**能指決定論**。並且，這也意味著主體存在可悲異化的真正本質。因為，相對於前面我們已經看到的自我在鏡像情境中的異化而言，這當然就是異化的異化。對此，拉岡的門徒齊澤克有一專門的說明：

> 拉岡不僅堅持使用「異化」一詞，而且在兩種不容混淆的意義上使用它：一方面，異化是對鏡子－他人的想像性認同，它使我們看不見象徵性調停的存在；另一方面，異化是我（主體）對能指的認同（對於他人而言，能指代表著我），它是處於符指化結構中的我的構成性異化。[2]

區分兩種意義上的異化是對的，可是齊澤克沒有注意到的，後一種異化恰好是在前一種異化基礎之上的再異化。

由於拉岡的能指是一種多重的拓撲空間，於是，主體便不再是一個具有多種特性的實體，反而成了象徵性言語對話中一系列意義滑動的事變。「一個能指是指這樣的東西，它為其他能指而代表著此主體」。可是，能指所關心的並非真是主體，後者只是在前者之中把缺失的空無呈現出來，相對於這個能指鏈環來說，主體始終是處於非基始的第二性，不過是能指滑動的一種無意識產物罷了。

在話語的世界裡，無就等於有，大家在這裡又一次發現了一種間隙構成了主體。主體是引入現實的一種缺失……當主體佔據了這個缺失的位置時，一種缺失就被引入了詞語，這就是主體的定義。為了標

動。參見 Jacques Lacan, Écrits, Éditions du Seuil, Paris, 1966.p.30.

[1] 〔法〕多斯：《從結構到解構——法國 20 世紀思想主潮》，季廣茂譯，中共中央編譯出版社 2004 年版，上卷，第 147 頁。

[2] 〔斯〕齊澤克：《實在界的面龐——齊澤克自選集》，季廣茂譯，中共中央編譯出版社 2004 年版，第 171 頁注 60。

明這一點，我們有很必要在語言領域的循環中界定主體，我把這種循環稱為「他者性」。所有的語言都來自這種他者性，正因為如此，主體在追尋這條能指鏈時常常成為一個消失之物。一個能指的定義是它為另一個能指而不是另一個主體表達了一個主體。[1]

這是拉岡關於象徵域的非常重要的一段表述，集中說明瞭話語世界中的能指、主體、空無與他者性的關係。主體產生於話語（言語活動），可主體卻並不是作為說話者的那個實體。主體的定義是一種缺失，即言說中一個能指引向另一個能指的無窮循環，與能指鏈相對應該在場的那個主體是另一個地方，即他處，而主體就是這個他處中的空無。然而，人們渾然不覺地錯將這個他者中的無當作是有，所以，主體之有（存在）就是非我的他者性。我認為，這真可以算是拉岡文本中十分鮮有的關於象徵域內在機制的清晰表達。

照此說來，拉岡在此看到的已經不再是索緒爾看見的那個主體控制能指，事情完全顛倒過來了，現在是**能指產生和建構主體**。能指在自身的環鏈中，廢棄了自主主體，同時建構著作為無的主體。於是，我們瞧見了這樣一幅荒誕畫面：一個能指鏈圍起了一個**空洞**，能指如果是無，這就是拉岡那聽起來像是胡說八道的「用無貼在無上」。拉岡的批判邏輯就是**從無走向無**。在鏡像階段中，小他者的鏡像占居了個人主體原初的空位，自我已經是一個鏡像之無。進入語言教化的象徵域之後，作為空無的自我進一步以存在不在場的能指關係作為主體建構的通道，當每一種能指關係通過教化圍在主體身上時，其實質都是用缺失補在缺失之上。拉岡彷彿正處在那個看到皇帝沒有穿衣服的天真孩童的處境之上，當然，他此刻並不滿足於不知所以然地高聲道出真相——「他們沒有穿衣服」。他更進一步發現，在用象徵性能指

---

[1] 〔法〕拉岡：於《關於他者的非混合性結構》，原刊《結構主義的爭論：批評的語言與人文科學》，中譯文參見《新疆藝術》1996 年第 1 期，第 60 頁。此文為拉岡在 1966 年在美國霍普金斯大學舉行的題為「批評的語言與人文科學」研討會上的著名發言。原文的標題為 *Of Structure as an Inmixing of an Otherness Prerequisite to Any Subject Whatever*，實際上譯作「作為一切主體前設的統攝性他者結構」更好一些。

鏈「衣服」纏繞起來的人類主體內部，竟空空如也。拉岡認為，我們每一個人都是一具可笑的空心木乃伊，只不過我們無法自知罷了。所以，在拉岡這裡，人的大寫的真實存在本身只能是一種**不可能性**，因為在能指的竊位中，主體只能苟生於能指鏈之間的間隙中，主體的言語是**被說**，這種言說恰巧不可能指向自己，因為主體已經是無。在這一點上，齊澤克又有一具體的說法：

> 拉岡的起點在於，象徵性再現總是歪曲主體，這種再現永遠是一種位移和失敗，就是說，主體不可能找到一個屬於「他自己的」能指，他所說的永遠不是過多就是過少：簡而言之，他總是言不由衷。……能指的主體恰巧是這一匱乏，它不可能找到屬於「自己的」能指：它的再現的失敗是其肯定性的前提。主體竭力在能指的再現中表達自身，再現遭到失敗，我們失去的是豐富性，得到的是匱乏，這一由失敗所開放的虛無正是能指的主體。[1]

也因此，拉岡才會常常說出一些令人摸不到頭腦的怪話，比如，人的存在「總是在別處」[2]和「話在說我」。

這個能指的激情從而構成了人類狀況的一個新的向度，因為不僅人講話，而是在人身上，通過人，**話**在講，人的本質變成由語言的結構顯示其效果所構成，他成了語言結構的素質，由此在他身上迴響著言語的關係。[3]

在1972-1973年名為「繼續著（*encore*）」的研討會上，拉岡曾經細化這一論點。他將主體步入象徵域最初的符號化（如命名）指認為S1（第一能指或原初能指）。在拉岡那裡，這個所謂的S1，也被確

---

[1] 〔斯〕齊澤克：《意識形態的崇高對象》，中譯文參見季廣茂譯，中共中央編譯出版社2002年版，第239頁。

[2] 〔法〕拉岡：《拉岡選集》，褚孝泉譯，上海三聯書店2001年版，第573頁。

[3] 〔法〕拉岡：《拉岡選集》，褚孝泉譯，上海三聯書店2001年版，第591頁。

定為**第一能指**或者大寫的**主人能指**，這是「在主體喪失的瞬間為了填補其存在的空洞而在主體存在的場所產生的、代表被消除的主體的無的特權的能指。」[1]正是這個主人能指賦予了主體一種相對穩定的同一性象徵身分。米勒說，「主體的身分是由S1保證的，是由大寫的主人－能指（他的符號性頭銜－委任權）來擔保的，這一能指是對確定主體道德尊嚴的東西的忠誠」。[2]為此，拉岡還發明瞭一個公式：

$$\frac{S1}{\$} \rightarrow \frac{S2}{a}$$

也是在這個意義上，S1代理了那個被斜線劃著的主體，即S1／$\$$。顯然，按照拉岡的邏輯，這個作為替代自我的第一個能指，已將個人主體澈底**無化**了。如果我們把那個在想像域中欺負未成年「我」的鏡像之無的小他者騙局算上，這已經個人主體的第二次無化了。按照能指存在的法則，這個S1自己的此在**什麼都不是**，而只有將自己不斷地投射於其他能指中，內居到S2的能指鏈環中去。S2是拉岡用來表徵以後所有其他能指的符號。a是後面我們將碰到的那個作為剩餘物的對象a。只有把「我」與對象都替換到大寫他者的印跡中，才能使它們在社會存在中實現出來。如我們前面引證過的那些「你是一個名門出生的好孩子」，「你是一位博士」，「你是一個『成功人士』」等等非我性的能指的引導和實現。為什麼？因為主體只有把自己變成能指之無，才可能以相同的方式同別人的無交互作用。主體際的交往即符號與符號的交往，亦為**無與無**的溝通。如果我們由此反觀哈貝馬

1　〔日〕福原泰平：《拉岡：鏡像階段》，王小峰等譯，河北教育出版社 2002 年版，第 119 頁。

2　轉引自〔斯〕齊澤克：《易碎的絕對》，蔣桂琴等譯，江蘇人民出版社 2004 年版，第 39-40 頁。中譯文有改動。Slavoj Zizek .*The Fragile Absolute*. London; New York: Verso.2000，P.42-43。

斯，拉岡的這個觀點無疑有著反諷的意味。對此，福原泰平有一段重要的評述：

> 能指被傳送到下一個能指，形成能指鏈，產生主體，但決不是面向主體，而是停留在與我們人類隔絕的他者的位置上。如拉岡所言，能指並不是要回歸主體，能指的主人是被折進與刻進只能叫與主體不同的別人的主體相同的空無；並被先期送走的他者。能指包圍了一個被預設在未來的無，並總是環繞在它的周圍。[1]

對主體來說，S1作為主體消失的記號，遮蔽著的主體只得在自己身上劃上斜線（$\$$）而消失。所以，拉岡筆下作為個人主體的「我」不過是一個能指鏈，只不過是我們非反思地將它視作一個線性的連續統，並將其永恆化為自我主體。拉岡認為，居有一種獨立的人格，成為一個偉大英雄或者成為一個著名科學家的願望，正是來自這種假想的主體建構，但我們並不知道，主體的背後正安然端坐著一個正在位移的能指**矩陣**（*Matrix*）。這就像電影《駭客帝國》（*Matrix*）中隱藏在每一個人背後的控制人並製造幻象的「母體」。[2]「主體只是一個轉換者（shifter）或批示物，它在話語的主語中指示當時正在說話的主體」。[3]個人主體始終以為自己正有意識地或有可能在主動謀劃

1　〔日〕福原泰平：《拉岡：鏡像階段》，王小峰等譯，河北教育出版社 2002 年版，第 108 頁。

2　《駭客帝國》（*MatrixI.II.III*），美國華納兄弟製片公司（Warner Bros.，USA），1 ～ 3 部，1999 ～ 2004 年出品。導演：拉理－華丘斯基（Larry Wachowski）、安迪－華丘斯基（Andy Wachowski）。主演：基努・李維（Keanu Reeves）、勞倫斯・費許朋（Laurence Fishburne）和嘉莉－安－莫斯（Carrie Anne Moss）。故事情節為，一個被喚醒的人類尼奧（基努・李維）突然發現看似正常的現實世界實際上是由一個名為「矩陣」的電腦人工智慧系統控制的虛假圖景。整個故事的展開，則圍繞著處在真實世界中的人類與 Matrix 製造的幻象之間的複雜鬥爭。*Matrix I* 上映之後，齊澤克立即寫了《駭客帝國或顛倒的兩面》一文。中譯文可參見《今日先鋒》2001 年第 1 期。

3　〔法〕拉岡：《拉岡選集》，褚孝泉譯，上海三聯書店 2001 年版，第 608 頁。

著什麼、主動地做著什麼，自主地言說著什麼，然而他並不知道，自己的一切存在早都就被能指竊取了。拉岡簡直是一石三鳥，無形之中他又狠狠批判了海德格爾和沙特的籌畫和謀劃說一頓。實在可悲！「人為能指所掌握」[1]，不折不扣是能指聽話的傀儡。令我們萬分絕望的是，在今天的時代中，拉岡所描述的悲劇不僅未曾改變，反而在變本加厲地加深。在阿爾都塞和齊澤克的意識形態詢喚說中，主體的能指之竊位，如今更主要地表現為意識形態的無意識控制。在所謂的資訊和媒介時代中，這種無意識的他性控制轉而由景觀、廣告、電影、電視和網路虛擬幻覺所負載和加劇。

也由此，拉岡一定要改寫笛卡兒的「我思故我在（cogito ergo sum）」。他認為，「哲學的我思（cogito）」是一種「幻象的中心」[2]，「我」是偽主體，「思」則是能指觀念之惡魔。所以，「我」（偽主體）「思」（邏各斯理性）時，真我並不**在**（海德格爾）；我在我不**思**（海德格爾）之處思我所是。「在我思之玩物之處我不在，我在我不思之處（je ne suis pas, là où je suis le jouet de ma pensée; je pense à ce que je suis, là où je ne pense pas penser）」[3]。因為，能指已經「吃了你的此在（Mange ton Dasein）」[4]！對於傳統的一切主體哲學，這真是「以顛覆了它的樣子來理解它」了。[5]這是非常重要的一個哲學指證。我注意到，這個論點早已為蘭波所關注，並成為巴代伊哲學中的一個主要命題。蘭波在1871年的一封書信中就已經寫道：「所謂『我思』是一種錯誤的說法。大概應該說『人在思考我』

---

1 〔法〕拉岡：《拉岡選集》，褚孝泉譯，上海三聯書店 2001 年版，第 28 頁。

2 〔法〕拉岡：《拉岡選集》，褚孝泉譯，上海三聯書店 2001 年版，第 448 頁。

3 〔法〕拉岡：《拉岡選集》，褚孝泉譯，上海三聯書店 2001 年版，第 449 頁。中譯文有改動。參見 Jacques Lacan, Écrits, Éditions du Seuil, Paris, 1966，P.517。齊澤克後來對此也有一段很有意思的說明：「拉岡把笛卡兒的 I think, therefore I am」（我思故我在）改寫成了「I am the one who thinks therefore I am」（他者思，故我在）。」參見〔斯〕齊澤克：《實在界的面龐——齊澤克自選集》，季廣茂譯，中共中央編譯出版社2004年版，第161頁。

4 〔法〕拉岡：《拉岡選集》，褚孝泉譯，上海三聯書店 2001 年版，第 33 頁。

5 〔法〕拉岡：《拉岡選集》，褚孝泉譯，上海三聯書店 2001 年版，第 602 頁。

吧。……所謂的**我**是一位他者」。[1]而巴代伊則發現，「我思」並不真是我一個人在思考，「我思」正是由人們總是忘記的外在於我的「語言的結構、作用及活動」才成為可能。

拉岡說，「在笛卡兒『我思』的歷史過程中將意識提到了對主體是根本性的地位，這是錯誤地強調了行動中的我的透明性，而忽視了決定主體的能指的晦暗性」。[2]「我思」的主體其實是一個偽主子。作為真正的君王的能指說：

> 你以為在行動，而事實上是我按照我串通你的欲望的聯繫的變化在運動你。這樣這些聯繫相互增強而又增生成對象物。這些對象物將你帶回到創傷的童年（enfance déchirée）的破裂中去。而你的慶宴就在這裡，直到石像客（l'invité de pierre）的到來。而我就是這個石像客，因為你提出了我。[3]

如今，笛卡兒、黑格爾和海德格爾所說的那個思之在、自我意識和此在，莎士比亞、雨果和葉芝詩境中的我，都無法挽回地淪為小小能指的無意識的切片。「『我』變成了消失在我所說的之外的存在」，主體其實是一個「在人們不告訴他他所不知道的真理時才能存在下去」。我們不能知道自己是一個空心人，我們不能知道作為主體，自己的真相是不在場或**虛假在場**。惟有不知，我們才能生存，否則，我們將在幻覺的破滅中澈底崩潰。「『我』作為主體是以不在的存在而來到的。這個主體與一個雙重疑難相協調：一個真正的存在卻會因自知而破滅；一個話語卻是由死亡來維持」。[4]

1　〔法〕蘭波：《觀者的書信》，轉引自〔日〕湯淺博雄：《巴代伊：消盡》，趙漢英譯，河北教育出版社 2001 年版，第 64 頁。

2　〔法〕拉岡：《拉岡選集》，褚孝泉譯，上海三聯書店 2001 年版，第 620 頁。

3　〔法〕拉岡：《拉岡選集》，褚孝泉譯，上海三聯書店 2001 年版，第 33 頁。

4　〔法〕拉岡：《拉岡選集》，褚孝泉譯，上海三聯書店 2001 年版，第 611 頁。

主體是被消除的車轍，是虛無之物的分量。我們迷失了自身的來歷和本來的形象，也迷失了道路，不知道自身的欲望是什麼。既然我們迷失了主體的本質並永遠地遮蔽，那麼我們只好在重疊著無的能指為個屬於他者領域的代理作用中發現自己的本質。這樣，主體作為失去的東西，在背負著對於他者的一種痕跡的符號——能指中，被追問其存在狀態。[1]

拉岡用佛洛伊德精神分析中的一個例子來反諷我們的主體。在那個故事裡，一個孩子夢見自己剛剛死去的父親，在夢境中，那個父親並不知道自己已經死去。拉岡說，我們的主體也是這樣：「他不知道他是死了」。他就像古代的信使奴隸，「主體在他的卷髮下戴著判他死刑的書簡」。他不知道，他於何時何地已經死去。

最後，剩下一個大家都想知道的問題——人能不能不作為空無而假活著或死去？我們通過拉岡的批判性思考，我們不要這個可怕的象徵域，回歸我們自己的真實存在。行不行？拉岡的回答是不行。我們**無家可歸**。如果一個人想重拾自己的原在，他就會失去主體間的能指意義關係，如果他不把自己用無（象徵符號）貼到大他者的空無上去，他反倒會作為完全無法在場的負存在從此世上消失。「主體只有抹去他所指稱的一切時方可呈現自己的存在」[2]，當人什麼都不是的時候，他一定是瘋了。人瘋了，獲得了真我，可是瘋了的他將被從這世上除名。直到他重新開始將真我作為空無丟掉，再次臣服於大寫的他者，才能重新成為人們中的一員。**我不會成為我自己就是真相**。一種絕對的不可能性！

---

1 〔日〕福原泰平：《拉岡：鏡像階段》，王小峰等譯，河北教育出版社 2002 年版，第 105 頁。

2 〔法〕拉岡：《拉岡選集》，褚孝泉譯，上海三聯書店 2001 年版，第 576 頁。

第三幕

他者與欲望的辯證法

所有的紀念碑都是為他者樹立的，所有的陵園都埋葬著他者，創造性記憶只知道、只記得和只再現他者。

——巴赫金

現在我們面前是一台高清晰度的電視螢幕，電視正在播放一部名叫《魔鬼代言人》（*Devil's Advocate*）的電影DVD。[1]

凱文（基努．李維飾）是個一心想出人頭地的年輕律師。他剛剛在佛羅里達完成了一次不擇手段的成功辯護，為了名氣與金錢，他迫使法院因證據不足而對一名卑鄙的兒童性騷擾者做出了無罪判決辯護。正當凱文與妻子（莎莉．賽隆飾）共同慶祝勝利時，一位自稱紐約著名律師事務所律師的陌生男子突然出現。後者盛情邀請凱文去紐約發展。凱文的母親警告兒子，紐約是**魔鬼**盤踞的地方。但是，很少有人能夠抵擋正中**欲望**下懷的巨大誘惑，凱文當然還是去了。紐約果然不同凡響，律師事務所的老闆約翰（艾爾．帕西諾飾）給凱文留下了深刻印象，後者也使凱文的欲望得到了一次前所未有的膨脹：約翰付給凱文每小時400美金的巨額薪酬，還在自己擁有的大廈裡為凱文夫婦安排了一套豪華公寓。約翰其實正代表著魔鬼的化身，在他的誘惑和引導下，凱文越來越自信，卻也越來越無情，出庭打官司對他而言已經變成了一場無止盡的**欲望**的滿足。在欲望的驅使下，凱文迎來了一次又一次不光彩的成功，剛剛為一個殘忍的濫殺動物者開脫罪名，新的挑戰就來了，這一次，他將為房地產大亨亞歷山大做辯護律師，後者被控謀殺包括妻子在內的三條人命。起初，凱文一如既往地投入，可是妻子的發瘋和自殺終於令他醒悟，接著，凱文發現自己竟然是魔鬼約翰的兒子（這是黑暗之子的暗喻），他決定用自殺來解決

---

[1] 《魔鬼代言人》(*Devil's Advocate*)，導演：泰勒哈克佛〔 Taylor Hackford 〕，製片：安卡普森〔 Anne Kopelson 〕，發行公司：華納兄弟影片公司，上映日期：1997 年。演員：艾爾．帕西諾〔 Al Pacino 〕，基努．李維〔 Keanu Reeves 〕，莎莉．賽隆〔 Charlize Theron 〕。片名中 Advocate 一語雙關，既有「擁護者」之意，又有「律師」之意：律師成為魔鬼的代言人。

一切。進行到這裡，魔鬼彷彿就要失敗了。鏡頭突然一轉，我們又回到了最初的場景，凱文站在洗手台前，面對「虛榮」和「欲望」的誘惑，凱文如此慶幸自己可以重新擁有一次抉擇的時刻，他終於可以重來一遍。凱文與妻子緊緊相擁，作為律師他打算在這一生中第一次真正為正義而主動選擇失敗！我們一定都以為螢幕上的凱文終於脫離了魔鬼的懷抱，能真正做一回英雄。然而不幸的是，記者告訴凱文「我會因你這為正義而犧牲自己形象的舉動，把你捧紅！」一句話，凱文便又重入陷阱。就在這一刻，記者的臉也變成了魔鬼約翰的臉。切記，記者不一定是約翰，但事事人人都可能是魔鬼。魔鬼說：「虛榮是我最愛的原罪。」

作為拉岡全部哲學理論中最重要的邏輯部件之一，他者與欲望的辯證法有力支持著拉岡關於偽主體學說的總體批判，特別是象徵域和真實域的基本運動秩序理論。我注意到，拉岡非常直接地指認了這種批判性辯證法的來源：「黑格爾提供了關於人類本體論的暴力性功能的最終理論，顯然是預見了我們社會的鐵的法則。從主人和奴隸之間的鬥爭他推斷出我們歷史的整個主體與客觀的進程」。[1]在這一幕中，我們先要對西方他者理論的一般性歷史性線索作個概述，然後分別討論拉岡的他者概念和欲望辯證法。

[1] 〔法〕拉岡：《拉岡選集》，褚孝泉譯，上海三聯書店 2001 年版，第 118 頁。

第七章

大寫他者的發生學邏輯

此在不是自己存在，他人從它身上把存在拿走了。

——海德格爾

通觀20世紀法國哲學的基本走向，不難發現他者理論猶如一條紅線，貫穿整個當代法國哲學的討論域。無論是早年的沙特、梅洛－龐蒂，還是列維納斯，包括後來的阿爾都塞、拉岡，以及走向後現代的德里達、德勒茲等人，都十分津津樂道於他者理論。當然，拉岡的他者理論有他自己很強的原創性，與其他人並不可同日而語。從根本來看，這個他者理論與科耶夫所詮釋的黑格爾的自我意識主體論有些關聯，但拉岡自己指認的直接理論緣起還是佛洛伊德。為了使讀者更好地理解拉岡的他者理論，我們十分有必要對西方思想史上他者理論的發生和歷史語境進行一次一般性的描述，以此來作為我們討論拉岡他者說的理論熱身。

1、理念、上帝的絕對他者與魔鬼他者

回顧西方思想史，現代意義上他者觀念的形成經歷了一個漸進的歷史過程。在西方思想文化史上，作為類話語出現的大寫的**他者**（Other）概念最初發端於一種存在論上的邏輯辨識，而後轉隱為一種更深的神學指認和倫理學。在前者那裡，它表現為特殊感性實在分有的理念本質；而到後一個階段，它既是與善同體的惡，也是與上帝同體的魔鬼。這種說法恐怕十分費解，但其實卻是深一層的真理。

在早先的希臘哲人眼中，哲學文化的提升直接表現為理念觀念（本質）對感性存在（現象）的統攝。這可能是一切哲學文化發生的共同路徑。他們透過多樣多變的感性物相捕捉現象背後的原由和動因，追求變動不居的萬象萬物之後不變的本原和「邏各斯」（自然哲學家），或者認定真實的本體存在是萬變中不變的「一」（愛利亞學派），運動倒是被逐放到現象中去了（芝諾的「飛矢不動」）。在這條形而之上的理路中，個別的具體實在倒不是本真的存在，它們必須在不是自己的抽象理念中才能尋得自己的本質。這種邏輯被柏拉圖叫做**分有論**，即感性實存對理念規定的本質依存。對物對人無不如此。理念猶如萬物之上的一輪紅日，有了光，便有了世界，理念之光也是人們克服經驗和知性幻象的靈眼，少了它，人永遠只能在陰黑的洞穴裡觀看牆壁上的照影。只有在**不是你的**理念中，人才能認識自己。這正是拉岡他者理論的邏輯源頭。在一個外在於自己存在的東西之上認同和確立自己，這恐怕是最早的**他性**（otherness）邏輯。到了亞里斯多德那裡，柏拉圖推崇的這種抽象理念本體已經有了一個潛在的邏輯指歸，即走向一個**超人超自然的絕對本質和主體**，也就是後來一神論的上帝了。

在神學訓戒中，上帝即造物主。在我與神的垂直關係裡，真正的自我主體得到認證。奧古斯丁向著上帝慨歎：「你自天垂手，把我的靈魂從黑暗的深淵拯救出來。」[1]我們不妨從更深一層的邏輯理路著手來看，這實際上就是柏拉圖理念分有說的一種神學延伸。人是無，他只從上帝那裡分有。「無中生有的學說就這樣與柏拉圖的分有要領結合起來。創造物從上帝那兒，通過分有其理念，獲得它們的形式。每種事物的存在只在於它們分有著上帝。」[2]上帝是「至真、至高、至美、至善、至能」，我們通過分有上帝的光輝而認同一個**好的**自我。前面我們已經交待過，許多天主教徒都直接將拉岡後來的大他者

[1] 〔古羅馬〕奧古斯丁：《懺悔錄》，周士良譯，商務印書館 1994 年版，第 48 頁。

[2] 〔加〕泰勒：《自我的根源：現代認同的形成》，韓震等譯，譯林出版社 2001 年版，第 189 頁。

指認為基督教中的上帝。甚至以為拉岡是在「為上帝工作」。[1]但這仍只是事情的一個方面而已，因為人既然生下來，就必定會自發地喜歡上周遭那些「次美好的東西」，人戀物而入迷，則沉湎紅塵罪惡而「成為魔鬼的狡獪僕從」。又是一種認同。因為，魔鬼也在我們的身邊。在魔鬼那裡，下地獄的人找到了另一種他性認同。只不過，在這種他性認同中，人喪失了自己的靈魂，魔鬼他者已經悄然將我們的靈魂攝走了。顯然，與神性分有論不同，這是一種反向的**奪魂說**。用以後的話來描述，此處粉墨登場的就是**雙重大他者**。[2]我們馬上就會知道，拉岡的他者正是魔鬼大他者。

我不無驚訝地發現，後來在哲學中得到認證的**異化理論**實為神學語境中重要的批判邏輯。伊甸樂園中的人類主體為上帝原造的存在，受到誘惑致原罪後而被罰下界，人便無從逃避地深陷於一種**我不再是我**的自反性異化情境之中。每一個具體在世的個人皆生而有罪，生而異化，「痛苦早已存在，不過尚未感覺到而已」。[3]這很像後來拉岡說過的話。在異化的情境之中，不認同上帝，即內居於魔鬼。在前一個他者認同中，我們可揚棄異化，從而複歸天堂；可是到了後一種他者認同中，我們卻不得不在深重的罪惡中墮入地獄。雙重大他者，個人必須面對的一正一反的自我與非我認同。並且，這都是**他性認同**。

與大多數解放物質欲望和放縱感官的布爾喬亞思想家不同，並且也異質於笛卡兒、洛克和蒙田等正面肯定主體自我的理性主義，啟蒙思想之後的浪漫主義者在現代性的世俗化進程中重新發現了異化邏輯。盧梭、歌德、席勒和荷爾德林都已撥開異化的重重迷霧，深刻地洞悉：在打倒上帝之後，彼岸世界已然不復存在，人倒是真的自由了，我們可以向自己負責了，然而始料未及的是，孤立的個人竟無法

---

1 參見〔法〕多斯：《從結構到解構——法國 20 世紀思想主潮》，季廣茂譯，中共中央編譯出版社 2004 年版，上卷，第 329 頁。

2 奧古斯丁深受摩尼教的影響，這是一種善惡二元論的邏輯：作為光明之神的善與黑暗之神的惡之征戰，構成了世界創生的動力。

3 〔德〕奧古斯丁：《懺悔錄》，周士良譯，商務印書館 1994 年版，第 57 頁。

承擔這項重任。人，終究成不了神。在人的社會中，道德功利化、世俗化為處世方法，賺錢升官都成了人的「天職」（韋伯）。人失去了自己為人的神性依託（好的大他者認同）後，「我思故我在」的那個理性自我成了無法無天的「小神」，他們聽從理性、橫行世間，「只落得比獸性更為獸性」。[1]於是，人真的從市場走向了物化的不歸途。這是另一種感性的現代性的異化邏輯。在今天的中國，工業化之後的市場物性大他者就是我們身邊那可怖的奪魂魔鬼，浪漫主義固然對異化怨聲載道，可在異化面前，他們手中的詩學救贖論又顯得何其蒼白！

現代他者理論真正的奠基者應該算是德國古典哲學中的費希特和黑格爾，他們在自己的現代性邏輯中投以歷史性的眼光，重寫了人的現代史。在費希特筆下，人和社會的主體被替換成普遍的精神主體－**大寫的自我**；可是，這個自我已不是自足主體，為了確證自己，它必須將自身**外化**出去，形成作為自我對立面的**他性**非我，**對象化**的非我即自我的異化；非我的設定最終又造成主客體的相互制約和認同。這是最早的現代意義上的他者關係，也是後來黑格爾那個只在**另一個**自我意識認同中確立自我主體的理論邏輯起點。在黑格爾的《精神現象學》中，感性意謂被揭露為理念座架中的功能性自我意識，主體性則被抽空為理念的自身反思關係。從而，物性世界不過是觀念結構的異化。我已經說過，黑格爾是經典異化理論的真正創始人，原先在神正論中那個神鬼雙重大他者的理論在這裡已經被思辨地重寫了。不過，這次重寫裡悄然隱含了一個根本的變化，即主體之異化已成對象化的必然同質性。黑格爾的主體對象化與異化有兩層含義：一是抽象觀念沉淪自然以實現自身的對象化；二是人類主體觀念本質的物化，以上同時也就是外化和異化。此間，物化是虛假的現存，異化關係倒是真實的歷史現實環節。作為起點的抽象觀念本質是通過對象化為物質存在而實現的，雖然精神「沉淪」於自然物質，但從自身異化出去的同

1　〔德〕歌德：《浮士德》，譯林出版社 1993 年版，第 14 頁。

時，也就過渡性地肯定和認同了自己。因此，異化**等於**對象化。此外，物化的揚棄又恰好實現為科學理性的逐步布展。在表徵絕對觀念運動的第三階段上，作為對自然物性實在的否定，人成為一個**黑夜（空無）**，他是生命活動和現實的「激情」，可是，所謂的「此在」（一定的存在）卻淪為觀念造物主「道成肉身」的工具（《精神哲學》中的「理性的狡計」），此即為人與**理念大他者**的**無意識**關係。此時，人尚不能自覺地分有理念。異化的後繼過程是客觀精神對象化和外化為社會機構和社會活動之的結果，也是人的意識對象化為勞動產品。從這個更高的歷史層面上看，人的主體物化於財產（這是那個由人創造的經濟世界但又表現出非主體性的「第二自然」）的生產與所有表徵了新一輪異化的出現，此處又呈現了一種雙重大他者。物化即是必然的**魔化他者**認同，揚棄物化將使主體重新複歸於對理念的自我認同和分有，其中後者就是那個垂直在上的至真至美至善的無限的絕對大他者，不過這一次它不叫上帝，而被改稱為絕對觀念。

另一個需要說明的方面是我們已經討論過的，在黑格爾哲學中，特別是他的主奴辯證法裡，還存在著一種**奴性他者**論。黑格爾認為，「主人是通過另一意識才被承認為主人的」。這就指認了，在一種特定的奴役關係中，他者的存在正是為了反射性地反指主體的建構。我也說過，這個觀點是後來當代反抗性激進話語（後殖民批評和新女權主義）中他者邏輯的重要歷史基礎。

費爾巴哈和青年馬克思都是推翻黑格爾思辨神正論後出場的哲學唯物主義者。他們不相信人之外的上帝和絕對觀念，因為上帝和絕對觀念才真是人的本質異化，才是壞的大他者。這正好又是一種邏輯顛倒。人恰巧是在對上帝和絕對觀念的垂直性關係認同中，才掏空了感性存在中的自我。於是，他們在哲學唯物主義和人本主義邏輯中轉而認同感性的人類主體自己，這種**大寫的**人類本質，在費爾巴哈筆下呈現為人與人之間的自然情感關係，而在青年馬克思這裡則化身為理想化的勞動類本質。不久，青年馬克思的理論視角轉向了社會生活，他向周遭的現實世界投以了更多的關注，而費爾巴哈的宗教異化批判則被推進為共產主義立場上的經濟異化批判。在此時的青年馬克思看來，古典經濟學家認同的資本主義經濟關係成了就是奪魂的魔鬼大他者，而揚棄和否定勞動異化與私有制則複歸於人的真正本質（好的大他者）。這依然是一種實為觀念預設的價值懸宕式的人本主義異化史觀。

1845年以後，馬克思首先創立了廣義歷史唯物主義。在《關於費爾巴哈的提綱》中，馬克思首先將傳統的感性物質實體消解於實踐的革命的感性活動，而後他又在轉向人的探究時一語驚人：人的本質在其現實性上是一切社會關係的總和。在此，馬克思以「無聲的類」將費爾巴哈肯定的人之自然存在和情感關係邊緣為一種物性基礎，人的真正存在成為一定的歷史性生產之上全部社會關係之建構物。不難發現，馬克思這一輪思考當中，清晰晃動著黑格爾的影子。在實體的意義上，人正是由社會關係圍建起來的空無。因此，在馬克思這裡，傳統意義上那種自足的主體自我也是根本不存在的。到了《德意志意識形態》一書中，馬克思將真實的社會存在基礎確認為歷史性時間中的物質生產和人的生產活動，而將人的本質進一步界定為人們生產什麼和怎樣生產的歷史性方式。雖然，歷史唯物主義的出發點是現實的個人，但這種個人只能是一定的生產關係的結果。這絕對是一種他性指認。阿爾都塞正是在這一點上，突顯了「歷史是一個無主體的過程」、「人不過是生產關係中的一個職位」之類的準結構主義誇張話語。在另一個尺度上，馬克思在自己於1857-1858年的經濟學研究中生成的狹義歷史唯物主義中，指認了資本主義生產關係下人與人的關係（它的總和將是人的本質）顛倒為物和物的關係，即物的關係之總和沒有構成人，而是建構出了馬克思稱為經濟動物的資本家和物化了的無產階級。所謂的資本家不過是資本的人格化代表而已，工人則是對象化的勞動工具。人認同於物，卻不知道物的背後仍然是人的關係。馬克思的三大拜物教都是對市場經濟中魔鬼他者的批判。馬克思希望通過無產階級革命消滅這種關係物化，使人真正獲得全面的解放。不過，共產主義不再是垂直的神性關係，馬克思說，它將是一種來自客觀物質條件的解放的可能性。在共產主義中，人將再一次成為解放了的全面發展的自由人。那時，任何他者都將隨著那個神奇的「平行四邊形」的消失而消失。

2、存在主義的他人理論

馬克思之所以將現實個人作為自己的理論出發點，是經受施蒂納衝擊後內省的結果。施蒂納率先舉起了反對大寫觀念和類主體戰鬥旗幟，類就是魔鬼，至善的大寫他者在此第一次遭到強勁的抵抗。從齊克果的「那一個」的痛苦的肉身個人開始，非類化（不再分有大他者）的真實個人存在成了求真的新起點。這是一種不同於費爾巴哈傳統人本主義的新人本主義。在這裡，**自足的**自我主體又一次浮出水面，不過此次確立的不再是笛卡兒那種理性的思之主體，而是感性的唯一者。在後來的尼采、叔本華、柏格森那裡，或個人意志、或獨有的個體生命，非理性的自我都實足地風光了一回。這種自我主體恰巧否定了關係性的他指，原來被分有的理性與科學此刻倒成了惡的大他者。佛洛伊德更是火上澆油，他突然對包括一切個人意志、生命體驗和內省綿延的全部意識現象做出了宣判，**本真的我**退回到本能原欲，被他者（意識）把門壓到黑暗處的無意識則成了被解放的對象。不過，成熟的佛洛伊德最終還是回到了理念的正統，本我－自我－超我構成了其新的人格主體系統，其中的自我主體是走向現實關係的人本身。

應該說，胡塞爾沿著自己開闢的現象學理路，在《笛卡兒的沉思》的第五部分中已經充分意識到「另一個自我」（alter ego，或者叫「他我」）的本源同質性。社會學家米德後來也有過一個與**主我（I）**相對立的**客我（Me）**。「『主我』是有機體對他人態度的反應，『客我』是有機體自己採取的有組織的一組他人的態度」。此處的客我並沒有否定性的含義，其討論語境與我們這裡探究的邏輯線索顯然是不同的。[1]與此相近的還有巴赫金的他者理論。這主要體現

[1] 〔美〕米德：《心靈、自我與社會》，趙月瑟譯，上海譯文出版社 1992 年版，第 155 頁。

在巴赫金寫於1920-1924年間的《審美活動中的作者與主人公》一書中。在那裡，他提出了文學創造活動中，處於所謂「外在地位」中的他人視角。同時，他也已經明確提出了「我」與「他人」的關係，「自為之我」與「為他之我」的關係。可是，巴赫金的他人理論並不帶明顯的否定性含義。[1]胡塞爾之後的現象學思考，首先是海德格爾，他那個**綻出的此在**就是在否定實體化在者意義上的主體自我了，此在只有「去在世」才有世界。我以為，海德格爾十分諳熟於馬克思對形而上學的歷史性顛覆，自然也就深得馬克思關係性社會存在的要義。因此，海德格爾的此在必然會走向後來非實體的**主體間性**（intersubject），主體間性不是實體主體之間的關係，它本身就是消解性的。並且，此在總是與其他綻出的此在一同在世的**共在**。嚴格地說，在海德格爾哲學中我們找不到黑格爾那個自我認同意義上的他者，倒是約略能看見一種消極的無責任的**常人**（das Man）之暗影。[2]其實，海德格爾這裡的「das Man」如果直譯過來應該是**大寫的人**，正好與非類化的小寫的此在相對。我覺得，這已經很接近於後來列維納斯那個無臉的他者了。不過，這「常人」並不等於過去那種惡的大寫他者，至多是無個性的**大寫他人**（dar *Andere*）。海德格爾的常人是作為共在，或者「共同此在」出現的，但是，這種共在恰巧是「平均此在」。當然，「他人並不是首先作為飄飄蕩蕩的主體現成擺在其他對象之側，而是以他們煩忙於周圍世界的存在方式從在世界中的上手者方面顯現出來」。[3]於是，此在在世之中與上手的勞作中的他人相遇，他人是作為另一個此在「照面」。所以，「世界向來已經是我和他人共同分有的世界。此在的世界是**共同世界**。『在之中』就是與

[1] 〔前蘇聯〕巴赫金：《審美活動中的作者和主人公》，《巴赫金文論選》，佟景韓譯，中國社會科學出版社 1996 年版。

[2] 〔德〕海德格爾：《存在與時間》，陳嘉映，王慶節譯，北京三聯書店 1987 年版，第 140 頁。

[3] 〔德〕海德格爾：《存在與時間》，陳嘉映，王慶節譯，北京三聯書店 1987 年版，第 152 頁。

他人**共同存在**。他人的在世界之內的自在存在就是**共同此在**」。[1]可是，海德格爾又說，在這種**雜然**共在中，此在往往「不是他自己存在，他人從它身上把存在拿走了」。這句話對理解拉岡的他者理論至為關鍵。他人就是擁有存在「統治權」的那個「誰」。「這個『誰』不是這個人，不是那個人，不是人本身，不是一些人，不是一切人的總數。這個『誰』是一個中性的東西：**常人**」。[2]對於此在來說，常人是一種無意識中的「獨裁」：

> 常人怎樣享樂，我們就怎樣享樂；常人對文學藝術怎樣閱讀怎樣判斷，我們就怎樣閱讀和判斷；竟至常人怎樣從「大眾『中抽身，我們也就怎樣抽身；常人對什麼東西憤怒，我們就對什麼東西憤怒。[3]

在常人的統治下，出現了「對一切可能性的**平整**」。「平整」之中，共在呈現為一種「平均狀態」：「任何優越的東西都被不聲不響地壓住。一切源始的東西都在一夜之間被磨平為早已眾所周知的了。一切奮鬥得來的東西都變成唾手可得的了。任何祕密都失去了它的力量」。[4]常人到處在場，日常生活中，「此在自己就是常人自己」。「每個人都是他人，而沒有一個人是他人本身。這個常人就是日常此在是誰這一問題的答案，這個常人卻是無此人，而一切此在在相雜共在中又總已經聽任這個無此人擺佈了」。[5]常人即無此在，常人因此

---

1 〔德〕海德格爾：《存在與時間》，陳嘉映，王慶節譯，北京三聯書店 1987 年版，第 146 頁。

2 〔德〕海德格爾：《存在與時間》，陳嘉映，王慶節譯，北京三聯書店 1987 年版，第 155 頁。

3 〔德〕海德格爾：《存在與時間》，陳嘉映，王慶節譯，北京三聯書店 1987 年版，第 156 頁。

4 〔德〕海德格爾：《存在與時間》，陳嘉映，王慶節譯，北京三聯書店 1987 年版，第 156 頁。

5 〔德〕海德格爾：《存在與時間》，陳嘉映，王慶節譯，北京三聯書店 1987 年版，第 157 頁。

是無。以我的感覺，拉岡深得海德格爾此道。

沙特[1]的**他人**（*Autrui*）理論則是基於海德格爾的共在式的常人討論而生成的，當然，沙特從一開始就將他人視為一種自欺關係來認識。[2]所以，他才會有那句著名的警言：**他人對我即是地獄**。在《存在與虛無》第三卷中，沙特以「為他」作為主題。他的他人起始於「我」的被看與看。沙特的他人是清楚的，這是一個在黑格爾自我意識主體意義上的他人，「他人其實就是**別人**，即**不是我自己**的那個自我」。[3]沙特這裡呈現了一種對傳統對象性認同意義的他者邏輯的複歸。他人不是對象，而是一個表象系統，「我通過我的經驗經常追求的，是他人的感覺，他人的觀念，他人的意願，他人的個性。因為，事實上，他人不僅是我看見的人，而且也是**看見我的人**」。[4]沙特特別重視這種本體論意義上的看見，他稱其為**注視**（gaze）。拉岡主義者齊澤克在各種場合皆非常抬舉這個範疇，不過後來的中譯文常常將其譯成凝視。巴赫金也使用處於我之外的「看見」，但當他說用「他人的眼光看自己」時，與沙特這裡的本體論的注視是不同的。因為巴赫金只是在文學創作的角度中，將這種他人的眼光看作是「我」無法直接達及，而他卻可以看見、重視和知道的東西」，即一種客觀的完整性。[5]這是一種旁證我存在的**恒常可能性**：「他人時刻**注視著**

1 讓－保羅．薩特（Jean-Paul Sartre, 1905-1980）：法國20世紀最重要的哲學家之一，法國無神論存在主義的主要代表人物。他也是優秀的文學家、戲劇家、評論家和社會活動家。1915年，薩特考入亨利中學，學習成績優異，期間接受叔本華、尼采等人的哲學影響。1924年到1928年間，薩特在具有現代法蘭西思想家搖籃之稱的巴黎高等師範學校攻讀哲學。1929年，他在全國大中學教師資格考試中獲得第一名，並結識了一同應試、獲得第二名的西蒙娜－德－波伏娃。1933年薩特赴德留學，悉心研讀德國哲學家胡塞爾和海德格爾等人的哲學。一生中拒絕接受任何獎項，包括1964年的諾貝爾文學獎。學術代表作為：《存在與虛無》（*L'Ecirctre et le Néant*, 1943）；《辯證理性批判》（*Critique de la raison dialectique, 1960-1985*）等。

2 〔法〕薩特：《存在與虛無》，陳宣良譯，北京三聯書店1987年版，第85頁。

3 〔法〕薩特：《存在與虛無》，陳宣良譯，北京三聯書店1987年版，第308頁。

4 〔法〕薩特：《存在與虛無》，陳宣良譯，北京三聯書店1987年版，第306頁。

5 〔前蘇聯〕巴赫金：《審美活動中的作者和主人公》，《巴赫金文論選》，佟景韓譯，中國社會科學出版社1996年版，第355頁。

我」。[1]他人的注視成了我對象化的條件，我正是為了取悅於這種看見而存在的。此刻，我們必定會想到拉岡那個作為眾人之看的小他者II。通過他人的注視，我恰巧失卻了自己的本真存在，「我既不**知道**我是**什麼人**，也不知道我在世界上的位置是**什麼**」[2]，這一次，我應該是為我的存在，現在是「為他的存在」。於是，我總是與別人一起共在，而在這種共同存在中，我又常常以不是我的「他們」、「我們」、「所有人」、「人們」的形式出現。

假定別人注視人。在這個瞬間，我體驗到自己是完全被異化的，並且我把自己作為完全被異化的東西來擔當。第三者突然出現了。如果他注視著我，我通過人的異化把「他們」共同體驗為「他們」（主體－他們）。我們知道，這個「他們」趨向於「人們」。[3]

「我們」是一個我、他人之外的第三者。沙特舉過一個非常精闢的例子。他說，相對於被壓迫階級而言，「『奴隸主』、『封建主』、『資產階級』或『資本家』，不僅表現為有支配權力的人，而且還首先表現為第三者」。正是因為第三者的存在和注視，才產生了被壓迫階級的「實在性」。[4]沙特後來在其《辯證理性批判》一書中，再一次從社會集團發展的歷史現實中確認過這個第三者。其實，沙特所謂的第三者就是列維納斯後來所說的無臉的他者，不同之處是後者筆下的他者並非消極意義上的外部注視和反觀，而是一種倫理實在的責任在場。

3、列維納斯的他者之面貌

列維納斯也是在科耶夫那個用欲望辯證法來「油炸」黑格爾的研

---

1 〔法〕薩特：《存在與虛無》，陳宣良譯，北京三聯書店 1987 年版，第 340 頁。
2 〔法〕薩特：《存在與虛無》，陳宣良譯，北京三聯書店 1987 年版，第 355 頁。
3 〔法〕薩特：《存在與虛無》，陳宣良譯，北京三聯書店 1987 年版，第 535 頁。
4 〔法〕薩特：《存在與虛無》，陳宣良譯，北京三聯書店 1987 年版，第 541 頁。

討會上的常客。[1]這麼看來，他與拉岡算是「同學」。對我們前面討論過的自我意識與另一個欲望著的自我意識間的相互關係，他當然了熟於心。也有人發現，列維納斯關於他者的思考也內在地與他的老師胡塞爾之《笛卡兒的沉思》第五部分中的「另一個自我」（alter ego）相關聯。與拉岡如出一轍的是，列維納斯他者理論的另一個重要資源是海德格爾。

列維納斯的他者理論是建立在一種哲學化的神學基礎之上的。他在猶太文化的學統中一反海德格爾消解主體的綻出此在（欲望）邏輯，試圖走出存在的為（唯）我性，或者說超出整個西方哲學的大寫的**同一**（l'e Même）邏輯，主張一種**異在**的觀念，從而建構一種**為他人**的責任道德主體。在列維納斯那裡，他明確區分了他人（l`autrui）與他者（l`autre）。[2]他者與絕對他者在列維納斯的語境中不是魔鬼式的暴力他性，而是道德主體到場的見證和條件。用德里達的話來說，叫非暴力的「無限性的他者（infiniment-autre）」。[3]只要他者（面容與衣著）在，我們就是有責任的人質，恰是這種負債的道德詢喚使人成為主體。而在列維納斯這裡，有他者存在，才有人的真正主體性。顯然，列維納斯的他者是十分獨特的道德引導關係，以區別於先前的神性分有論和否定性的奪魂說。

在1947年出版的《存在與存在者》一書中，列維納斯較早地談到他者。列維納斯認為，柏拉圖那種個關於光線構成可見世界的說法是

1　列維納斯（Emmanuel Levinas 1905-1995）：法國當代哲學家。列維納斯 1905 於年出生於立陶宛。1923 年赴法國斯特拉斯堡大學留學。1928 年進入德國弗萊堡大學，受到胡塞爾和海德格爾哲學的直接影響。1930 年列維納斯移居法國，在巴黎大學工作。1961 年獲得國家博士學位，並在波瓦提埃大學任教。1967 年任巴黎第十大學哲學教授。1973 年任巴黎第四大學哲學教授直到退休。列維納斯 1995 年因病去世，享年 89 歲。主要學術論著有：《存在與存在者》（1947）、《時間與他者》（1948）、《整體與無限》（1961）、《塔木德四講》（1968）和《上帝、死亡和時間》（1993）等。

2　奧斯本細心地注意到這一細節，並指出了這一區分與拉岡他者理論的關係，以及這一點在英譯中發生的問題。參見〔英〕奧斯本：《時間的政治》，王志宏譯，商務印書館 2004 年版，第 319 頁注 15。

3　〔法〕德里達：《書寫與差異》，張甯譯，北京三聯書店 2001 年版，上冊，第 135 頁。

前提，若依從胡塞爾和海德格爾的話，那這個世界就是被給予的。正是在這種給予中，他者和其他對象一併「不可推諉」地來到我們面前。這時，「世界中的他者只是一個穿上了衣服的客體」，或者叫「穿上了衣服的存在者」。[1]這個存在者在海德格爾的意義上是貶義的石化了的存在，而在列維納斯這裡就並不是一種簡單的貶義規定。關於人，列維納斯做了一個反諷式的說明，他說人是在自己的「外貌」裡已經感到幾分初步痛苦的存在者。什麼意思？列維納斯思考海德格爾的此在時，曾經冒出一個有趣的想法，即此在既然總是在世中，那它就不會是純粹的此在，可是，白天在世的此在進入沒有光線（即無世界）的夜晚時，特別是沒有入睡前的那個狀態，不是真正的與世界無牽無掛的「裸在」（il y a）嗎？[2]可是，人總是要走進白天（去在世）的，那就不得不穿上衣物、戴上社會存在所必須的「外表」和「面貌」。這，就是人在世界上的**形式**。

形式就是一個存在者憑它轉向太陽的東西，就是憑它而有面貌的東西，就是通過它而有其自身的東西，就是靠它來到世界上的東西。形式把裸體遮蓋起來了，一個沒有穿衣的裸體是不敢輕易跑到世界上來的。[3]

列維納斯認為，自亞里斯多德以來，我們就已經「把世界設想為一種形式現象，這種形式把內容完全遮蓋起來了」。這還是柏拉圖那個隱喻。「世界是通過光線被給予我們的」。[4]光線照到的對象表面形成了一幅有序的透視圖，通過形式，我們獲得了穩定的世界。列維納斯是深刻的，這裡的形式正是柏拉圖那個作為存在之絕對本質的理念。德里達將其稱之為「太陽政治學」。[5]可是，列維納斯認為，人之所以遮掩自己的裸體，並不是為了轉向太陽，而是轉向那個**被**

[1] 〔法〕列維納斯：《存在與存在者》，吳蕙儀譯，浙江人民出版社 1987 年版，第 29 頁。

[2] 〔法〕列維納斯：《存在與存在者》，吳蕙儀譯，浙江人民出版社 1987 年版，第 52 頁。這個「裸在」是我自己對「il y a」的不規範譯法。

[3] 〔法〕列維納斯：《存在與存在者》，吳蕙儀譯，浙江人民出版社 1987 年版，第 29 頁。

[4] 〔法〕列維納斯：《存在與存在者》，吳蕙儀譯，浙江人民出版社 1987 年版，第 39 頁。

[5] 〔法〕德里達：《書寫與差異》，張寧譯，北京三聯書店 2001 年版，上冊，第 151 頁。

給予的穿了衣服的他者。列維納斯將這個他者戲稱為「穿衣的普遍性」。在德里達的解讀中，轉向他者，而**不向著光**即是擺脫邏各斯理性中心主義。[1]因為，人的社會生活世界就是交往，而交往的本質即是人與他者們的**他性關係**。在列維納斯這裡，這個他性並不是魔鬼他者中的奴性，而是一種倫理式的外在性。就這個意義而言，穿在我們身上的衣服並不是真正的物，而是將人的真性情遮蔽起來的**面貌**（le visage），或者叫社會關係和社會性。後者是馬克思的話語。列維納斯甚至說，為了生存，「自我從不願意除去自己的假面具，自我的身分就是所有的偽裝」。[2]可更重要的是，他者對我的他性社會關係並非一種外在的強制，他者正是被自我自覺認同的。「我」恰巧是通過他者來自指的。「他者是另一個我，是一個可以通過同情來得知的他我（alter ego），即通過回到你自身而得知的他我」。[3]所以，列維納斯說，這個他者始終「像一個影子一樣地伴隨著自我」。人，永遠只能在他者的**面貌**中看到自己。

面貌（visage），是列維納斯哲學中非常重要的一個關鍵字，他自己說這是一個現象學的術語。面貌指的並非某個具體人的面孔，而是一個隱喻。列維納斯稱，過去被柏拉圖當作會沉思理念的靈魂、被斯賓諾莎想成思想方式的東西，「這一切，在現象學上被描繪成**面貌**」。[4]言下之意，面貌象徵了人的存在中一種非物化、非實體化的靈魂。間或，列維納斯也將它叫做「表情」。一個人死去，「表情消失」，「面貌成了面具」。這個表情很有意思，在拉岡意義上那個以親近的他人形象出現的小他者，正是以不同的表情鏡像來引導和教訓

---

1 〔法〕德里達：《書寫與差異》，張寧譯，北京三聯書店 2001 年版，上冊，第 141 頁。

2 〔法〕列維納斯：《存在與存在者》，吳蕙儀譯，浙江人民出版社 1987 年版，第 34 頁。

3 〔法〕列維納斯：《存在與存在者》，吳蕙儀譯，浙江人民出版社 1987 年版，第 88 頁。

4 〔法〕列維納斯：《上帝、死亡和時間》，餘中先譯，北京三聯書店 1997 年版，第 8 頁。於以下對列維納斯的討論多出自《上帝、死亡和時間》，此書為列維納斯於 1975-1976 年索爾邦巴黎大學的講課記錄。從時間上看，此書中討論的他者思想肯定不會是拉岡他者理論的直接背景，但考慮到列維納斯這時的觀點可以映照拉岡相近語境的豐厚內涵，我還是對其進行了一些有選擇的分析。

「自我」的。而列維納斯此處的「面具」，顯然不同於容格的那個人活著就經常帶在臉上的「人格面具」。德里達解釋說，列維納斯的面貌不是作為事物的外觀，也不僅僅是被視對象，更重要的還是一個「觀看者」。這個觀看者「不完全是那種在某種哲視／理論關係中的看物者，而且還是與對方相互對視的對視者。面孔只有**在**面對面中才是面貌。就像舍勒說過的那樣：『我看見的不只是一個他者的眼睛，我還看到他對我的注視』」。[1]的確，列維納斯常常在面貌的意義上談到他者，或者說，他者只在面貌中到場。然而，與德里達所說的不同，面貌並不是對視的人臉，它並不直接顯現。或者說，它只以「缺席的身分呈現」，「面貌總是藏在其符號和產品身後，總是深藏在其永遠神祕含蓄的內在性中」。[2]可是，面貌卻「向我強迫要求」（s' imposer à moi）。作為他者的面貌具有一種「非暴力」力量，一言不發卻布展了一片充滿含義的無處不在的目光，時刻呼喚我的回答。我們卻並不直接看到**他**。面貌是**無臉的**他人（們），更重要的一個觀點是，「面貌的主顯是全面性的語言」。這已經十分接近拉岡那個以語言為本體的大寫的他者了，不過二者的意思正好相反。所以，即便是沉默，面貌也在言說。

列維納斯還有一句話十分精彩：「人類本質首先不是衝動，而是人質，他人的人質」。[3]在他看來，這種存在論意義上的**人質**關係甚至「比自我還要更早產生」。其實，列維納斯所說的人質關係即是我對他者（autre）的責任，正是這種責任心構成了人的倫理本質。德里達對此有一句極為深刻的話：「面貌就是在場，就是本質（ousia）」。[4]「作為所有他者人質之人對全人類都必要的，因為沒有這樣的人，道德不會在任何地方發生。」[5]人是在「對責任心不可

---

1 〔法〕德里達：《書寫與差異》，張寧譯，北京三聯書店 2001 年版，上冊，第 168 頁。
2 〔法〕德里達：《書寫與差異》，張寧譯，北京三聯書店 2001 年版，上冊，第 176 頁。
3 〔法〕列維納斯：《上帝、死亡和時間》，餘中先譯，北京三聯書店 1997 年版，第 19 頁。
4 〔法〕德里達：《書寫與差異》，張寧譯，北京三聯書店 2001 年版，上冊，第 172 頁。
5 〔法〕列維納斯：《塔木德四講》，關寶豔譯，商務印書館 2002 年版，第 125 頁。

抵抗的召喚」中被建構成的。「在裸露——面貌——中表達自己的某個人，是一個這樣的人，他已經在依賴於我，已經置身於我的責任心之下：我已經需要回答他。他人的一切行為都向我發出的資訊」。[1]所以，原來在黑格爾那裡通過另一個自我意識認同自己的自我，在此是通過責任關係來達及自指的，「只有在面對他人（autrui）時擔負起一種責任心的情況下，自我才顯露在它的獨特性中」。這將是一種倫理關係。在這種倫理關係中，「對他者之責任心所涉及的，是他者的一種臨近，他無休止地困擾著我」。[2]臨近（proximité），即是那個無所不在的他者的面貌，它是一個面貌，具有變為縈繞在腦子中的頑念的面貌的一種不可見性，這一不可見性並在於臨近之物的無涵義，而在於它的一種不同於表現、顯現，不同於視象的意謂方式。[3]

在這種臨近的關係中，關鍵性的因素是我對他者的「責任心」，他者通過責任喚醒我。在我與他者的關係中，我像是個「受傳訊者（assigne）」，因為他者對我的關係是一種「自我被他人的傳訊，是對我們甚至不認識的人們的一種責任心」。這種傳訊來自於本體論，它可以「先於任何介入，先於任何開端」。[4]其實，我的「主觀性、心理現象都消極地為他人而建構」，「我的自我的港灣是『為他人』，也就是說，我對他人的贖罪（因為在責任心中沒有賠償）。主體就這樣成了失去地位的主體」。[5]在為他者的責任中，主體頹然失卻自己的唯我論式的主體地位，這顯然是在批評海德格爾，同時也異質於拉岡的他者理論。這一點，尤其突顯在主體間的**言說**中，「在言說中，我顯現出來的方式是一種到庭（comparution）：我處於作為

[1] 〔法〕列維納斯：《上帝、死亡和時間》，餘中先譯，北京三聯書店 1997 年版，第 8 頁。
[2] 〔法〕列維納斯：《上帝、死亡和時間》，餘中先譯，北京三聯書店 1997 年版，第 163 頁。
[3] 〔法〕列維納斯：《上帝、死亡和時間》，餘中先譯，北京三聯書店 1997 年版，第 211-210 頁。
[4] 〔法〕列維納斯：《上帝、死亡和時間》，餘中先譯，北京三聯書店 1997 年版，第 210 頁。
[5] 〔法〕列維納斯：《上帝、死亡和時間》，餘中先譯，北京三聯書店 1997 年版，第 188-189 頁。

被告的賓格（accusatif）地位，也就是說，我失去了一切地位」。[1]於是，那個「主體——建立在自我之上的著名主體——被他者：一種迫切需要或一種沒有話語的指控拉下馬來」。[2]被拉下馬的著名主體即施蒂納－尼采的唯一者。在列維納斯這裡，言說的本質是道德責任，「聽到一種和你講話的聲音事實上就是對講話者負起了責任」，在他看來，言說的最初功能是「對他人承擔的一種職責」。[3]十分清楚，關於言說的判斷與拉岡的遮蔽性言說是完全不一樣的。

並且，當我的目光從他人式的水準關係轉向垂直的上蒼時，上帝就在莽莽蒼穹中現身了。「上帝是最傑出的他者，作為他者的他者，絕對的他者」。[4]列維納斯的上帝並不是奧古斯丁式的絕對大寫他者，而是絕對道德的化身。在他看來，大他者還不止上帝。「理想、理性、普遍性、永恆、上帝、跨－主體」都不過是「道德的外衣」。[5]列維納斯固然不曾直指上帝是絕對的大他者，可他意味深長的宣告已經足以讓人產生相近的聯想：「目光向上轉向天空，於是遇到了不可觸摸之物：聖物，這是不可能性的一種說法。」上帝就是他性（Illéité），這種他性必然是無限，是一種無所不在的「目光」。那不是來自面貌的目光，而是神的不可見的目光。「上帝卓越地存在著，它意味著一個高於任何高度的高度」。[6]神說過，「你不能看到我的面孔」（《出埃及記》）。神性，即是**不可能**。這裡暗藏了一種奇怪的邏輯過渡，即從列維納斯作為不可能的聖物的絕對的、至善的大他者到拉岡的非他性的不可能的存在之大寫的真實，一個極複雜的語境轉換。

最後，必須多說幾句的是，大寫他者邏輯的當代現實基礎實為布爾喬亞的資本邏輯，這個大他者是馬克思曾經指認的那個「普照的

---

1 〔法〕列維納斯：《上帝、死亡和時間》，餘中先譯，北京三聯書店1997年版，第193頁。
2 〔法〕列維納斯：《上帝、死亡和時間》，餘中先譯，北京三聯書店1997年版，第222頁。
3 〔法〕列維納斯：《塔木德四講》，關寶豔譯，商務印書館2002年版，第25頁。
4 〔法〕列維納斯：《塔木德四講》，關寶豔譯，商務印書館2002年版，第19頁。
5 〔法〕列維納斯：《塔木德四講》，關寶豔譯，商務印書館2002年版，第17頁。
6 〔法〕列維納斯：《上帝、死亡和時間》，餘中先譯，北京三聯書店1997年版，第252頁。

光」，或葛蘭西後來在文化「上層建築」中發現的霸權邏輯。其中，一切社會歷史存在對資本主義的認同是核心。另一方面，在現代政治化了的他者理論中，還出現了第三種大寫的他者，即作為**弱者鏡像的奴隸他者**，這個另類的他者邏輯正是黑格爾主奴辯證法中奴性他者論的當代重寫。如今，這個新釋義的大他者也成了當代西方學界中激進批判話語使用較多的一個關鍵字。借用傑姆遜的表述，即「在他者性中閱讀文化現象」。根據他的判斷，這種研究方法主要「出自沙特《存在與虛無》中的他者關係的辯證法。除此之外，它還來自黑格爾《精神現象學》中關於主人與奴隸的思考」。[1]傑姆遜這裡的判斷顯然過於簡單化了。因為這裡的他者（他人）研究中依然存在著太多的異質性。同時，他還認為這種他者問題的研究是由沙特的《聖・熱奈特》奠定其決定性基礎，並由「法農（Frantz Fanon）的第三世界理論和殖民地的精神變態」提供出一種全新的政治理論視域的。也是在此之後，我們方才能在關於後殖民文化霸權理論和新女性主義的討論中，看到大寫他者一詞頻頻出現。其間，女人作為他者，只能反過來認同父權制[2]，而「東方」作為他者，也是反過來認同了西方中心主義。不過，勿庸置疑的是，他者理論的這些新近的發展與我們下面將要討論的拉岡的他者理論卻是異軌的。

有了關於他者理論發展的歷史性線索作背景，我們重回拉岡語境時應該更有底氣。此刻，我們將遭遇的是拉岡那個可怖的魔鬼他者理論。

1　〔美〕傑姆遜：《拉岡的想像域與符號界》，載《晚期資本主義的文化邏輯》，陳清僑譯，三聯書店 1998 年版，第 241 頁。

2　在最新的一些女性主義思想家那裡，也開始出現一種**肯定性的**他者理論，如依利加雷的**二人**異性他者說。在這種他者邏輯中，他者是兩性主體之間得到承認的差異性，它的在場保證了異性主體之間真正的尊重和獨立存在。這是一種非常重要的值得關注的存在本體論。參見依利加雷：《二人行》，商務印書館 2003 年版。

第八章

魔鬼他者：誰讓你瘋狂？

精神錯亂顯示人的本質。

——巴代伊

他者（autre）理論是拉岡思想的核心邏輯構件之一，也是拉岡哲學中最為難解的部分。早在20世紀30年代，拉岡便開始使用他者一詞。起初，拉岡並未區分小他者和大他者。[1]早期拉岡一開始只是在鏡像的意義上使用他者這個詞，並且非常接近他人（Autrui）的概念，只不過後者是作為反射性的鏡像介體而在場的。50年代，拉岡轉向語言學，之後他逐步開始區分出大、小寫的他者（Autre與autre，並分別以A和a表示）。小他者專指鏡像階段中作為自認同對象的非我介體，而大寫的他者則表徵象徵性語言中的能指鏈。將他者實指性地一分為二，這恐怕是拉岡的原創。[2]我發現，在拉岡的整個哲學體系中，大寫的他者猶如一堵邏輯承重牆，起到了支撐性的作用。在這一章中，我將重點分析這個大寫的他者，但在真正進入在他者的理論討論之前，我們還必須來看看拉岡關於精神分析學主體分裂的討論。因為，這是他大寫他者理論重要的邏輯入口。

---

1 只是在20世紀50年代中期，拉岡才開始分別用Autre/Other（A/O）和autre/other（a/o）來表示在有專門意指對象的大他者和小他者。有時候，拉岡也會以「Big Other」來表示大他者。

2 這並不排除其他人曾經使用大、小寫的他者。

1、主體在本體論上的瘋狂本質

拉岡對精神分析學的基礎做過一個重要的評點，即**主體分裂**。說精神分析學的基礎是主體分裂有些過，但佛洛伊德的追問起點的確是非常性的精神疾病患者。在他看來，佛洛伊德的貢獻正在於拒斥了主體的總體性和同一性。由於無意識現象的揭示，在個人主體，甚至包括集體主體中都「引進了分裂」，「精神分析學將二者都送回到了它們的幻景的位置上去」了。[1]言下之意，將個人主體和集體主體視一個自足的同一性連續統實體只是一種幻覺。二者從來就都是自我（精神）分裂的，通俗一些說，這種主體的精神分裂即是**發瘋**。

其實我們已經知道，拉岡的整個哲學之思就是緣起於他對「瘋子」的研究，亦即那篇以患偏執狂精神病的女病人為對象的博士論文。這與福柯最初的思考對象完全一致的。福柯的境遇也很像拉岡，他的博士論文竟然也是研究「瘋子」（即後來那本著名的《古典時期的瘋狂史》），並且同樣遭到教授們的非議。[2]在那裡，拉岡從一開始就反對傳統精神病學關於瘋狂的研究中所採用的「器臟－動力主義」的實證主義理路，他認為這條思路只會閹割瘋狂的真實意義。拉岡力圖找出發瘋的哲學存在論意義。拉岡認為，瘋狂這個現象「正是以其意義而關係到人的存在本身」。言下之意，他想使自己的研究超出精神病學的平臺，並從中找出這個病案所包含的「更重大的意義」，即從「瘋子所獨有的認識」中呈現出對人格結構的新看法來。然而，拉岡最初的結論顯然令所有人大跌眼鏡：「瘋狂是思想的一種現象」。[3]難怪參加博士論文答辯老師用「堅決的手勢」打斷了拉岡的發言，指責他在「褻瀆這個莊嚴的時刻」。[4]

1　〔法〕拉岡：《拉岡選集》，褚孝泉譯，上海三聯書店 2001 年版，第 281 頁。

2　參見〔法〕福柯：《權力的眼睛》，嚴鋒譯，上海人民出版社 1997 年版，第 23 頁。

3　〔法〕拉岡：《拉岡選集》，褚孝泉譯，上海三聯書店 2001 年版，第 166 頁。

4　〔法〕拉岡：《拉岡選集》，褚孝泉譯，上海三聯書店 2001 年版，第 166 頁。

拉岡曾經坦承克萊朗布林在研究「意識生成」時所提出的「思想自動機制」對自己產生了重要的影響。思想自動，即在意識主體控制之外的彷彿是別人的思維慣性機制。在關於埃梅「自我懲罰的偏執狂」案例的分析中，拉岡發現，「瘋子以為自己是自己以外的一個什麼人」[1]，即**另一個**（autre）人。比如埃梅就總以為自己應該是一個「穿金戴玉的人」，一個風靡上流社會的社交名人。這顯然是一個她之外的他人，這個他人可以有具體的模樣，即佛洛伊德所說的「目標性認同」，也可以是一種非具象的**泛認**。泛認，即哲學意義上的他者。然而，一旦理想無法在現實中實現，她就會以瘋狂的方式殘害**誤認**中的自己和被她視為障礙的他人。拉岡甚至誇張地說，如果將這種瘋狂的極端樣式復原到一個正常人身上，即是說，一個人所謂的個性就是「他的理想」。就某個具體的個人主體生存來看，他總會不假思索地相信自己會是一個**什麼**。然而，他無法發覺，自己意識中的理想性生存只不過是一個「存在的倒錯以及潛在的形象」。[2]拉岡說，這是一種存在論意義上的「雙重誤認」：一是作為他的理想潛在出現的意象牽引，由於這個潛在的形象是在外部建立的，所以這是異己性一個預期誤認。需要注意的是，這裡拉岡所指認的形象、意象等規定已經是主體在成人化之後仍然存有的映射關係。後來他直接將這種預期誤認表徵為本體意義上的**先行性暴力占位**。二是由這種理想化導引建構的生存主體已經不是存在本身，而只是存在的倒錯。所以，當人再將這種非我的偽存在自指為自己的時候，發生的就已經是**誤認的平方**了。那麼，在這個意義上，就發生了另一種主體存在論上的**大寫的**瘋狂。在拉岡看來，這種瘋狂的本質「顯示出了人類認識的一種組成結構，即思想的象徵機制在視覺感覺中找到的支撐」。所以，拉岡的瘋狂「既包括瘋人院圍牆內的瘋狂，也包括了震耳欲聾的世上的囂嘯的瘋狂」。[3]舉例而言，王二的瘋狂就是瘋人院中的瘋狂，而拉岡認為

[1] 〔法〕拉岡：《拉岡選集》，褚孝泉譯，上海三聯書店 2001 年版，第 175 頁。
[2] 〔法〕拉岡：《拉岡選集》，褚孝泉譯，上海三聯書店 2001 年版，第 177 頁。
[3] 〔法〕拉岡：《拉岡選集》，褚孝泉譯，上海三聯書店 2001 年版，第 96 頁。

我們每一個正常人的生存則另一種意義上的瘋狂，它時刻發出震耳欲聾的「囂嘯」，而我們始終充耳不聞。

拉岡說，這種「瘋狂的普遍格式」是黑格爾哲學的一個要義。[1]以我的理解，拉岡之所以這麼說，一是指個人主體（激情）對絕對觀念的他者性分有，二是主奴辯證法中的反指關係。拉岡在此舉出的例子竟然是那個著名的「馬背上的絕對精神」。他說，西元1800年，黑格爾正在自家窗前「等待著Weltseele，世界的靈魂的到來。他在拿破倫的身上認出了這個世界的靈魂，目的是要向他揭示他有幸體現的是什麼，雖然那人看來完全不知情」。[2]不可一世的拿破倫自以為是他自己是一個征服歐洲的偉大君王，可其實卻是**分有**絕對觀念的一個有死的暫短肉身。同時，這也是黑格爾頗為得意的那個在個人主體之外真正起支配作用的理性的「狡計」，或者也可以說是笛卡兒那個「蒙著面前進」的隱性影響力。恐怕我們再踮一踮腳尖，就可能依稀看到，拉岡馬上將會指認的那個**大寫他者的狡計**。黑格爾算是站在絕對觀念（正面被肯定的至高大寫他者，以前被叫做「上帝」）的立場上，譏諷個人主體的無意識「激情」自負，「他不知道自己不是自己」，所以，這將是一種**無意識的**主體分裂和瘋狂。請一定注意，拉岡的思考正好與黑格爾相反：在黑格爾神正論的陰影下，作為個人主體的「激情」不過是絕對觀念假手人的存在來實現自身目標的工具；而拉岡則將這種理念**分有論**澈底顛倒過來，他將決定論情境中的個人主體的生存視為個人受他性力量控制和奴役的一齣「木偶戲」，視為「我們時代的社會悲劇」。[3]顯然，拉岡是站在個人主體存在的立場上的。

可是另一方面，拉岡的認知邏輯卻也同黑格爾表面相近：在這種情景中，人以為是他自己，可其實卻是被**另一個**力量牢牢控制的「非

1　拉岡專門提到黑格爾的《精神哲學》和伊波利特翻譯的《精神現象學》。然後給予了伊波利特和柯耶夫很高的評價，參見〔法〕拉岡：《拉岡選集》，褚孝泉譯，上海三聯書店2001年版，第17頁注3；第178頁注1。

2　〔法〕拉岡：《拉岡選集》，褚孝泉譯，上海三聯書店2001年版，第178頁。

3　〔法〕拉岡：《拉岡選集》，褚孝泉譯，上海三聯書店2001年版，第181頁。

我」。為此，他引用了莫里哀《恨世者》中的主人公阿爾西斯特的一句臺詞：「在四散的大地上，體面的人何有自由？」你以為自己有自由，你以為自己是自己的主人，可是你都不是。你不過是**他者**的奴隸。德里達曾經提到過，1972年，拉岡在比利時演講時說，他從來不講抽象的自由，「因為只有瘋子才能獲得自由」。[1]從本體論上說，瘋狂的本質即是「人自以為是人」！[2]如果你自以為是，你就是一個在存在本體論上無知無覺的瘋子。

回過頭來，我們再看看拉岡關於瘋子的定義：「瘋子以為自己是自己以外的一個什麼人！」十分遺憾，芸芸眾生中的絕大多數都是這個意義上的無意識的瘋子。我們總是恍惚以為自己是一個名人，或者是一位著名學者，我們以為自己是高官，我們以為自己是明星，可是，說到底，我們只是一群拉岡意義上的瘋子！因為我們都不知道：**我不是我**。「我是一個他者」（蘭波語）！處在這個語境中，各位讀者對本書起始時那篇看似十分費解的卷首語應該就能心領神會了。所以，拉岡說：

> 瘋狂（folie）決不是人的機體的脆弱性的一個偶然事實（le fait contingent），它是開裂在他的本質中的一個缺陷的永久的潛在性（virtualité permanente）。
>
> 瘋狂決不是對自由的「一個污辱」，它是自由最忠實的同伴（compagne），它像影子（ombre）一樣追隨著自由的運動。
>
> 沒有瘋狂我們不僅不能理解人；並且，如果人身上沒有將瘋狂作為自由的限界（limite de sa liberté）而帶著，人就不成其為人。[3]

---

[1] 〔法〕德里達、盧迪內斯庫：《明天會怎樣》，蘇旭譯，中信出版社2002年版，第62頁。

[2] 〔法〕拉岡：《拉岡選集》，褚孝泉譯，上海三聯書店2001年版，第195頁。

[3] 〔法〕拉岡：《拉岡選集》，褚孝泉譯，上海三聯書店2001年版，第182頁。中譯文有改動。參見Jacques Lacan, Écrits, Éditions du Seuil, Paris, 1966.p.176.

此刻，我們不妨重溫那一段流傳甚廣的拉岡名言：「如果一個人認為自己是國王的話他就是個瘋子，那麼一個國王認為自己是國王的話，他同樣也是個瘋子。」[1]巴代伊說：「王的光輝並不是孤立地放射的。民眾的承認——沒有這種承認君王什麼也不是——暗含著對最偉大的人、對那些可能為了自身利益而追求他人承認的人的承認。」在他人承認某個人是王之前，沒有人是王。[2]巴代伊此語與拉岡的語境完全同構。這句話乍聽起來的確令人費解：一個不是國王的人說自己是國王，人們認為他瘋了，這當然無可厚非，可是為什麼當真的國王認為自己是國王時，拉岡也要說他是瘋子呢？因為在拉岡的邏輯中，主體是一個無，但「主體總得來說是相信自己是什麼」。真的國王並不能理解，自己相信自己是的那個「什麼」，同樣不過是他者的映射。這就好比有人問你，「你是誰？」你通常會回答「我是李四」，「我是一個醫生」，「我是一個教授」。可是，我們已經知道，李四是他人為我命名的，是被人喊出來的。而諸如醫生和教授一類的成為則只是一種**被承認的**社會職業角色而已，我們總是力圖「扮演出自己的角色」，久而久之，就將這個角色誤認為我。用沙特的話說，這叫「我按**我所不是**的方式是他」。[3]拉岡則說，這就好比我們常常會想，我是一個**人**。這句話同樣是一種誤認。「這個斷言的全部意義在於說『我相像於那一個，我將他認作人，因此我有理由將自己認作為人』。所有這些說法歸根到底只有在『我是他者（autre）』這個事實上才能理解」。[4]拉岡這段話聽起來十分耳熟，其深層語境特別相似於早他100年的施蒂納，後者也說過，你以為自己是一個類

---

[1]〔法〕拉岡：《拉岡選集》，褚孝泉譯，上海三聯書店 2001 年版，第 176 頁。根據拉岡自己的注釋，此語出自列希頓伯格（Lichtenberg）的一個警句：「一個自以為是王子的瘋子與一個事實上的王子沒有什麼不同。前者是個負性的王子，後者是個正性的王子，除去他們的正負號，他們是同類的」。參見《拉岡選集》，褚孝泉譯，上海三聯書店 2001 年版，第 291 頁注 1。

[2]〔法〕巴代伊：《色情、耗費與普遍經濟——巴代伊文選》，汪民安譯，吉林人民出版社 2003 年版，第 256-257 頁。

[3]〔法〕薩特：《存在與虛無》，陳宣良譯，北京三聯書店 1987 年版，第 99 頁。

[4]〔法〕拉岡：《拉岡選集》，褚孝泉譯，上海三聯書店 2001 年版，第 115 頁。

人，即大寫的人，卻忘記了自己是一個唯一者。我們心知肚明，這是他者導演的一齣「木偶戲」。[1]所以，依拉岡的證偽邏輯，國王與瘋子的那個格言無比深刻。

對此，拉岡的當代闡釋者齊澤克曾經做過一個比較透澈的分析。他援引了馬克思在《資本論》中的一段話：「一個人是國王，僅僅因為其他人與他的關係是臣民，而其他人則相反，他們想當然地認為，他們之所以是臣民是因為那個人是國王。」[2]這是馬克思談及黑格爾反思範疇時說到的一段話，其語境與拉岡的表述果真十分類似。齊澤克接著分析道：

> 「作為國王」是「國王」與他的「臣民」之間的社會關係網路的效應，但是（拜物教的誤解便在於此）對這一紐帶的參與者來說，這種關係必然表現為顛倒的形式：他們以為他們是臣民，應給予國王以皇家的待遇，因為國王在自身之中、在與他的臣民的關係之外已經是國王了，似乎「作為國王」的規定是國王這個人的「自然」屬性。我們在此怎能不想起拉岡的著名斷言：一個相信自己是國王的瘋子同一個相信自己是國王的國王（即把自己直接等同於「國王」的權利）一樣都是瘋子。[3]

這算是一種更加通俗的解釋。

接下去，拉岡的結論更是要命，即拉岡所喜愛的帕斯卡的那句格言：「人們不能不瘋狂，不瘋狂只是瘋狂的別一種形式。」[4]這也是

---

1 〔法〕拉岡：《拉岡選集》，褚孝泉譯，上海三聯書店 2001 年版，第 181 頁。

2 〔斯〕齊澤克：《意識形態的崇高對象》，中譯文參見季廣茂譯，中共中央編譯出版社 2002 年版，第 34 頁。參見〔德〕馬克思：《資本論》第 1 卷，人民出版社 1975 年版，第 71 頁注 21。

3 〔斯〕齊澤克：《意識形態的崇高對象》，中譯文參見季廣茂譯，中共中央編譯出版社 2002 年版，第 34 頁。

4 〔法〕拉岡：《拉康選集》，褚孝泉譯，上海三聯書店 2001 年版，第 295 頁。

福柯寫在他那本著名的論文《瘋顛與文明》前言中的第一句話。[1]一切，都是一種本體論上無法擺脫的「不可測知的」宿命，在這個命運式的誤認中，人猝不及防地掉進自欺的陷阱之中，他也在拼命爭取自由和解放，可那只是瘋狂的幻想。拉岡的觀點後來直接影響到福柯的瘋顛史研究和德魯茲解放式的精神分裂說。

2、從主體際到大寫的他者

拉岡聲稱，自己的他者理論來源於佛洛伊德。而我已經說明過，拉岡他者理論最重要的理論基礎還是科耶夫式的黑格爾。他說，「主體是通過對別人的言說來承擔起他的歷史，這就是新的方法的基本思想。佛洛伊德將這個新方法命名為精神分析法。」[2]表面看來，佛洛伊德的精神分析法的確暗合他者理論的內裡邏輯，拉岡此語雖然也不無道理，但其中還是存有頗多牽強附會。對此，需要展開更進一步的分析。

拉岡認為，他者理論涉及「我們存在的核心」問題，即對我們自己存在的反思。這一點，我們在前面關於瘋狂的討論中已經交待了。佛洛伊德之前，「有許多人都已經用那個『認識你自己』的無用格言這樣做了，佛洛伊德要求我們重新檢查的是通向這個核心的途徑」。拉岡讓我們關注的，不是那個可以「成為認識對象的東西」，而是他所說的「造成我的存在的那個東西」。拉岡的意思是，「你自己」不是二元認知構架中的對象，我們要分析的恰巧是那個造成我們自己存在的**另一個**外在於你的東西。佛洛伊德引導我們放棄關注那個傳統心理學和哲學研究的「我的規規矩矩的個性」，轉而留心「我的任性使氣，我的怪癖，我的恐懼以及我的迷戀」。因為在佛洛伊德看來，正是這些作為非意知對象的現象，才可能透露出真相。而所謂的真相就

1　〔法〕福柯：《瘋狂與文明》，孫淑強等譯，浙江人民出版社 1991 年版，前言第 1 頁。

2　〔法〕拉岡：《拉岡選集》，褚孝泉譯，上海三聯書店 2001 年版，第 266 頁。

是：我，是一個並不是我的大寫的**他者**（Autre）很陰險地構成的。[1] 因此，拉岡說，「自我是在由無意識決定的新的主體佈局中根據他者而構成的」。[2]這是什麼意思呢？我們不妨從佛洛伊德的精神分析入手，深入做點探究。

在精神分析中，精神病患者總是通過向分析者的言說來疏通自己已經梗阻的歷史性心路，而分析者則要通過言說找到病人心中那個潛在意識層面之下的傷痛觸點和陰影。「對別人的言說」，在佛洛伊德這裡是面對**不說話的**分析者（聆聽者）的言說。並且，其中要義是分析者必須**不在**。所以，面對患者，我們隱去自己；我們不讓他得到他在對話者臉上尋找的那種興趣、同情和反應；我們避免顯示任何個人的好惡。我們不作任何表露；我們將自己非個性化；我們的目的是使對方面對一個理想的沉靜。[3]

我們之所以消隱，是為了讓病人在**無人**的情境下，自由地用被意識壓抑的無意識來言說，我們靜默地等待著一個不是病人自己，卻又時時如影隨形，迫害著他的**另一個**非主體形象的出現。病人彷彿在自言自語，但其實他始終在對著一個不是分析者的「他」傾訴、告白、討好和求饒。這個我們看不見的「他」，就是拉岡所說的大寫他者。拉岡說，對病人而言，「即使他是『獨白』，他也是對著那個大寫的他者講的。這個他者的理論我們已經加強了。過去我們只使用主體際這個術語，這個他者有助於重新啟用這個術語」。[4]他者的邏輯前身是現代西方哲學語境中很熱的那個肯定性的**主體際**。這是拉岡的一個很重要的理論指認。

佛洛伊德的發現在人身上揭示出其裂縫的澈底的他主性，這個他主性無法再掩蓋起來，除非你竭盡欺詐之力。

---

1 〔法〕拉岡：《拉岡選集》，褚孝泉譯，上海三聯書店 2001 年版，第 459 頁。
2 〔法〕拉岡：《拉岡選集》，褚孝泉譯，上海三聯書店 2001 年版，第 475 頁。
3 〔法〕拉岡：《拉岡選集》，褚孝泉譯，上海三聯書店 2001 年版，第 108 頁。
4 〔法〕拉岡：《拉岡選集》，褚孝泉譯，上海三聯書店 2001 年版，第 267 頁注 2。

我維繫於他者比維繫於自我更甚，因為在我承認的我的本性的深處是他在策動我，那麼誰是這個他者呢？[1]

拉岡自己指出，這個他者的前身就是**主體間性**（intersubjectivité），即前面說過的那個海德格爾之後的消解性共在。可是，到了拉岡這裡，原先的意思早已面目全非，海德格爾式的常人已經不僅僅是一種無責任的空位，拉岡再一次將它突現為**大寫的他者**，並直接用A來表示。拉岡明確地說，「這個他者就是大寫的他者，甚至我的謊言也提出這個他者以作為它在其中存在的真理的保證。」[2]很清楚，這是一種相互指認的存在關係。拉岡說，「一個『我』對於相互主體的共同尺度的參照，或者可以說就被當作是他者的他者，即他們相互是他者」。[3]一個人只能在他人身上認出自己，在此，他者是個**象徵性語言介體**，個人只是通過這個介體才能成為人。換句話說，拉岡的大寫的他者其實算不上什麼新的異質東西，它就是象徵域中那個**無臉的語言能指鏈**。這是非常重要的一個邏輯連結。

依拉岡之見，「人在看自己的時候也是以他者的眼睛來看自己，因為如果沒有作為他者的形象，他不能看到自己」。[4]對此，巴赫金也有相同的見解，即「用他人的眼光看自己」。[5]也就是說，每一個人只能通過外在於他的能指鏈象徵系統來反指自己，否則，他將什麼都不是。雅斯佩斯說過，「我只有與他人共在，一個人什麼也不是」。[6]拉岡說：

> 1、一個人不知道什麼是人（Un homme sait ce qui n'est pas un homme）。

---

[1] 〔法〕拉岡：《拉岡選集》，褚孝泉譯，上海三聯書店 2001 年版，第 457 頁。

[2] 〔法〕拉岡：《拉岡選集》，褚孝泉譯，上海三聯書店 2001 年版，第 457 頁。

[3] 〔法〕拉岡：《拉岡選集》，褚孝泉譯，上海三聯書店 2001 年版，第 219 頁。

[4] 〔法〕拉岡：《拉岡選集》，褚孝泉譯，上海三聯書店 2001 年版，第 408 頁。

[5] 〔前蘇聯〕巴赫金：《審美活動中的作者和主人公》，《巴赫金文論選》，佟景韓譯，中國社會科學出版社 1996 年版，第 355 頁。

[6] 〔法〕雅斯佩斯：《雅斯貝爾斯文集》，朱更生譯，青海人民出版社 2003 年版，第 13 頁。

2、人們互相認出（reconnaissent entre）是人。

3、我斷言自己是個人（Je m'affirme être un homme），因為怕人家證明我不是人。[1]

所謂的認出即是主體間性的言說。「我在言說中尋找的是別人的回答。使我成為主體的，是我的問題。為了使我為他人所認可，我是著眼於將至者而講出已逝者。為了得到他，我用一個名字來叫他，為了回答我，他必須接受或拒絕這個名字。」[2]接受或拒絕即是回應，這同列維納斯的他者觀。他者並不真在我們之外，因為它是由我們的言說建構出來的。

此外，我們還應該再關注一下之前已經討論過的鏡像階段中那個小寫的他者（拉岡用a來表示）。拉岡曾區分出一個非語言的小他者，即做了本是「空無」的自我的主人。在此，拉岡呈現了他與列維納斯的不同，後者的他者理論中有他人（autrui），也有作為面貌和語言的他者，可是列維納斯並沒有區分大寫他者和小寫他者。所謂的小他者，一開始是鏡像中那個無語的影像，後來則是母親、父親和其他親人的面容（列維納斯的「表情」），還有一同玩要的小夥伴的行為和遊戲。偽自我正是在這種種**非語言性的另一個**對象性關係中被**現實地**建構和肯定的。此處的非語言即是小寫性，並且已經暗合了將來那個沒有被象徵化的殘渣的對象a。小寫他者總是與感性的他人面容為伍，可是，我們切不可將拉岡的他者簡單地比做他人（autrui）。[3]小他者固然以形象為介體，但它並不是另一個或者其他的人，在拉岡那裡，他者是存在之**缺失**！福原泰平曾經說，拉岡的「他者即是缺失的別名」。[4]一般說來，他者總是指那個反射出來的應該的「假我」

---

1 〔法〕拉岡：《拉岡選集》，褚孝泉譯，上海三聯書店 2001 年版，第 220 頁。中譯文有改動。參見 Jacques Lacan, *Écrits*, Éditions du Seuil, Paris, 1966, P..213。

2 〔法〕拉岡：《拉岡選集》，褚孝泉譯，上海三聯書店 2001 年版，第 312 頁。

3 有的論者就將拉岡的想像域中的小他者（autre）誤作為他人（autrui）。參見黃作：《論拉岡的無意識理論》，《國外社會科學》2001 年第 4 期，第 42 頁。

4 〔日〕福原泰平：《拉岡——鏡像階段》，王小峰等譯，河北教育出版社 2002 年版，第源。如果說小寫他者是非語言性的假我之源，那麼大他者則是語言象徵系統構成的假我之源。那裡的小他者是「它」的缺失，而在此處，大寫他者（象徵性語言）將是物與人的缺失和死亡。並且，大寫的他者更不能誤作他人。齊澤克說，「『大寫的他者』當然不可能被還原到經驗性的他人，它們所指向的是拉岡的『大他者』（big Other），是象徵域本身」。[1]傑姆遜有時會將大寫的他者（A）等同於父母[2]，這種做法是有問題的。的確，每一個個體最初一定都是從父母那裡獲得早期的語言和概念，可是，大寫的他者一定不會是**經驗中的具體的人**，而是一套客觀的象徵系統。拉岡自己說：「語言是由一系列能指——比如ba、ta、pa，等等——構成的……這個能指的集合體的定義就是它們構成了我所說的『他者』」。[3]

拉岡認為，所謂的主體是被言語中的象徵性他性建構起來的。主體性何為？「在它所在的地方主體除了構成一個絕對的他者的主體性之外什麼也得不到」。[4]這個絕對的他者即是大寫的他者。

大寫的他者於是就是那個由講話的我和聽話的他者組成的地方。一個所說的已經就是回答了，而另一個決定聽一下那一個是否講過話了。反過來，這個地方延伸到主體中所有由言語的法則統治的領域，也就是說遠遠超過了從自我那兒得到指令的話語的範圍。[5]

這是拉岡的一段很著名的表述。

於是，一切由象徵性語言統治的地方，莫非大寫他者的王土。一切人的存在都印有A的標記。人類主體、個體性的「我」，其實皆是被大他者蹂躪的偽主體。這就是拉岡大寫他者理論的批判性意義。

---

65 頁。

1 〔斯〕齊澤克：《意識形態的崇高對象》，中譯文參見季廣茂譯，中共中央編譯出版社 2002 年版，第 130 頁。

2 〔美〕傑姆遜：《拉岡的想像域與符號界》，載《晚期資本主義的文化邏輯》，陳清僑譯，北京三聯書店 1997 年版，第 215 頁；第 223 頁。

3 〔法〕拉岡：《作為任何主體前設的統攝性他者結構》，中譯文參見《新疆藝術》1996 年第 1 期，第 60 頁。

4 〔法〕拉岡：《拉岡選集》，褚孝泉譯，上海三聯書店 2001 年版，第 95 頁。

5 〔法〕拉岡：《拉岡選集》，褚孝泉譯，上海三聯書店 2001 年版，第 482 頁。

當然，拉岡的他者理論並不是十分圓滿的，問題主要出在他沒有認真區分他者本身的不同質性，說到底這還是由拉岡哲學基根上的**非歷史性**所造成的。因為，原始圖騰和神話中的他者、封建土地上宗法性的他者（如中國的「三綱五常」）和宗教語境中的神性他者，以及布爾喬亞世界中的他者（作為文化霸權的意識形態）在基本質性上肯定是根本異質的。何況，拉岡還不可能看到互聯網時代的他者與「我」的關係，特別是網上的他者與真實虛擬的「假我」之間的複雜關係。以我的看法，拉岡的他者理論從總體上看可以算是資本主義現代性語境中的一個特例。這種他者關係的本質是自拘性，用福柯的話來講則叫「自我懲罰性」。僅就這一點而言，拉岡的頭腦倒不如福柯來得清楚。

拉岡的他者理論是其哲學中最難理解的東西。波微曾經直言不諱，他說拉岡的大寫他者是「一個易變的和有時混亂的觀點」。[1]我倒不這樣看。拉岡的大寫他者就是在個人之間通過語言和活的言語建立起來的**不是我們**的**另一個**我。對這個「另一個」，我們現在已經耳熟能詳。初看起來，A的存在形態正如黑格爾所說的那個背後的理性之狡計和斯密那只市場中看不見的手，不同的是，它不是我之外的別物，而是被誤認為我自己的投影。A是強加給我的非我，可是，我並不知道它是一種強制性的暴力，我懵懂地以為這就是應該中的我。甚至，這假我，說不定還是真我將傾注畢生精力為之「拼搏」、向之靠攏的理想。傑姆遜在這裡又解釋錯了，他說大他者是「本人的另一個自我，或者說是自己的形象」。[2]這顯然有問題。大他者不是自我的形象，而是被誤認為我性的他性。「他者作為絕對，也就是說作為一個自己可以取消主體的他者，其方式是與主體可由此對他的行動一樣，也就是蛻化成對象來欺騙他。」[3]由此，主體最終只有承認，他的存在只是想像的產物，這個產物使他什麼都無法肯定。因為在他**為**

1 〔英〕波微：《拉岡》，牛宏寶等譯，昆侖出版社，1999 年版，第 92 頁。
2 〔美〕傑姆遜：《語言的牢籠》，錢佼汝等譯，百花文藝出版社 1995 年版，第 143 頁。
3 〔法〕拉岡：《拉岡選集》，褚孝泉譯，上海三聯書店 2001 年版，第 47 頁。

他者（pour un autre）重建的工作中，他重新找到了讓他把重建**當作他者**（comme une autre）來做的根本性異化，這異化註定是要**由他者**（par un autre）來奪走他的重建的。[1]

我認為，拉岡在此再一次確認了**魔鬼大他者**。之所以說拉岡的大他者是魔鬼大他者或惡的大他者，是因為大寫他者對我的關係是一種存在論上的強暴關係，一種殺戮關係。我們對A的認同，必定表示我們自己的死亡。拉岡的門徒齊澤克曾經詳盡解釋過拉岡這個魔鬼大他者：

> 「大寫他者」的此一維度只是處於象徵性秩序中的主體的構成性異化的維度而已：大寫他者在幕後操縱，主體並不說話，而是被象徵性結構「言說」。簡言之，這個「大寫他者」是對社會實體的稱謂，是對所有下列事物的概括——由於它們的存在，主體從來無法完全支配自己行動的結果。也就是說，由於它們的存在，主體行為的最終結果總是它試圖獲得或預期獲得的事物之外的某物。[2]

拉岡認為，大寫的他者只是由語言和言說話語構成的象徵性的他者。而齊澤克則向社會現實推進了一步：大他者（A）就是那個做了我們主的社會「實在」。在我們與A的認同關係中，它明明是一種外部的東西，卻又被認定成自己最重要的東西。做與不做，說與不說，都由這個A來控制。在齊澤克看來，大他者不僅是一個社會象徵性的強暴，而且也滲透到現實生活裡所有不成文的情境之中：「拉岡的『大他者』不僅指明瞭那清晰的調整我們社會相互影響的象徵規則，而且還指明瞭不成文的『含蓄』規則的複雜之網。」[3]為此，齊澤克

[1] 〔法〕拉岡：《拉岡選集》，褚孝泉譯，上海三聯書店 2001 年版，第 259 頁。

[2] 〔斯〕齊澤克：《實在界的面龐——齊澤克自選集》，季廣茂譯，中共中央編譯出版社 2004 年版，第 253 頁。

[3] 〔斯〕齊澤克：於《偶然性、霸權和普遍性——關於左派的當代對話》，胡大平譯，江蘇

還舉了羅傑・亞伯特所寫的《好萊塢套路的小書》為例，其中列舉了數百種套路和必須的場景。譬如我們都很熟悉的「水果車」規則：在好萊塢電影中，只要有狂亂的追逐場景，就必定會有一輛水果車被狂奔的人或車撞倒，然後憤怒的小販將跑到路中間，揮舞著拳頭目送主人公遠去的身影。

在拉岡這裡，面對大寫的他者，意識到的被認同為主體，意識不到的由是成為支配自己存在更隱密的**無意識**。於是，無意識自然不是什麼生髮於本我的原欲，而是大寫他者的隱性力量。波微的表述十分精闢：「無意識是大寫他者執行其最隱密使命的所在，就像一種侵佔性力量或間諜組織」。[1]就這個意義而言，拉岡那句「無意識是他者的話語」也就不難理解了。無意識不過是他者明目張膽強暴後的隱性牽掛罷了。在拉岡的宮殿裡，大寫的他者是主宰一切的神靈，推動著存在中有意識和無意識的一切。

3、無意識是大寫他者的話語

就是在此處，拉岡有了一個與佛洛伊德完全不同的發現（但是，他還是一如既往地假惺惺宣稱這是佛洛伊德的「發現」），即「**主體無意識是大寫的他者的話語**」（Que l'inconscient du sujet soit le discours de l'autre）。[2]請一定注意，這句話極其難解，因為此處這個無意識的語境已經被從佛洛伊德原有的意義上根本重寫了。

佛洛伊德的無意識是被壓抑的原欲，它與人的自覺意識層面相對，構成了人心理結構的兩面。可拉岡卻認為，佛洛伊德的無意識理論如果與人的本能相關，就將陷入了生物學的泥潭，這是他晚年（1923年提出本我、自我和超我的所謂「第二個人格系統」以後）思想發展的誤區。相比之下，拉岡更傾向於佛洛伊德早期將無意識與

人民出版社 2004 年版，第 138 頁注 41。

1 〔英〕波微：《拉岡》，牛宏寶等譯，昆侖出版社，1999 年版，第 92 頁。

2 〔法〕拉岡：《拉岡選集》，褚孝泉譯，上海三聯書店 2001 年版，第 275 頁；417 頁。

象徵性聯結起來的理路。拉岡曾經武斷地判定，「佛洛伊德對我們反復說他的那個無意識與至今為止這個詞所指的內容都毫無關係」，因為，佛洛伊德從一開始就將無意識規定「帶到了象徵法則的這個決定作用的中心去」了。[1]顯然，拉岡硬要將無意識與象徵性語言連結起來，無意識將不再與本能、原欲和本真的本我相關，而成為**語言大寫他者的無形排泄物**。我注意到，拉岡的理解與克勞德．李維史陀關於無意識概念的前期討論不無關係。後者是最先將佛洛伊德的無意識概念與個人的內在特性分離開來的人，他並且成功地把無意識與符號的象徵功能聯繫起來。克勞德．李維史陀認為，無意識恰好是外在於主體的，它常常反映了「我與他者」的外部關係和「無意識活動的規律」。[2]以後，多斯又細緻地發現了拉岡與克勞德．李維史陀在無意識理論上的這種內在關聯，即克勞德．李維史陀「騰空了無意識的全部內容，並移植了它」，而拉岡則將其這種特定的無意識全盤接受了。對此，多斯似乎十分惋惜：「拉岡神不知鬼不覺地把無意識挪到了結構主義范式的符指線以下，為了與克勞德．李維史陀對話，為了獲得人類學的支持，拉岡付出了高昂的代價，他犧牲了精神分析特定的對象，也喪失了自己科學性身分的根基，即無意識」。[3]我倒以為，多斯的判斷正好與事實相反，拉岡對克勞德．李維史陀無意識的援引並不是基於某種外在資源的需求而因小失大，拉岡此舉絕對出於一種理論故意。在拉岡的哲學邏輯中，後者的無意識概念只是一個小小的顛覆性之開端，他十分鄭重其事地用力撕開了這個裂口。

1966年10月，拉岡在美國霍普金斯大學舉辦的「批語的語言與人文科學」研討會上做了題為〈作為任何主體前設的統攝性他者結構〉的發言，期間他即席打了一個著名的比方來說明自己語境中的無意識：

1　〔法〕拉岡：《拉岡選集》，褚孝泉譯，上海三聯書店 2001 年版，第 417 頁。

2　參見李維史陀為毛斯的《社會學與人類學》一書所寫的導論。上海譯文出版社 2003 年版，導論第 14 頁。

3　〔法〕多斯：《從結構到解構——法國 20 世紀思想主潮》，季廣茂譯，中共中央編譯出版社 2004 年版，上卷，第 161 頁。

> 我為大家準備這篇簡短的講稿時，正值凌晨。透過窗戶，我可以看見巴爾的摩，這真是一個有趣的瞬間，因為這時太陽還沒有完全透出光亮，霓虹燈為我顯示著時間在分分秒秒的變化，那時的交通自然很擁擠，我使自己留意著看到的一切，除去遠方的一些樹林，這些正是思想的結果，而且是積極思考的結果，但是主體扮演的功能卻不是完全自明的。總之，的「此在」（作為主體的一種定義）在這裡是一個間斷的或消退的旁觀者。概括無意識的最佳形象就是清晨的巴爾的摩。[1]

巴爾的摩[2]是霍普金斯大學主校區所在地，拉岡在太陽還未升起的時候觀賞窗外的風景，除去一片樹林，他實際上什麼也看不見。他想像著時間的變化和日間的交通情況，可是這一切都不是他直接看見的東西。拉岡說，無意識就像「清晨的巴爾的摩」，有著二層意思：一是說，無意識在我們**之外**的異鄉他處（這對一個來自遠方法國的客人尤其如此），這直接否定了佛洛伊德將無意識視為人的本己原動的觀點；二是說，對主體而言，無意識恰巧是發自他處的不明之物。

以拉岡的理解，無意識並不是佛洛伊德所講的那個被壓抑下去的本我原欲，也不是人類欲望之無言的、不可停歇和不可安撫的東西，「無意識不是初始的，也不是本能的，它所知道的基本的東西只是能指的基本單位」。[3]傑姆遜有一個特形象的說法，即無意識不是「一個永久的本能的沸騰的大鍋」。[4]無意識是能指，也就是說，無意識

---

1 〔法〕拉岡：《作為任何主體前設的統攝性他者結構》，原刊《結構主義的爭論：批評的語言與人文科學》，中譯文參見《新疆藝術》1996 年第 1 期，第 59-60 頁。我改動了中譯文的標題。

2 巴爾的摩是霍普金斯大學主校區的所在地，是美國東部海岸的重要港口城市，屬馬里蘭州。

3 〔法〕拉岡：《拉岡選集》，褚孝泉譯，上海三聯書店 2001 年版，第 454 頁。

4 〔美〕傑姆遜：《晚期資本主義的文化邏輯》，陳清僑譯，北京三聯書店 1997 年版，第 224 頁。

正是與佛洛伊德所言截然相反的東西。[1]齊澤克對此做了些評點，他認為拉岡的無意識「是空洞的理性機器，它一意孤行，而不考慮主體的生命世界的要求」。[2]由此，我們可以再次確認拉岡那個「回到佛洛伊德」的口號所隱含的顛覆性真意。拉岡堅持認為，「無意識就是具體言談中跨越個人的那個部分。主體自己並不擁有這個能力來重建其有意識言談的連續性」。[3]無意識是具體言談中跨越個人的那個部分，換句話說，在言說中個人主體並不做主，有一種力量**不知不覺**支配著主體，此時主體「**不是在說話而是被說**」！[4]這也是後來後結構主義非常著名的一句名言。最關鍵的是，無意識不是個人主體自己無序的混沌的要求和欲望，而是他者性的。或者換一句話，「遵照佛洛伊德，我們說他者就是他所發現的稱之為無意識的回憶的場所」。[5]這顯然依舊不是佛洛伊德的意思，拉岡再次強加於人。

對此，齊澤克又有一段說明：無意識是一種思維形式，**思維形式的本體論狀態是非思維的**，就是說，思維形式外在於思維本身，簡而言之，某種外在於思維的大寫他者的場所（Other Scene）已經事先表達出思維形式了。[6]

拉岡這裡，主體的存在（不等於本真的活我，因為在鏡像階段中，我沒有出世就死在自己的倒影中了）成為他者的影子，亦即**無上之無**，可主體並不知道自己的內部是空無的，也不知道自己已經不做主了，不知道他的言說實為他者的言說，於是，無意識不是壓抑了的原欲本能，而是來自於他者的隱性強暴。由此，拉岡才說，**主體的無**

1　格林說。「在我看來，拉岡提供了一個反佛洛伊德的無意識觀」。這正好說對了。參見多斯：《從結構到解構——法國 20 世紀思想主潮》，季廣茂譯，中共中央編譯出版社 2004 年版，上卷，第 330 頁。

2　〔斯〕齊澤克：《實在界的面龐——齊澤克自選集》，季廣茂譯，中共中央編譯出版社 2004 年版，第 147 頁。

3　〔法〕拉岡：《拉岡選集》，褚孝泉譯，上海三聯書店 2001 年版，第 268 頁。

4　〔法〕拉岡：《拉岡選集》，褚孝泉譯，上海三聯書店 2001 年版，第 291 頁。

5　〔法〕拉岡：《拉岡選集》，褚孝泉譯，上海三聯書店 2001 年版，第 510 頁。

6　〔斯〕齊澤克：《意識形態的崇高對象》，中譯文參見季廣茂譯，中共中央編譯出版社 2002 年版，第 26 頁。

意識即是他者的話語[1]。所以，對於個人主體來說，無意識將是「前本體論的（pre-ontological）」。齊澤克的評論總是出現在一切應該出現的地方：「無意識是一個悖論性的字元，它只有在本體論的意義上不存在，才能維持自己的存在」。[2]也因此，拉岡將無意識看作是「一封無法投遞的死信（dead letter）」，因為佛洛伊德的無意識來自於壓抑的本能原欲，而拉岡的無意識則只是大他者淫威的反證。至此，一個理論懸案已經徹底澄清：拉岡的無意識早已不再是佛洛伊德那種原欲式的本體論基始，而成了個人主體異化於他者奴役的不做主的呻吟。

對於「無意識是他者的話語」這個非常讓人費解的觀點，我們可以從如今撲天蓋地的廣告對人的軟性強制中看看就裡。無處不在的廣告其實就是資本家用象徵性語言和美學景觀製造出來的控制工具，它就好比人們在生活消費中的大他者。每當我們閱讀報紙或者看一部扣人心弦的電視劇時，最恨的就是時時冒出來干擾我們的廣告。可是，千萬不要以為每年在電視上花上幾千萬，甚至是上億金錢做廣告的資本家們都是笨蛋（實際上這些錢恰巧是我們這些消費者花費的，因為廣告費用是進生產成本的），因為表面看來我們完全可以變換頻道拒絕廣告，可以不受它的影響。但其實，廣告的作用並不是針對人的自覺意識，它的長處恰巧就在它是作用於人的無意識控制。也因此，鮑德里亞說，廣告的本質在於「匿名的說服」。[3]當一種商品，每天晚上在你面前出現十次（一些製作低劣的廣告以更多赤裸的形式出現，如「羊，羊，羊，×××牌羊毛衫」，它會同時在十秒鐘內出現三次），一個月、一年下來，它必然能在你腦中形成一個意識層面以下的隱性控制，不自覺地建構起你在無意識中的欲望。我經常在課堂上讓同學們做一個心理實驗，事實證明，購物時的無意識控制的確存

---

1 〔法〕拉岡：《拉岡選集》，褚孝泉譯，上海三聯書店 2001 年版，第 275 頁。

2 〔斯〕齊澤克：《意識形態的崇高對象》，中譯文參見季廣茂譯，中共中央編譯出版社 2002 年版，第 95 頁。

3 〔法〕鮑德里亞：《物體系》，上海人民出版社 2001 年，第 188 頁。

在：當我們購買一定價位的牙膏、食品或者其他商品時，即使沒有人直接指點，我們也只會買自已聽說過的「知名」商品，一般不會主動去買自已從未聽說過的東西。這就是廣告的隱性控制作用。你的無意識正是資本家通過廣告大他者製造的話語的被支配物。我們還常常看到，不懂得刻意拒絕廣告的孩子們，常常會背誦全部廣告歌和畫面，因為這個年紀的孩子尚不會自覺地分辨所接受的資訊和壓抑自已。費瑟斯通說，廣告可以將羅曼蒂克、珍奇異寶、欲望、美、成功、共同體、科學進步與合適生活等等各種意象附著於肥皂、洗衣機、摩托車及酒精等平庸的消費品上。[1]資本家正是通過這種方式，使他們的強制性目的和意識形態悄無聲息地內化為你自已的本質無意識。

正是在這種獨特的否定性語境中，拉岡才會說，「無意識是我的歷史中留著空白或填了謊言的一章：它是被查禁的一章」[2]。顯然，這也是佛洛伊德的文明與本我的關係一種重要延伸和改寫。所以，話還可以倒過來說：「精神總是在他處」！[3]或者說，主體總是**他在**。「我」從來不是我，開始是鏡像之我，然後是能指的一個座架，「我」總是另一個存在。「我」總是那個無臉他者的無意識的奴隸，「我」不得不對他說，「我」不得不向他展示我的存在，「在我的發現中必須有某個外在的東西，這樣我才會在發現中得到樂趣，而且這樣地維持下去才能獲成果」。[4]也是在這個意義上，拉岡說，無意識的存在本身就是對人類主體性的一種深深的**反諷**。

無意識的至高權力的另一面是它的「反諷」，由這個反諷無意識的整個秩序在瞬間消失了。在這個反諷裡，無意識的創造性活動暴露了其絕對的無由性。無意識對現實的主宰表現在無意義的挑戰上，在自由心智的惡意的風雅中幽默象徵了一種尚未作最後決斷的真理。[5]

1　〔英〕費瑟斯通：《消費與後現代主義》，劉精明譯，譯林出版社 2000 年版，第 21 頁。
2　〔法〕拉岡：《拉岡選集》，褚孝泉譯，上海三聯書店 2001 年版，第 269 頁。
3　〔法〕拉岡：《拉岡選集》，褚孝泉譯，上海三聯書店 2001 年版，第 281 頁。
4　〔法〕拉岡：《拉岡選集》，褚孝泉譯，上海三聯書店 2001 年版，第 281 頁。
5　〔法〕拉岡：《拉岡選集》，褚孝泉譯，上海三聯書店 2001 年版，第 280 頁。

與此相關，拉岡另一個觀點也是直接反對佛洛伊德的，即在象徵域中，無意識是**像語言一樣被組織起來**的。因為，在佛洛伊德看來，無意識現象的發現之處，恰好是有意識的「語言在何處停步」？無意識正好是語言意識的否定面，它是不可由語言直接觸及的前意識的原欲式的內驅力量。而拉岡的觀點又是顛倒的。他說，「精神分析在無意識中發現的是在言語之外的語言的整個結構」。[1]為什麼？根據拉岡的上述詮釋，無意識即大寫他者的話語，而大寫他者就是能指的象徵系統，所以，能指的結構其實是無意識現象及其重複過程的基礎。對此，里德曾經分析道：

> 在拉岡看來，無意識就是一種類似語言的結構：也就是說，它是由一連串能指鏈要素組成。它就像一台邪惡的轉換機器，把詞語轉換成症候，把能指刻入肉體或把它們變成折磨人的觀念或各種強迫意識。一種症候實際上可能是一個困在肉體中的詞語。[2]

拉岡還說：「為了能看懂無意識重複的歷時性變化，解釋必須在組織起來的能指的共時性結構中引入某種能使破譯突然可能的東西，——確切地說就是那個使他者在隱匿編碼中能起作用的東西，這是指的在其中表顯為缺少的成份的他者」。[3]所以，對主體來說，無意識的背後發生著一種意義流，「這個意義流的奧祕在於主體不知道在哪個地方來假裝是它的組織者」。[4]在這裡，他還專門提醒那些原來只是從本能域尋找無意識的「知情人」們格外注意這一點。拉岡再一次促狹地挑撥道，這還是佛洛伊德的意思。

為此，拉岡曾經在宏大的社會歷史尺度上以歷史的編纂學為例，

1 〔法〕拉岡：《拉岡選集》，褚孝泉譯，上海三聯書店 2001 年版，第 425 頁。
2 〔英〕理德：《拉岡》，黃然譯，文化藝術出版社 2003 年版，第 49 頁。中譯文有改動。
3 〔法〕拉岡：《拉岡選集》，褚孝泉譯，上海三聯書店 2001 年版，第 530 頁。
4 〔法〕拉岡：《拉岡選集》，褚孝泉譯，上海三聯書店 2001 年版，第 562 頁。

區分「真正的歷史研究和所謂的歷史規律」。拉岡顯然不屑於歷史決定論，並且反對那些歷史發展的先知者：「每個歷史時期都有哲學家來散佈符合當時流行價值的所謂歷史規律」。當然，他也說，這並不意味著湯因比、孔德和馬克思等等那些歷史觀領域的里程碑統統要被推倒，他要說明恰巧是這些里程碑的意義，即「理想的功能」。這實際上是歷史尺度上的一種先行性**預期**，一旦有了這種或那種規律，歷史似乎就會按照一種樣式被建構起來，這種總體性的歷史「一旦寫成，人們在內心和在外界就演出了這歷史」。[1]這就像黑格爾所說的「理性之狡計」[2]，對於絕對觀念來說，它「從頭到尾都知道他要的是什麼」。[3]可是，它在歷史的背後，它使人們不知不覺地走向一個共同的方向，一種非向心的合力，一種反目的的合目的論。其實，那個理性就是大寫的他者，人們在歷史中的無意識正是他者的傑作，大寫他者讓人去做去說，但又不讓他們知道。拉岡在理解黑格爾和馬克思時其實發生了某種誤認。在黑格爾和馬克思那裡，歷史發展中的他性只是一種暫時性的現象，這種惡的他性或他律性終將被歷史地揚棄，可這一點對於拉岡而言則是不可能的。人們的無意識正是大他者的內驅和話語，所以，無意識還是被他者隱密地組織起來的。在這種歷史中，真相是「被禁查的一章」，真相空缺的地方是謊言，所以**真理總是在它處**。[4]

主體遠遠超出個人「主觀（subjectivement）」地感受到的東西，他能一直達到真理（vérité），他也會從你剛閉上的嘴裡出來。是的，他的歷史的真理（vérité de son histoire）並不全在他的腳本上，可是他的地位標明在上，就在他因為只知道自己的回答而感到痛苦的打擊上，也在因混亂（désordre）而使他不安寧的篇章上。[5]

---

1 〔法〕拉岡：《拉岡選集》，褚孝泉譯，上海三聯書店 2001 年版，第 271 頁。

2 〔法〕拉岡：《拉岡選集》，褚孝泉譯，上海三聯書店 2001 年版，第 179 頁。

3 〔法〕拉岡：《拉岡選集》，褚孝泉譯，上海三聯書店 2001 年版，第 612 頁。

4 〔法〕拉岡：《拉岡選集》，褚孝泉譯，上海三聯書店 2001 年版，第 269 頁。

5 〔法〕拉岡：《拉岡選集》，褚孝泉譯，上海三聯書店 2001 年版，第 275 頁。參見 Jacques Lacan, Écrits, Éditions du Seuil, Paris, 1966.p.265.

主體不等於個人自己感受到的東西，而更多地是他根本不能發覺和直指之事物。他存在的本質、他的歷史之真理，都在**它處**。換成布伯的邏輯，拉岡恰巧是在說，「我與它」是必然的，而「我－你」關係則是幻覺。所謂的它處就是對他者**理想化的**誤認。

這是無意識邏輯的「狡計」，是無意識欺騙我們的方式。無意識並不是一種我們不可認知、不可抵達的超驗之物，毋寧說，它是une bévue（套用拉岡對Unbewusste所作的文字遊戲）[1]的一種忽視：我們忽視了，我們的行為方式已經是我們所欲求的事物狀態的一部分，我們失誤的方式也已經是真理本身的一部分。[2]

拉岡說，「我們教會主體當作他的無意識來認識的正是他的歷史」。[3]人們對自己的歷史的無知，正因為這種歷史是「按照某種秩序被查禁的」。

4、主體間辯證法：人與小、大他者的遊戲

雖然拉岡一再強調佛洛伊德的病人與分析者的主體際性是自己他者理論的緣起，可我們依然發覺拉岡他者說的具體內容，更多地來源於黑格爾。但是，我們已經說過，這個黑格爾是經過科耶夫和伊波利特重新油炸過的主奴辯證法的黑格爾。「這個黑格爾是高超的關於一種他性（otherness）的資源豐富的詩人，這種他性縈繞著意識，並且在公共的領域發現了有其無盡的回音和相似物」。[4]我們討論過，黑格爾的他性即是一種對象性的主體相互認同。

拉岡認為，主體的歷史就是在一系列「理想認同」中實現的，但這些認同並不是佛洛伊德那種肯定性的自我主體建構和持存，而多為

1 法語的 une Bévue（差錯）與德語的 Unbewusste（無意識）發音相近，故而稱之為「文字遊戲」。

2 〔斯〕齊澤克：《意識形態的崇高對象》，中譯文參見季廣茂譯，中共中央編譯出版社 2002 年版，第 82 頁。

3 〔法〕拉岡：《拉岡選集》，褚孝泉譯，上海三聯書店 2001 年版，第 291 頁。

4 〔英〕波微：《拉岡》，牛宏寶等譯，昆侖出版社，1999 年版，第 89 頁。

對他者意向的誤認。如前所述，最早的誤認就是鏡像中的理想我。這裡的我之誕生即是作為**小寫他者**投射的「我」之假相的誤認。「**意向**在人身上出現的第一個效果是一個主體**異化**（d'aliénation du sujet）的效果。這是基本的一點。主體是認同（identifie）在他者身上並一開始就是在他者身上證明自己。」[1]在這個起點上，基本是異化的原初自我就與基本上是自殺性的原始犧牲聯結起來了：這就是說是瘋狂的基本結構。這樣在自我與存在之間的這個原初的不諧和就將成為基調，這個基調將穿過心理歷史的各個階段而迴響在整個的聲音階中。[2]

在象徵域中，不居的能指鏈成為真正的王者，它以**大寫他者**的身分，居住在主體的存在位置中。我們也已經知道，這個大寫的他者並不直接是一個實體性的他人，而總是以他人的言說中的認同關係出現的那個被從外部投射的「我」。這樣，就會有一個主體與小他者和大他者的關係。拉岡將這種關係稱為**主體間辯證法**。繼而，拉岡把這種主體間性的辯證法視為佛洛伊德自我主體的真正內在結構。並且，這是十分複雜的、交織著無意識生死鬥爭的辯證法。

1955年，拉岡首次談到這種主體與他者的辯證法。[3]他是從分析者與病人**兩個人**構成的分析情景入手展開論述的。從兩個主體的關係裡，拉岡看到了**兩個人與他們的兩個對象**，即每一個主體「各自擁有兩個對象的主體。一個是自我，另一個是他者。後者以小寫的a來表示」。[4]依拉岡前面的約定，前者應該是a'。然後還有大寫的他者，即A。這樣，就會有各自兩個主體、兩個自我和兩個他者。但是他又說，這六項可以看成四項，即兩個從S到A的對子。「因為在a和a'之間

1　〔法〕拉岡：《拉岡選集》，褚孝泉譯，上海三聯書店 2001 年版，第 188 頁。參見 Jacques Lacan, Écrits, Éditions du Seuil, Paris, 1966，P.181。

2　〔法〕拉岡：《拉岡選集》，褚孝泉譯，上海三聯書店 2001 年版，第 188 頁。

3　見拉岡 1955 年 11 月 7 日在維也納神經－精神病醫院所作的題為《佛洛伊德事務或在精神分析學中回歸佛洛伊德的意義》。於後發表於《精神病學進展》1956 年第 1 期。中譯文參見：《拉岡選集》，褚孝泉譯，上海三聯書店 2001 年版，第 414-415 頁。

4　〔法〕拉岡：《拉岡選集》，褚孝泉譯，上海三聯書店 2001 年版，第 414 頁。法文中的「他者（autre）」是以 a 開頭的，而英文中的「他者」為 other。

起作用的排斥關係使在主體的衝突中有這樣標記的兩對縮成一對」。所以，拉岡說，這是一齣「四人戲」。按我的理解，拉岡說「四人戲」是不對的，其實是兩個人與他們各自的雙他者（大小他者）。所以，拉岡另一個比喻相比之下要準確一些，即**四重奏**。一個主體有幾種面相，這面相還是被認同為「我」。我們已經知道，在精神分析中，分析者總是將自己隱匿起來，為的是被分析者（病人）能夠自無拘無束、不受干擾地言說，從而引出那個「迫害」他的他者來。所以，拉岡認為，在此情境中，分析者「是一個大寫的A的他者時以他的沉默來裝死，像中國人所說的屍位，或者是在他是一個小寫的a的他者時，他放棄他自己的抗拒。在這兩種情況下，在象徵及想像的各自作用下，他都使死亡現顯」。[1]這裡的死即是明明在場，卻做不在場狀的無。

後來，拉岡提出了一個非常著名的邏輯圖式，他自己也將其稱為「主體與他者關係的科學運算式」。[2]該圖式也叫L圖式（schéma L）。

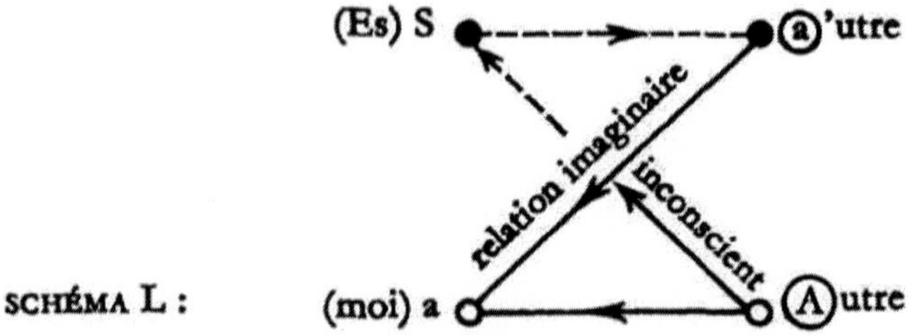

（圖式L）[3]

[1] 〔法〕拉岡：《拉岡選集》，褚孝泉譯，上海三聯書店 2001 年版，第 415 頁。
[2] 〔法〕拉岡：《拉岡選集》，褚孝泉譯，上海三聯書店 2001 年版，第 481 頁。
[3] 〔法〕拉岡：《拉岡選集》，褚孝泉譯，上海三聯書店 2001 年版，第 47 頁。英譯本中，圖式 L 中的字母分別譯作 S，o，o'，O。我們這裡仍然沿用了法文原文的字母。

這個L圖式還有一個簡化版：

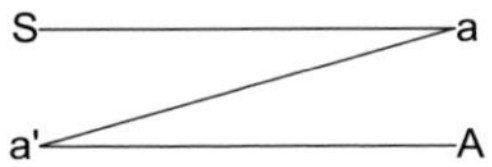

（簡化的L圖式）[1]

拉岡自己是這樣來說明這個L圖式的：主體S的情況**取決於**在大他者（能指鏈）A那裡發生的事情，那兒發生的事「都是連貫成一篇話語（無意識是大他者的話語）」。主體不是實體性的自己，而不過是大他者（能指鏈）中的一個擔了虛名的空無。主體會自以為是，然而它只是那個空位上來自他者的被結構化了的無意識話語。經過上面的分析，此刻我們已經能夠瞭解拉岡的大致意思了。

針對這個圖式，拉岡又做了進一步的解釋：對於主體來說，「S，他的不可言喻的愚蠢的存在；a，他的對象；a'，他的自我，即在他的對象中被映射的形式；以及A，即可以設置他存在問題的地方」。[2]這是一段非常經典的表述。其中，由表示主體的S與大寫他者A的「無意識」反向建構關係，即A→S的「象徵」軸，大寫他者建構主體，這一邏輯軸線與另一條相交，即小他者a與作為小他者鏡像的誤認自我a'的「想像」邏輯軸線。這兩條邏輯軸線十字相交，可是卻有虛有實，想像軸為實線，而由A發出的象徵軸線在碰到想像軸線後變成了虛線。為什麼會這樣？我們可以再做一些具體分析。

S，即主體，非反思前，可以指笛卡兒的我思主體，胡塞爾的意識主體，海德格爾的此在，但在拉岡這裡，它卻是一個「被詢問者（l'interroge）」，一個**偽主體**，因為「存在的疑問包圍著主體，支撐

1　〔法〕拉岡：《拉岡選集》，褚孝泉譯，上海三聯書店 2001 年版，第 482 頁。

2　〔法〕拉岡：《拉岡選集》，褚孝泉譯，上海三聯書店 2001 年版，第 482 頁。

著主體，侵入了主體，甚至將主體撕裂粉碎」。[1]並且，「主體是作為死亡進入這個遊戲的，但他是活著進行遊戲的」。[2]以後，S的出現將始終被表示偽、假、自欺的斜線劃去後被寫出（$），看起來真像是懸在犯人胸前那塊定罪量刑的牌子。所以，S又被叫做人的「不可言喻的愚蠢的存在」。在S前面，實際上還有一個用括弧括起來的那個「Es」，即那個從來沒有在場過的「本我」（佛洛伊德在「Wo Es war, soll Ich werden」使用的那個**它**），到了拉岡這裡即是**不可能**真正在場的本真之我。在下面的第十章中，我們將會專門討論這個問題。

a，即小寫的他者，指的是主體的對象，這裡的對象就好比中國人稱自己的未婚愛人為「對象」一樣。一開始是「Es」（那時「Es」還是一個無）第一次看到自己鏡像，然後是身邊眾人的面容之鏡，也就形成了作為對象性（小他者）反射結果的a'（moi自我），「小寫的a和它的影子，自我」。[3]這就是偽自我的本質。從a→a'之間的線，即「想像關係（relation imaginaire）」，實際上是一塊「自戀幻象的面紗」，這條線如同一張粘性很大的蜘蛛網，它可以「誘惑和抓獲」任何映射到它上面的東西。[4]拉岡的意思是說，佛洛伊德的自戀實際上是一種鏡像式的幻象，我們愛上的那個被確定為自我（moi）東西，只不過是小他者的影像，自戀關係的本質就是通過鏡像形象聯結起來的那個「破碎肢體的想像成份」，自戀是異化的他戀，只不過我們**無意識**罷了。**偽自我**在一個「想像的三角」中宣告誕生了，即從不在場的「Es」→a→a'，再回到那個用括弧括起來的「Es」（＝無）的三角形。

最後，是那個A，作為語言能指鏈的大寫的他者。圖式中的A→S，拉岡標注了「無意識」，這個無意識就是大他者的話語，或者

[1] 〔法〕拉岡：《拉岡選集》，褚孝泉譯，上海三聯書店 2001 年版，第 482 頁。
[2] 〔法〕拉岡：《拉岡選集》，褚孝泉譯，上海三聯書店 2001 年版，第 485 頁。
[3] 〔法〕拉岡：《拉岡選集》，褚孝泉譯，上海三聯書店 2001 年版，第 570 頁。
[4] 〔法〕拉岡：《拉岡選集》，褚孝泉譯，上海三聯書店 2001 年版，第 484 頁。

叫做「不為人所知地左右了主體的選擇的那個語句」[1]。顯然，A才是真正設定主體（S）存在的造物主。可是，A並不直接呈現在S面前，主體在言說中，總是在向著A說話，即那些我們並不知道的大他者言說。可是，這言說又正好被「語言之牆」打斷了。由此，S將背上標示著死亡的斜線而假活著。

在拉岡這裡，主體最終只有在「能指的遊戲中以死亡的方式進入體系之中，然而隨著能指的遊戲它被指認，它就成為了真正的主體」。[2]這種能指的遊戲並非是靜止的，它由一種大寫他者的歷史譜系來支撐。由於能指已經是存在的死亡，所以存在只能以疑問的形式在場的，故爾拉岡強調，從來沒有什麼**主體在世界上的位置**這種實在性的問題，而只存在「主體存在的疑問」，疑問的答案即是**主體存在之無**。所以說：「存在的疑問包圍了主體，支撐了主體，侵入了主體，甚至將主體撕裂粉碎。」由此，主體作為死亡進入遊戲，但他又是「活著進行遊戲的」，主體是一個**活著的死亡**，即背上了斜線的*\$*。同時，「從這個主體的存在的疑問開始，可發展到它在世界內部與客體的關係，以及世界的存在的疑問，因為在其轄域之外這個存在也能成為疑問」。[3]

1980年，拉岡逝世，臨終前他說，我離去的時刻到來之際，**我將成為大寫的他者**。看透一切的拉岡如此坦然地述說自己此在的消失，以及他作為語言（A）的存在影響的開始，誤讀的開始！然而真正遺憾的是，能聽懂拉岡話語的人真是不多。所以他要想成為別人活著的隱性支配力量A，還真不容易。這是另一個深刻的、鮮有人真懂的遺憾！

---

[1] 〔法〕拉岡：《拉岡選集》，褚孝泉譯，上海三聯書店 2001 年版，第 54 頁。

[2] 〔法〕拉岡：《拉岡選集》，褚孝泉譯，上海三聯書店 2001 年版，第 485 頁。

[3] 〔法〕拉岡：《拉岡選集》，褚孝泉譯，上海三聯書店 2001 年版，第 483 頁。

第九章

偽「我要」：他者欲望的欲望

欲望的直接指向的是另一個欲望或一個他者的欲望。

——科耶夫

我們知道，根據佛洛伊德的學理邏輯，本能之欲望是本我的本質。相對於文化之我和社會之我而言，欲望之我才是居有本真性的。這種欲望固然可能受得阻礙和曲解，但它總會不依不饒地設法尋求滿足。然而，拉岡這個口口聲聲稱「佛洛伊德」的人，不僅消解了他的無意識，還進而提出，那個作為無意識基礎的本能原欲在人的存在層面上也不具有合法性。在拉岡的哲學視域中，人的欲望總是虛假的，你以為是自己有需要，而其實從來都只是他者的欲望。人的欲望就是一種無意識的「偽我要」。依拉岡的觀點，自從鏡像異化以後，個人主體的欲望就不再可能是主體本己的東西，特別是在進入象徵域之後，在能指鏈的座架之下，我的欲望永遠只能是他者的欲望之欲望。佛洛伊德曾經說過，他就是要讓人們揭開意識（文化）的簾子，以發現背後隱匿著的無意識的本能欲望。而拉岡的回答同樣乾脆：「以為欲望的問題不過是個揭開恐懼的面紗的問題的人，就將他指導的人們都蒙在這層裹屍布中了」。[1]問題的關鍵在於，那層層迭迭的裹屍布裡面並沒有任何東西。拉岡一針見血，說得不可謂不陰毒！「你到底要什麼？」這是拉岡心目中精神分析學真正應該弄清楚的最終問題。

---

1 〔法〕拉岡：《拉岡選集》，褚孝泉譯，上海三聯書店 2001 年版，第 581 頁。

1、本真的需要與異化的要求

佛洛伊德區分了現實的對象性需要和心理性的願望（欲望），而拉岡進一步說，欲望（désir）不是希望或願望（wunsch）；佛洛伊德試圖在夢中發現欲望，但拉岡又說，「夢不是欲望」。拉岡總是在與佛洛伊德作對。拉岡認為，願望是人有意識追尋的東西，而欲望則是**無意識**發生的。請一定注意，這裡的無意識要解讀為「他者的話語」。願望可能通過幻想得到滿足的，而欲望卻永遠不可能滿足。被拉岡指認為欲望的東西不再是現實中真實的需要，甚至不是佛洛伊德所講的心理性願望，而是一種在語言的象徵域中，偽主體對**本體論意義上的缺失之物**永不可能實現的欲求。為什麼這麼說？不妨來看拉岡的解釋。

在佛洛伊德那裡，欲望只能與力比多相關聯，它是性本能衝動的延伸，以一種不可控制的衝動指向外界。拉岡將佛洛伊德這種觀點視作生物主義本能論加以貶斥，他堅決否定包括佛洛伊德在內的一切感性的生物主義需要－欲望觀，也不贊同皮亞傑一類建構主義的經驗需要論，而是別出心裁地提出了一個證偽性的**需要－要求－欲望**的三元邏輯。

拉岡承認，人的需要可能源發於生物性的匱乏，它總是以具體的缺失對象為欲求指向，一旦獲得對象，需要則得到滿足。所以說，作為**無言的**物性的具象，需要中的「我要」的出現和滿足都是稍縱即逝的。未出生的人類個體的生理需要最早是在母體中自然滿足，一旦他（她）出世，即有一種本體論上的**決定性的失去**。也就是達利那種存在的**全有的**原初天堂的淪喪。對人來說，離開母體意味著一切不安定的開始。不再有自然的臍帶傳送孩子體內的各種需要，它被割斷了。從這**基始性的失去**開始，孤獨單薄的幼兒必須向外部呼喊「要」，而後才能得到「我要」。起初，孩子以哭聲告示自己的具體需要（吃喝與排泄），可是，很快，哭聲中就帶有了某種對關愛的企盼（如對消失的媽媽的呼喚），從而日益複雜起來。在這裡，「我要」將由某種意象所結構化，捲入想像關係。他要求被媽媽這**另一個**（other）所關愛，他總試圖**要求**回到那失卻的原初。拉岡想說明的是，在個體身心發展的過程中，存在一個從需要到**要求**（*demande*）的轉變。我發現，拉岡用要求來表徵的，正是從具象需要到非具象欲望的一個中間環節。

在這種要求性的「我要」中，孩子總是對著媽媽要這要那，可能是要一個玩具，也可能是要一種食物，可是真正的目的是**要求**媽媽的愛。相對於具體的需要對象，這要求又將是一個**無**，因為它的對象是一個**不在場的在場**。

要求（demande）本身涉及到的是它所要滿足的以外的他性物（autre chose）。它要求的是一個在場和一個不在場的東西（d'une présence ou d'une absence）。母親的原初關係（relation primordiale）表現的就是這一點，母親孕育著那個大寫的他者（Autre），這個大他者是要置於他能滿足的需要**之內**（en deça）的。她是將他作為有「特權」來滿足這些需要而構成的，也就是說有不讓這些需要擁有唯一可以滿足它們的東西的能力。這個大他者的特權（privilège de l'Autre）這樣就給出了他所沒有的稟賦的根本形式，這也就是人們所說的愛。[1]

這個愛將是一個自指認關係，孩子在其中試圖看到自己的對象性存在，他在被愛。這不是一種需要的對象，而是無條件的一個不實在。問題在拉岡這裡總是會被無限地複雜化。譬如現在，母親又成了相對於個人的大他者的孕育者。為什麼？大他者與象徵性的語言不是相關嗎？不是因為主體間的言說才出現大他者嗎？是的，拉岡正是在這個意義上來解說他的欲望之發生的。

拉岡指出，從需要到要求的這個轉變伴隨著個體獲得語言而發生。我們已經獲知，在拉岡那裡，語言實為導致事物和主體存在死亡

---

[1] 〔法〕拉岡：《拉岡選集》，褚孝泉譯，上海三聯書店 2001 年版，第 593-594 頁。中譯文有改動。參見 Jacques Lacan, Écrits, Éditions du Seuil, Paris, 1966，P.690-691.

的殺傷性武器。拉岡學派的高足齊澤克分析道：

> 需要總是已經預先假定了的，而不是被賦予、「設置」和體驗的。主體需要「自然」、「真實」的對象來滿足自己的需要，比如口渴了，就需要喝水，等等。不過，一旦需要於象徵性媒介融為一體（需要總是已經與象徵性媒介融為一體的），需要便開始發揮要求的功能，如對大寫他者的呼喚，最初是對作為大寫他者的原始形象的大寫的母親（Mother）的呼喚。[1]

逐步地，規律的語言開始取代孩子戀母式的聲訊尋喚關係。可是，正是因為語言自身的象徵性是在「他者的位置上產生出來的」，所以，大寫的他者（能指鏈）必然要奪去真實的需要對象。因此，拉岡直接指認道：所謂要求，就是用語言這個騙人的東西表達出來的需要，拉岡稱它為「能指的狹穀」。由自然性的表徵呈現出來的需要是人對物的關係；而出現在語言中的要求就不同了，這時說出來的「我要」已經成為一種主體間關係。在拉岡看來，主體間即意味著他者。更重要的是，要求不再直接指向對象，而中轉於一個他者（開始是媽媽）。這麼一來，要求總是有兩個指向，一是需要的對象，二是向其發出要求的他者。在要求中，對象的作用一再被弱化，它不過是接近他者的手段。孩子要媽媽抱，抱不是目的，他是想親近和佔有媽媽，他的「我要」將成為一種無盡的不可能實現的「纏」。

要求的真正目的是獲得大寫他者的愛……當嬰兒哭著要吃奶時，他的真正要求是，母親通過餵奶展示出她對孩子的關愛。如果母親順從了這個要求，但又表示得十分冷淡、漠不關心，孩子就會依然沒有得到滿足；不過，如果母親繞過了要求的表層，只是擁抱了嬰兒，那麼結果很可能是，嬰兒感到心滿意足。[2]

1　〔斯〕齊澤克：《實在界的面龐——齊澤克自選集》，季廣茂譯，中共中央編譯出版社2004年版，第66頁。

2　〔斯〕齊澤克：《實在界的面龐——齊澤克自選集》，季廣茂譯，中共中央編譯出版社拉岡認為，言說已經意味著對象的消失（象徵性語言即存在之死），當孩子通過語言之介體來呈現自己的「要」時（「抱抱」、「糖糖」），個體的具體需要已經為異化的要求所頂替。

主體在獲得語言之後，便以這樣或那樣的方式改變他在能指中被異化了的需要，並使需要背叛它的真實性。於是，真正的匱乏、需要和本能對象就永遠地喪失了，被投入到茫茫的無意識之中。[1]

按拉岡這裡的分析邏輯，要求已經是需要的異化。在要求中，原先的需要對象都已經在語言的仲介下「永遠的喪失了」，要求中的「我要」就異化為**偽我要**。這是「我要」墮落的第一步。

拉岡的這種對需要和要求的定位其實是一種發生學的邏輯。他將真實的對象性需要限定在娘胎中的孩子與母體的自然連接上，隨著孩子的出生，真實的對象性需要就不復存在，**在世中**的孩子與母親的要求關係一開始就具有了欺騙的意味。所以，拉岡想說的依然是：真實對象對於人來說，從本體論上就是一種不可能性。這裡的在世，還不是海德格爾所說的現實在世，而是物性上手之前的生存。

2、追逐無的欲望

拉岡認為，在鏡像階段的後期，當自我主體面對人形意象時，他已經在通過認同他人的意象來重塑自己的內在要求。所以拉岡說，「產生那個被稱之為自我的那個情感組織的活力和形式就是個人自定於一個將自己異化的形象的情欲關係」。問題的實質是，這裡出現了個人主體、他人和對象的「競爭」**三元組**，這是一個新情況，「他對他人的欲望的對象發出欲望來」。[2]

2004 年版，第 66 頁。

1 〔法〕拉岡：轉引自王國芳、郭本禹著《拉岡》，生知文化事業有限公司（臺灣）1997 年版，第 190 頁。

2 〔法〕拉岡：《拉岡選集》，褚孝泉譯，上海三聯書店 2001 年版，第 110 頁。

欲望產生於要求之外。當要求將主體的生活聯結到它的條件上時，就精簡了需要；欲望植入在要求之中的，在場與不在場的無條件的要求以無的三種形象的形式而提出了存在的缺失：這個就是愛的要求，否定他者的存在的恨的要求，以及在它的企求中未應答的無言的要求。[1]

拉岡認為，在欲望中恰巧沒有真實的需要。「欲望是要求中無法化約為需求的東西，從要求中減去需求，就得到了欲望。」[2]欲望在要求**之外**發生！如上所述，經語言仲介的要求已經是需要的異化，在要求之外，言下之意是說欲望從根本上已經不再是「我要」，一開始，欲望就是**他人之要**。對個人主體來說，這種他人之要最早可能形成於幼年時身邊親人和夥伴們的目光，他將這種小他者 II 的面容之指（鏡像）異化式地無意識內居為自己的需要對象。這是完全可能的。在早期的家庭生活中，父母言談裡透露出來的價值判斷和欲求對象會直接內化為一個孩子深深的欲求對象，小夥伴穿著的新衣服，同桌的新鉛筆盒都會不自覺地成為「我」哭鬧著索取的東西。於是，**不是我要的東西成為我要的東西**。也是在這個意義上，拉岡會說，「在與意象（imago）的遭遇中，欲望浮現出來了」。在鏡像階段中，欲望只存在於小他者的想像性鏡像之中，非語言的欲望之求正是小他者之要的意象。

拉岡認為，當殺死一切存在的象徵性語言（大寫的他者）出現時，人的需要與要求之間原先存在的那種曲折的異化關係即應聲而裂，正是在這個斷裂中，產生了拉岡語境中那種極其獨特的**不可能的**欲望。拉岡說，在要求（demande）和需要（besoin）分離的邊緣中欲望（désir）開始成形。這個邊緣地帶（marge）是要求以需要會帶來的那種沒有普遍滿足（稱之為「焦慮」）缺陷的形式開闢的。而要求的呼喚只有在大他者（Autre）那裡才是無條件的（inconditionnel）。這

1　〔法〕拉岡：《拉岡選集》，褚孝泉譯，上海三聯書店 2001 年版，第 365 頁。

2　〔斯〕齊澤克：《實在界的面龐——齊澤克自選集》，季廣茂譯，中共中央編譯出版社 2004 年版，第 67 頁。

個邊緣地雖然是條狀的，只要它沒有被大他者的任性這個大象的踐踏所覆蓋掉，就會顯示出其眩暈。然而正是這種任性帶來了他者而不是主體全能的幽靈。[1]

條狀的邊緣，任性的他者大象和眩暈，這完全是一種象徵性的文學描述。其實，拉岡繞來繞去想說的無非是，欲望出現在要求的異化追求中，其中，象徵性語言所構築的無意識大他者充當了將要求進一步引入無的主人，大他者的在場則宣判了自足全能主體幻象的破滅。這也是需要及其真實對象的澈底死亡。

在拉岡這裡，欲望中的大他者也是「作為言說展開的場所」或「作為能指的場所（lieu du signifiant）」[2]登場的。換句話說，欲望是在象徵性語言制約下產生的，「人的欲望就是大寫他者的欲望（le désir de l'homme est le désir de l'Autre）」[3]一說，實際上指的也就是欲望總是被作為介體的語言所仲介了的**無意識的**欲望。有學者評論道，正是在這裡，拉岡再度與黑格爾的欲望辯證法拉開了距離：「黑格爾認為，欲望在於被他人認可；可在拉岡這裡，這樣的欲望屬於想像域，因此它是要求而非欲望，欲望只能在無意識中找到自己的安身立命之處」。[4]這種言說中的他者的欲望不會是真正的需要，於是，拉岡才說欲望往往產生於「要求之外」。這是欲望的真實出發點。因為，對主體來說他的言說才是資訊（message），因為這個言說是在大寫他者的位置（lieu de l'Autre）上產生出來的。他的要求（demande）是由這個事實而來的並且照此而形成的；這並不是僅僅因為這個要求是服從於大寫他者的規則（code de l'Autre），這也因為它是依照大寫他者的

---

1 〔法〕拉岡：《拉岡選集》，褚孝泉譯，上海三聯書店 2001 年版，第 624-625 頁。中譯文有改動，譯者誤譯 Autre（大寫他者）為「他者」。參見 Jacques Lacan, Écrits, Éditions du Seuil, Paris, 1966.p.814.

2 〔法〕拉岡：《拉岡選集》，褚孝泉譯，上海三聯書店 2001 年版，第 624 頁。

3 〔法〕拉岡：《拉岡選集》，褚孝泉譯，上海三聯書店 2001 年版，第 568 頁；第 625 頁。參見 Jacques Lacan, Écrits, Éditions du Seuil, Paris, 1966，P.814。

4 〔法〕多斯：《從結構到解構——法國 20 世紀思想主潮》，季廣茂譯，中共中央編譯出版社 2004 年版，上卷，第 130 頁。

位置（甚至時間）而得到標記的。[1]

主體在最自由地說出的言語中，常常並不言明自己是誰，他也不說出「我要」，如一個人對一個他傾幕已久的姑娘說：「你真漂亮！」，它「只是低聲咕噥出一個針對他自己的謀殺的命令（ordre de meurtre）」。[2]拉岡說，欲望雖然在要求中出現，但它也出現在要求之外的他者要求之中。這是因為，「在我的發現中必須有某個外在的東西，這樣我才會在發現中得到樂趣，而且這樣地維持下去才能獲得成果。」[3]對此，波微留下了一段說明：「大寫的他者迂回於個體和他的欲望之對象之間；是大寫的他者阻止那些對象並使它們變得不穩定；是大寫他者通過不斷地移動欲望的目標而使欲望不可滿足」。[4]可是這一次，偽主體表現為他者運作我們的要求，個體之我在追求大他者之要中確立了自己的欲望之在。

欲望（désir）雖然像我們在這兒看到的那樣總是在要求（demande）中出現，它也是處於要求之外的，欲望也同樣在他者要求（autre demande）之中，在這個要求中那個在他者位置（lieu de l'autre）上的主體與其說是以一個回歸的協議（accord de retour）來取消他的存在，還不如說確立了他在那兒提出的一個存在。[5]

並且，「**欲望在要求的層面上取代了消失的東西**」。[6]巴代伊說過，欲望的祕密就在於欲望不可能的事情。而德里達則說，欲望是「受到他者那種絕對不可還原的外在性的召喚，而且它必須無限度地與這個他者保持不切合性」。[7]拉岡認為，「自我的本質就是挫

1　〔法〕拉岡：《拉岡選集》，褚孝泉譯，上海三聯書店 2001 年版，第 574 頁。中譯文有改動，譯者誤譯 Autre（大寫他者）為「他者」。參見 Jacques Lacan, Écrits, Éditions du Seuil, Paris, 1966.p.634.

2　〔法〕拉岡：《拉岡選集》，褚孝泉譯，上海三聯書店 2001 年版，第 574 頁。

3　〔法〕拉岡：《拉岡選集》，褚孝泉譯，上海三聯書店 2001 年版，第 281 頁。

4　〔英〕波微：《拉岡》，牛宏寶等譯，昆侖出版社，1999 年版，第 93 頁。

5　〔法〕拉岡：《拉岡選集》，褚孝泉譯，上海三聯書店 2001 年版，第 574 頁。中譯文有改動。參見 Jacques Lacan, Écrits, Éditions du Seuil, Paris, 1966.p.634.

6　〔英〕理德：《拉岡》，黃然譯，文化藝術出版社 2003 年版，第 79 頁。

7　〔法〕德里達：《書寫與差異》，張寧譯，北京三聯書店 2001 年版，上冊，第 156 頁。

折。它不是主體的某個欲望的挫折，而是他的欲望在其中異化了的某個對象的挫折。這欲望越是發展，對於主體來說快樂的異化就越深入」。[1]之所以說它是「快樂的異化」，是因為這一切正是我們常常夢寐以求，瘋狂地追逐並享樂其中的。可是，如果要求的東西還會是一個對象，那麼欲望即將「無」作為對象。如果我沒有記錯的話，這裡的觀點與黑格爾的欲望觀有很深的淵源，特別是那個經科耶夫和伊波利特重解過的黑格爾。「作為欲望的欲望——就是說在它滿足之前——僅僅是一個顯露出來的無（nothingness），一個非真實的空洞性。」[2]凱西和伍迪也正確地看到了這一點。[3]欲望是一種超越了一切具體對象的否定性。與要求一致的地方，在於欲望總指向他者。在拉岡這裡，他者特別是大寫的他者即是能指鏈之空無。欲他者之欲，則是逐無之無。所以，與要求中具象的對象相對，拉岡欲望的對象即是**無**。這裡的無，還應該理解為那個本體論上的原初的缺失。巴代伊曾經在神學的意義上，談到過這個決定性的「逝去的世界」。這種失去正是我們渴望的至關重要的東西。[4]我覺得，大多數宗教式的渴望都是建立在這種原初失去之上的，如基督教的伊甸園。所以，拉岡有時候也會說，欲望的對象恰好是不可能的對象。比如後來被拉岡作為欲望成因的對象a。拉岡認為，正是「以欲望為基礎的主體結構本身總是給人類的欲望的對象打上一個不可能的印記」。[5]拉岡說，「欲望的對象本質上不同於任何需要的對象。當某種事物代替了那個在本性

---

1 〔法〕拉岡：《拉岡選集》，褚孝泉譯，上海三聯書店 2001 年版，第 259 頁。

2 A.Kojève. *Introduction to the Reading of Hegel*, trans. James H.Nichols Jr. Cornell University Press.Ithaca and London.1980, P.05。中譯文參見汪民安編：《生產》第 1 輯，廣西師範大學出版社 2004 年版，第 413 頁。

3 凱西和伍迪明確指認：「拉岡實際上是通過柯耶夫的闡釋和論述而吸收黑格爾的欲望分析的」。參見凱西、伍迪：《拉岡與黑格爾——欲望的辯證法》，《外國文學》2002 年第 1 期，第 74 頁。

4 〔法〕巴代伊：《色情、耗費與普遍經濟——巴代伊文選》，汪民安譯，吉林人民出版社 2003 年版，第 177 頁。

5 〔法〕拉岡：《欲望及對〈哈姆雷特〉中欲望的闡釋》，參見《世界電影》1996 年第 3 期，第 168 頁。

上始終對主體隱蔽著的東西，代替了那種自我犧牲，代替了典押在主體與能指關係中的那磅肉——這就成了欲望中的一個對象」。[1]

所以，拉岡宣告，人的欲望比虛無更空虛。依他的鏡像理論和他者認同說，個人主體的存在本體是一個無，可是欲望比無還可怕，因為它是**比真還要真的假**。

無（rien）是出入於驅動人的意義的圓舞圈（ronde）中的，欲望比無更虛，它是征程的餘痕（sillage inscrit de la course），就像是能指的劍（fer du signifiant）加在講話的主體的肩上的標記（marque）。比起所指的純粹激情（passion pure du signifié）來，它更是能指的純粹行動，在生命體（vivant）成了符號（signe）時，這個行動停了下來，使它成為無意義的（insignifiante）。[2]

這真是詩一般的言說。我們知道，在最初的兩種偽認同中，主體已經將自己以及自己真正的欲望對象丟失在無名的遠方。在小他者的影像a'和大寫他者的S（$\not{A}$），主體S都是被斜線劃掉的。而在這個欲望的欲望中，人的本根性的生命原動也消解為無。

拉岡說，欲望是人對無法被要求表達的那部分需要的體驗，「欲望形成於一頁的空白處」，它不面對真實的對象，而是由能指異化式地表現一種本體論意義上的匱乏和缺失。沙特曾經討論過這種存在論意義上的「欠缺」。他說，「欲望是存在的欠缺，它在其存在的最深處被它所欲望的存在所糾纏」。[3]所以，在這個意義上，欲望將是一道永遠填不滿的溝壑。對此，福原泰平也寫下過一段非常深刻的評論：在拉岡那裡，欲望就是主體在其存在閹割方面聽到了「決定性的某種東西失去了」的聲音，為了取回缺失物而轉向那裡的不盡內驅力量。

1　〔法〕拉岡：《欲望及對〈哈姆雷特〉中欲望的闡釋》，參見《世界電影》1996 年第 2 期，第 216 頁。

2　〔法〕拉岡：《拉岡選集》，褚孝泉譯，上海三聯書店 2001 年版，第 569 頁。中譯文有改動。參見 Jacques Lacan, Écrits, Éditions du Seuil, Paris, 1966，P.629。

3　〔法〕薩特：《存在與虛無》，陳宣良譯，北京三聯書店 1987 年版，第 132 頁。

拉岡認為，在主體消失的時刻溢落的、即被閹割、被寫入無之後進入能指鏈而形成的來自虛無之物的召喚就是於產生欲望的原因。欲望是被這種空無侵入的人類使命，它圍繞著顯示主體的不完全性和主體的裂口的刻印，與填補缺失的收復失地的行動同時展開。[1]

所以，欲望是與主體的不幸命運「背對背地確立的東西」。於是，費爾巴哈那個「我欲故我在」[2]，就成了**我欲他欲故我不在**。從本質上看，**我的**欲望總是**他者欲望的欲望**。我們可以發現，拉岡給予我們的東西總是假上加假，無中再無。有意思的是，列維納斯也說到這個「欲望的欲望」，他甚至將這個「欲望的欲望」稱為「西方人的生活狀況」。[3]不過，後者的指稱與拉岡的語境卻是根本異質的。

3、欲望他者的欲望

在拉岡眼裡，欲望對象永遠是變動不居的，猶自可望不可及。乍聽起來，拉岡的觀點好像不大符合常理。一般而言，我們想得到但卻沒有的東西即是我們欲望的對象。其實，關於欲望的對象，佛洛伊德有一個很深刻的解釋，即外部對象只有被自戀式地愛著，變成一種回歸自我的**心像**，才能轉變為內在的對象。「要我注目對象時，我看到的是自我」。[4]這就好比一個女孩子在商店的櫥窗裡看見了一件她非常喜歡的裙子，這時候她喜歡的並不是裙子這個外在對象，裙子其實只是她自戀的一種心像，即她想像自己穿上這條裙子，裙子與自己的體形和皮膚溶在一起，構成一幅想像中的自我迷戀的美景。有時，她會在鏡前反復更換許多衣物，左照右照、陶醉其中。那一刻她顯然不是在照裙子，而是映現自己，此時的欲望對象其實是自戀的對象。無

1　〔日〕福原泰平：《拉岡：鏡像階段》，王小峰等譯，河北教育出版社 2002 年版，第 155 頁。

2　〔德〕費爾巴哈：《費爾巴哈哲學選集》，商務印書館 1984 年版，上卷，第 591 頁。

3　〔法〕列維納斯：《塔木德四講》，關寶豔譯，商務印書館 2002 年版，第 42 頁。

4　〔法〕薩福安：《結構精神分析學——拉岡思想概述》，天津社會科學院出版社 2002 年版，第 44 頁。

論如何，佛洛伊德的欲望仍然是可能滿足的。可是到了拉岡這裡，情況又發生了很大變化，拉岡眼中人的自戀已經是誤認他者的異戀，欲望對象不再是直接的我想要的對象，也不再與我自身相關，而是經過他者仲介了的被誤認的心像。你常常以為你在愛自己，然而卻是在**愛他者之愛**。我們知道，佛洛伊德所謂的心像即一個人自以為是自己的最愛，最內裡的部分。人們的自戀往往是由心像之愛呈現的。而在拉岡這裡，鏡子裡影像我，大小他者建構的主體之我，都不是心魔附身之類的別的東西，而恰巧是自己親密的心像，是我的最愛。然而，拉岡的心像卻又是最外在、本質上錯愛和誤認的東西，是一種極富誘惑性和幻想性的形象向主體呈現的外在對象。拉岡後來將這種最內在的外在性關係稱之為**外密性**。在這個意義上看，梅洛－龐蒂和德勒茲那種作為內在的外在性的「褶子」倒能理解了。這就猶如我們在這一幕開頭看到的那部《魔鬼代言人》，魔鬼並不在外部，它其實就是一個人欲望中最愛的東西。欲望出現的時候，魔鬼大他者必定同在。

拉岡說，人的欲望對象已經是在主體的「視覺所構成的空間裡出現的物體，也就是說是人的世界裡特有的物休」。人對這些對象的欲望實際上依存於我們的知識，用拉岡的話叫做「從自己的鼻子尖」開始的世界圖景。[1]

人們的不幸在於他們的世界是從鼻子尖（bout de leur nez）那兒才開始，他們只有用看到自己鼻尖一樣的辦法才看得到他們在這個世界上的欲望，這就是說用某面鏡子（quelque miroir）。然而，剛剛看到這個鼻子，他們就愛上了它。這就是用自戀（narcissisme）來包裹欲望的諸形式（enveloppe les formes du désir）的第一個意義。[2]

作為缺失者，欲望的對象並不在現實世界中在場，也正因為它不在場，才會被主體所渴望。並且，這個已經是無的對象又經過了鏡像（小他者）的仲介。特別是在人成年之後，欲望對象其實是象徵域中

1　〔法〕列維納斯：《塔木德四講》，關寶豔譯，商務印書館 2002 年版，第 43 頁。

2　〔法〕拉岡：《拉岡選集》，褚孝泉譯，上海三聯書店 2001 年版，第 412 頁。參見 Jacques Lacan, Écrits, Éditions du Seuil, Paris, 1966，P.427。

發生的一個並非真是我想要的對象。藉由欲望，我們在簒位的大寫他者，即象徵性能指符號那裡獲得缺失者。倘若不藉助能指符號，我們將不能再遭遇真正的欲望對象，而只能追逐大寫他者操縱的語言中被表象的對象，由此，能指成了欲望機器的真正內驅力。意義豐富的能指造成了我們的匱乏，所謂的我要，我們要，其實都是**能指的大他者之要**。波微說：「大的他者迂回行進於個體和他的欲望對象之間，是大的他者阻止那些對象並使它們變得不穩定，是大的他者通過不斷地移動欲望的目標使欲望不可滿足」。[1]

在此，我們還以鮑德里亞對現代廣告的批判為例來做說明。鮑德里亞說，今天的時代裡，人們已經從生產人轉變為消費人。所謂的消費人，就是被廣告支配了全部生活的人，他的全部生存欲望都只是他者製造出來的無根的幻覺。這一點，在如今已經被廣告撲天蓋地埋沒的中國這片黃土地上也可以得到直接的驗證。我們的欲望只是他者（資本家通過廣告製造）的欲望。對作為生產者的資本家來說，生產恰巧是「以商品的滅絕預先安排的自殺為前提的」，商品生產的真正祕密在於技術性破壞，再通過時尚的幌子蓄意使商品陳舊。廣告的目的不是增加而是去除商品的使用價值，去除它的時間價值，使之屈從於時尚價值，並加劇其更新。這句話的意思是什麼？我們從今天相當多中國人家中閒置的盒式錄影機和VCD機中就能看出端倪。中國人的視聽消費，從錄影機到VCD機，再到DVD機，包括今天還在研究製造的EDVD機，相關廣告的目的其實並不是讓人們真實地使用，而是人為地故意造成原先那些機器已經陳舊的誤認，為的是資本家們能將自己手中的東西強制性地賣給我們。可是，這種強制是非暴力的，它通過廣告的軟性支配來實現。所以，鮑德里亞說，「浪費性消費已經成為一種日常義務」。[2]今天的人們從不消費某個物本身（使用價值），而是紛紛在消費的拉岡所說的象徵性符號和幻想。廣告的竅門

---

[1] 〔英〕波微：《拉岡》，牛宏實等譯，昆侖出版社 1999 年版，第 93 頁。

[2] 〔法〕鮑德里亞：《消費社會》，劉成富等譯，南京大學出版社 2000 年版，第 30 頁。

和戰略性價值就在於：通過他人來燃起每個廣告對象對物化社會之神話的欲望，其真實的目的在於控制人的深層動機。[1]廣告製造欲望，而這個欲望又只是他者的欲望。正是這個無限變幻和不斷翻新的欲望，導引著人們虛假的生存。

拉岡說，「欲望的溪流是作為能指鏈的變遷而流動的」。[2]然而，越是言說，能指的滑動就越是偏離原初的意義境，欲望的對象只產生在間接的符碼代理世界中。所以，欲望給所有的「自然哲學（philosophie naturelle）」造成的謎，它以無窮深淵（gouffre de l'infini）的狂熱以及它包含了認知的愉悅（plaisir de savoir）和以快樂來統制的愉悅的私下的串通並不與任何本能的失常（dérèglement de l'instinct）有關，那只是與它被納入轉喻的軌道有關——這些軌道永遠地伸向對**他物的欲望**（*désir d'autre chose*）。[3]

拉岡說，我們在夢的分析中，發現了欲望與語言的關係。「夢的構作是源於欲望的；是源於得到辨認的欲望的」。可是，並不像佛洛伊德所認為的那樣，「夢中的欲望並不是由言語中說『我』的主體所承接下來的」。[4]言下之意，人的欲望並不是直接的，欲望是能指的缺失。「欲望是缺失的轉喻」。[5]欲望是缺失的轉喻，是說明欲望本身總不能被完全表徵。主體無論欲望什麼，得到的只能是滿足需要的具象對象，他只能不斷地「要」，從一個能指到另一個能指，可是每一個能指卻都轉喻式地與那個本體論上的失卻（應該是**大寫的無**）隱隱聯結。因此，欲望永遠無法真正得到滿足的。這就像流行時尚中永遠沒有止境的新潮。時尚不斷翻新的，可其中卻空無一物。經由那個內部的無的驅動，欲望唯一的實現就是自身的再生產：**永遠欲望**。

欲望（désir）是要求在其本身中造成的間斷（intervalle）中顯示

1　〔法〕鮑德里亞：《消費社會》，劉成富等譯，南京大學出版社 2000 年版，第 53 頁。

2　〔法〕拉岡：《拉岡選集》，褚孝泉譯，上海三聯書店 2001 年版，第 562 頁。

3　〔法〕拉岡：《拉岡選集》，褚孝泉譯，上海三聯書店 2001 年版，第 450 頁。參見 Jacques Lacan, Écrits, Éditions du Seuil, Paris, 1966，P.518。

4　〔法〕拉岡：《拉岡選集》，褚孝泉譯，上海三聯書店 2001 年版，第 568 頁。

5　〔法〕拉岡：《拉岡選集》，褚孝泉譯，上海三聯書店 2001 年版，第 561 頁。

出來的東西，條件是主體在構成能指連環（chaîne signifiante）時將存在確實表現了出來，又加之以籲請接受對這個缺失的大寫他者的補足（complément de l'Autre），如果作為言語的所在的大寫他者又是這個缺失的所在的話。[1]

此處所言的他者就是大寫的他者。欲望既然是一種本體論上的失卻，能滿足它的就只有大他者的欲望了。所以，拉岡認為，欲望所面對的不是佛洛伊德所講的本能衝動，也不是要求與對象的一致關係，而是「語言所展開的場所」。可見，在人的意欲中，只有在由大寫的他者——作為能指的語言明證出你的匱乏之無時，欲望才產生出來。所以，拉岡會說，「欲望的天堂鳥位置」是由文字之網多元決定的，也只有理解文字的人才能捕捉到欲望。列維納斯也認為，「欲望的欲望就是知的欲望」。[2]故爾，拉岡說出了另一句名言，即「從來不存在性關係那樣的東西」。我們都知道，在佛洛伊德那裡，性本能是人的原欲，可拉岡卻說，性欲不過是一種象徵和想像的產物。他援引了拉・羅歇福柯的一句名言「有些人如果從來沒有聽說過愛，他們就從來不會墮入情網」，以此證明愛情實際上「得之於象徵」，愛的成份是由語言引起的。[3]在《繼續著》（*Encore, 1972-1973*）研討班上，拉岡就說過這樣一段話：大多數人的所謂愛欲，不過是欲望著大他者的享樂，這是一個帶有大寫字母A的大他者，不過這是大他者身體的象徵，而不是愛的符碼（La jouissance de l'Autre, de l'Autre avec un grand A, du corps de l'Autre qui le symbolise, n'est pas le signe de l'amour）。按照拉岡這裡的邏輯，一切戀愛都是觀念中的想像和象徵關係導致的，同樣，想像的破產也是愛戀消失的主要原因。這就好像人們總在「白馬王子」和「白雪公主」的想像中開始熱戀，然後在家庭生活的「一地

---

1 〔法〕拉岡：《拉岡選集》，褚孝泉譯，上海三聯書店 2001 年版，第 566-567 頁。中譯文有改動，譯者誤譯 Autre（大寫他者）為「他者」。參見 Jacques Lacan, Écrits, Éditions du Seuil, Paris, 1966，P.627。

2 〔法〕列維納斯：《塔木德四講》，關寶豔譯，商務印書館 2002 年版，第 44 頁。

3 〔法〕拉岡：《拉岡選集》，褚孝泉譯，上海三聯書店 2001 年版，第 274 頁。

雞毛」裡走向愛情的墳墓。拉岡還惡毒地攻擊佛洛伊德的本能性欲說和自戀衝突，認為那不過是「我」被「宗教的灌輸或啟蒙的教誨」的結果。

在拉岡這裡，大寫他者的欲望邏輯是閹割式的不可能，也是欲望最真的內驅力。於是，人的欲望從來不是直接發生的，「人的欲望是在仲介的影響下構成的。這是要讓人知道他的欲望的欲望。他以一個欲望，他者的欲望，作為對象，這是說如果沒有仲介人就沒有他的欲望的對象」。[1]這又是那個作為本體論介體的大寫的他者，沒有大他者之要，我們就沒有欲望。「人的欲望是在他者的欲望裡得到其意義。這不是因為他者控制著他想要的東西，而是因為他的首要目的是讓他者承認他。」[2]這還是科耶夫眼中的那個黑格爾的欲望觀，**「另一個」自我意識的承認**是其關鍵。科耶夫說：「所有人類的人性的欲望，即產生自我意識和人性現實的欲望，最終都是為了獲得『承認』的欲望的一個功能。」[3]齊澤克正確地評論道：「拉岡曾經指出，每種欲望都是『對欲望的欲望』，此時拉岡心中所想的，就是『自我意識』的別名。主體從來都不會在自己身上找到一堆欲望，他總是以反射關係對待它們；主體藉助實際欲求，含蓄地回答了『你欲求（挑選）了哪一個欲望』的問題。」[4]

開始是母親的愛之承認，然後是小他者的面相之看的承認，這裡則是能指鏈中的承認。承認的本質是自我認同。也就是在這個承認的意義上，「他對他者的欲望的對象產生出欲望來。」[5]所以拉岡才說，「這個欲望顯得是將個人塑造於一個意外的深度，這個欲望就是

1　〔法〕拉岡：《拉岡選集》，褚孝泉譯，上海三聯書店 2001 年版，第 188 頁；第 560 頁。

2　〔法〕拉岡：《拉岡選集》，褚孝泉譯，上海三聯書店 2001 年版，第 278 頁。

3　A.Kojève. *Introduction to the Reading of Hegel*, trans. James H.Nichols Jr. Cornell University Press.Ithaca and London.1980，P.07。中譯文參見汪民安編：《生產》第 1 輯，廣西師範大學出版社 2004 年版，第 416 頁。

4　〔斯〕齊澤克：《實在界的面龐——齊澤克自選集》，季廣茂譯，中共中央編譯出版社 2004 年版，第 88 頁。

5　〔法〕拉岡：《拉岡選集》，褚孝泉譯，上海三聯書店 2001 年版，第 110 頁。

想要使自己的欲望被承認的欲望。在這個欲望中完全證實了人的欲望是在他者的欲望中異化的。」[1]我要說，相對於鏡像認同中的異化和象徵語言中的存在異化，這裡的欲望之異化是最本根性的。因為在拉岡這裡，盧梭式的「我要故我在」是他的隱性人學邏輯，不過在此處，這種「我要」通過他者那裡的轉喻性認同徹底地淪喪了。拉岡認為，這裡指是與上面所談的原初認同（l'identification primaire）的功能完全不同的他者功能（autre fonction），因為這兒涉及到的不是主體承接下他人的標誌（insignes de l'autre），而是主體要在那個缺口中找到他的欲望的結構性建構（structure constituante de son désir），這個缺口是由那些來給他代表他者的人身上的諸能指的效應（l'effet des signifiants）所打開的，因為他的要求是從屬於他們的。[2]

可見，在拉岡這種欲望是廣義的欲望，就個人而言，是一切「要」。對人類來說，它是一切征服和擴張。然而，這種欲望恰巧是建立在一種象徵性之無的不可能性之上的。「欲望不是別的，正是這個言說的不可能性，這個不可能性通過回應第一個要求而只能以完全那個斷裂（Spaltung）而加重了它的標記，主體因為只有在講話時才是主體而隨了這個斷裂」。[3]我有一個想法，拉岡這裡的欲望即海德格爾、沙特的**籌畫**之在，即個人主體存在在本體論上的**要**。拉岡的偽主體即海德格爾的存在者或沙特的先行於存在的本質，拉岡的這個欲望是更深一層的東西，欲望往往構成主體生存的內在動力。

這個斷裂了的主體，被拉岡用一個斜線劃去，不是劃去，而是將它恥辱地釘住，成為S。他說這條斜線「就是貴族的私生子」，即**出生了卻不能存在的欲望主體**。[4]

---

1 〔法〕拉岡：《拉岡選集》，褚孝泉譯，上海三聯書店 2001 年版，第 361 頁。

2 〔法〕拉岡：《拉岡選集》，褚孝泉譯，上海三聯書店 2001 年版，第 568 頁。中譯文有改動。參見 Jacques Lacan, Écrits, Éditions du Seuil, Paris, 1966.p.628.

3 〔法〕拉康：《拉岡選集》，褚孝泉譯，上海三聯書店 2001 年版，第 575 頁。

4 〔法〕拉岡：《拉岡選集》，褚孝泉譯，上海三聯書店 2001 年版，第 575 頁。

關於欲望，拉岡在1957年關於無意識的形成的研討班上繪製了一個十分著名的由五幅圖式構成的複雜曲線圖。[1]他自己說，「這個圖式是在吃驚的聽眾面前為了說明俏皮話的結構而特別作成的」。[2]在這個欲望關係的拓撲學系統中，拉岡提出了所謂的幻象學說。在這個圖表的第三圖式中，從大他者的位置A處伸出一個帶有問號的彎鈎，此處寫著：「Che vuoi?」（「汝何所欲？」或者叫「你到底想要什麼？」）我們已經知道，主體的欲望是由大他者製造的。所以拉岡以A（$\$◇D$）的公式來表示，其中的D是欲望，公式的完整意思就是大他者控制著被斜線劃去的主體，欲望著他者的欲望。也由此，拉岡有理由說，主體在無意識地狀況下所欲求的對象實際上是呈現於**幻象**之中的。拉岡說：

> 我用$\$◇a$表示幻象的一般結構，其中$\$$表示主體與能指的特定關係——即主體受到能指的影響而無法還原——◇表明主體與一種實為想像域場合（conjoncture）這種場合就由a來標示，它不是欲望的對象而是欲望中的對象。[3]

a，就是後來那個著名的對象a。拉岡說，當主體被剝奪了某個屬於他自己、屬於他真正生命的東西，這個失去了的東西就會以不在場的方式充當起主體欲望中的對象。它將是主體欲望對象（幻象）的真正成因。

---

[1] 〔法〕拉岡：《拉岡選集》，褚孝泉譯，上海三聯書店 2001 年版，第 614-629 頁。

[2] 〔法〕拉岡：《拉岡選集》，褚孝泉譯，上海三聯書店 2001 年版，第 601 頁。

[3] 〔法〕拉岡：《欲望及對〈哈姆雷特〉中欲望的闡釋》，《世界電影》1996 年第 2 期，第 216 頁。

終曲

第十章

不可能的存在之真

至為深刻的生活充滿了不可能之物。

——巴代伊

終曲。這是話劇《等待果陀》的片斷。[1]（大幕拉開，流浪漢愛斯特拉岡與弗拉季米爾二人正在對話。旋即，愛斯特拉岡走到舞臺中央，停住腳步，背朝觀眾）

愛斯特拉岡：美麗的地方，（愛斯特拉岡邊說邊行，慢步來到台前，轉頭朝向台下的觀眾）妙極了的景色！（他繼而激動地轉向弗拉季米爾）咱們走吧。

弗拉季米爾：咱們不能。

愛斯特拉岡：為什麼不能？

弗拉季米爾：咱們在等待果陀。

愛斯特拉岡：啊！（略停）你確定是在這兒嗎？

---

[1] 薩繆爾．貝克特（Samuel Beckett, 1906-1989）：愛爾蘭著名戲劇家。於貝克特於 1906 於年生於愛爾蘭都柏林一個猶太中產階級家庭。1937 年定居巴黎。他所寫下的劇作《等待果陀》（1953 年上演）已經成為 20 世紀荒誕主義經典作品。1969 年，貝科特獲得諾貝爾文學獎。《等待果陀》一劇情節荒誕無解，充斥著非理性的誇張，舞臺形象支離破碎，人物語言顛三倒四。貝科特通過兩個流浪漢（愛斯特拉岡和弗拉季米爾）毫無希望的等待，揭示了當代資本主義生活世界中的荒誕與人生的痛苦，表現了現代西方人希望改變自己生活處境但又難以實現的絕望心理。在無解的生活中活下去中產生出來的無望的等待就是一種真實的生活本質。人們將無期等待的果陀其實不是某一個具體的人，而是他們想改變處境這種希望的一種寄託物。但是，他們對果陀是誰也不清楚，果陀也始終沒有來，這就說明它是一種虛無縹緲的不可能實現的希望。永遠不會在場的果陀就是存在之真實。

弗拉季米爾：什麼？
愛斯特拉岡：我們等待的地方。
弗拉季米爾：他說，是在樹旁邊。（他們一起望向樹）你還看見別的樹了嗎？
愛斯特拉岡：這是什麼樹？
弗拉季米爾：我不知道。是一棵柳樹吧。
愛斯特拉岡：那麼，樹葉呢？
弗拉季米爾：一定是棵枯樹。
愛斯特拉岡：那怎麼看不見垂枝。
弗拉季米爾：或許還不到季節。
愛斯特拉岡：看上去簡直像叢灌木。
弗拉季米爾：像叢林。
愛斯特拉岡：像灌木。
弗拉季米爾：像——你這話是什麼意思？難道咱們走錯地方了？
愛斯特拉岡：他應該到啦。
弗拉季米爾：他並沒說他一定來。
愛斯特拉岡：萬一他不來呢？
弗拉季米爾：那咱們明天再來。
愛斯特拉岡：然後，後天再來。
弗拉季米爾：也許。
愛斯特拉岡：老這樣下去。
弗拉季米爾：問題是——
愛斯特拉岡：直等到他來了為止。

果陀會來嗎？不，永遠**不可能**！上帝隱循之後，果陀是現代人活著時心懷的一種不可能的期望。正因為有了這種無望的等待，現代人才能存在；正因為果陀的不在場，現代的人才成其為人。我們將永遠等待下去。這，就是生活的真相。[1]

早在20世紀50年代，拉岡思想的三元結構，即**真實域**（Réel）、**象徵域**（Symbolique）和**想像域**（Imaginaire）已經開始形成。[2]乍一看，拉岡的三元結構似乎與晚期佛洛伊德的本我－自我－超我的人格三元結構的整體性頗為呼應，其實不然。關於想像域和象徵域，我們已經作過一些初步的討論。想像域中通行的是鏡像、認同和交互作用的秩序，是一種生存的想像性景觀，它通過鏡像誤認、虛假的自戀和自我複製來建立人最初的**自我**主體，使「我」在小他者的鏡射中是其所是。這是自我理想和理想自我的初生地。象徵域是語言和無意識的王國，也是大寫他者王法的國度。在這裡，主體作為與自我不同的東西昂然進入現實存在，在大寫他者無處不在的法威之下，主體由主體際的關係能指建構成一個不是我、但卻比我更重要的**主體**之我。**大寫的真實**（le Réel），是拉岡後來提出的區別於想像域和象徵域的第三種存在秩序。[3]這個第三種存在秩序正是晚期拉岡哲學思考的重點。以我的感覺，拉岡關於真實域的思考深受巴代伊的影響。前面我已經多次提到，巴代伊對拉岡哲學的許多重要觀念都有深刻的影響，因此，我們必須先簡單討論一下巴代伊的基本哲學理念，爾後，才能進入拉岡晚年神祕的真實域。

---

1 齊澤克是這樣解釋《等待果陀》一劇的：「這個戲劇全部徒勞；於' 愚蠢的行動都發生於等待果陀到來之時，到最後，也只是'或許會發生些什麼'而已；』」是人們知道，'果陀'永遠不會到來，因為他只是'空無性'、核心缺席的別名而已」。參見〔斯〕齊澤克：《實在界的面龐——齊澤克自選集》，季廣茂譯，中共中央編譯出版社2004年版，第179頁。

2 拉岡首次宣告這三個存在域的觀念性成果，是在1953年7月發表的《象徵、真實和想像》（*Le Symbolique, l'Imaginaire et le Réel*）一文中。

3 Réel一詞按照拉岡的哲學邏輯和具體語義，在譯成中文時最貼切的還是譯為「真實」。一些論者將其譯為「實在」，容易將人錯引到傳統哲學中的物性實在論或非關係性的東西。也有少數論者竟然將「Réel」錯識為「現實」。這正好把拉岡的意思弄顛倒了，「Réel」恰恰是超現實的。

1、巴代伊：沒有偽裝，沒有光與影的遊戲

喬治・巴代伊[1]是法國現當代非常重要的一位思想家。我們前面已經交待過，巴代伊是青年拉岡關係很密切的朋友。後者後來娶了前者的妻子，並生有一個非婚女。拉岡顯然非常熟知巴代伊的哲學理念並深受其影響。其實，我始終有一個直覺：在精神分析的層面上，晚年拉岡關於真實的思想顛倒地使用了巴代伊的不少關鍵性思理。特別是拉岡的不可能的真實概念直接緣起於巴代伊的異質性的聖性事物。[2]所以，我們需要瞭解拉岡這個早年摯友的哲學精髓。

依我的見解，巴代伊的哲學理念用一句話來概括，即**反抗佔有性的世俗世界，追求非功用的神聖事物**。世俗世界是拉岡與超現實主義者共同反對的那個建構主義的現實生活，它後來在拉岡那裡逐漸蛻變成大、小他者陰影下的欲望生活，而神聖事物則變形為拉岡晚年力圖揭示的不可能的真實域。此處，又暗含了一個邏輯二分的對子群組：**神聖與世俗，生產與耗費，佔有與排泄，當下與延遲，同一性與異質性，知與非知**。

巴代伊有一個很著名的比喻，即「世界是拙劣的模仿（parody）」。所謂的世界，指的並不是傳統意義上人們熟知的物質世界，而是胡塞爾－海德格爾語境中由意向和上手關係構成的生活世

1　巴代伊（Georges Bataile，1897-1962）：法國當代著名思想家。1897 年 9 月 10 於日生於法國比昂。1814 年，17 歲的巴代伊接受了洗禮，開始信奉天主教。於第一次世界大戰爆發以後，巴代伊於 1916 年應徵入伍，其年因病退役。1918 年，巴代伊通過大學入學考試，進入國立古文書學校學習。1922 年文書學校畢業後，被任命為巴黎國立圖書館司書。1929 年創立《實錄家》雜誌。1936 年創立《阿塞法爾》雜誌。1946 年創立《評論家》雜誌。1962 年 7 月 8 於日因病逝世於巴黎。其主要代表作為：《太陽肛門》（1931）；《耗費的概念》（1933）；《內在體驗》（1943）；《被詛咒的部分》（第 I 、II 部分，1949-1951）；於《關於尼采》（1945）。

2　我注意到，與德里達對話的盧迪內斯庫直接認為，拉岡是根據了巴代伊的異質性理論理論「發明瞭真實」。參見〔法〕盧迪內斯庫、德里達：《明天會怎樣》，蘇旭譯，中信出版社 2004 年版，第 27 頁注 3。

界。巴代伊試圖用這個比喻來說明，人們通常將周遭的生活世界錯認為是本來如此的一種自然現象，可是，人們並不知道，這個以人的功利生活為存在核心的世俗世界其實只不過是真實存在的某種並不成功的複製品。或者說，人的存在並不是自身的存在，而是一種建立在外在功利目的之上的擬像。不難看出，這個觀點顯然已經十分接近拉岡的鏡像理論和想像域。

首先，在巴代伊看來，人類的現實生活建立在功利性的生產基礎之上，是一個以人類世俗功用利益為目的的佔有性的「俗事物（la profane）」或**世俗世界**。這個所謂世俗世界的觀點直接受到了涂爾幹、毛斯的社會學理論的影響。巴代伊眼裡的世俗世界之中，「人類不僅佔有事物，而且佔有他的活動帶來的各種各樣的產品，衣物，家當，居所和生產工具」。[1]不過，較之拉岡一干人等，巴代伊離真實社會生活更切近一些。他直接指認當前的生產－佔有性社會就是資本主義工業社會，這種社會是「以商品或物的第一性」為基礎的物化社會，它在消除中世紀那種靜態的經濟和非生產性消費的基礎上，開創了生產力自由發展的動態增長經濟。「資本主義社會總是一般地把人的東西歸約為物（商品）的狀態」。[2]上述判斷可謂似曾相識，聽起來頗有幾分像馬克思的口吻。此外，巴代伊又說，這還是一個**所有物化**了的世界，一個物性的世界，在這裡，任何物品都以工具化、目的化一環指向另一環，從而構成效用式的物的體系世界。不難發現，這又是海德格爾那個上手的物性世界。只是在這裡，「大地變塵世」。[3]在世俗的物性世界中，人只能按照功用物的要求去思考和實踐。「物所要求的第一要著，即是其『有用性這一價值』不能被毀損，而要以某種方式**持續**下去」。[4]巴代伊這個觀點直接影響了後來

---

1 〔法〕巴代伊：《色情、耗費與普遍經濟》，汪民安譯，吉林人民出版社2003年版，第7頁。
2 〔法〕巴代伊：《色情、耗費與普遍經濟》，汪民安譯，吉林人民出版社2003年版，第174頁。
3 〔德〕海德格爾：《尼采》，孫周興譯，商務印書館2003年版，上卷，第225頁
4 〔日〕湯淺博雄：《巴代伊：消盡》，趙漢英譯，河北教育出版社2001年版，第155頁。

的鮑德里亞，而拉岡則將巴代伊的功用物體系轉變成主觀的能指鏈的世界。巴代伊贊成馬克思的說法，「資本主義是不加保留地對物的投降，而不留心後果，沒有看到物背後的東西」。看到物相**背後**的東西，這是黑格爾式的傳統現象學。這種社會的真相是物對人的奴役，「一旦奴役的原則被接受，物的世界（現代工業世界）就能自行發展，而不需要對缺席的上帝作任何進一步的思考」。[1]不過，與馬克思的歷史辯證法邏輯異質的是，巴代伊通過實踐－生產的社會基礎理論，最終得出了不利於人之存在的基本判斷：

> 物品或實踐的領域是這樣的領域：人在其中被征服，而他只是在其中服務於某種目的，無論他是不是另一個人的僕人。人在那裡被異化，在他為他人服務的程度上——至少暫時地——他自己成為一種物：如果他的狀況是奴隸的狀況，那他澈底被異化了；如果不然，那與野生動物的自由比起來，他自己的相當重要的部分被異化了。[2]

物質生產與再生產被置於基始的地位上，成為衡量世界萬物的唯一尺度。這正是馬克思恩格斯歷史唯物主義的基根。以生產－佔有為目的的進步的世界，即**謀劃的**世界。所謂謀劃（projet），指人們依從合理性，從事勞作和創造的活動，其目的不是當下的即刻享樂，而是一種**延時**的期待。與當下享受存在的動物不同，進步了的人類暫時放棄了當下的享受，他們心甘情願地將享受向後推延，人們當下的勞作，是為了以後將到來的成果。人不再是直接性的動物存在，而是為了功利性的延期價值。在這種謀劃的邏輯中，無法達及目的或不能有結果的事情將作為無意義的東西被毫不留情地放棄。這無疑是另一

1　〔法〕巴代伊：《色情、耗費與普遍經濟》，汪民安譯，吉林人民出版社 2003 年版，第 180 頁。

2　〔法〕巴代伊：《色情、耗費與普遍經濟》，汪民安譯，吉林人民出版社 2003 年版，第 228 頁。

種彼岸的期待！原先神學中「指向天上的目的論」如今成了俗事物世界中的目的論。資本主義「更喜歡財富的增長而不是財富的直接利用」，在這裡，人獻身於勞作，「獻身於生產機器的發展」，「大多數人已經屈從於生產的酣睡，過著機械的物的生活」。[1]正是在這種對物的佔有和物化中，當下的生命活動被壓抑和延遲了，「我們常常留連往返：那裡的一切都被懸置，生命被延擱」。[2]可是，「在我們認為已經獲得夢寐以求的東西的地方，我們抓住的僅僅是一個物，我們手中只剩下一個餐具」。[3]拉岡絕對沒有巴代伊這般濃重的現實性和歷史性的眼光，他真是「超現實」的。

其次，功用性的生產與佔有必然導致世界的**同質性**（同一性）。這也是阿多諾後來深拓的問題。正因為「同質性被確立於佔有者與佔有物之間」，[4]所以，巴代伊指認道：

> 生產是社會同質性的基礎。同質的社會是個生產的社會即實用的社會。一切沒有用的要素都被排除在社會的同質部分之外。……在社會的這個部分，每一種要素都必須對另一種要素有用，而同質的活動是不能取得自在有效的活動形式的。[5]

所謂同質性，即「多種要素的可通約性以及對這種可通約性的意識」。換句話說，同質性即假定任何事物與人之間存在一種共通的評價尺度，它通過排斥和壓抑不能通約的東西而達成。[6]巴代伊認為，

---

[1] 〔法〕巴代伊：《色情、耗費與普遍經濟》，汪民安譯，吉林人民出版社 2003 年版，第 178 頁。

[2] 〔法〕巴代伊：《色情、耗費與普遍經濟》，汪民安譯，吉林人民出版社 2003 年版，第 105 頁。

[3] 〔法〕巴代伊：《色情、耗費與普遍經濟》，汪民安譯，吉林人民出版社 2003 年版，第 175 頁。

[4] 〔法〕巴代伊：《色情、耗費與普遍經濟》，汪民安譯，吉林人民出版社 2003 年版，第 7 頁。

[5] 〔法〕巴代伊：《色情、耗費與普遍經濟》，汪民安譯，吉林人民出版社 2003 年版，第 43 頁。

[6] 〔法〕巴代伊：《色情、耗費與普遍經濟》，汪民安譯，吉林人民出版社 2003 年版，第

在同質性社會中，「社會同質性根本上依存於生產系統的一般意義上的同質性」，同質化的標準是有用。是否有用的強制性尺度，造成了單質性的社會。此處不由得讓人想起瑪律庫塞那個完全肯定性的「單向度的社會」。對人來說，「沒有什麼比這個世界更陌生的了，因為其中的每個事物都得回答『它有什麼用』的問題」。[1]所以，「每一個人的價值就是他生產的東西」。社會通過不同個人交往（交換）構成的「集體活動」（市場）形成的「不同產品可以計算的等價物」——貨幣進行通約和同質化，於是，「把人性變為一種抽象的和可以交換的實在：一種對個體佔有的**同質的**事物的反映」。[2]在巴代伊筆下，我們彷彿真地看到了馬克思、席美爾和舍勒對資本主義的深刻質性批判。巴代伊一針見血地指出，在現實的社會生活中，「社會同質性通過本質關係與資產階級相聯繫」，而且，今天社會的同質性並非真由喪失了生產資料的生產者建立，而恰巧「由佔有生產資料或者擁有購買生產資料的貨幣的人們構成」。[3]很多年以前，馬克思曾經用更加準確的話來表述這個觀點，應該是資本的同一性（普照的光）。巴代伊肯定地說，只要存在這種強制性的同質化，「馬克思主義理論就被證明是正當的」。[4]並且，在特定的條件下，同質性（同一性）又是孕育法西斯主義的溫床。在這一點上，巴代伊與阿多諾可謂心有戚戚。[5]我們應該多說一句，拉岡的確沒有這麼深刻的社會政治眼光，資本主義社會生活中發生的這一切奴化現實都被他一一超越（現

---

43 頁。

1 〔法〕巴代伊：《色情、耗費與普遍經濟》，汪民安譯，吉林人民出版社 2003 年版，第 204 頁。

2 〔法〕巴代伊：《色情、耗費與普遍經濟》，汪民安譯，吉林人民出版社 2003 年版，第 43-44 頁。

3 〔法〕巴代伊：《色情、耗費與普遍經濟》，汪民安譯，吉林人民出版社 2003 年版，第 44 頁。中譯文有改動。

4 〔法〕巴代伊：《色情、耗費與普遍經濟》，汪民安譯，吉林人民出版社 2003 年版，第 45 頁。

5 可參見拙著：《無調式的辯證想像——阿多諾〈否定的辯證法〉的文本學解讀》，北京三聯書店 2001 年版。

實）了，世俗之網在拉岡眼中恍若無物，他只能看見空無的鏡像和語言象徵之網。

在認識論上，「社會同質性之最完善和最成熟的形式是科學與技術。科學建構的法則確定了一個高度發達和可以測量的世界中不同要素的同一性關係」。[1]在巴代伊看來，科學就是那種建立在主體自我意識之中，通過運用分析性的語言，合理性的活動區劃和顯象化（représenter）表達事物的過程。巴代伊將科學稱為**知識性**思維。在拉岡那裡，這就是同一性的象徵域。踩在尼采的肩上，巴代伊重新詮釋了「上帝死了」的斷言。然而在他心中，上帝並未真的死去，只不過工具理性和科學佔據了過去神所擁有的「相類似的位置」。這是從過去那個神性大他者到語言象徵大他者。這種知性思維相信，任何事物和現象都可以通過對象化加以界劃和捕捉，從而形成可通約的**顯象性的**概念加以理解和把握。這正是科學認識的本質，它「只能適用於同質性」，「科學的目標是建立現象的同質性」，它的目的即是佔有。在科學的名義之下建立的是一種「摹仿世俗世界事物的抽象事物世界，一個功利性統治的片面世界」。[2]在這裡，「人類在所到之處都以精心分類的思想觀念系列來代替先天不可想像的對象，從而建立了那種更加堅固的同質性。將構成世界的全部要素同一化，一直是人們永久的執著的追求」。[3]遺憾的是，在這個同質性的過程，我們絲毫不曾覺察到個中深嵌的暴力性。

巴代伊大為贊成一種異質性的思維。「**異質性**，這個特殊的詞語表示它相關於那些不可同化的要素」。[4]或者說，異質性即是要關注「某種另類的、不可通約的東西」。異質性超出了我有意識能夠把握

1 〔法〕巴代伊：《色情、耗費與普遍經濟》，汪民安譯，吉林人民出版社 2003 年版，第 43 頁注 2。

2 〔法〕巴代伊：《色情、耗費與普遍經濟》，汪民安譯，吉林人民出版社 2003 年版，第 204 頁。

3 〔法〕巴代伊：《色情、耗費與普遍經濟》，汪民安譯，吉林人民出版社 2003 年版，第 8 頁。

4 〔法〕巴代伊：《色情、耗費與普遍經濟》，汪民安譯，吉林人民出版社 2003 年版，第 47 頁。

的領域，它無法被通約而成為有意義的東西。根據拉岡的邏輯，那就是自覺地拒絕大寫他者的奴役。當然，倘若事實真如拉岡所說，這種拒絕又恰巧是不可能真正實現的。巴代伊甚至認為，「對真正的異質現實性的認識一定存在於原始思維和夢幻之中：它等同於無意識結構」。[1]顯然，巴代伊此處的無意識一語，是在佛洛伊德的語境上使用的，而絕非拉岡話語。

真正的哲學應該是一種異質學。哲學的用處在於「與科學和常識相對立，它必須積極地構想精神佔有的廢物」。[2]巴代伊認為，異質的思考將顛覆整個傳統的同一性思維，它「對立於一切體系哲學」，「它不再是佔有的工具，現在它是作為排泄物」。也因此，巴代伊與拉岡一樣——大談薩德的使用價值。這裡薩德所謂的使用價值，即排泄物及其快感。[3]排泄活動本身就呈現為一種異質性的結果。與同質性的有用相異質，只是在性虐待狂、面對死屍、嘔吐物時，一句話，當人們逃離了同一性的強制時：「悲哀的社會必然性，人類的尊嚴，祖國與家園，以及詩人的感傷，都會呈現出來，沒有偽裝，沒有光與影的遊戲。」[4]以至於巴代伊會說，「上帝與排泄活動的同一性」。[5]不過，「異質要素本身仍然是不可定義的，只能通過否定來確定」。[6]無獨有偶，拉岡也說，大寫的真實不能證實，而只能通過想像和象徵的失敗來指證。

1　巴代伊直接指認，原始人的心靈的研究可參見列維－布留爾的《原始思維》和凱西你的《神話思維》；而論無意識，則參見佛洛伊德的《夢之解析》。〔法〕巴代伊：《色情、耗費與普遍經濟》，汪民安譯，吉林人民出版社 2003 年版，第 51 頁。

2　〔法〕巴代伊：《色情、耗費與普遍經濟》，汪民安譯，吉林人民出版社2003年版，第8頁。

3　拉岡寫有《康德與薩德》一文。中文版《拉岡選集》沒有收入此文。而巴代伊則寫下了《薩德的使用價值——致我同時代人的分開信》。〔法〕巴代伊：《色情、耗費與普遍經濟》，汪民安譯，吉林人民出版社 2003 年版，第 1 頁。

4　〔法〕巴代伊：《色情、耗費與普遍經濟》，汪民安譯，吉林人民出版社2003年版，第3頁。

5　〔法〕巴代伊：《色情、耗費與普遍經濟》，汪民安譯，吉林人民出版社 2003 年版，第 7 頁注 1。

6　〔法〕巴代伊：《色情、耗費與普遍經濟》，汪民安譯，吉林人民出版社 2003 年版，第 10 頁。

異質的世界大體上是由**神聖世界**構成，直接與生產－佔有性的世俗世界截然相對。這個所謂神聖世界的觀點同樣深受涂爾幹、毛斯的影響，後者已經提出了作為宗教本質的「聖性事物」（le sacré）。神聖世界包括來自於非生產性耗費的一切。[1]在巴代伊看來，非生產性的耗費是指：

> 奢侈、哀悼、戰爭、宗教膜拜、豪華墓碑的建造、遊戲、奇觀、藝術、反常性行為（偏離了生殖性目的的性行為等等），所有這些活動，至少在其原初狀況下，它們的目的僅僅限於自身。[2]

相對於生產性的佔有而言，耗費是一種非功利性的無用活動。巴代伊經常舉的例子是金字塔。因為「從利潤的觀點看，金字塔是一個巨大的錯誤，人們完全可以挖一個大洞，然後再把它填平」。[3]可是，在古埃及人那裡，金字塔卻是太陽放射光芒的象徵，這個在今天的世俗世界看起來完全無用的金字塔上，「死亡被轉變為光芒，轉變為無限的存在」。[4]

與科學的知性思維也不盡不同，神聖世界在認識論上並不是在知識性的認知中達及的，因為科學性的「認知總是奮鬥、工作；它總是奴性的運作，不斷地重複開始，不斷地重複」。[5]象徵性大寫他者的隱性奴役。神聖世界的靈光從來不在知識中閃現，相反，恰巧只有在

[1] 〔法〕巴塔耶：《色情、耗費與普遍經濟》，汪民安譯，吉林人民出版社 2003 年版，第 49 頁。
[2] 〔法〕巴代伊：《色情、耗費與普遍經濟》，汪民安譯，吉林人民出版社 2003 年版，第 27 頁。
[3] 〔法〕巴代伊：《色情、耗費與普遍經濟》，汪民安譯，吉林人民出版社 2003 年版，第 167 頁。
[4] 〔法〕巴代伊：《色情、耗費與普遍經濟》，汪民安譯，吉林人民出版社 2003 年版，第 236 頁。
[5] 〔法〕巴代伊：《色情、耗費與普遍經濟》，汪民安譯，吉林人民出版社 2003 年版，第 218 頁。

認知性思想的「切斷」、「打斷」的瞬間，我們才能瞧見空中閃現的靈光點點。巴代伊將這種非知識性的至高性（souveraineté）感受稱為**內在經驗**（expérience intérieure），它十分類似於宗教領悟中那種不可言傳的神祕體驗。湯淺博雄說，這是「某種失魂、脫自我式的恍惚、無我的狀態，是能夠豁出去『出離到我之外』的經驗」。[1]在知識理性的框架中，這種內在經驗恰巧是**不可能**被界劃和捕捉到的東西，換句話說，這些現象或領域只是處於知識理性光亮的黑暗中。巴代伊說，如果語言和理性無法指證這些現象，那麼，它們不就在存在論上被塗擦掉了嗎？巴代伊正是要通過超越「謀劃的觀念」，走到「理性與科學的知識」之外，用**非認知（non-savoir）的方式**重新體驗這種「不能成為對象的部分、不能與我相聯繫、不能通約的維度的剩餘的事件（異質性的某種東西）」[2]的內在經驗。這正是晚年拉岡語境中那個不能把捉的真實。「這種剩餘事件總是包含了我作為真正向我顯現的事件為可能在其中活著的空白的維度；我不能通過真的顯象性關係與那個剩餘事件發生關係」。[3]後來，拉岡將真實域中的對象a視為象徵化過程中的剩餘。

這是一種什麼樣的方式呢？巴代伊向我們舉證的現像是：「當我們哭泣、抽噎，當我們笑得喘不過氣來時，就是這種情況。問題並非是大笑或大哭中止了思想。哭或笑的真正目的是抑制思想，使所有的知識離開我們」。此外，在詩境、音樂和性愛中呈現的那種知識的斷裂和「思想真空」中，「在這個神奇的時刻，使我們脫離我們匐匐其上的大地的期望，在一系列實用的活動中化為空無（NOTHING）」。[4]這個空無恰巧是世俗世界中功利性目的論的消

---

[1] 〔日〕湯淺博雄：《巴代伊：消盡》，趙漢英譯，河北教育出版社 2001 年版，第 66 頁。

[2] 〔日〕湯淺博雄：《巴代伊：消盡》，趙漢英譯，河北教育出版社 2001 年版，第 100 頁。

[3] 〔日〕湯淺博雄：《巴代伊：消盡》，趙漢英譯，河北教育出版社 2001 年版，第 104-105 頁。

[4] 〔法〕巴代伊：《色情、耗費與普遍經濟》，汪民安譯，吉林人民出版社 2003 年版，第 219 頁。

除。「空無——它脫離自身，它消除一切目的而成為一切目的的終結」。[1]巴代伊說：

> 很久以前我就決定不像其他人一樣尋求知識，而是尋求它的反面，即非認知的東西。我不再期待我的努力會得到回報、我終將認知的時刻，而是期待我將不再認知、我的最初期望化為空無的時刻。[2]
>
> 在這種情況下，我們忘了，忘了一切……言說空無其實只是拒絕被奴役，把它（是有用有的）還原為它之所是；它最終只是否定思想的實用價值，使它超越有用性而還原為無意義，還原為殘缺之物的真正單純，還原為滅亡和張目之物的真正單純。[3]

作為通約效用世界的**剩餘**部分的空無時刻正是神聖事物和奇跡的發生處。在這裡，那種以數量為基軸的時間被中斷，存在的真正的重新質性也宣告出現。巴代伊將這個時刻稱為發生奇跡的「至高的瞬間」。巴代伊說：「人不僅需要麵包，他也渴望奇跡」。也是在這個意義上，巴代伊認為，「美是空無」，「藝術家是物的世界中的**空無**（NOTHING）」。[4]「上帝是大寫的**空無**（NOTHING）」。[5]其實，神聖世界的真善美聖都會是世俗世界中期望之空無和**無為**（désoeuvrement）。上帝不是認知的對象，因為上帝正是對象的不

---

1 〔法〕巴代伊：《色情、耗費與普遍經濟》，汪民安譯，吉林人民出版社 2003 年版，第 224 頁。

2 〔法〕巴代伊：《色情、耗費與普遍經濟》，汪民安譯，吉林人民出版社 2003 年版，第 223 頁。

3 〔法〕巴代伊：《色情、耗費與普遍經濟》，汪民安譯，吉林人民出版社 2003 年版，第 120 頁。中譯文有改動。

4 〔法〕巴代伊：《色情、耗費與普遍經濟》，汪民安譯，吉林人民出版社 2003 年版，第 265 頁。

5 〔法〕巴代伊：《色情、耗費與普遍經濟》，汪民安譯，吉林人民出版社 2003 年版，第 217 頁注 1。

在場，是世俗世界中的「死亡」。[1]這是一個神奇的時刻：

> 神奇的時刻即是期望化為空無的時刻。這是我們被解除了期望、解除了人之常苦的時刻，在這個時刻，我們不再期望，期望便不是當下時刻屈從於某種預期的結果。恰巧是在奇跡中，我們被從對未來的預期推向當下的時刻，推向當下被某種神奇之光——即從其被奴役狀態中解脫出來的生命的主權之光——照亮的時刻。[2]

「非知識就是暴露。」非知識是先於一切存在的痛苦。在這痛苦中，「出現的是暴露，它把人投入狂喜中」。[3]拉岡說，象徵化的失敗即是大寫的真實。

我把不可能之物置於痛苦的考驗之中。至為深刻的生活充滿了不可能之物。意圖、謀劃全都破滅了。不過我認識到我其實一無所知，這就是我的祕密：「非知識與狂喜是溝通的。」[4]

非知識即是癲狂，是「所有知識的絕棄，落入虛空，虛無」。[5]非知識不是一般顯象性知識的一種，它將是**絕對**知識，是上帝才能看到的**大寫的真實**。所以，對我們這一眾常人而言，那是一個**不可能的**存在！

於是，我們來到了拉岡晚年最重要的研究對象——大寫的真實面前。

---

[1] ﹝法﹞巴代伊：《色情、耗費與普遍經濟》，汪民安譯，吉林人民出版社 2003 年版，第 239 頁注 1。

[2] ﹝法﹞巴代伊：《色情、耗費與普遍經濟》，汪民安譯，吉林人民出版社 2003 年版，第 222-223 頁。

[3] ﹝法﹞巴代伊：《色情、耗費與普遍經濟》，汪民安譯，吉林人民出版社 2003 年版，第 111-112 頁。

[4] ﹝法﹞巴代伊：《色情、耗費與普遍經濟》，汪民安譯，吉林人民出版社 2003 年版，第 120 頁。

[5] ﹝法﹞巴代伊：《色情、耗費與普遍經濟》，汪民安譯，吉林人民出版社 2003 年版，第 111 頁。

2、大寫的真實：打斷一個美夢的敲門

有人認為，拉岡的真實（Réel）概念源於對佛洛伊德外部現實性（réalité）的改造，我個人對此不能苟同。其實，拉岡的想像與象徵都已經是**超現實**或**構成偽現實**的，他所說的真實並非想像和象徵之外的東西，而就是由想像和象徵構築起來的個人主體生活本身的斷裂和失敗。我倒認為，拉岡的真實概念很深地受到他的老朋友巴代伊那個聖性事物思想的影響，所謂真實，其本質正是巴代伊筆下區別於世俗世界（現實，réalité）的聖性世界。以我的理解，拉岡的大寫的真實是指人的存在被象徵性符號殺戮後呈現的一種**不可能在場的關係存在**。拉岡的真實並不是傳統認識論中那個認知外部對象的符合之真實，而是一個本體性的規定，或者叫個人存在論中的非偽非假的真相。這個真實與康德那個自在之物真有點相仿。齊澤克就說過，「拉岡是以不可能／真實的物取代了康德的本體之物」。[1]拉岡作為存在第三域這個**真**，與前面作為主體存在第一域的鏡像中的**想像之假**和作為第二域的**象徵之假**正好相對。這個真，只在鏡像和象徵之網碎裂之處方才悄然綻放。存在之假的敗露即真，真的呈現標示著偽現實的失敗。還應該指出的是，拉岡的真實並不是一種簡單的價值判斷。真實不等於善，真並非就一定是好東西。反之亦然。所以，拉岡的真實不是認識論意義上表徵，而是本體論或存在論意義上的規定。

我以為，拉岡揭開的真相就是我們存在中永恆的**西西弗斯性**。[2]拉岡勾勒了一幅雖十分真實卻也異常可悲的畫面：我們永遠背負著想像和象徵，無望地向上推舉主體性這塊龐然巨石，可是它總是不斷地

---

1 〔斯〕齊澤克：《易碎的絕對》，蔣桂琴等譯，江蘇人民出版社 2004 年版，第 99 頁注 2。

2 西西弗斯（Sisyphus）是古希臘羅馬神話傳說中的人物。於由於西西弗斯的過錯，死後他被罰永世將一塊巨石推上山頂，可石頭因自身的重量又會重新滾下山去，西西弗斯則永遠做著這一毫無希望和結果的事情。法國現代著名作家加繆曾以此著有《西西弗斯的神話》一書。在那裡，人的生存本身被定義為荒謬。〔法〕加繆：《西西弗斯的神話》，北京三聯書店 1987 年版。

往下掉，但只要我們活著，我們就得不斷地將主體性高高舉起，儘管其實永遠舉不起來。這就是我們無奈的命數。海德格爾看到了這一點，並且也同樣悲憤地在存在之石上打了一個叉，可是他最終還試圖用良知呼喚構成本真存在的幻象，以使存在之石在鄉愁中失重；而德里達更加天真浪漫，他說我們可以將石頭搬開，或者讓石頭延遲墮下，這樣，我們至少可以在「蹤跡」中記得石頭曾經來過。與他們皆不同，拉岡關於真相的結論是在絕望中向我們走來的。他說，石頭的重量是一個能絆倒和戳穿幻象的東西（對象），而石頭永遠掉下是無法改變的真相。只不過，一旦石頭落空，西西弗斯的生活便不復存在，所以，對抗性地推石頭是我們唯一的存在。齊澤克就說過，「真實是一塊堅硬的石頭，它絆倒了每一次象徵化的企圖」。[1]也是在這個語境中，我發現傑姆遜對拉岡真實域的解釋是一種誤認。出於某種善意，傑姆遜說，拉岡的真實「就是歷史本身」，他斷言這會造成拉岡與歷史唯物主義的「相遇」。[2]其實，拉岡的真實顛覆包括了歷史唯物主義歷史概念在內的全部傳統歷史觀。因為，這種真實從來不曾簡單直面感性現實生活及其歷史性延繼。

為了說明拉岡這個難解的真實，我們不妨換一個歷史性的學術語境，用波普的科學**證偽**論來思考。在科學哲學歷史學派的邏輯起點上，波普顛覆了自培根以來那種實驗科學的證實為真的原則，他反其道而行，提出了試錯邏輯：即科學的證偽邏輯，**有錯即真**。科學的標準不是**證明自己正確**，而是發現自身**包含有錯誤**（拉岡後來說，真理總在誤認中抵達自己）。當然，波普只是在認識論平臺上確證這一理路的，而拉岡則使之在心理學中直升到本體存在論的視域中，拉岡的邏輯正好是說人之主體存在不是證明自己在場（哪怕是海德格爾式的非在者地、本真地在場，或德里達式的在與不在之間的動態刪改），

[1]〔斯〕齊澤克：《意識形態的崇高對象》，中譯文參見季廣茂譯，中共中央編譯出版社 2002 年版，第 230-231 頁。

[2]〔美〕傑姆遜：《晚期資本主義的文化邏輯》，陳清僑譯，北京三聯書店 1997 年版，第 247 頁。

而是要證明主體的在場（鏡像之在與象徵能指網中的他性之在）之假，大寫的真實是作為象徵化失敗的剩餘（surplus）出現的，真實總是在主體的不在場和力圖在場的不可能性中呈現。用齊澤克的話來說，「『真實』由象徵化過程本身所創造，是這一過程的產物、剩餘、殘渣和廢料，是逃脫了象徵化的殘餘和過剩」。[1]拉岡的這個作為殘渣出現的真實，有很深的巴代伊的背景。

拉岡還有一個重要的觀點，即：**大寫的真實是「現實」在場的幽靈**。德里達也曾經在這個語境中討論過「馬克思的幽靈」。在一定的意義上，沒有幽靈就沒有現實。所謂何來？拉岡的門徒齊澤克做過一個說明：

> 現實（即被我們體驗為現實之物）不是「事物本身」，它總是已經通過象徵性機制被象徵化、建構化、結構化了。問題在於，象徵化最終總是以失敗告終，它從來都無法完全成功地「覆蓋」真實域，它總是要留下某種未經處理、未曾償還的象徵債務。這種真實域（尚未被象徵化的現實的一部分）又在幽靈顯靈的偽裝下回歸了。[2]

在拉岡的語境中，大寫的真實無法直接在場，因為它是在語言象徵同一性**失敗**的地方，以不可能性的**關係情境**呈現的。對此，波微的一段評述頗有見地：

> 拉岡對真實的思考在他的寫作中有著一種少見的語氣上的肅穆。就像一種在能指檢查的陰影下的跳舞，像一種具有文學風

---

1 〔斯〕齊澤克：《意識形態的崇高對象》，中譯文參見季廣茂譯，中共中央編譯出版社 2002 年版，第 232 頁。

2 〔斯〕齊澤克：《實在的面龐——齊澤克自選集》，季廣茂譯，中共中央編譯出版社 2004 年版，第 157 頁。

格的羽毛的漫遊，那是這樣一個世界，這世界完全地和不可挽回地落到意指作用的維度之外去了。[1]

拉岡說，大寫的真實是「打斷一個美夢的敲門」。這樣的比喻總讓人聯想到從幻境蘇醒而向現實的回落。不過拉岡的大寫的真實倒真不是區別於夢的現實而提出來的，它指的是做夢般的想像和象徵統治中突然出現的斷裂。在超現實的真實**瞬間中**，他者的統治突然失效，面具應聲滑落，作為偽主體的人登時成為一個**空無**，一個**創傷**。我們已經說過，拉岡這一大寫的真實概念與超現實主義和巴代伊的**聖性事物**關聯頗深。達利的瘋狂是擺脫一切他者的真實存在，而巴代伊則用一種區別於世俗世界的「沒有偽裝，沒有光與影的遊戲」[2]構築出一方真實的神性世界。如上所述，在巴代伊那裡，神聖世界的靈光之閃現從來不出現在知識（這個知識被拉岡指認為大寫的他者）中，而恰巧是認知性思想的「切斷」、「打斷」所呈現的空無（NOTHING）。[3]這個空無並不是拉岡在證偽意義上使用的空無，而恰巧是世俗世界中功利性目的論的消除。「空無——它脫離自身，它消除一切目的而成為一切目的的終結」。[4]在這一點上，拉岡這個存在的真實的確是超越能指建構起來的**偽**世界和**偽**現實的。真實既可能是一種清醒，也可能屬於瘋狂。達利的存在就是大寫的真實，那是一種現實中的瘋狂，卻又是常人無法達及的東西。拉岡不無憂傷地斷定，人不可能常真，真人只是瘋子。拉岡也並不是要簡單地打碎由想像和象徵組成的偽現實，一個正常的凡人的生存其實不可能真正出離於「偽現實」，因為只有在這三個領域中三種力量和秩序的相互關聯、相互擠壓和衝突下，才可能構築出註定痛苦一生的「人」。

1　〔英〕波微：《拉岡》，牛宏寶等譯，昆侖出版社 1999 年版，第 105 頁。

2　〔法〕巴代伊：《色情、耗費與普遍經濟》，汪民安譯，吉林人民出版社 2003 年版，第 3 頁。

3　〔法〕巴代伊：《色情、耗費與普遍經濟》，汪民安譯，吉林人民出版社 2003 年版，第 219 頁。

4　〔法〕巴代伊：《色情、耗費與普遍經濟》，汪民安譯，吉林人民出版社 2003 年版，第 224 頁。

與此觀點相關的，還有拉岡關於真理的獨特理解：**真理總是誤認**。佛洛伊德說過，「真實在失誤中得以呈現」。這口氣聽起來似曾相識，十分接近海德格爾那個「解蔽就是遮蔽」的論斷。在拉岡看來，所謂真理總是一定語言意指的結果，無論生髮於何時何地，它都必是主體際和對話性的，可是，由於「不存在金屬般的語言……沒有語言能永遠說著關於真理的真理，因為真理被基於這樣的事實之上，即它言說，並且它沒有別的獲取之途」。[1]說穿了，真理只是一定的能指（大寫他者）的**排泄物**。上面我們提到過，巴代伊也特別珍愛這種非佔有性的薩德式的排泄物。[2]他甚至說過「上帝與排泄活動的同一性」。[3]因此，所有**真理都由不真構成，在場是由不在場構成**。比如有的論者在談及拉岡的大寫的真實時就辨識道：「正如海德格爾的存在（Être）總是回避生命（étant）一樣，拉岡的真實域也總是現實生命之匱乏」。[4]這個指認表面看是以海德格爾為參照，深刻地類比了拉岡的真實概念，可其實它恰好是一種誤認。因為，拉岡根本不承認海德格爾那種所謂的本真存在，大寫的真實只不過是這種假想性的本真性的不可能，而這種不可能又正是真實的生命本身。話再說回來，我對拉岡真實性的解讀就一定是正確的嗎？倘若拉岡在世，必定回答：未必！說了這麼多，無非也只是我在一定的語境中**縫合的**另一個移動的能指鏈而已。便是在這個意義上，我才敢指認拉岡哲學是一種深刻的證偽主義存在論。

---

1 〔法〕拉岡：《科學與真理》，轉引自〔英〕波微：《拉岡》，牛宏寶等譯，昆侖出版社 1999 年版，第 132 頁。

2 拉岡與巴代伊一樣特別推崇那個異怪的色情作家薩德。拉岡寫有《康德與薩德》一文。中文版《拉岡選集》沒有收入此文。而巴代伊則寫下了《薩德的使用價值——致我同時代人的公開信》。〔法〕巴代伊：《色情、耗費與普遍經濟》，汪民安譯，吉林人民出版社 2003 年版，第 1 頁。

3 〔法〕巴代伊：《色情、耗費與普遍經濟》，汪民安譯，吉林人民出版社 2003 年版，第 7 頁注 1。

4 〔法〕多斯：《從結構到解構——法國 20 世紀思想主潮》，季廣茂譯，中央編譯出版社 2004 年版，上卷，第 166-167 頁。

眾所周知，青年拉岡首先是一名精神病學家，然後是一名精神分析學家，依我的理解，反對現實社會關係王國的**存在之真實**始終是他關注的焦點，這種存在論（本體論）上的緣起恰好與他1930年同超現實主義的同質性話語共生。他們都不相信現代布爾喬亞社會教化建構出來的**現實**生活的可靠性，因為，在韋伯所肯定的泰勒制流水線上，在機器般僵化運轉的法律條文下，在務實並且可計算的新教倫理中，在同一性教育體制的狹窄的出口邊上，在麥當勞化的慣性經驗生活中，在撲天蓋地、無所不在的廣告對人下意識地操控中，青年拉岡和超現實主義都看到了現代人沒有真實生命存在的虛假面具和亡靈。超現實主義力圖通過藝術化的**非現實瞬間**衝破那個沒有靈魂的現實生活的「鐵籠」，達利則更加乾脆，他直接以妄想式的瘋狂讓「真我」在生活中在場。

拉岡研究瘋狂和妄想，但他比誰都清醒，他不是瘋子，也迸發不出達利那種控制中的藝術瘋狂。與超現實主義那種試圖尋找超越現實生活的「真我」的藝術化革命不同，在拉岡最早的思考中，分析問題的入口是「真我」是**如何喪失的**？現實中那個占了「真我」位子的**現實**生活中的假自我、假主體又是如何在眾目睽睽之下瞞天過海地篡權的？必須明確指出，拉岡從來都不是要尋找一個實體性存在的「真我」，更不要說確證什麼新的**主體理論**了。

3、刪除鄉愁：創傷性的不可能之真

青年拉岡對真實的思考緣起於對佛洛伊德精神分析學新價值之探索。1936年，他發表了題為〈超越「現實原則」〉（*Au-delà du Principe de réalité*）的文章，表面上似乎是與佛洛伊德那篇著名的《超越快樂原則》相對應，[1]但其實，拉岡的興趣並不在考慮佛洛伊

---

[1] 我們在《拉岡選集》上看到的這篇論文，顯然已經是拉岡60年代重寫過的東西，因為文章的開頭竟然是「50年代」學習精神分析方法的心理學家。參見〔法〕拉岡：《拉岡選集》，褚孝泉譯，上海三聯書店2001年版，第67頁。

德晚期那種對本能的快樂原則的補充，即強迫重複式的趨死的衝動。相反，此刻他正在反思佛洛伊德。我發現，拉岡的理論焦點集中在佛洛伊德那種建構自我和超我的現實原則之上，他認為新一代精神分析學家的出路恰巧在於超越「現實的原則」。不難看出，拉岡的思考顯然與超現實主義的革命衝動相一致。他試圖追問人之存在中一種超越現實（他者幻象）的真實。我想，這是拉岡哲學中唯一的本體論落點。當然，大寫的真實並不是舊本體論中的過時規定，而是**對海德格爾存在論更深的思考**。下面我們來看看拉岡思考真實的理路。

拉岡首先描述了19世紀末佛洛伊德創立精神分析學時所面對的傳統心理學情景。在他看來，傳統心理學的學術平臺的基礎是對「已有科學有效的參照系構成的：這就是物理學的那些摸得著的機制，再加上自然科學的功利性動機」。[1]這也是當時在社會科學領域中居統治地位虛假的客觀主義和實證主義的實在論。有了這種基礎，心理學就全盤接受了將心理現象「歸類為感覺、感知、形象、信念、邏輯操作」等經院心理學的舊框架。粗看起來，心理學也在尋求**真實的**心理現象，可是，**鋼性的**科學標準有三個：一是對象的確定性，二是經驗現象的實證性，三是排除矛盾的同一律。拉岡說，當時的聯想主義心理學正是依從了這樣一種來自科學主義的「經驗－理性」的標準。在這道門檻下，真實等於**證實了的經驗現象**，心理學以經驗的「心跡」和「思想現象的聯想關係」捕捉那些客觀確定的經驗「素材」，把人的高級心理活動「化解為簡單反應的組合」。於是，能夠進入「經驗－理性」構架的原子化的素材就是真實，而個人生存中複雜的心理情感、信念、譫言與夢則被打入非真實（irréel）的「另冊」，或者說，「將那些現象當作無意義的，也就是說或者將它們扔到漠視的虛無之中去，或者將它們扔到『副現象』的虛誇之中去」。[2]

拉岡明確反對這種虛假客觀主義的「聯想主義心理學」，他說，

---

[1] 〔法〕拉岡：《拉岡選集》，褚孝泉譯，上海三聯書店 2001 年版，第 72 頁。
[2] 〔法〕拉岡：《拉岡選集》，褚孝泉譯，上海三聯書店 2001 年版，第 72-73 頁。

心理學不可能是一種經驗性的實證科學。這正是佛洛伊德精神分析學的理論起點。因為，「真正的心理學知道從現象學來說某種意向性是包含在它的對象中的」。這又是胡塞爾－海德格爾的思考出發點。存在之真實的邏輯起點是**人在世中的關係**。但是，與海德格爾不同，這不是一種肯定性的關係或規定性，甚至不是揚棄物化和常人之後對存在本身的認可，拉岡的真實是**否定性**的。他說，我們「不能忘記真實是回應不肯定的一種價值，而人的經歷按現象學看是帶著不肯定的。我們不能忘記，在歷史上對真實的追求在精神領域裡促動了神祕主義的興盛，道德家的戒律、禁欲者的歷程以及祕密祭禮的祭司的發現」。[1]照此說來，真實是一種非現實的**彼岸性**，一種不可能的神性。可見，真實在拉岡這裡總是**具有神性的大寫的真實**。所以，拉岡曾經說，**上帝屬於真實域**。在世俗現實中，上帝只能是一種不可能的空無。這是一個大的指認。巴代伊也說過類似的話。如前所述，巴代伊認為，「美是空無」，「藝術家是物的世界中的**空無**（NOTHING）」。[2]「上帝是**空無**（NOTHING）」。[3]其實，神聖世界中的真善美聖都只能是世俗世界中的期望之空無。上帝不是認知的對象，因為上帝本質上是對象的不在場，是世俗世界中的「死亡」。[4]韓國偶像劇《通向天堂的階梯》中有這樣的情節：男主角同時給姐妹倆各送了一份禮物，愛慕虛榮的妹妹迫不及待地搶先打開姐姐的禮盒，精美的盒子裡什麼也沒有，再打開自己的，望見了一盒子亮閃閃的貴重首飾。妹妹心醉神迷，而與男主角深深相愛的姐姐捧著空無一物的盒子同樣感動和開心，她明白愛人的語境：這個世俗的世界上沒有東西能表達這種愛。愛是一個非世俗物性的**空位**。這裡情景

---

[1] 〔法〕拉岡：《拉岡選集》，褚孝泉譯，上海三聯書店 2001 年版，第 73 頁。

[2] 〔法〕巴代伊：《色情、耗費與普遍經濟》，汪民安譯，吉林人民出版社 2003 年版，第 265 頁。

[3] 〔法〕巴代伊：《色情、耗費與普遍經濟》，汪民安譯，吉林人民出版社 2003 年版，第 217 頁注 1。

[4] 〔法〕巴代伊：《色情、耗費與普遍經濟》，汪民安譯，吉林人民出版社 2003 年版，第 239 頁注 1。

立意相當深刻和精美。

拉岡這個大寫的真實在肯定性的「現實」中其實就是一個空無的否定性的體現。「真實域的身分是徹頭徹尾的非實體性的：我們努力將其融入象徵域，但失敗了，它就是這一失敗的產物。」[1]因為這種真實只是一種**創傷性**的遭遇，它是作為想像（意象），特別是象徵化同一性失敗而在場的，而創傷性的事件正好是「現實性」的終結之處。因為「它干擾了象徵化的平穩操作，且打破了象徵化的平衡；它在象徵領域中引發了一種不能拭除的非連續性」。[2]

同時，作為創傷性的真實往往無法呈現出其實證性。正如齊澤克所說：

> 真實本身在其肯定性中只不過是對某種虛無（void）和匱乏、某種極端的否定性的一種體現而已。它無法被否定，是因為它在自身之內，在其肯定性之中，只不過是對純粹的否定和掏空（*emptiness*）的一種體現而已。[3]

當然，不同於巴代伊，拉岡關注的大寫的真實不是面對現實的認知關係，即不是他稱為指稱現實事物的話語，拉岡的真實域主要是指人之存在的真實（不可能）。關於這一點，我們可以舉一個拉岡自己的例子，即區分作為主體際當下建構存在的言說與指稱現實對象的話語。拉岡說，主體在言說中可能會遭遇沉默，即存在意義上的虛無，主體的對話者沒有回答問題，可是，主體將更強烈地要求這個回答，他「會在言說之外支尋找一個現實來填補這外虛無」，他一定會去分

1 〔斯〕齊澤克：《實在的面龐——齊澤克自選集》，季廣茂譯，中共中央編譯出版社 2004 年版，第 89 頁。

2 〔斯〕齊澤克：《快感大轉移——婦女與因果性六論》，胡大平等譯，胡大平等譯，江蘇人民出版社 2004 年版，第 35 頁。

3 〔斯〕齊澤克：《意識形態的崇高對象》，中譯文參見季廣茂譯，中共中央編譯出版社 2002 年版，第 232 頁。

析這個沒有答案的「未言之事」。[1]言語的虛無之外，是他所要求的更重要的真實。比如，你問一個剛結婚的好朋友：「怎麼樣，一切都好嗎？」他沉默。過去，他對你或許無話不說，可是，這一次，他卻無言。這個無言中必定包含了一種否定性的真實。倘若與他對話的是一個關係不過爾爾的同事，他會回答：「一切都好」，表達一種肯定性的但卻虛假的象徵關係。可是恰巧對你，他什麼也沒有說。海德格爾也曾經談到過種本體論層面上的沉默。[2]顯然，拉岡在強調，言說的真實並不是話語那種「建立在人們所謂與事物的相稱上的」。

這樣真實的言說（vraie parole）就反常地恰與真實的話語（discours vrai）相對立，它們的真理（vérité）是這樣區別開來的：言說的真實是由主體們（sujets）因他們互有關聯而辨認出自己的存在才構成，而話語的真實是由對真的知識（connaissance du réel）構成，因為主體在諸客體（objets）中瞄準了真實。[3]

在此，拉岡特別關注的是言說，他認為人的真實存在正是由主體與主體之間共同操持的言說構成的。言說的真實在於主體關係的虛無性和不可能性。言說肯定的地方，主體不在，言說沉默的地方，反而真實。而相對於現實對象，話語的真實即是概念對現象的非同一性。這一點正是阿多諾討論的中心問題。

在海德格爾那裡，真實是一種「關係」，一種表面上解蔽，將「存在者從晦蔽狀態中取出來而讓人在其無蔽中來看」[4]的關係，可是，海德格爾清醒地看到，真實的存在恰巧是因之於此在的存在，用通俗一點的話說，沒有在時間中存在的個人存在，就沒有真實。[5]然

1　〔法〕拉岡：《拉岡選集》，褚孝泉譯，上海三聯書店 2001 年版，第 257 頁。

2　〔德〕海德格爾：《存在與時間》，陳嘉映，王慶節譯，北京三聯書店 1987 年版，第 200-201 頁。

3　〔法〕拉岡：《拉岡選集》，褚孝泉譯，上海三聯書店 2001 年版，第 369-370 頁。中譯文有改動。參見 Jacques Lacan, Écrits, Éditions du Seuil, Paris, 1966.p.351.

4　〔德〕海德格爾：《存在與時間》，陳嘉映，王慶節譯，北京三聯書店 1987 年版，第 264 頁。

5　〔德〕海德格爾：《存在與時間》，陳嘉映，王慶節譯，北京三聯書店 1987 年版，第 272 頁。

而，也由於此在的歷史性在世，所以一切解蔽同時又是遮蔽，那必然是真與不真的同時在世。這也與海德格爾那個向死而生的「懸欠」[1]直接相關，作為此在的個人即有死者，他一生下就是一個有終結的生存，這在本體論上表現為不完整性，永遠如此，直至死亡。所以，人總是面向自己的終結而存在的。「終結懸臨此在」。[2]在海德格爾看來，向死而生是最本己的可能性，也是人能夠「**本真地**為它自己而存在」，[3]是一種可以通過良知呼喚來的真實。[4]也由此，此在才有可能真正擺脫自己的「無家可歸狀態」。[5]海德格爾滿懷希望地囈語：人可以回家，可以對異化說「不」，人，最終還是可以吟唱著荷爾德林詩意地返鄉。他的本體論最後建立在一種回歸本真性存在的**鄉愁**之上。可是，拉岡的對象a無情地打碎了海德格爾最後的存在，也刪除了荷爾德林－海德格爾最後的鄉愁。因為，**無家可歸就是人的存在本相**。因此，齊澤克說，「無家可歸的實質就是實質本身的無家可歸，它存在於這一事實：在我們這個被瘋狂尋求空虛的享樂弄得脫節的世界上，對真正實質意義上的人來說，沒有家，也沒有專屬的居所」。[6]

拉岡還有一句話，「事實上蘇格拉底也好，笛卡兒也好，馬克思也好，佛洛伊德也好，他們都無法被『超越』，因為他們以熱忱從事著研究，這個熱忱（passion）在於揭示一個對象：真理（vérité）」。[7]用拉岡的定義再表述一下，他們都在揭示一個真相，這就是不可能性。大寫的真實即本體論上的無法停下腳步的邏輯僭越之失敗。拉

1 〔德〕海德格爾：《存在與時間》，陳嘉映，王慶節譯，北京三聯書店 1987 年版，第 290-292 頁。

2 〔德〕海德格爾：《存在與時間》，陳嘉映，王慶節譯，北京三聯書店 1987 年版，第 177 頁。

3 〔德〕海德格爾：《存在與時間》，陳嘉映，王慶節譯，北京三聯書店 1987 年版，第 315 頁。

4 〔德〕海德格爾：《存在與時間》，陳嘉映，王慶節譯，北京三聯書店 1987 年版，第 322-323 頁。

5 〔德〕海德格爾：《存在與時間》，陳嘉映，王慶節譯，北京三聯書店 1987 年版，第 330-331 頁。

6 〔斯〕齊澤克編：《圖繪意識形態》，南京大學出版社 2002 年版，第 21 頁。

7 〔法〕拉岡：《拉岡選集》，褚孝泉譯，上海三聯書店 2001 年版，第 200 頁。

岡說，「真實的總是新的（le vrai est toujours neuf）」。[1]人們永遠在追求真實，但真實總是新的，或許它將永恆在遠處。也是在這個意義上，傑姆遜說，拉岡的真實「就是歷史本身」[2]，這話不無道理。可我們上文說過，傑姆遜此處的總體判斷恰好是錯誤的。

4、大寫的物與對象a

其實，拉岡的全部哲學都是在討論這個不可能的大寫的真實，首先是那個從來沒有在場的「它」（Es），佛洛伊德肯定性地指認「它」就是本能本欲的本我，這個本我是實在的真我，而拉岡卻證偽了這種生物性的本我，並將本我還原為一個**空缺**，一個被偽自我、偽主體篡了位冒名頂替的「它」。「它」的存在就是真實，「它」意味著存在的不可能。其次，在鏡像階段中，自我的發生就是小他者的反射影像，鏡子之映或他人面容之映，是一種不是自我的錯認關係，錯認即為不可能的真相。在這裡，「它」並沒有進入想像關係，因而無法被形象化而具象存在。最後，在象徵域中，更尋不見「它」的在世之位，觸目可及的反倒是作為一種沒有被澈底象徵化的殘餘，「它」作為一種非現實的欲望對象，以象徵化剩餘物的**對象a**（objet-petit-a[3]）發生在人的存在深處。人總在期望**不可能的**「它」，可「它」又永遠在現實的彼岸。它其實就是康德那個認識論意義上的自在之**物**在拉岡否定性的關係本體論中的邏輯變形。有意思的是，拉岡晚年乾脆直接將「它」指認為**大寫的物**（Chose）。佛洛伊德晚年也曾使用過這一指稱。[4]不過，也有人認為拉岡是從海德格爾那裡借用了大寫的

1　〔法〕拉岡：《拉岡選集》，褚孝泉譯，上海三聯書店 2001 年版，第 201 頁。參見 Jacques Lacan, Écrits, Éditions du Seuil, Paris, 1966，P.193。

2　〔美〕傑姆遜：《拉岡的想像域與符號界》，載《晚期資本主義的文化邏輯》，陳清僑譯，三聯書店 1998 年版，第 247 頁。

3　objet-petit-a 在法文中，直接的意思是作為欲望對象成因的小 a，這個小 a 於不直接等於前面鏡像階段中那個作為小他者的 a。

4　佛洛伊德是在其早期論文《科學的心理學草稿》中提出的概念。在他那裡，大寫的物

物，以標明世界的四重性（天、地、人、神）。[1]而福原泰平看來，拉岡的這個「物」，「不是作為一個物體以可見的形式存在的。它只是作為不可能的事物，在禁止的彼岸，作為被固定了的框框的剪影微微呈現出它的形象」。[2]

拉岡認為，我們無法直接記錄下創傷性的大寫的真實和大寫物。這個創傷性在康德語境中叫不可知性。拉岡說，「只有走入形式化的死胡同，真實才能得到銘寫」。所以，拉岡特別辨識道：「我說『物』而不說『對象』，因為它是一個真實域的物，還沒有被當成一個符號」。[3]這裡所謂的形式化指的是象徵化，拉岡之意在於，只有當象徵化的同一性在真實這塊石頭上絆倒時，我們才能圍繞這個創傷性的空無確認「它」的存在。對此，齊澤克說：

> 拉岡的要點在於，真實只不過是對其銘寫的不可能性而已：真實並非一種肯定性的超越實體，它並不持存於象徵域之外的某個地方，像一個硬核或康德的物自體那樣不可抵達。它在自身之中一無所是，在象徵結構中它只是一個虛無（void）和空白，它標示著某種核心（central）的不可能性。我們正是在這種意義上理解拉岡把主體定義為「對實在的回答」這句謎語的：我們可以通過主體象徵化的失敗對主體的空白地帶進行銘寫和包圍，因為主體只不過是其象徵性再現過程的失敗之點。[4]

（das Ding）代表了已經喪失的，不可能再找回的原始對象。

1 〔法〕多斯：《從結構到解構——法國 20 世紀思想主潮》，季廣茂譯，中共中央編譯出版社 2004 年版，上卷，第 323 頁。

2 〔日〕福原泰平：《拉岡——鏡像階段》，王小峰等譯，河北教育出版社 2002 年版，第 182 頁。

3 〔法〕拉岡：《欲望及對〈哈姆雷特〉中欲望的闡釋》，《世界電影》1996 年第 3 期，第 181 頁。

4 〔斯〕齊澤克：《意識形態的崇高對象》，中譯文參見季廣茂譯，中共中央編譯出版社 2002 年版，第 236 頁。

多麼透澈精闢！拉岡筆下，在人類的文化思想史和全部歷史發展的進程中，真實就是人永遠在追逐的那個**永遠不在場的崇高對象或大寫的物**。也依此，齊澤克才以《意識形態的崇高對象》命名了他批判意識形態幻象的論著。可是，無論在哪個歷史時段，這個崇高對象或大寫物始終以一個被各種各樣的假認充抵物佔據的空位而呈現。康德將這個空位指認為呈現方式。於是，我們在這裡看見的，就是一個**被佔據的空位**與一個**真實的卻不在其位**的大寫物的相悖而扭曲的存在狀態，或者叫「一個**虛空的未被佔據的位置**與一個快速移動的不可捉摸的對象、一個無位置的佔有者之間的互相依賴」關係。[1]接下來我們即將看到，拉岡將這個關係界說為「莫比亞斯帶」結構。

為了說明這個空位與崇高對象或大寫的物的關係時，拉岡的門徒齊澤克舉了現代前衛藝術的例子。他說，在傳統藝術（這應該是現實主義）中，人們常常「以一個足夠完美的對象來填補大寫的物（Thing）的崇高**空無**（**純位置**）——如何成功地將一個普通的對象提升到大寫物的高度」。[2]我們已經說過，這個大寫的**物**是康德那個不可知的自在之物，即我們無法直接達及的神聖而崇高的東西。在人追求大寫物的時候，自以為摹寫的東西（黑格爾說的物相或康德所說的「呈現方式」）就是那個被替代的東西，我們自始至終在用不是「它」的東西假冒我們不可能達到的那個自在之**物**。現代藝術正好相反，前衛派發現了這種偽裝，也**超現實地**看到了那個被佔據的空位，所以他們絕望地以「排泄對象、垃圾（經常以有點兒書面化的語言來表達：如排泄物、腐爛的屍體⋯⋯）來展示——佔據、充斥——著大寫物的神聖**位置**」。[3]我在波士頓一個現代藝術館中留意到一件作

[1] 〔斯〕齊澤克：《易碎的絕對》，蔣桂琴等譯，江蘇人民出版社 2004 年版，第 24 頁。

[2] 〔斯〕齊澤克：《易碎的絕對》，蔣桂琴等譯，江蘇人民出版社 2004 年版，第 24 頁。中譯文有改動。Slavoj Zizek .*The Fragile Absolute*. London; New York: Verso.2000，P.26。

[3] 〔斯〕齊澤克：《易碎的絕對》，蔣桂琴等譯，江蘇人民出版社 2004 年版，第 23 頁。中譯文有改動。Slavoj Zizek .*The Fragile Absolute*. London; New York: Verso.2000，P.25。

品，一塊粘著亂糟糟、汙穢不甚的鐵絲卷的畫板。如果齊澤克也來觀展，一定會說：那就是在標識一個**空位**。放上一些微不足道的垃圾，卻能告訴人們這裡有一個崇高的空位，一個崇高對象或者神聖物的「空無位置」。「直接展示**空無本身**，作大寫的空無－位置－構架的大寫的物」，這比傳統藝術中那個冒牌貨的占位要來得**真實**。空位的指認也是呈現那個崇高之物（對象）的永不在場。

在拉岡這裡，作為真實的大寫物只有通過對象a的創傷性綻出才能得到確認。對晚年拉岡來說，對象a是一個非常重要的範疇。拉岡第一次使用對象a這個詞是在1960年完成的論文《評丹尼爾・拉加什的報告〈精神分析學與人格的結構〉》中。有論者認為，拉岡提出這個概念是受到梅洛－龐蒂《可見的與不可見的》一書的影響。[1]還有些搞笑的是，竟然有人說拉岡的對象a是一項重大的科學發現，「應該榮獲諾貝爾獎」。[2]起初，這個概念主要指稱想像域中某種妄想性的呈現，後來，它又成為拉岡晚年真實域研討中的重要關鍵字。雖然，拉岡間或也直接用a簡稱對象a，但我們切不可將對象a混淆於他原來在小他者意義上使用過的a。[3]我們已經知道，a在鏡像理論中意指小他者，即那個在非同一的個人身心中先行到來的對象性理想偽自我導引。但是，進入對人的存在真實域的研究後，拉岡開始關注一種偽主體建構背後的一種**肯定性的**內容，即鏡像認同（如沒有被鏡子捕捉到的剩餘部分）和象徵性語言在對存在殺戮之後出現的某種不可能被言說的東西，或者叫無法澈底象徵化的**剩餘物**或**脫落物**（le caduque）。這首先讓聯想到阿多諾所講到的概念同一性的強暴，即用本質的抽

---

1 參見禾木：《淺論拉岡的欲望理論》，《華南師範大學學報》2002 年第 3 期，第 28 頁。

2 勒克雷爾語，轉引自〔法〕多斯：《從結構到解構——法國 20 世紀思想主潮》，季廣茂譯，中共中央編譯出版社 2004 年版，上卷，第 324 頁。

3 多斯的解釋就是可疑的，他直接將對象 a 說成是原來想像域中的那個鏡像小他者的變形。多斯說對的是，對象 a 是反抗一切象徵化（A）的東西，可這種東西如何與作為鏡像小他者相同體？難道會是鏡像反對大他者不成？這顯然是誤認。參見〔法〕多斯：《從結構到解構——法國 20 世紀思想主潮》，季廣茂譯，中共中央編譯出版社 2004 年版，上卷，第 324 頁。

象來意淫所有它並沒有全部攝取的存在，抽象同一性總含有一個**不在**它其中的剩餘物。[1]皮亞傑將這種剩餘物稱為認識論語境中存在的神祕的「E」。這也讓人想起巴代伊從科學認知中被遺棄的那個「廢物」。巴代伊甚至說，「哲學的用處」，就是思考理性暴力之後的這個廢物。[2]這個殘餘物並沒有物質實體性上的實存，它最終呈現在主體被劃去的那個位置，即**空缺的崇高王位**上。我們永遠都只能在象徵化失敗時才能發現這一真實事件，對象a像一顆無從捕捉的高高在上的流星，只在空無的黑夜中，才能瞥見它匆匆閃過。對象a也是那個我們永遠在欲求卻永遠觸摸不到的**崇高對象或大寫的物**一個佐證。

拉岡的門徒齊澤克如此這般地來說明拉岡的對象a：「我們要想在實證性的現實中找到它是徒勞的，因為它沒有實證性的連續性，它只是一種空無的客觀化，只是一種在現實中由能指的出現而打開的非連續性的客觀化。」[3]故爾，也有人將其稱之為「寫進了無的凹坑」。[4]但是，它就是那種不可能的大寫的真實。「對象a所在的位置原本是有主體的地方，換言之，那裡也是由於樂園的喪失而被驅逐禁止的快樂的地方」。[5]但它卻是一種真正的想往對象，對象a總在「快樂這個優越的位置上起主宰作用」。[6]

對象a指的恰巧是主體在符指化再現之外，為其存在謀求實證性支持的努力：藉助於對象a結成的幻象－關係，主體（$）獲得了有關自身的「存在豐滿性」的想像性意義，有關他「真正的是」什麼的想

1　參見拙著：《無調式的辯證想像——阿多諾〈否定的辯證法〉的文本學解讀》，北京三聯書店 2001 年版，第 92-94 頁。

2　〔法〕巴代伊：《色情、耗費與普遍經濟——巴代伊文選》，汪民安譯，吉林人民出版社 2003 年版，第 8 頁。

3　〔斯〕齊澤克：《意識形態的崇高對象》，中譯文參見季廣茂譯，中共中央編譯出版社 2002 年版，第 132 頁。

4　〔日〕福原泰平：《拉岡》，王小峰等譯，河北教育出版社 2002 年版，第 146 頁。

5　〔日〕福原泰平：《拉岡》，王小峰等譯，河北教育出版社 2002 年版，第 148 頁。

6　〔法〕拉岡：《拉岡選集》，褚孝泉譯，上海三聯書店 2001 年版，第 635 頁。

像性意義。這時，他「真正的是」什麼並不依賴他相對於他人而言是什麼，儘管他處於主體間的象徵性網路之中。[1]

拉岡認為，對象a既是使主體欲望隱蔽的原因，亦是將主體維繫在真理和知識之間的力量。從以上的分析中我們可以知道，對象a憑藉本體論上那種不可挽回的**失去**帶給我們對存在的期冀。顯然，與鏡像和大他者的**先行到來**的強性暴力不同，對象a是被**先行送走**的，它在彼岸世界被預設，但卻從來沒有在現實社會中實存過。然而，作為欲望的轉喻性對象（objet métonymique du désir），它成為**欲望形成的真正原因**，也是本體論上對那永遠缺失、被消去的自我建構和主體存在的**鄉愁**。福原泰平說：「對象a是在那裡迷住每個人，誘惑我們，向存在注入狂熱的對象。它是對缺失、被消去的主體的鄉愁，也是顯示我們存在的根據的事物」。而多爾則認為：「對象a既是激發欲望的對象，又是欲望本身所追求的對象。它不僅驅使主體張嘴說話，而且還是主體所要言之物，但它同時又時刻躲避著主體」。[2]所以拉岡才會寫下這樣的公式：*$*◇a。這裡的a不是小他者，而是對象a。

$，由欲望劃去的S（S barré du désir），是作為妄想中的表達的代表（représentant de la représentation dans le fantasme），也就是說作為在開始時就壓抑掉的主體而在這支持著現實場（champ de la réalité），而這個現實場是只有依靠對象a（l'objet a）的萃取才得到維持，然而又是對象a給予了它以範圍。[3]

對象a是人的存在本體論上**以消失為本質**的**不可能**的事物。它既是背著斜線的主體存在的不可能，也是作為**欲望成因**和**本真欲望對象**的不可能。這個不可能性是人的存在之真實。它的存在是一個悖論，看起來對象a是想像性的，可「它卻佔據了真實域的位置，即它是一

1　〔斯〕齊澤克：《實在的面龐——齊澤克自選集》，季廣茂譯，中央編譯出版社 2004 年版，第 125 頁注 25。

2　轉引自〔法〕多斯：《從結構到解構——法國 20 世紀思想主潮》，季廣茂譯，中共中央編譯出版社 2004 年版，上卷，第 326 頁。

3　〔法〕拉岡：《拉岡選集》，褚孝泉譯，上海三聯書店 2001 年版，第 487 頁注 1。中譯文有改動。參見 Jacques Lacan, Écrits, Éditions du Seuil, Paris, 1966.p.554.

個非鏡像化的對象」。[1]這頓時令我們想起海德格爾本體論中那個打上叉的存在和德里達解構理論中那個寫上後的抹去。對象a正是我們一直無法表述的後現代思潮中關鍵性的邏輯法寶。

對象a以失去的資格出現在世界的任何地方，而主體則因這些消去的對象搭橋，反論式地要與被拋棄在彼岸的完美的存在保持關係。在這裡，失卻的事實反過來作為的確曾經存在的證據，賦予對象a不在現場的證明，並把它先期送到無限的遠點。[2]

拉岡說，這是一種本體論意義上的分立。「主體以對象越過自身但主體與對象又絕不相交融而得到自證。」這種分立就是對象a。[3]在此，拉岡提出了那個著名的形象比喻，即**莫比亞斯帶**（Moebius strip）結構（如下圖A、圖B），齊澤克在界定這個莫比亞斯帶時將其稱為「一個實體被刻在莫比亞斯帶的兩面」。[4]莫比亞斯帶其實很像梅洛－龐蒂和德魯茲所說的存在論上的「褶子」，拉岡將這個結構看成主體本體論存在的悖結性邏輯結構。

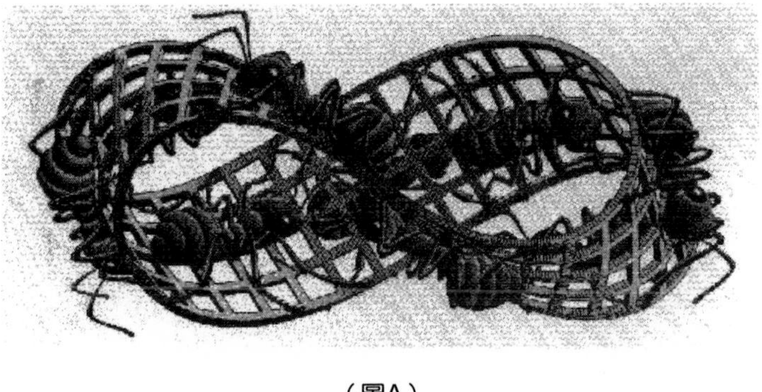

（圖A）

[1] 〔斯〕齊澤克：《快感大轉移——婦女與因果性六論》，胡大平等譯，江蘇人民出版社2004年版，第60頁注6。

[2] 〔日〕福原泰平：《拉岡》，王小峰等譯，河北教育出版社2002年版，第152頁。

[3] 〔法〕拉岡：《拉岡選集》，褚孝泉譯，上海三聯書店2001年版，卷首語第3頁。

[4] 〔斯〕齊澤克：《易碎的絕對》，蔣桂琴等譯，江蘇人民出版社2004年版，第2頁。

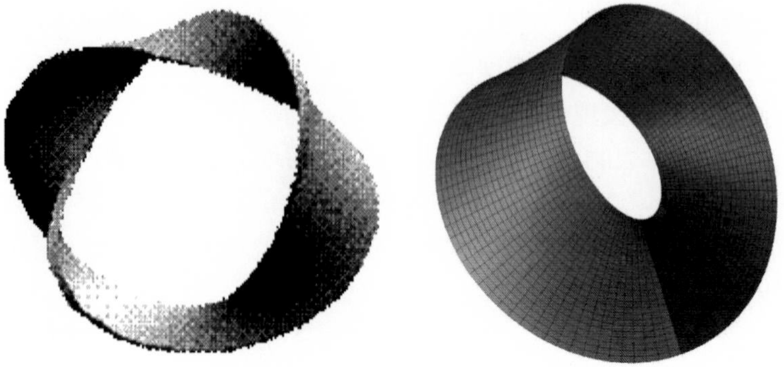

（圖B）

在這個結構中，「主體與對象是相互關聯的，但卻是以一種否定的方式關聯著——主體與對象永遠不可能『相遇』；他們所處的位置相同，但卻是在莫比亞斯帶相對立的兩面」。[1]這是齊澤克的說明。以我的理解，拉岡所講的主體與對象（object），並不是傳統哲學研究中的一般實體意義上存在的主體與客體的關係，而是專指拉岡語境中**被象徵能指網路象徵化殺死的體內空無的偽主體**與作為**象徵化剩餘物的對象a**的超現實邏輯關係。正是後者的幽靈式的不在場之在場阻止了主體，否則，拉岡的這一表述在常識語境中一定是無解的。也因此，齊澤克才會說：「主體與對象並不僅僅是外在的：對象不是主體據此確立自我同一性的外在界限，它是關於主體的外密性（ex-timate），它是其**內在的**界限——即，自身阻撓主體完全實現的障礙。」[2]

在拉岡的語境中，我們永遠在追求完美和大全（the All），可是，套用一句老話，心嚮往之，卻永不能至。任何時代，都會有一些

---

1 〔斯〕齊澤克：《易碎的絕對》，蔣桂琴等譯，江蘇人民出版社 2004 年版，第 26 頁。中譯文有改動。Slavoj Zizek .*The Fragile Absolute*. London; New York: Verso.2000.p28.

2 〔斯〕齊澤克：《易碎的絕對》，蔣桂琴等譯，江蘇人民出版社 2004 年版，第 26 頁。中譯文有改動。Slavoj Zizek .*The Fragile Absolute*. London; New York:Verso.2000, P.29。

東西讓我們的總體性和絕對同一性功敗垂成，同時使理解的全透明性的至真性成為不可能。這裡的不可能便是那永遠與我們擦身而過的對象a。並且，**對象a即是存在之真相**。

此外，拉岡還模仿馬克思政治經濟學中的剩餘價值發明瞭一個新詞，叫**剩餘快感**（plus-de-jouir）。拉岡說，這個我們並不知道的不可能成了一種剩餘的快感，彷彿一盞永不熄滅的烏托邦之燈，深深吸引著人們。對此，齊澤克也有一個解釋：

> 拉岡把這種悖論式的稀奇古怪的對象命名為對象a、欲望的對象－成因；如此對象代表著在可感知的、實際存在著的經驗對象身上必定躲避我的凝視的東西，因此它又可以用作我想得到它的內驅力。對象a的另一個名稱是*plus-de-jouir*，即「剩餘快感」，指對象的實證、經驗屬性所帶來的滿足盈餘。[1]

甚至，齊澤克還說過，只有在人的**斜視**中，對象a才能被關注，因為當你正面凝視它時，它便立即消失了。剩餘快感並不是直接的當下的快感，而是一種不可能立即實現的幻有的快感。在你想將它變成當下的快感時，它也將旋即喪失。「關鍵是剩餘快感，那個對象 a ，它存在於（或者無甯說持續於）一種彎曲空間中——你靠得越近，它就越逃離你的掌握（或者你越是擁有它，缺乏得就越多）」。齊澤克此時舉出的關於「對象 a 」例子正是我們剛剛經歷和看到過的東西——美國總統布希製造出來的那個永遠不會被發現的伊拉克「大規模殺傷性武器」：

> 它們是難以捉摸的實體，從未被從經驗上規定過，是一種希區柯克的麥克古芬，被認為隱藏在最異類的、最不可能的地方，

[1] 〔斯〕齊澤克：《實在的面龐——齊澤克自選集》，季廣茂譯，中共中央編譯出版社 2004 年版，第 151 頁。

> 從（有點合乎邏輯的）沙漠到（有點失去理性的）總統官邸的地下室（以便於當官邸遭到轟炸時，它們可以毒殺薩達姆及其所有隨從）；據說目前數量非常大，而且始終由工人對其進行魔術般的移動；它們越是被破壞，他們的威脅就越是全面和強大，就好像它們絕大部分的清除會奇跡般地提高其剩餘部分的殺傷力——由此定義，它們永遠不會被發現，並因此就越是危險……[1]

這個例子其實與拉岡的對象a並不太合拍，因為在拉岡那裡，對象a是大寫的真實的指證，是從象徵性網路中倖存下來的剩餘者，而齊澤克此處卻將對象a變成了謊言本身。不過，聯想到美國人發動戰爭的欲望成因，這一舉證倒又是合理的。

拉岡說，「包含在對象a中的是偶像（ἄγαλμα），這個無法估量的寶藏亞西比德宣稱說是封閉在在他看來由蘇格拉底的臉構成的粗陋匣子中」。[2]$◇a。背著斜線的主體永遠在做著不可能的事情，此即為拉岡話語中的西西弗斯，也是我們永遠無法回避的存在之真實。

有意思的是，晚年拉岡在這個對象a的基礎上，倒真的形成了對偽主體存在的一種新看法：正是對象a的存在建構了現實中那個作為活跳屍的主體！對此，齊澤克做了一段極精闢的概括：

> 對拉岡來說，主體（$—「被限制的」虛空的主體）與其欲望的對象原因（剩餘物，體現著「成為」主體的缺乏）之間確實存在著嚴格的相互關聯：僅僅就存在著一些抵制主體化的物質的瑕疵／剩餘物而言，就存在著一個恰巧在其中主體不能夠認識自身的剩餘物而言，才會有主體。換句話說，主體的悖論在於它只是通過自己根本的不可能性、通過那永遠阻止它（主

---

[1] 〔斯〕齊澤克：《易碎的絕對》，蔣桂琴等譯，江蘇人民出版社 2004 年版，第 21 頁注 1。
[2] 〔法〕拉岡：《拉岡選集》，褚孝泉譯，上海三聯書店 2001 年版，第 637 頁。

> 體）實現完全的本體論身分的「卡在喉嚨裡的一塊骨頭」才得以存在。[1]

主體為什麼會永遠不知勞苦地背著那其實正將自己劃去的斜線？因為他已被謀殺於象徵化的同一性強制，可是，也恰巧因為這象徵化永遠捕捉不到的對象a，主體才得以創傷性（不是他自己的斜線）的存在。

這意味著主體不再是純**否定性空無**（*$*）、不再是無限的欲望、不再是尋找缺席對象的**空無**，它直接地「陷入」對象，成為了對象；反之亦然——對象（欲望的原因）不再是**空無**的物化、不再是幽靈性在場，不再僅僅實現那種維持主體欲望的缺乏，而是獲得了一個直接的積極的存在及本體論的連續性。[2]

這算是一個「積極的存在與本體論的連續性」。從此，我們終於能在灰色的拉岡哲學中看到一種對主體存在的肯定性。作為欲望成因的對象a，恰好是主體建構自己存在的直接條件。依靠著這個關鍵的對象a，主體才能勉強維繫一種被穿刺了的「賴活著」。主體這般破碎的可憐存在，最後被拉岡稱做**症候**。在這裡，人成了一種症象。

5、作為「∑」出場的症候

症候（symptôme）是晚期拉岡哲學最重要的範疇之一。原先，症候是佛洛伊德用來溝通精神分析學與傳統診斷醫學的橋樑，佛洛伊德將其視之為無意識的一種表露。所以，他會在夢、口誤和俏皮話中發現症候。佛洛伊德認為，症候是由複雜的因素「多元決定」的。[3]

1　〔斯〕齊澤克：《易碎的絕對》，蔣桂琴等譯，江蘇人民出版社 2004 年版，第 26 頁。

2　〔斯〕齊澤克：《易碎的絕對》，蔣桂琴等譯，江蘇人民出版社 2004 年版，第 26-27 頁。中譯文有改動。Slavoj Zizek. *The Fragile Absolute*. London; New York: Verso.2000, P.29。

3　〔法〕拉岡：《拉岡選集》，褚孝泉譯，上海三聯書店 2001 年版，第 577 頁。

阿爾都塞強調過這個詞，並將其改造為一種症候閱讀法。[1]起初，拉岡也只是將症候一詞視為無意識的一種可以勘破的隱喻來使用的，可是後來這個詞的地位在拉岡體系中卻愈來愈重要。1973年，拉岡在自己的研討會上將症候一詞提升為繼想像、象徵和真實之後另一個關鍵字。一語概之，症候是晚年拉岡用來縫合想像、象徵和真實這三個相互脫落的環節的重要紐結（le triade de RSI）。

福原泰平說，在拉岡那裡，症候的概念至少有三層意思，或者說是經歷過三個不同的發展時期，即「作為無意識的形成物被分析的、作為可能解讀的隱喻的症候，到最後時期，演變成向自身課以自身根據的、作為不可言說的填補的症候」。[2]這話是有道理的。在第一個層面上，拉岡對症候的理解顯然還與佛洛伊德十分接近，他將症候視為一種被壓抑的無意識的「外表形式」，可卻是「真正的臨床跡象」。[3]在拉岡看來，症候的結構即是「一個名稱代替了另一個被壓抑的名稱」。不過，與他的結構性能指邏輯一致，症候卻也「被結構的像一種語言」。顯然，這樣的論斷與無意識的結構化是一致的。到了第二個層面上，拉岡直接將症候納入語言之中，「症候是完全在語言分析中得到解決的。因為症候是像語言那樣被構成的，因為它就是語言，而語言得由它而釋放出來。」[4]更重要的是，症候是一種需要解讀出來的、作為能指歷時性關係的隱喻。[5]此時的拉岡認為，症候（symptôme）只有在能指的構序中（l'ordre du signifiant）才能得到解釋。能指只有在與另一個能指的關係（relation à un autre signifiant）中才有意義。症候的真理存在於這個關聯（articulation）之中，症候保持著因代表真理的某種爆發而來的模糊。實際上它**就是**真理（est vérité），與真理同出一塊料，如果我們唯物主義地

1 參見拙著：於《問題式、症候閱讀與意識形態——一種關於阿爾都塞的文本學解讀》，中共中央編譯出版社 2003 年版，第二章。

2 〔日〕福原泰平：《拉岡》，王小峰等譯，河北教育出版社 2002 年版，第 248 頁。

3 〔法〕拉岡：《拉岡選集》，褚孝泉譯，上海三聯書店 2001 年版，第 58 頁。

4 〔法〕拉岡：《拉岡選集》，褚孝泉譯，上海三聯書店 2001 年版，第 279 頁。

5 〔法〕拉岡：《拉岡選集》，褚孝泉譯，上海三聯書店 2001 年版，第 461 頁。

（matérialistement）提出真理就是在能指連環上組成的東西（s'instaure de la chaîne signifiante）的話。[1]

症候的向度是由精神分析引入的。在馬克思對資本主義社會的批判中，症候向度始終是一個關鍵之點。這一點是齊澤克現代意識形態批判理論的緣起處。這也是馬克思從黑格爾那裡繼承來的，黑格爾的理性之狡計喬裝打扮之後便是以症候實現出來。「與符號不同、與無火不起的煙不同。煙會指示火拼會叫人去撲滅火。」[2]症候並不意味著背後有什麼要表現出來的徵兆，而是一種存在。便是在症候這個語義層面上，阿爾都塞提出了所謂的「要讀出文本沒有直接說出的東西」的「症候性閱讀法」。[3]

在最後一個層面上，我們將遭遇拉岡晚年非常重要的一個思辨時刻。1975年，拉岡專門召開了名為「症候」的研討會。此時，症候已經澈底擺脫了其前期的特徵，上升為拉岡哲學中繼想像、象徵和真實之後的第四個核心範疇。在拉岡的研討中，症候搖身一變，成了鏈結想像、象徵和真實域的重要**存在性紐結**，被拉岡用數學中的集合符號「Σ」來表示。這個「Σ」是存在本體論意義上的功能性縫合。

我琢磨著，拉岡此時當已逐步感到，如果想像域中人不過是藉小他者的影像而建構了偽自我，那象徵域中人也就只是能指鏈的一種大他者先行占位，主體無論是被指認、還是欲求生存，都只是被劃去的偽主體而已，況且真實本身就是存在的不可能，那麼，**人如何活下去**？人倘若知道了這個真相，難道都會發瘋嗎？我覺得，拉岡晚年之思經歷了一個從澈底絕望的否定而逐步走向遮遮掩掩的肯定性的過程。暮年拉岡的對象a已經是存在之無中的有，固然這種依然只是飄搖地著落在遠處的彼岸。而症候，則是拉岡朝著人的現實生存的一種

1　〔法〕拉岡：《拉岡選集》，褚孝泉譯，上海三聯書店 2001 年版，第 242 頁。中譯文有改動。參見 Jacques Lacan, Écrits, Éditions du Seuil, Paris, 1966，P.234-235。

2　〔法〕拉岡：《拉岡選集》，褚孝泉譯，上海三聯書店 2001 年版，第 241-242 頁。

3　參見拙著：於《問題式、症候閱讀與意識形態——一種關於阿爾都塞的文本學解讀》，中共中央編譯出版社 2003 年版，第 2 章。

正視，因為，拉岡將症候規定為一種人的實存中的**維繫關係**，它阻止了主體因自身的空無而導致的全盤精神崩潰。

症候是我們這些主體「避免發瘋」的方式，是我們通過把我們的快感和某種能指的、象徵的構成物（正是這一構成物為我們的在世保證了最低限度的連續性）連結起來從而「有所選擇（症候一構成物）而不是無所選擇（極端的、精神病樣的自我中心主義，象徵世界的毀滅）」的方式。[1]

這樣，「主體的無和他者的無被重疊在『症候』這個粘合處，主體抓住享樂的邊緣，從而獲得了把自身定位在世界上的線索。」[2]症候是一個填補性的環（集合的Σ），它扣住和**縫合**了想像、象徵和真實這三個相互分離的生存域。所以，甚至可以說，人就是一種維持，這維持即是症候。這大概就像拉岡特別喜歡的那個「巴羅美扭結」（le noeud barroméen）。[3]如下圖C。

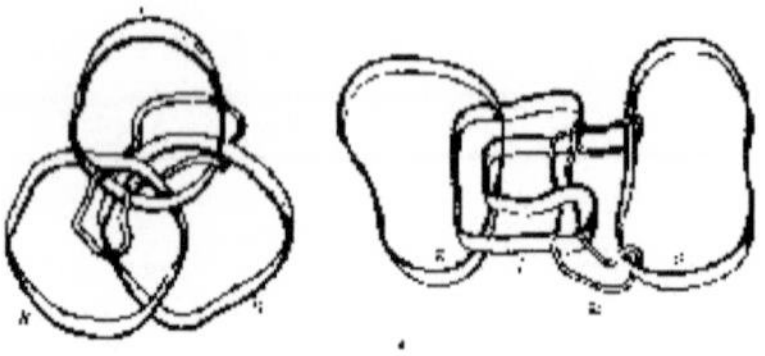

圖C

在這個所謂「巴羅美扭結」中，處於中間的症候將其他三個環扣在了一起。

齊澤克對拉岡這個症候做過一個很好的說明。他分析道，別人常

---

1 〔斯〕齊澤克：《意識形態的崇高對象》，中譯文參見季廣茂譯，中共中央編譯出版社 2002 年版，第 104 頁。

2 〔日〕福原泰平：《拉岡》，王小峰等譯，河北教育出版社 2002 年版，第 248 頁。

3 拉岡以天主教 16 世紀聖人查裡斯 · 巴羅美（Saint Charles Barromée, 1538-1584）命名的紐結，以表徵由「真實、象徵和想像」相互扭結成交錯的軸線（trois ronds de ficelle）。

常指責拉岡是「能指獨斷論（absolutism of signifier）」，因為拉岡認為世界、語言和主體都是不存在的，在拉岡那裡，存在的只是症候。

如果世界、語言和主體都不存在，那麼**會有**什麼存在呢？更準確地說，是什麼賦予存在的現象以連續性呢？正如我們已經指出的那樣，拉岡的回答是症候。對於這一回答，我們必須強調其整個的反－後結構主義的性質：後結構主義的基本姿態是解構每一實體的同一性、譴責在每一實體的連續性背後各種象徵性因素的交互作用，簡而言之，就是把實體的同一性分解到非實體的微分（defferential）的關係網絡之中。症候的概念必然與之相對立，它是快感的實體，是真正的核心，能指的交互作用正是圍繞著它才被構造起來。[1]

這個分析相當有趣。拉岡是**反對後結構主義**的。齊澤克說，後結構主義（德里達和利奧塔等人）解構的法寶就是消解每一實體的「同一性」，把同一的總體做成「微分」（碎片），而拉岡的症候恰巧與之對立，拉岡形容症候是一種快感的實體，能指的交互作用正是圍繞它而被建構起來的。所以，在一定的意義上，這個所謂的症候就是那個被叫做「人」的東西。

在晚年拉岡那裡，**人就是症候**，如果再加上欲望中的幻象，人就成了那個被拉岡叫作「症象」（sinthome）[2]的怪物，僅此而已。而症候，正是主體敗壞性存在（空無和寄居於他者）的呈現方式。這就難怪有人要說，拉岡「掏空了主體性，使之失卻血肉、人性和情感等，以便把它轉變為一個數學對象」。[3]這恐怕並不是冤枉拉岡。

「你看起來像人，其實你並不是。」你不過是症候與幻象縫合起來的症象罷了。這，就是拉岡留給我們的最後結論。

1　〔斯〕齊澤克：《意識形態的崇高對象》，中譯文參見季廣茂譯，中共中央編譯出版社 2002 年版，第 100-101 頁。

2　Sinthome 一詞為拉岡晚年自造的一個概念，主要意思是症候與幻象疊加成的幻偽之人（synthetic-artificial man）。

3　〔法〕魯斯唐：《拉岡》，轉引自〔法〕多斯：《從結構到解構——法國 20 世紀思想主潮》，季廣茂譯，中共中央編譯出版社 2004 年版，上卷，第 332 頁。

本書參考文獻

Jacques Lacan, *Écrits*, Éditions du Seuil, Paris, 1966.

Jacques Lacan, *Écrits: A Selection,* transl. by Alan Sheridan, New York and London: W.W. Norton & Co., 1977.

Jacques Lacan. *The Seminar XX, Encore: On Feminine Sexuality, the Limits of Love and Knowledge*, edited by Jacques-Alain Miller, transl. by Bruce Fink, W.W. Norton & Co., New York, 1998.

Jacques Lacan. *The Seminar, Book XI: The Four Fundamental Concept of Psychoanalysis* ,edited by Jacques-Alain Miller, transl. by Alan Sheridan, W.W. Norton & Co., New York, 1977.

Jacques Lacan. *Television*, transl. by D. Hollier, R. Krauss and A. Michelson, W.W. Norton & Co., New York, 1990.

A.Kojève. *Introduction to the Reading of Hegel*, trans. By James H.Nichols Jr. New York and London:Basic Books.1969.

〔法〕拉岡：《拉岡選集》，褚孝泉譯，上海譯文出版社 2001 年版；

〔法〕拉岡：《欲望及對〈哈姆雷特〉中欲望的闡釋》，陳越譯，《世界電影》1996 年第 2、3 期；

〔法〕拉岡：《關於他者的非混合結構》，戶曉輝譯，《新疆藝術》1996 年第 1 期；

〔英〕波微：《拉岡》，牛宏寶、陳喜貴譯，昆侖出版社 1999 年版；

〔英〕里德：《拉岡》，黃然譯，文化藝術出版社 2003 年版；

〔日〕福原泰平：《拉岡：鏡像階段》，王小峰、李濯凡譯，河北教育出版社 2002 年版；

〔法〕薩福安：《結構精神分析學——拉岡思想概述》，懷宇譯，天津社會科學院出版社 2001 年版；

郭本禹、郭本禹：《拉岡》，生智文化事業有限公司（臺灣）1997年版；
方漢文：《後現代主義文化心理：拉岡研究》，上海三聯書店 2000 年版；
〔斯〕齊澤克：《意識形態的崇高對象》，季廣茂譯，中共中央編譯出版社 2002 年版；
〔斯〕齊澤克：《實在界的面龐——齊澤克自選集》，季廣茂譯，中共中央編譯出版社 2004 年版；
〔斯〕齊澤克：《快感大轉移—— 婦女和因果性六論》，胡大平、余甯平、蔣桂琴譯，江蘇人民出版社 2004 年版；
〔斯〕齊澤克：《易碎的絕對》，蔣桂琴、胡大平譯，江蘇人民出版社 2004 年版；
〔斯〕齊澤克：《偶然性、霸權和普遍性——關於左派的當代對話》，胡大平譯，江蘇人民出版社 2004 年版；
〔斯〕齊澤克：《量子物理學與拉岡》，陳永國譯，《外國文學》1999 年第 3 期；
〔古羅馬〕奧古斯丁：《懺悔錄》，周士良譯，商務印書館 1994 年版；
〔德〕黑格爾：《精神現象學》（上下卷），賀麟、王玖興譯，商務印書館 1961 年版；
〔德〕黑格爾：《邏輯學》（上下卷），楊一之譯，商務印書館 1966 年版；
〔德〕黑格爾：《哲學史講演錄》（第 1-4 卷），賀麟、王太慶譯，商務印書館 1959-1978 年版；
〔德〕黑格爾：《法哲學原理》，範揚、張企泰譯，商務印書館 1961 年版；
〔德〕黑格爾：《黑格爾早期著作集》（上卷），賀麟譯，商務印書館 1997 年版；
〔德〕歌德：《浮士德》，樊修章譯，譯林出版社 1993 年版；
〔奧〕佛洛伊德：《精神分析引論》，高覺敷譯，商務印書館 1986 年版；

〔奧〕佛洛伊德：《精神分析引論新講》，蘇曉離、劉福堂譯，安徽文藝出版社 1987 年版；
〔奧〕佛洛伊德：《一個幻覺的未來》，楊韶剛譯，華夏出版社 1989 年版
〔奧〕佛洛伊德：《佛洛伊德自傳》，顧聞譯，上海人民出版社 1987 年版；
〔奧〕佛洛伊德：《佛洛伊德後期著作選》，林塵、張喚民、陳偉奇譯，上海譯文出版社 1986 年版；
〔奧〕佛洛伊德：《日常生活的心理奧祕》，林克明譯，甘肅人民出版社 1986 年版；
〔奧〕佛洛伊德：《佛洛伊德著作選》，賀明明譯，四川人民出版社 1986 年版；
〔奧〕佛洛伊德：《性愛與文明》，滕守堯譯，安徽文藝出版社 1996 年版；
〔奧〕佛洛伊德：《精神分析綱要》，劉福堂譯，安徽文藝出版社 1987 年版；
〔美〕霍爾：《佛洛伊德心理學入門》，陳維正譯，商務印書館 1985 年版；
〔英〕奧茲本：《佛洛伊德與馬克思》，董秋斯譯，中國人民大學出版社 2004 年版；
〔前蘇聯〕巴赫金等：《佛洛伊德主義批判》，張傑，樊錦鑫譯，中國文聯出版公司 1987 年版；
〔美〕艾布拉姆森：《佛洛伊德的愛欲論》，陸傑榮譯，遼寧大學出版社 1987 年版；
〔瑞〕榮格：《現代靈魂的自我拯救》，黃奇銘譯，工人出版社 1987 年版；
〔瑞〕榮格：《回憶 · 夢 · 思考——容格自傳》，劉國彬，楊德友譯，遼寧人民出版社 1988 年版；
〔美〕霍爾：《榮格心理學入門》，馮川譯，北京三聯書店 1987 年版；

〔美〕羅恩：《從佛洛伊德到榮格》，陳恢欽譯，中國國際廣播出版社 1989 年版；
〔美〕弗恩：《精神分析學的過去和現在》，傅鏗譯，學林出版社 1988 年版；
〔蘇〕雷賓：《精神分析與新佛洛伊德主義》，李今山等譯，李今山、吳健飛譯，社會科學文獻出版社 1988 年版；
〔德〕海德格爾：《存在與時間》，陳嘉映，王慶節譯，北京三聯書店 1987 年版；
〔德〕海德格爾：《尼采》，孫周興譯，商務印書館 2003 年版；
〔德〕雅斯佩斯：《雅斯佩斯文集》，朱更生譯，青海人民出版社 2003 年版
〔法〕列維納斯：《從存在到存在者》，吳蕙儀譯，浙江人民出版社 1987 年版；
〔法〕列維納斯：《上帝、死亡和時間》，餘中先譯，北京三聯書店 1997 年版；
〔法〕列維納斯：《塔木德四講》，關寶豔譯，商務印書館 2002 年版；
〔日〕港道隆：《列維納斯——法外的思想》，張傑，李勇華譯，河北教育出版社 2002 年版；
〔瑞〕索緒爾：《普通語言學教程》，高名凱譯，商務印書館 1980 年版；
〔美〕卡勒：《索緒爾》，張景智譯，中國社會科學出版社 1989 年版；
〔法〕克勞德・李維史陀：《結構人類學》，俞宣孟、謝維揚譯，上海譯文出版社 1995 年版；
〔法〕克勞德・李維史陀：《野性的思維》，李幼蒸譯，商務印書館 1897 年版；
〔法〕迪迪埃 ・ 埃裡蓬：《今昔縱橫談：克勞德 ・ 列維－施特勞斯傳》，袁文強譯，北京大學出版社 1997 年版；
〔英〕利奇：《克勞德・李維史陀》，王慶仁譯，北京三聯書店 1985 年版；

〔法〕巴特：《符號學原理》，李幼蒸譯，北京三聯書店 1988 年版；
〔法〕巴特：《流行體系——符號學與服飾符碼》，敖軍譯，上海人民出版社 2000 年版
〔法〕沙特：《存在與虛無》，陳宣良譯，北京三聯書店 1987 年版；
〔法〕沙特：《辯證理性批判》，林驤華、徐和瑾、陳偉豐譯，安徽文藝出版社 1998 年版；
〔法〕加繆：《西西弗斯的神話》，杜小真譯，北京三聯書店 1987 年版；
〔德〕阿多諾：《否定的辯證法》，張峰譯，重慶出版社 1993 年版；
張一兵：《無調式的辯證想像——阿多諾〈否定的辯證法〉的文本學解讀》，北京三聯書店 2001 年版；
〔法〕阿爾都塞：《保衛馬克思》，顧良譯，商務印書館 1983 年版；
〔法〕阿爾都塞等：《讀 < 資本論 >》，李其慶、馮文光譯，中共中央編譯出版社 2001 年版；
〔法〕阿爾都塞：《列寧與哲學》，杜章智譯，遠流出版公司（臺灣）1990 年版；
〔法〕阿爾都塞：《自我批評文集》，杜章智、沈起予譯，遠流出版公司（臺灣）1990 年版；
〔法〕阿爾都塞：《黑格爾的幽靈》，唐正東，吳靜譯，南京大學出版社 2004 年版；
〔法〕阿爾都塞：《哲學與政治》，陳越譯，吉林人民出版社 2004 年版；
張一兵：《問題式、症候閱讀和意識形態——關於阿爾都塞的一種文本學解讀》，中共中央編譯出版社 2003 年版；
〔法〕福柯：《瘋狂與文明》，孫淑強等譯，浙江人民出版社 1991 年版
〔法〕福柯：《權力的眼睛》，嚴鋒譯，上海人民出版社 1997 年版；
〔法〕福柯：《知識考古學》，謝強、馬月譯，三聯書店 1998 年版；
〔法〕福柯：《詞與物》，莫偉民譯，上海三聯書店 2001 年版；

〔法〕鮑德里亞：《消費社會》，劉成富、全志鋼譯，南京大學出版社 2000 年版；
〔法〕鮑德里亞：《完美的謀殺》，王為民譯，商務印書館 2000 年版；
〔法〕鮑德里亞：《生產之鏡》，仰海峰譯，中共中央編譯出版社 2005 年版；
〔法〕巴代伊：《色情、耗費與普遍經濟——巴代伊文選》，汪民安譯，吉林人民出版社 2003 年版；
〔法〕巴代伊：《色情史》，劉暉譯，商務印書館 2003 年版；
〔日〕湯淺博雄：《巴代伊——消盡》，趙漢英譯，河北教育出版社 2002 年版；
〔美〕傑姆遜：《晚期資本主義的文化邏輯》，陳清僑譯，三聯書店 1997 年版；
〔美〕傑姆遜：《語言的牢籠》，錢佼汝、李自修譯，百花文藝出版社 1995 年版；
〔美〕庫茲韋爾：《結構主義時代》，尹大貽譯，上海譯文出版社 1988 年版；
〔英〕斯特羅克：《結構主義以來》，渠東、李康、李猛譯，遼寧教育出版社 1998 年版；
〔比利時〕布洛克曼：《結構主義》，李幼蒸譯，商務印書館 1980 年版；
〔英〕霍克斯：《結構主義和符號學》，瞿鐵鵬譯，上海譯文出版社 1987 年版；
〔法〕托多羅夫：《俄蘇形式主義文論選》，蔡鴻濱譯，中國社會科學出版社 1989 年版；
〔法〕多斯：《從結構到解構——法國 20 世紀思想主潮》，季廣茂譯，中共中央編譯出版社 2004 年版；
〔英〕伊格頓：《二十世紀西方文學理論》，伍曉明譯，陝西師範大學出版社 1987 年版
〔英〕傑弗森等：《西方現代文學理論概述與比較》，陳昭全、樊錦鑫、包華富譯，湖南文藝出版社 1986 年版；

〔俄〕波利亞科夫：《結構－符號學文藝學》，佟景韓譯，文化藝術出版社 1994 年版；
〔法〕杜布萊西斯：《超現實主義》，老高放譯，北京三聯書店 1988 年版；
〔法〕貝阿爾等：《達達——一部反叛的歷史》，陳聖生譯，廣西師範大學出版社 2003 年版；
〔法〕布勒東：《超現實主義宣言》，袁俊生譯，重慶大學出版社 2010 年版；
張秉真，黃晉凱主編：《未來主義 · 超現實主義》，中國人民大學出版社 1994 年版；
〔西〕達利：《達利談話錄》，楊志麟、李芒譯，江蘇美術出版社 1991 年版；
〔西〕達利：《達利自傳》，歐陽英譯，上海人民美術出版社 1997 年版；
〔法〕達利：《達利語錄》，陳訓明譯，湖南美術出版社 2004 年版；
〔西〕羅哈斯：《達利的神奇世界》，陳訓明譯，湖南美術出版社 2004 年版；
〔法〕伊波利特：《馬克思與黑格爾研究》，《新黑格爾主義論著選輯》，張世英主編，商務印書館 2003 年版；
〔加〕泰勒：《自我的根源：現代認同的形成》，韓震、王成兵等譯，譯林出版社 2001 年版；
〔法〕安德烈：《女人需要什麼》，余倩、王丹譯天津人民出版社 2002 年版；
〔英〕霍克斯：《論隱喻》，高丙中譯，昆侖出版社 1992 年版；
〔前蘇聯〕波波娃：《法國的後佛洛伊德主義》，李亞卿譯，東方出版社 1988 年版；
〔法〕基拉爾：《浪漫的謊言與小說的真實》，羅芃譯，北京三聯書店 1998 年版；
〔俄〕巴赫金：《巴赫金文論選》，佟景韓譯，中國社會科學出版社 1996 年版；

〔法〕鮑德里亞：《物體系》，林志明譯，上海人民出版社2001年版；
〔法〕鮑德里亞：《消費社會》，劉成富、全志鋼譯，南京大學出版社2000年版；
〔美〕米德：《心靈、自我與社會》，趙月瑟譯，上海譯文出版社1992年版；
〔英〕費瑟斯通：《消費與後現代主義》，劉精明譯，譯林出版社2000年版；
〔法〕克莉斯蒂娃：《恐怖的權力：論卑賤》，張新木譯，北京三聯書店2001年版；
〔法〕依利加雷：《二人行》，朱曉潔譯，北京三聯書店2003年版；
〔英〕克拉克：《欲望製造家》，劉國明、孔維風譯，河南人民出版社1991年版；
〔英〕奧斯本：《時間的政治：現代性與先鋒》，王志宏譯，商務印書館2004年版；
〔日〕由水常雄：《鏡子的魔力》，孫東旭譯，上海書店出版社2004年版；
凱西、伍迪：《拉岡與黑格爾——欲望的辯證法》，《外國文學》2002年第1期；
李淑言：《認識拉岡》，《北京大學學報》（外國文學專刊）1993年第3期；
趙一凡：《拉岡與主體的消解》，《讀書》1994年第10期；
周小儀：《拉岡的早期思想及其「鏡像理論」》，《國外文學》1996年第3期；
方成：《試論拉岡的符號學心理分析理論》，《四川外語學院學報》1997年第3期；
夏冬紅：《語言與無意識》，《山東大學學報》1997年第4期；
王嶽川：《拉岡的無意識與語言理論》，《人文雜誌》1998年第4期；
陳永國：《吉林大學社會科學學報》，1998年第4期；
褚孝泉：《穿越拉岡的魔鏡》，《國外社會科學》，1998年第6期；

方漢文：《後現代主義文化心理：拉岡的理論》，《國外社會科學》1998 年第 6 期；
方漢文：《鏡子階段與文化心理主體認證的聯繫》，《呂梁高等師範專科學校學報》1999 年第 3 期；
黃作：《拉岡的說話主體理論評述》，《浙江學刊》2000 年第 2 期
黃作：《論拉岡的真理學說》，《浙江大學學報》2000 年第 5 期；
王國芳：《拉岡的結構主義精神分析學述評》，《內蒙古師大學報》2001 年 4 期；
方漢文：《哈姆雷特之謎新解：拉岡的後精神分析批判》，《外國文學研究》2001 年第 1 期；
張少文：《漂浮的能指與語言的困惑》，《外國文學》2001 年第 4 期；
黃作：《論拉岡的無意識理論》，《國外社會科學》2001 年第 4 期；
何寧：《〈竊信案〉：文本與批評的對話》，《外國文學評論》2001 年第 4 期；
張少文：《圖解拉岡能指的優越性》，《昌濰師專學報》2001 年第 6 期；
黃漢平：《拉岡與佛洛伊德主義》，《外國文學研究》2001 年第 1 期；
方漢文：《女性話語與拉岡的後現代精神分析理論》，《國外社會科學》2002 年第 1 期；
何瓊：《拉岡：一種黑格爾式的解讀》，《外國文學》2002 年第 1 期；
方漢文、馬天麗：《後女性主義與拉岡後精神分析學理論》，《淮陰師範學院學報》2002 年第 1 期；
禾木：《淺論拉岡的欲望理論》，《華南師範大學學報》2002 年第 3 期；
嚴澤勝：《拉岡與分裂的主體》，《外國文學》2002 年第 3 期；
高嶺：《無意識的「移置」——從佛洛伊德到拉岡》，《北京廣播電視大學學報》2002 年第 3 期；
張翔：《能指的遊戲——拉岡語言／精神分析學中的「意義」》，《四川外語學院學報》2002 年第 5 期；
李晗蕾：《拉岡語言哲學思想評述》，《平頂山師專學報》2002 年第 6 期；

張少文：《黑暗昭昭：「鏡像」折射出的光亮與黑暗》，《濰坊學院學報》2003 年第 6 期；
張智義：《主體性的複歸——華茲華斯詩學拉岡式分析視角》，《天津外國語學院學報》2003 年。

主題索引

A

B

C

D

Z

後　記

這本書，完全不是計畫之中的事情。

近幾年來，我的主要研究方向已經逐漸轉向當代國外後馬克思思潮領域，根據研究小組內部的分工，拉岡式的後馬克思學者齊澤克被留給我「對付」。而我倒好，齊澤克尚沒有「整」出來，卻是無心插柳地將他的理論老祖宗拉岡之思先作了一個專題性清理。之所以在解讀齊澤克的過程中，越來越覺得拉岡是個太值得關注的任務，主要是因為自己在研究裡發現，一直以來，國內學界在對拉岡哲學思想的深入研究方面幾乎是空白。但是，拉岡在當代西方思想舞臺上又實在是個關鍵性角色，一個我們無法回避，也跳不過去的人物。並且，拉岡的東西若不真實地在場，齊澤克必定無法露面。雖然如此，寫這本份外的書還是不太有底氣，手畢竟長了些：我懂什麼精神分析學啊！這一年多的時間裡，真可謂被這個魔鬼般的思想大師折磨得苦不堪言。

其實，很多年前就與這個魔鬼般的拉岡「會過面」，應該是在閱讀其他介紹法國結構主義或當代西方文化思潮的眾多文獻時，讀到他的東西。依稀記得當時的第一感覺是有點意思，但總不得要領，加上自己的專業局限，也就沒有對拉岡太上心。大約是在三年前，我第一次正面遭遇拉岡。其時自己正在重新解讀阿爾都塞，而後者在上個世紀60後期直接受到拉岡的影響，這才不得不硬著頭皮啃了一點拉岡的東西，後來在關於阿爾都塞的那本書中就有關拉岡偽主體觀的內容寫一個小目，算是那次解讀的成果。那一回的粗淺研究完全是工具性的，主要是為了說清楚阿爾都塞「意識形態與意識形態的國家機器」的特定理論背景。不過，在這一輪的正面遭遇中，我再一次清晰感受到拉岡那種晦澀理論的高難度。倘若依我的本意，我還是想繞開拉岡。然而，不久之後我便意識到拉岡註定是我下一步研究繞不過去的坎，這個懶畢竟還是偷不得的，因為下一步我要正面遭遇的，是那個當今西方激進學界中炙手可熱的理論名角——齊澤克，而後者是一個十足的拉岡式的後馬克思哲學家。[1]2003年夏天，我動筆寫作齊澤克，起初我打算以一個導論性東西的形式來處理作為齊澤克邏輯前提的拉岡，但是越往下做，越發現拉岡讀不透，齊澤克就無法深入。於是，計畫中那篇小小的導論，就成了面前這本小書。真不曉得是為什麼，我周詳地計畫好的研究中，總是會出現一些謀劃之外的異軌。用拉岡的話來說，這倒是一種真實。

下決心認真來寫這本書還有一個很重要的原因，那也是多年來我內心中始終懷著的隱痛。在自己已經走過的這近50年的生活經歷裡，我看見過太多的人**瘋**了。第一個是我從小一起長大的哥們。他的家世應該是相當令人羡慕的，出身書香門第，父母都是知識份子，他自己也天資過人，應該算是我們當年那夥成天在河邊、林子裡和球場上瘋瘋傻傻狂奔亂耍的小子們中最聰慧的一個。他自小熟讀中外典籍，從莎士比亞到孔孟老墨的諸多文本，了熟於胸。這傢伙還寫得一手好書法，記憶裡他摹過傳統書學中幾乎所有的大家，融會貫通、筆力深厚，尤以黃米見長。我入伍前，他專為我父親書寫了兩幅大開條幅，後來竟被誤識為是哪個老先生的佳作，好一陣懸在我家廳堂正牆上。1978年，他晚我一年進了南京大學哲學系。上大學以後他還是非常用功，我們時常在一起討論黑格爾的《精神現象學》和列寧的《哲學筆記》。可是，就在臨畢業的前的幾個月，他突然被抓進了看守所。據說是因為晚上在公共汽車上尾隨一位中年婦女。幾天後，我去腦科醫院看他，在一群形態怪異的瘋子當中，我認出了他。一見到我，他就使勁說：「沒事，沒事」。看著他眉間被打傷的大口子，我第一次從內心裡感覺到那種苦澀的隱痛。後來我聽說，那一夜他一直跟到人家家中，還動手打了人，被當作流氓扭送到派出所。在警局裡，他也先

---

[1] 在網上查齊澤克，發現他總是被錨在拉岡主義的圈層之中。不少拉岡網站中，常常第一是拉岡，第二就是齊澤克。

動手打了人，我注意到的眉間的傷就是那時被派出所看守用槍托打的。當他被制服後，竟然還在向警員大講黑格爾。就是在那時，人們才發現他已經瘋了。我這才突然記起，在他出事之前的幾天，他曾對我說：「不得了了，我現在額前總有一片金光，筆停不來，思想像泉水般地湧出」。我當時並沒有在意，因為他平時狂慣了。記憶裡，當時他最後一句話是：「我將是第三個里程碑，黑格爾、馬克思，然後是我！」從此，他的一生就被**大寫的他者**澈底毀了。

之後的這20多年，我一直在當老師，遇到過很多出問題的學生，不算前面所說過的王二，還有好幾位學生都患上了不同程度的精神病症。最令人痛惜的是，出問題的這些人，偏偏都是一些天資最好的學生。我真的十分希望能有更多的人，從心理和精神健康上關心他們，這些本來風華正茂應該有美好前程的孩子。

在我教學的過程中，其實還遇到過不少症狀雖沒有那麼嚴重，但多多少少存在這樣或那樣心理和精神問題的學生。實際上，面對今天中國這種極端高壓式的考試制度以及激烈的生存競爭和壓力，從大學生到各個年齡的中、小學生，不同程度的心理衛生問題已經越來越普遍。最近幾年以來，我越發感覺得，心理衛生和精神健康方面的問題已經日益嚴重地影響了著我們的大、中、小學教育品質，並且嚴重影響了孩子們原本應該十分快樂的人生。這也是我多年來一直非常關心心理學和精神分析學研究的重要原因。

到了我這個年紀，人生已過大半，過去幾十年的經歷是那麼真切地讓人感受到：人的一生，要安然輕鬆地度過，其實真是很不容易。降臨人世的那一刻，我們分別出生在不同的土地、不同家庭裡，最初的心理人格和生活方式並不是我們自己選定的。一個每天打麻將喝酒說粗話的城市貧民生活環境與一個知識份子家庭或偏遠山區的農家生活，必定塑造出完全不同的心理人格和文化品質。這個最初的基礎可能錨定一個人一生無法掙脫的存在。然後，學習什麼樣的專業、從事何種職業、過哪類生活，人的真實存在、心理人格和思想觀念真的是非常的不同。不管我們是否稱之為「他者」，這種決定性的東西註定將無意識地伴隨我們始終。更重要的是，我們今天經歷著一個正在發生根本性轉變的社會，價值的顛覆和人與人關係座標的劇烈翻轉必然導致傳統觀念的粉碎性裂變，這也定將導致人心理和價值觀念的激烈變換。諸如此類，林林總總的問題已經越來越嚴重地成為社會的危機和隱患。葛蘭西曾經說過，伴隨一個社會轉型時期而出現的，往往是一個病態的社會。對此，我們其實已經有切身的體會。也因此，對心理健康的關注已經是一切有責任感的學者乃至整個學界義不容辭的使命。

這麼多年來，我是真的越來越深切地體會到，人不能對自己太不認真，我們不能不學會反省自己，常識中已經習以為常的東西應該得到澈底的心理學和批判性的透視。倘若我們還想健康地活下去，就真的必須認識自己，認識自己的處境，認識自己已經走過的和即將要走的艱難的路。

我期冀自己這本並不專業的小書能夠對一些人有所幫助。這也是我心中的一份真實。

本書的寫作和出版得到了南京大學歐盟研究中心的項目資助，我感謝各位評委和專家。最後，還要特別感謝商務印書館的錢厚生先生以及編輯黃繼東、趙慶先生，沒有他們的支持和辛勤的工作，本書的簡體中文版不可能這樣高品質、快速地問世。另外，南京大學的方向紅博士在本書的外文資料方面，蔡雲老師在文字方面都做了大量工作，在此一併表示深深的謝意。

張一兵

2004年8月1日於武昌何家壟

哲學宗教類　PC0464　秀威文哲叢書13

不可能的存在之真
——拉岡哲學映射

作　　者／張一兵
主　　編／蔡登山
叢書主編／韓　晗
責任編輯／李冠慶
圖文排版／連婕妘
封面設計／楊廣榕

發 行 人／宋政坤
法律顧問／毛國樑　律師
出版發行／秀威資訊科技股份有限公司
114台北市內湖區瑞光路76巷65號1樓
電話：+886-2-2796-3638　傳真：+886-2-2796-1377
http://www.showwe.com.tw
劃撥帳號／19563868　戶名：秀威資訊科技股份有限公司
讀者服務信箱：service@showwe.com.tw
展售門市／國家書店（松江門市）
104台北市中山區松江路209號1樓
電話：+886-2-2518-0207　傳真：+886-2-2518-0778
網路訂購／秀威網路書店：http://www.bodbooks.com.tw
國家網路書店：http://www.govbooks.com.tw

2015年11月　BOD一版
定價：480元

國家圖書館出版品預行編目

不可能的存在之真：拉岡哲學映射 / 張一兵著. -- 一版. -- 臺北市：秀威資訊科技, 2015.11
面； 公分. -- (秀威文哲叢書；13) (哲學宗教類；PC0464)
BOD版
ISBN 978-986-326-351-7(平裝)

1. 拉岡(Lacan, Jacques, 1901-1981) 2. 學術思想 3. 哲學

146.79　　104011481

讀者回函卡

感謝您購買本書，為提升服務品質，請填妥以下資料，將讀者回函卡直接寄回或傳真本公司，收到您的寶貴意見後，我們會收藏記錄及檢討，謝謝！

如您需要了解本公司最新出版書目、購書優惠或企劃活動，歡迎您上網查詢或下載相關資料：http:// www.showwe.com.tw

您購買的書名：________________________________

出生日期：________年________月________日

學歷：□高中（含）以下　□大專　□研究所（含）以上

職業：□製造業　□金融業　□資訊業　□軍警　□傳播業　□自由業

□服務業　□公務員　□教職　□學生　□家管　□其它_____

購書地點：□網路書店　□實體書店　□書展　□郵購　□贈閱　□其他

您從何得知本書的消息？

□網路書店　□實體書店　□網路搜尋　□電子報　□書訊　□雜誌

□傳播媒體　□親友推薦　□網站推薦　□部落格　□其他__________

您對本書的評價：（請填代號　1.非常滿意　2.滿意　3.尚可　4.再改進）

封面設計____　版面編排____　內容____　文／譯筆____　價格____

讀完書後您覺得：

□很有收穫　□有收穫　□收穫不多　□沒收穫

對我們的建議：________________________________

____

____

____

請貼
郵票

11466
台北市內湖區瑞光路 76 巷 65 號 1 樓
秀威資訊科技股份有限公司 收
BOD 數位出版事業部

(請沿線對折寄回，謝謝！)

姓　　名：________ 年齡：________ 性別：□女　□男

郵遞區號：□□□□□

地　　址：________

聯絡電話：(日) ________ (夜) ________

E-mail：________